高等学校学前教育专业实践系列教材

幼儿教师综合素养

主　编　杜文秀　彭柳荣

副主编　李玥洋　宋文婷

参　编　莫钰鑫　杜晨曦　曾亚平　李镔霞

西安电子科技大学出版社

内容简介

本书严格按照《中小学和幼儿园教师资格考试标准(试行)》和综合素质(幼儿园)考试大纲的要求编写,内容全面,重点突出,涵盖的知识点有职业理念、教育法律法规、教师职业道德规范、文化素养和基本能力五个方面。各章均设有"核心重点""知识提要""考点分析""强化训练"等板块,附录部分给出了考试大纲-101《综合素质(幼儿园)》和2021年上半年、2020年下半年、2019年上半年的幼儿园中小学教师资格考试综合素质试题。

本书可以作为幼儿园教师资格考试的辅导资料,也可以作为学前教育相关专业学生及幼儿园教师了解和掌握幼教人员综合素质的参考用书。

图书在版编目(CIP)数据

幼儿教师综合素养 / 杜文秀,彭柳荣主编. —西安:
西安电子科技大学出版社,2022.9(2023.7重印)
ISBN 978-7-5606-6612-9

Ⅰ.① 幼… Ⅱ.① 杜… ② 彭… Ⅲ.① 幼儿人员—教师素质 Ⅳ.① G615

中国版本图书馆 CIP 数据核字(2022)第 151780 号

策　　划　刘玉芳　刘统军
责任编辑　刘玉芳
出版发行　西安电子科技大学出版社(西安市太白南路 2 号)
电　　话　(029)88202421 88201467　　　邮　　编　710071
网　　址　www.xduph.com　　　电子邮箱　xdupfxb001@163.com
经　　销　新华书店
印刷单位　陕西天意印务有限责任公司
版　　次　2022 年 9 月第 1 版　　2023 年 7 月第 3 次印刷
开　　本　787 毫米 × 1092 毫米　　1/16　　印 张　20.25
字　　数　462 千字
印　　数　4001～7000 册
定　　价　57.00 元
ISBN 978-7-5606-6612-9 / G

XDUP 6914001-3
如有印装问题可调换

前　言

　　教师是实施素质教育、提高教育质量的关键。教师资格是国家对教师职业准入的基本资质要求。

　　《中小学和幼儿园教师资格考试标准（试行）》是教师职业准入的国家标准，是从事中小学和幼儿园教师职业的最基本要求，也是中小学教师资格考试的基本依据。中小学教师资格考试分为笔试和面试两部分。幼儿园教师资格考试笔试包含"综合素质（幼儿园）"以及"保教知识与能力（幼儿园）"两个科目，面试主要考查教师教育教学实践能力。

　　"综合素质（幼儿园）"是教师资格统考科目中的一科，主要考查申请教师资格人员的教育教学相关知识、能力和素养，题目涉及范围广，类型多，对考生的综合能力要求高。为了帮助广大考生及学前教育相关专业学生熟悉幼儿园教师资格考试的形式与内容，我们特编写了本书。

　　本书具有以下特色：

　　(1) 依据大纲，体现命题方向。

　　本书紧密结合《中小学和幼儿园教师资格考试标准（试行）》和综合素质（幼儿园）考试大纲，涵盖考试标准和大纲所涉及的具体知识，主要包括职业理念、教育法律法规、教师职业道德规范、文化素养和基本能力五个方面的内容，旨在帮助考生切中重点，提高备考效率。

　　(2) 体例新颖，结构合理。

　　本书每章都设置了"核心重点""知识提要"等栏目，对应考试大纲的要求，系统地阐述关键知识点，有利于考生准确把握难点重点，强化学习效果。每一章的每一节都设置了"考点分析"，解析近年来考试的知识点、常见考点以及要求对其掌握的程度，帮助考生把握考试命题方向，规划复习进度等。

(3) 真题解析，讲解深入浅出。

本书在讲解考点内容的同时，还穿插了"真题回顾"，让考生能够轻松对标知识点，对内容的理解更加深刻。

此外，每一章最后都有"强化训练"，所有练习题都有详尽的解析（以二维码形式给出），旨在帮助考生巩固相关内容。

衷心希望本书能为考生的复习备考带来实质性的帮助，为学前教育相关专业的学生及教师了解幼教人员综合素质提供有效素材。对于本书中的不当之处，敬请各位专家及读者不吝指正。

编　者

2022年6月

目录

第一章职业理念

核心重点

考纲内容	1.教育观 理解国家实施素质教育的基本要求。 掌握在幼儿教育中实施素质教育的途径和方法。 理解幼儿教育作为人生发展的奠基教育的重要性及其特点，能够以正确的教育价值观分析和评判教育现象。 2.儿童观 理解"人的全面发展"的思想。 理解"育人为本"的含义，爱幼儿，尊重幼儿，相信每一个幼儿都具有发展潜力，维护每一个幼儿的人格与权利。 运用"育人为本"的幼儿观，在保教实践中公正地对待每一个幼儿，不因性别、民族、地域、经济状况、家庭背景和身心缺陷等歧视幼儿。 设计或选择丰富多样、适当的保教活动方式，因材施教，以促进幼儿的个性发展。 3.教师观 了解教师专业发展的要求。 具备终身学习的意识。 理解教师职业的责任与价值，具有从事幼儿教育工作的热情与决心
重点难点	本章考查考生是否具有先进的职业理念，考生必须系统学习，深刻理解每个知识点。本章重点难点主要有： (1) 掌握素质教育、人的全面发展、育人为本、幼儿园教师专业发展和终身学习的教育观。 (2) 运用正确的教育观、儿童观和教师观分析和解决教育教学现象。 (3) 明确教师专业发展的阶段。 (4) 树立终身学习的意识
题型与分值	(1) 题型：单项选择题+材料分析题。 (2) 分值：约占总分的15%，约23分

❤ 知识提要

```
                              素质教育的起源
                   教育观      素质教育观
                              幼儿素质教育

                              "人的全面发展"思想
                   儿童观      "育人为本"的儿童观
                              丰富多样的保教活动
   职业理念

                              幼儿教师的职业概述
                              新课改背景下的现代教师观
                   教师观      幼儿教师的专业发展
                              幼儿教师应具备终身学习的意识
                              教师职业的责任与价值
```

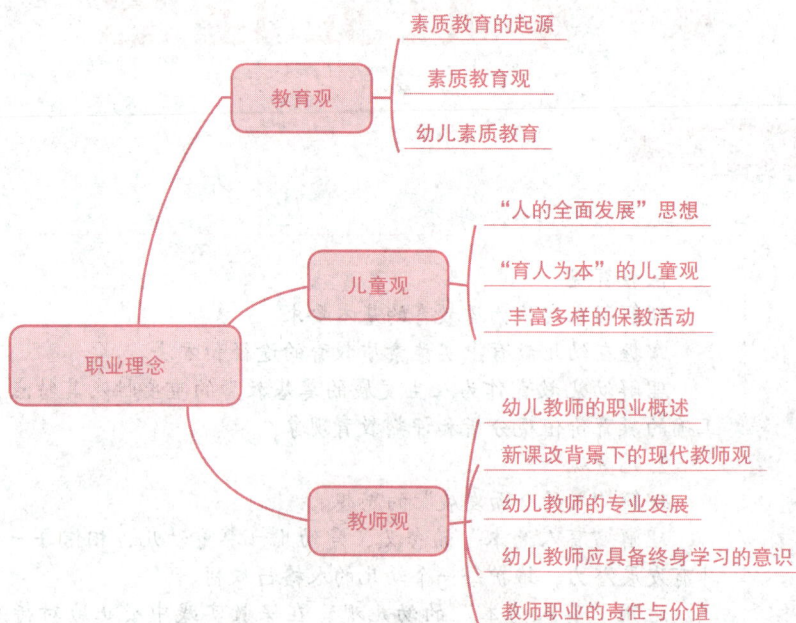

第一节 教育观

❤ 考点分析

教育观在历年考题中以单项选择题和材料分析题的形式为主。

教育观考查的知识点主要如下表所示。

知识点	常见考点	要求掌握的程度
素质教育的内涵	面向全体学生	☆☆☆☆☆
	促进学生全面发展	☆☆☆☆☆
	促进学生个性发展，培养主动精神	☆☆☆☆☆
	促进学生创新精神和实践能力	☆☆☆☆☆
幼儿教育的特点	游戏化、生活化、活动性和直接经验性	☆☆☆
幼儿素质教育实施的途径	树立正确的素质教育理念与办园目标	☆☆
	幼儿园、家庭、社会相配合	☆☆

一、素质教育的起源

自改革开放以来，党和国家始终把开展全民族的素质教育作为关系社会主义现代化建设全局的一项根本任务。

（一）素质教育提出的背景

素质教育作为一种教育价值观，其初衷是纠正应试教育现象。

应试教育主要把教育活动的评价环节作为教育目的所在，把人的素质的某个方面作为全部，使教育活动本身和教育培养对象被严重扭曲。因此，应试教育不仅背离了我国的教育方针，也不利于培养社会进步与发展所需的人才。素质教育观扭转了应试教育观，把教育目的重新指向人本身，指向人的整体的、全面的素质。

（二）素质教育的形成与发展

我国素质教育形成与发展的过程主要表现在以下几个方面：

1. 素质教育的提出

素质教育最早提出于 20 世纪 80 年代中后期。

1985 年 5 月，《中共中央关于教育体制改革的决定》提出"教育体制改革的根本目的是提高民族素质，多出人才，出好人才"，为素质教育理论奠定了基础。

2. 素质教育的发展

20 世纪 90 年代，素质教育思想体系逐步形成。

1993 年 2 月，中共中央、国务院颁布的《中国教育改革和发展纲要》强调："基础教育是提高民族素质的奠基工程，必须大力加强""中小学要由'应试教育'转向全面提高国民素质的轨道，面向全体学生，全面提高学生的思想道德、文化科学、劳动技能和身体心理素质，促进学生生动活泼地发展"。

1999 年 6 月，中共中央、国务院《关于深化教育改革全面推进素质教育的决定》中明确指出："实施素质教育，就是全面贯彻党的教育方针，以提高国民素质为根本宗旨，以培养学生的创新精神和实践能力为重点，造就'有理想、有道德、有文化、有纪律'的、德智体美等全面发展的社会主义建设者和接班人。"这标志着素质教育观已经形成了系统的思想。

3. 素质教育研究的深化

进入 21 世纪以来，素质教育的研究不断深化。

2006 年 6 月，第十届全国人大常委会第二十二次会议通过的《中华人民共和国义务教育法（修订案）》中指出："义务教育必须贯彻国家的教育方针，实施素质教育，提高教育质量，使适龄儿童、少年在品德、智力、体质等方面全面发展，为培养有理想、有道德、有文化、有纪律的社会主义建设者和接班人奠定基础。"这表明了实施素质教育的法定性和长远性。

2010 年，《国家中长期教育改革和发展规划纲要（2010—2020 年）》提出："坚持以人为本、全面实施素质教育是教育改革发展的战略主题。"

二、素质教育观

不同的教育观导致不同的教育行为，了解素质教育观，能够帮助教师具备科学的教育观，从而引导其做出正确的教育行为。

（一）素质教育的概念

素质教育是指依据人的发展和社会发展的实际需要，以全面提高全体学生的基本素质为根本目的，以尊重学生主体性和主动精神，注重开发人的智慧潜能，注重形成人的健全个性为根本特征的教育。

（二）素质教育的内涵

素质教育的内涵主要包含以下内容：

1. 面向全体学生

中共中央、国务院在《关于深化教育改革全面推进素质教育的决定》中指出："全面推进素质教育，要坚持面向全体学生。"素质教育就是面向全体学生的教育，提倡人人都有受教育的机会，依法保障义务教育阶段儿童和青少年学习发展的基本权利，让每一个适龄少年儿童都能进到学校里来，进到班级中来。显然，该决定强调在教育中每一个人都得到发展，而不只是注重一部分人，更不只是注重少数人的发展。

【真题回顾】(2021年上半年真题)

【单项选择题】中班的小林喜欢表现自己，组织能力比较强，王老师每次在开展表演时总让小林扮演主角。王老师的做法违背的素质教育要求是（   ）。

A. 促进学生全面发展　　　　　　B. 面向全体学生

C. 促进学生个性发展　　　　　　D. 培养学生的创新精神

【答案】B

【解析】素质教育的内涵中指出，素质教育是面向全体学生的教育。题干中小林组织能力强，王老师每次开展表演都找小林演主角，没有平等地对待全体学生。故选B。

2. 促进学生全面发展

素质教育强调培养学生在道德素质、科学文化素质、智能素质、身体素质、审美素质、劳动素质和心理素质等方面的全面发展。因为只有这样才能适应21世纪新经济时代的需要，以及社会进步和精神文明建设的需要。学校教育要注重培养学生在德、智、体、美、劳等方面全面发展，培养适合多元化社会需求的人才。

3. 促进学生个性发展，培养主动精神

素质教育虽然是全面发展的教育，但每一个学生都有个体差异，有不同的认识特征、兴趣爱好等，这就要求教育在关注学生共性的同时注重个体差异，因材施教，对于不同学生的不同发展需求，采取不同的教育模式，使他们的个性得到健康自由的发展。

实施素质教育应当尊重学生的主体地位，发展学生的主体意识和主动精神，使学生生动、活泼、主动地发展。素质教育要把学生当成知识学习和能力发展的主人，实施启发式教学，充分调动学生的积极性，让学生积极主动地参与到各项学习活动之中。

4. 促进学生提高创新精神和实践能力

创新是一个民族进步的灵魂，是国家兴旺发达的不竭动力。素质教育必须把创新教育

和基础知识教育相结合，重视培养学生的创新精神和实践能力。教师在重视培养学生创新精神的同时，还要改变那种只重视教授书本知识、忽视实践能力培养的现象。教育与生产劳动相结合，是培养全面发展人才的重要途径。

5. 着眼于学生的可持续发展

素质教育要着眼于学生的终身可持续发展。在教育的目标上，素质教育不仅重视学生现有的一般发展，而且重视培养学生自我发展的能力。因为只有具备了可持续发展的能力，掌握了终身学习的方法，才能使学生主动适应科技飞速发展的时代。

【真题回顾】(2020年下半年真题)

【单项选择题】下列对实施素质教育的理解不正确的是（　　）。

A. 更加重视学生的全面发展　　　　　B. 针对基础教育提出

C. 更加重视德育工作　　　　　　　　D. 针对提高国民素质提出

【答案】B

【解析】素质教育是全面发展的教育，是为实现人的全面发展而形成的一种新的教育理念，A、D项正确。在素质教育中，强调育人为本，德育为先，C项正确。素质教育是面向所有学生开展的教育，并非只针对基础教育，B项错误。故选B。

三、幼儿素质教育

（一）幼儿素质教育的概念

《幼儿园工作规程》指出，幼儿园的任务是"按照保育与教育相结合的原则，遵循幼儿身心发展特点和规律，实施德、智、体、美等方面全面发展的教育，促进幼儿身心和谐发展"，其中提及的"全面发展的教育""身心和谐发展"，归纳为一句话就是培养幼儿的综合素质，这就是幼儿素质教育的内涵。

（二）幼儿教育的特点

幼儿教育的特点一般表现为游戏化、生活化、潜在性、活动性和直接经验性、启蒙性。

1. 游戏化

游戏是幼儿的基本活动，是有益于幼儿身心方面发展、适合幼儿身心发展特点的活动。幼儿游戏是幼儿教育的重要环境。在游戏中，幼儿能够积极主动探索周围环境，主动与人交往，形成和发展各方面的能力。游戏就是幼儿的学习与工作，游戏活动最能充分地反映幼儿学习与发展的主动性。

2. 生活化

幼儿年龄的特点和身心发展的需要，决定着幼儿园教育目标及内容的广泛性，也决定了"保教合一"的教育教学原则。对于幼儿来说，除了学习认识周围世界、启迪心智外，还要学习基本的生活常识及做人所需要的态度和能力，如卫生习惯、生活自理能力、交往能力等。但是这样广泛的学习内容，不能仅仅靠幼儿园组织的教学活动完成，还需要在日常生活中贯穿学习，紧密结合幼儿的生活经验，才能被幼儿理解和接受。儿童只能在生活中进行学习，在交往中学习，因此幼儿园的课程应具有浓厚的生活化特征。

3. 潜在性

幼儿园教育是有目的、有计划的教育过程，幼儿园课程有着明确的课程目标和基本的学习领域，而这些主要体现在生活、游戏和其他幼儿喜欢的活动形式中。虽然幼儿园课程目的、内容、要求等都经过精心的设计，但幼儿不能意识到这些，幼儿更多的是感受环境、活动、材料和教师的行为，这正好体现了幼儿教育的潜在性。

4. 活动性和直接经验性

在幼儿阶段，主要通过感知运动和具体的形象思维来认识世界。只有在积累了大量的感性经验的基础之上，幼儿才能理解事物，才能对事物进行比较抽象和概括的认识。幼儿认知的活动性和直接经验性的特点，要求幼儿园教育活动要以幼儿主动参与为基本形式，因为对幼儿来说，只有在活动中的学习才是有意义的学习。

5. 启蒙性

幼儿教育的启蒙性主要是指幼儿教育的内容是基础的、简单的、初步的，主要培养幼儿各方面的兴趣，增长其初步经验，并不要求对其进行严格的知识技能训练。

（三）幼儿素质教育的重要性

幼儿素质教育的重要性主要体现在以下几个方面：

(1) 幼儿时期是智力开发的最佳时期。

美国心理学家杰明斯的研究指出，5 岁以前是智力发展最快的时期；对一个 18 岁的孩子所达到的正常的智力水平，其中 50% 的智力是 4 岁以前获得的，30% 是 4 ～ 8 岁获得的，20% 是 9 ～ 18 岁获得的。在儿童智力迅速发展的时期，早期教育的作用特别大，因为智力与教育以及社会环境是密切相关的，若在这个时期对孩子施以适当的早期教育，可以达到事半功倍的效果。

(2) 幼儿时期是人格健全的关键期。

幼儿教育对人的个性品质的形成具有重要作用。幼儿时期，孩子的个性品质开始萌芽并逐渐形成。这时孩子的可塑性强，自我评价尚未建立，往往以家长、老师的评价来评价自己。教育者如果能在这个时期对孩子施以正确的教育，好好引导，使其形成良好的个性、品质，对其一生都有重要影响；如果教育者引导方式不当，就会使其形成一些不好的个性、品质或行为习惯，以后就很难纠正。

(3) 幼儿时期是学校教育的准备期。

幼儿时期掌握的与人交往的社会交往技能以及良好的学习兴趣与习惯等，可以帮助幼儿更好地适应小学学校生活。而这些习惯的形成，需要贯穿于整个学前教育时期。因此，幼儿教育应当促进幼儿身心全面、和谐健康地发展，为进入小学学习做好准备。

(4) 幼儿时期是性教育的关键期。

3 岁左右的幼儿开始出现性别意识，处于特殊的性心理发育阶段，心理学上称这个阶段为性蕾期。如果男孩把自己看作女孩，在打扮、举止、表情上模仿女孩，就会成为女性化男孩；如果女孩把自己看作男孩，在打扮、举止、表情上模仿男孩，就会成为男性化女孩。这种现象称为性角色畸形。如果能正确引导，可以防止孩子发生性角色畸形。

（四）幼儿素质教育的实施途径

幼儿素质教育的实施途径主要体现在以下几个方面：

1. 树立正确的素质教育理念与办园目标

在新课改的背景下，幼儿教师必须改变传统的教育认知与观念，树立素质教育的新观念。园长与教师要面向全体幼儿，确立正确的办园目标与培养目标，在提高群体素质的同时，也不能忽视个体的素质，应该针对幼儿的差异因材施教。

2. 提高园长与教师队伍的水平

园长是幼儿园教育教学的管理者，是教师的榜样，要提高教师的素质，必须有高素质的园长。园长不但要成为幼儿园管理的高手，而且要成为幼儿园教育教学活动设计和组织的能手。

教育者的综合素质将直接影响到教育质量。也就是说，素质教育的成败，相当程度上取决于教师。要提高教师的综合素质，不仅要求教师更新教育观念，提高知识水平，还要具有高度的事业心与责任感，有开拓意识和创造精神等优良品质，有高尚的思想道德、崇高的精神境界，有高度的敬业、爱岗精神，严于律己，以身作则，为人师表。

3. 将素质教育落实到教学之中

如果不将素质教育落实到教学之中，那么素质教育只能是一个抽象的概念。幼儿素质教育可通过开展多种活动来实现：可以采用色彩鲜艳的、形象生动的直观教具，可以创设和谐的氛围和优美的教学环境，可以引导幼儿观察，可以与幼儿一起玩耍，同时在教学中注意多给幼儿提供动口、动手、动脑、动眼的机会。

4. 在日常生活中逐渐培养幼儿的素质

幼儿素质的提高，并不是一朝一夕之事，而需要潜移默化、循循善诱、循序渐进的培养，对幼儿的品德教育，要贯穿在教师的言行中，无论大小事，教师都要用自身良好的理想、信念、道德品质、言行举止去影响幼儿，做幼儿的楷模。

5. 幼儿园、家庭和社会相互配合

在对幼儿进行素质教育的过程中，还需要家庭和社会的配合。只有将三方面的力量结合起来，才能形成合力，保证幼儿健康茁壮成长。

6. 加强教育改革和课程设置

深化教育改革是教育转轨的最重要环节。具体来说，可以从教学方法、教学组织形式等方面进行改革。课程改革对素质教育的实现具有重要意义，它是完善素质教育体系的核心环节。

第二节　儿童观

考点分析

儿童观在历年考题中以单项选择题和材料分析题的形式为主，在材料分析题中，也常与教育观、教师观结合在一起考查。

儿童观考查的知识点主要如下表所示。

知识点	常见考点	要求掌握的程度
"育人为本"儿童观的内涵	幼儿是发展中的人	☆☆☆☆☆
	幼儿是独特的人	☆☆☆☆☆
	幼儿是完整的人	☆☆☆☆☆
"育人为本"儿童观的基本要求	以幼儿的全面发展为本	☆☆☆☆☆
	建立平等的师幼关系	☆☆☆☆☆
	公平对待每一个幼儿	☆☆☆☆☆
	因材施教	☆☆☆☆☆
幼儿身心发展的一般规律	方向性和顺序性、连续性和阶段性、不平衡性、个别差异性	☆☆☆
保教活动的设计原则	教育性原则、趣味性原则	☆☆

一、"人的全面发展"思想[①]

马克思关于人的全面发展的学说是我国确立教育目的的理论依据。马克思在《资本论》等著作中对这一学说进行了详细阐述。

(一)"人的全面发展"思想的概念

人的全面发展指的是人的劳动能力的全面发展,即人的智力和体力的充分、统一的发展,同时也包括人的才能、志趣和道德品质的多方面发展。

(二)"人的全面发展"思想的内涵

人的全面发展的思想主要源于马克思的人的全面发展理论,它是马克思主义的最高价值理想,是未来社会的价值目标,也是实现人的发展的最高理想境界。

马克思认为人的全面发展的内涵,主要包括人的劳动活动、劳动能力、社会关系、自由个性和人类整体的全面发展。

1. 人的劳动活动的全面发展

马克思在《1844年经济学哲学手稿》中指出:自由自觉地劳动是人类的特性,是人区别于动物的本质性活动; 正是在劳动中人类的存在才得以体现,人的本质才得以反映,人才成其为人。人通过劳动在改造客观世界的同时改造自己本身,在劳动的发展中获得自身的发展。人类社会发展的历史已经证明,人类在劳动中产生,人类因劳动的异化而异化,因劳动的解放而解放,因劳动的发展而发展。

---

① 魏勇刚.幼儿园教师资格考试:综合素质[M].微课版.北京: 人民邮电出版社,2017.

由此可知，人的全面发展必须建立在人的劳动活动全面发展的基础上。人的劳动形式的丰富和多样其实质是人的本质力量对象化的多维展现或生命活动外化范围和程度的扩大、提高。它反映和揭示了人的本质的全面提升，以及人对自身本质的全面支配。

2. 人的能力的全面发展

社会生产和社会关系的发展，归根到底是为了全面地拓展、提升人的一切能力，如人的体力、智力、自然力、道德力、现实能力和内在潜力等。因此，能力的发展在人的全面发展中具有重要的地位，它是人的全面发展的核心。

人的能力既包括体力，又包括智力；既包括从事物质生产的能力，又包括从事精神生产的能力；既包括社会交往的能力，又包括道德修养的能力和审美能力等。劳动促进才能得到全面发展，成为各方面都有能力的人。其中，体力和智力的发展，是人的能力的全面发展的主要内容，也是人的其他能力得以全面发展的基础和前提。

3. 人的社会关系的全面发展

人的劳动从来就是社会的劳动，因而人是社会的存在物，人总是在一定的社会关系中生存和发展。"社会关系实际上决定着一个人能够发展到什么程度"，个人的全面性就是"他的现实关系和观念关系的全面性"。从这一意义上说，人的全面发展就是人的社会关系的全面发展。一个人的发展取决于与他人之间的普遍的交往和全面的关系。因为只有进行普遍的交往才能扩大人的视野，才能形成人与人之间普遍的交往、全面的联系。

4. 人的自由个性的全面发展

人的个性，是个人的自我意识及由此形成的个人特有的素质、品格、气质、性格、爱好、兴趣、特长、情感等的总和。人的个性的全面发展，就是指这一"总和"的全面发展。自由个性的充分发挥，是人的全面发展的综合体现和最高目标，也是人的全面发展的根本内涵。个性即人的品质和风格，是人们在日常生活中所表现出来的体质能力、精神状态、心理倾向及行为特征的总和，它反映的是人的不断发展的特殊性和差异性。人的个性的发展程度表现为人的独立自主性、自觉能动性和独特创造性的发展程度。自觉能动性是个性的根本特征，创造性则是个性的最高表现，也是最活跃的因素。

5. 人的需要的全面发展

资本主义生产方式的建立和发展，使人的需要有可能向多方面发展。到了社会主义和共产主义社会，剥削制度被消灭，生产力高度发展，社会产品极大丰富，人的需要将呈现丰富性和多面性。

6. 人类整体的全面发展

马克思主义认为，个人的全面发展和人类整体的全面发展是相辅相成、不可分割的。一方面，没有个人的全面发展，就不可能有人类整体的全面发展；另一方面，个人的全面发展也只有在人类整体的全面发展中才能实现。真正的人的全面发展必须是人的素质的普遍提高，是全社会所有成员的共同发展，而不是部分阶级、阶层和个人的片面发展，更不是某一个体或社会集团的特殊嗜好的畸形扩张和繁衍。

（三）"人的全面发展"与素质教育的关系

人的全面发展思想与素质教育二者之间有着密切的联系。总的来说，人的全面发展是素质教育的目的，素质教育是实现人的全面发展的保障和措施。

1. 人的全面发展是素质教育的目的

教育不仅坚持对学生进行应用知识的传授，而且注重对学生能力的培养，注重开发学生的智慧和潜能，要求学生德、智、体、美、劳等诸方面并重，要求全面发展学生的生理素质、心理素质和文化素质，重视培养学生的自我发展能力、分析和解决问题的能力，尤其是素质教育重视全体学生，是真正的"全面发展"。所以说，人的全面发展是素质教育的目的。

2. 素质教育是实现人的全面发展的重要途径

要使受教育者获得全面发展，就必须不断提高受教育者的综合素质，而无论是个人还是整个民族综合素质的提高，都离不开教育。良好的教育是提高个人和社会整体素养的重要手段。要实现人的全面发展，就必须实施多方面的教育，促进个人在德、智、体、美、劳等诸方面的全面发展。所以说，素质教育是实现人的全面发展的重要途径。

3. 素质教育体现了人的全面发展和个性化的统一

人类的社会发展以人的自由全面发展为最终归宿。因此，教育的方针和目的最终也要转变到以人为中心，为人的全面发展服务上来。素质教育不但要促进人的全面发展，而且要在此基础上，针对受教育者的个性特征展开教育，使人的全面发展与其兴趣爱好结合起来，促进个人的特长得到最大程度的发展，从而实现人人都能尽其才的目的。

（四）幼儿全面发展教育

对幼儿实施全面发展教育，是我国幼儿教育的基本出发点，也是我国幼儿教育法规定的幼儿教育的任务。

1. 幼儿全面发展教育的含义

幼儿全面发展教育，是指以幼儿身心发展的现实与可能为前提，以促进幼儿在德、智、体、美等诸多方面全面和谐发展为宗旨，并以适应幼儿身心发展特点和规律的方式、方法、手段加以实施的，着眼于培养幼儿基本素质的教育。

2. 幼儿全面发展教育的意义

《幼儿园工作规程》指出：幼儿园的任务是贯彻国家的教育方针，按照保育与教育相结合的原则，遵循幼儿身心发展特点和规律，实施德、智、体、美等方面全面发展的教育，促进幼儿身心和谐发展。

1) 德、智、体、美四育的意义

(1) 德育教育的意义。幼儿期是个性开始形成的时期，对幼儿实施德育是幼儿个性发展的需要。良好的个性品质对人一生的成长和发展都起着十分重要的作用。在很大程度上，幼儿的思想品质和道德素养代表未来社会的文明程度，对我国未来的社会风貌、民族精神会产生不可估量的影响。

(2) 智育教育的意义。幼儿期是大脑发育最快的时期，智力的早期开发是幼儿发展的需要。智育在开发幼儿智力的同时，还能培养幼儿良好的智力品质，激发幼儿对知识探索的兴趣与欲望，启迪幼儿的智慧，帮助幼儿逐步学会学习、学会认知，为其今后不断地、主动地获取新知识、创造新知识打好基础。开发智力也是适应社会发展对个体要求的需要。

(3) 体育教育的意义。在幼儿个体发展中，生命的健康存在是幼儿一切发展的基础和前提。同时，幼儿的健康水平从一定程度上影响着一个国家和民族的健康水平。重视幼儿体育有利于提高全民族的身体素质。

(4) 美育教育的意义。美育通过艺术形象的魅力，潜移默化地感染和熏陶幼儿的心灵，使幼儿在感受美的同时，发展积极向上的精神和活泼开朗的性格，并产生美好的情感和情绪体验。

2) 德、智、体、美四育的关系

在幼儿的发展中，德、智、体、美四育具有各自独特的作用和价值，不能相互取代。几个方面统一于幼儿个体的身心结构之中，德、智、体、美任何一方面的发展都与其他方面的发展相互促进、相互渗透、相互制约，不可分割。对于幼儿的全面发展来说，不能偏废任何一方面，否则将影响其他方面的发展。

【真题回顾】(2019 年上半年真题)

【单项选择题】某幼儿园为打造以艺术为特色的园本课程，决定将 70% 的课程安排为音乐、美术、舞蹈等内容。该幼儿园的做法 (　　)。

A. 正确，有利于凸显幼儿园特色

B. 不正确，不利于幼儿知识学习

C. 正确，有利于培养幼儿艺术特长

D. 不正确，不利于促进幼儿全面发展

【答案】D

【解析】幼儿园发展中要促进幼儿德、智、体、美全面发展。题干中幼儿园打造艺术特色的出发点是正确的，但是在实施的过程中将 70% 的活动内容都设计为音乐、美术、舞蹈等，体现了整个教育侧重于美育的发展，忽视了幼儿其他方面的发展。

二、"育人为本"的儿童观

教育科学发展的本质要求，是把育人为本作为教育工作的根本要求。育人为本是幼儿教育的生命和灵魂，是幼儿教育的本质要求和价值诉求。

(一)"育人为本"的概念

育人为本，是以培养人才为学校的根本任务，以幼儿为主体，促进幼儿的全面发展，培养社会主义建设所需要的合格建设者和接班人的教育理念，是以人为本在教育工作中的集中体现，也是教育工作的根本要求。

(二)"育人为本"的内涵

"育人为本"的内涵主要体现在以下几个方面：

1. 坚持以人为本，全面实施素质教育

以人为本的核心是解决好培养什么人、怎样培养人的重大问题，重点是面向全体学生、促进学生全面发展，着力提高学生服务国家、服务人民的社会责任感、勇于探索的创新精神和善于解决问题的实践能力。以人为本是教育改革和发展的战略主题，是贯彻党的教育方针的时代要求。坚持以人为本，就需要在教育工作中全面实施素质教育。

2. 坚持以人的全面进步和发展为本

育人为本教育思想的实质，就是坚持以人的全面进步和发展为本，把人作为社会主体

和中心，在社会发展中以满足人的需要、提高人的能力、提升人的品质、实现人的全面发展为终极目标；就是重视人本身的发展，将个体的全面发展与个性发展统一起来，将个体的人文精神与科学精神的养成统一起来，使之能够在复杂多元、快速多变的社会环境中正确进行知识选择和创新。

3. 坚持以满足人民群众的需要为本

教育的发展必须不断满足人民群众日益增长的科学文化教育需要，特别是要满足人民群众渴望子女接受优质教育的需要，切实保障人民群众及其子女接受良好教育的权益，努力办好让人民满意的教育，办好让人民满意的学校，让教育发展的成果惠及全体人民，真正体现出发展为了人民、发展依靠人民、发展成果由人民共享。

4. 关注每个人接受教育机会的公平性

所谓机会均等，是指人人在教育活动和过程中都享有同等的受教育机会。让所有人都能够享有公平的受教育机会是教育最崇高的理想。教育公平是社会主义教育的本质要求。保障人人享有公平的受教育权利和机会，使全体人民学有所教，是教育工作义不容辞的责任。

5. 满足每个人接受教育的个性需要和期望

教育的最高境界是满足每个人的个性需要和他们的期望。育人为本的教育思想要求教育既要了解社会和文化的多样性，也要了解到每个人、每个学生都有着不同的个性，使教育能够满足每一个学生的需求和他们的期望。

（三）"育人为本"的儿童观的概述

在幼儿的教育过程中，师幼关系是一种特殊的人际关系。作为教师，应树立全新的儿童观，用新的儿童观来指导自己的教育工作，培养适合社会发展的高素质人才。

1. "育人为本"的儿童观的概念

"育人为本"的儿童观，是以幼儿的发展为核心，承认幼儿是学习的主体、每个幼儿都有潜力、幼儿是完整的个体，充分尊重、关心、理解每个幼儿，根据幼儿的不同特点教育和引导幼儿学习、生活，帮助他们健康成才，从而为他们一生的发展奠定坚实的基础。

2. "育人为本"的儿童观的内涵

"育人为本"的儿童观的内涵，主要包含以下方面：

(1) 幼儿是发展中的人。幼儿是发展中的人，要用发展的观点认识幼儿。幼儿的身心发展速度极快，变化很大，因此为具有未定型性。教师不能以静止的观点看待幼儿现有的身心特点和水平，而要以发展的眼光看待幼儿。幼儿的身心发展虽然很快，但他们还处于人生发展初期，具有幼稚性，极易受到伤害，所以幼儿教师应努力地呵护、照料和关心他们。

(2) 幼儿是独特的人。由于遗传、环境、教育等方面的影响，每个幼儿身心发展的速度都各不相同，其身心素质的组合特征也不同。每个幼儿与外界相互作用的方式、风格等都不同，都有其优势领域和劣势领域，智力特点受到文化和家庭的影响。教师应当将幼儿看成独特的个体，因材施教，促进幼儿的全面发展。

【真题回顾】(2020 年下半年真题)

【单项选择题】幼儿园里，有的孩子活泼，有的孩子沉默；有的孩子喜欢画画，有的孩子喜欢唱歌。关于导致这种个体发展差异的原因，下列说法不正确的是(   )。

A. 家庭教育和幼儿园教育决定了幼儿发展个体差异

B. 遗传素质的差异性对人的发展有一定的影响

C. 个体通过能动的活动选择、建构着自我发展

D. 环境的给定性与主体的选择性相互作用

【答案】A

【解析】幼儿发展个体差异性受多种因素的相互作用，遗传素质的差异性、个体主观能动性、环境的给定性都可以导致幼儿个体发展的差异性。幼儿发展个体差异并不是单纯由家庭教育和幼儿园教育决定的，故 A 项错误。故选 A。

(3) 幼儿是完整的人。幼儿机体的各个部分相互联系、不可分割，幼儿心理的各个方面也相互影响、相互制约，幼儿的生理和心理是完整和谐发展的整体。因此，幼儿教师必须高度重视幼儿在身体、认知、品德、情感、个性等方面的整体发展。

(4) 幼儿是学习的主体。幼儿是受教育的主体，但幼儿在受教育过程中并不是对教师的完全盲从，而是具有在教育活动中的主观能动性和自我教育的可能性。现代教育强调幼儿既是教育的客体，也是实施教育的对象，同时也是教育的主体。幼儿在教育活动中具有主观能动性和自我教育的可能性，幼儿的学习和发展是一个主动构建的过程。

(5) 幼儿是权利的主体。幼儿是权利的主体，意味着把幼儿看作与成人人格平等、具有相同的社会地位、享受基本人权的、人格独立的人，是拥有权利并能行使自己权利的自由主体。

按照联合国《儿童安全公约》的精神，幼儿享有的基本权利有生存权、受保护权、发展权和参与权等。幼儿的权利反映了幼儿在社会关系中的地位，是幼儿作为主体的一种资格，是被社会意识或社会规范认为是正当的行为自由。

幼儿和成人一样平等地拥有法律保护的权利。但是幼儿是发展中的人，身心处于发育成熟的过程中，与成人相比在体力、心理上处于弱势，这就决定了幼儿作为权利主体的特殊性。一是幼儿权力的行使需要社会的教育和保护，二是幼儿作为权利主体拥有权利，不连带与成人一样的责任和义务。

3. 幼儿身心发展的一般规律

(1) 幼儿身心发展具有方向性和顺序性。正常情况下，幼儿的发展具有一定的方向性和顺序性，既不能逾越，也不会逆向发展，按由低级到高级、由简单到复杂的顺序进行。如身体动作的发展，遵循自上而下、由躯体中心向外围、从粗动作到细动作的发展规律；幼儿体内各大系统成熟的顺序是神经系统、运动系统、生殖系统；大脑各区成熟的顺序是枕叶、颞叶、顶叶、额叶。

幼儿身心发展的这种顺序性具有方向性和不可逆性，是不以人的意志为转移的客观存在。因此，幼儿教育要循序渐进，由浅入深、由少到多、由易到难。

(2) 幼儿身心发展具有连续性和阶段性。幼儿心理的发展是一个不断的运动过程，是一个不断从量变到质变的发展过程。幼儿心理发展的连续性表现在：先前的较低级的发展是后来较高级的发展的前提。幼儿心理时刻都在发生量的变化，随着量变的积累，到了一定程度，就会发生"质变"，从而使幼儿心理发展呈现出"阶段性"。幼儿身心发展的阶段性，是指幼儿在不同年龄阶段表现出来的某些稳定的、共同的典型特点。

幼儿身心发展的连续性和阶段性，要求教育工作必须根据不同年龄阶段幼儿的特点分阶段进行，注意每个年龄阶段之间的衔接和过渡。

(3) 幼儿身心发展具有不平衡性。人的发展不是匀速前进的，学前期和青春期是发展的两大加速期。在学前期的不同时间内，幼儿的发展速度也不同。幼儿年龄越小，发展的速度就越快，这是学前期儿童心理发展的规律。关键期和危机期就是发展不平衡的表现。

关键期也叫敏感期或者临界期，指的是幼儿各种心理机能的发展有一个最佳年龄段。如果在这个最佳年龄段为幼儿提供适当的条件，就会有效促进这方面的发展，如果错过了这一时期，将来就很难弥补。危机期是指幼儿在某些特定的年龄时期，幼儿心理常常发生紊乱，表现出各种否定和抗拒的行为，如有人认为3岁、7岁、11～12岁是发展的危机年龄。另外，学前儿童心理活动各个方面的发展也不平衡，例如，感知觉在出生后发展迅速，而思维的发生则要经过相当长的孕育过程。

幼儿身心发展的不平衡性要求教育教学要抓住关键期和危机期，以便在最短的时间内取得最佳的效果。

(4) 幼儿身心发展具有个别差异性。幼儿身心发展的个别差异性，是指在幼儿发展具有整体共同特征的前提下，每个幼儿的身心发展，在表现形式、内容和水平方面，都具有独特之处。这种表现在个体发展方面的差异性，来源于个体遗传素质和生活环境的差别。例如，相同年龄的幼儿，在身高方面有明显的高矮之分，注意力的持久性、知觉的广度也有明显的差异。

幼儿发展过程中表现出的个别差异性，虽然在一定程度上受到生物因素的影响，但更多的还是受环境和教育的影响。这一特点也要求在教育教学中因材施教。

【真题回顾】（2022年上半年真题）

【单项选择题】一所幼儿园基于"数字化育人"办学理念，建立起"过程性数据"与"关键事件"相结合的幼儿发展评价信息系统，用以跟踪幼儿个体的成长过程，该做法体现的幼儿发展特点是（　　）。

A. 顺序性　　　B. 独特性　　　C. 自主性　　　D. 创造性

【答案】B

【解析】本题考查儿童身心发展的规律。题干中幼儿园建立幼儿发展评价信息系统，用以跟踪幼儿个体的成长过程，了解幼儿个体的差异性，这种做法体现的幼儿发展特点是独特性。A、C、D三项不符合题意，故选B。

4."育人为本"的儿童观的基本要求

(1) 以幼儿的全面发展为本。以幼儿的全面发展为本，包含两个方面：一是以幼儿的个性为本，幼儿园教育要从幼儿的个性和爱好出发，给幼儿留有自我发挥的空间；二是要在以幼儿为本的基础上给幼儿充分的指导，遵循幼儿的个性发展规律，有目的、有计划、有组织地培养幼儿。

(2) 建立平等的师幼关系。幼儿的人格与教师的人格是平等的，人格需要尊重和保护。教师往往容易受到传统的师道尊严的影响，形成盲目自尊、无视幼儿的人格，突出表现为师幼关系的不平等。因此，教师必须尊重幼儿的人格，才能建立一种平等的师幼关系。

【真题回顾】(2019年上半年真题)

【单项选择题】午餐时，幼儿辰辰翘着椅子坐，在椅子上摇来摇去，东倒西歪。对此，王老师恰当的说法是(　　)。

A."辰辰，不准玩椅子！"　　　　B."辰辰，你有多动症吗？"

C."辰辰，请坐好，椅子会坏的！"　　D."辰辰，请坐好，你会摔跤的。"

【答案】D

【解析】在教育教学过程中，教师要树立"育人为本"的儿童观，与儿童交流时需要尊重幼儿的思想意愿。选项A，不准玩椅子，这是一种命令的口气。选项B，是不尊重幼儿的表现。选项D相比选项C，侧重关注幼儿。在幼儿园应把安全放在工作的首位。故选D。

(3) 理解和宽容幼儿。幼儿是成长中的人，在他们的身上或多或少会有一些缺点和错误，需要教师的引导、帮助、教育。教师要理解、宽容幼儿，给予他们更多的关注，引导幼儿健康成长。

(4) 公平对待每一个幼儿。素质教育的理念强调每个幼儿都是独立的、平等的个体，公平对待每一个幼儿是以人为本的本质要求。因此要求教师做到一视同仁、正视差异，不以个人的私利和好恶作为评价的标准；体谅宽容幼儿的行为；给幼儿提供更多的发展机会。

(5) 因材施教。在教学中，教师面对的是千差万别的独立个体，教育要真正做到"以人为本""以幼儿为本"，就必须因材施教。教师在教学中要有针对性地进行教学，发挥幼儿的长处，弥补幼儿的不足，激发幼儿学习的兴趣，树立幼儿学习的信心，从而促进幼儿全面发展。

【真题回顾】(2016年上半年真题)

【单项选择题】为体现"幼儿为本"的教育理念，教师不正确的做法是(　　)。

A.尊重幼儿人格　　　　　　B.为幼儿提供适合教育

C.调动幼儿的主动性　　　　D.让幼儿主动选择课程

【答案】D

【解析】以幼儿为本，就是要尊重幼儿的人格，尊重幼儿的主体地位，调动幼儿的主动性，促进幼儿个性发展。D选项是让幼儿主动选择课程，是不正确的，因为幼儿的自主性比较弱，还不具备主动选择课程的能力。故选D。

三、丰富多样的保教活动

(一) 保教活动的设计原则

1. 教育性原则

教育性原则指教师在组织幼儿活动过程中发挥各种因素的教育功能、作用以及影响，如目标的教育功能、知识内容的教育功能、环境的教育功能等。在知识的选择上，要选择积极正面的内容，让幼儿在获得知识的同时，发展良好的道德情感和审美情感，形成对周围事物的正确态度。

2. 思想性原则

思想性原则指教师应注意帮助幼儿正确地认识事物，形成正确的概念，并且结合幼儿思想实际，有意识地、自然地对幼儿进行思想品德的教育。幼儿园阶段应把品德教育放在重要位置，培养幼儿良好的品德习惯。

3. 趣味性原则

在教育活动中，教师必须确保保教环节充满趣味，以引起幼儿浓厚的学习兴趣，激发学习的积极性和求知欲，使幼儿处于愉快的气氛中；注意根据保教内容和幼儿的实际，恰当运用直观的手段、生动形象的语言，增加保教的趣味性；要根据幼儿的年龄特点选择游戏，让孩子在游戏中学习，同时，教师要以饱满的热情和浓厚的兴趣，投入到教育活动中去感染、鼓舞幼儿。

4. 实践性原则

教师要创设各种情景，组织各种活动，使幼儿在原有基础上，通过各种形式不断练习，多次重复，在实践活动中巩固和提高。好习惯的培养，需要幼儿每天践行落实。

5. 渗透性原则

将教育渗透到各种游戏之中，渗透到一日生活之中，渗透到物质与精神环境之中，渗透到家庭教育之中，做到事事、时时、处处皆能使幼儿接受到生动且规范的教育。教师应有随机教育的意识，要善于利用各种条件对幼儿进行教育。

（二）保教活动的内容设计

《幼儿园教育指导纲要（试行）》明确指出："幼儿园的教育内容是全面的、启蒙性的，可以相对划分为健康、语言、社会、科学、艺术等五个领域，也可作其他不同的划分。各领域的内容相互渗透，从不同的角度促进幼儿情感、态度、能力、知识、技能等方面的发展。"

1. 健康领域

健康领域中的身体保健部分包括生活习惯、饮食与营养、人体认识与保护、保护自身安全四个方面。身体锻炼部分包括身体基本活动技能、身体素质和基本体操三个方面。

2. 语言领域

语言领域包括谈话、讲述、听说游戏、文学作品和早期阅读五个方面。

3. 社会领域

社会领域包括社会环境、人际关系、社会行为规范和社会文化四个方面。

4. 科学领域

科学领域包括数学与科学两部分：数学部分包括分类、排序与对应，10以内的数及其加减，几何形体，量，空间和时间； 科学部分包括自然现象、物质世界及其相互关系、常用的科技产品及其对人类的影响和人体的奥秘及保护等。

5. 艺术领域

艺术领域包括音乐和美术两部分。音乐部分包括唱歌、韵律活动、打击乐器演奏和欣赏四个方面。美术部分包括绘画、手工和欣赏三个方面。

（三）保教活动的组织形式

幼儿园保教活动的组织形式主要有集体活动、小组活动及个别活动。

1. 集体活动

集体活动是全班幼儿参加的教育活动，是一种传统的组织形式。集体活动的优点是有利于提高活动效率和进行集体教育，缺点是不便于照顾幼儿的个别差异。

2. 小组活动

小组活动是部分幼儿参加的教育活动，其优点是有利于教师对幼儿的观察、了解，因材施教；有利于幼儿交往、商讨、合作，能给幼儿提供更多的表现机会，减少等待。划分小组的方式有多种：可以按幼儿的发展水平分组，也可以按幼儿的兴趣分组，还可以按操作材料的种类和数量分组，换组操作，轮流尝试。在小组活动中，可以同时开展几组活动，教师轮流指导或以指导某一组为主，兼顾其他各组。

3. 个别活动

个别活动是指幼儿自我探索活动或教师对幼儿的个别教育活动。个别活动的优点是可以满足每个幼儿的兴趣需要，使幼儿充分展现个性，学习自我管理，便于因人施教。这种组织形式易出现的问题是：易出现偏爱、溺爱等现象，教师应注意做到平等对待每个幼儿。

第三节　教师观

考点分析

教师观在历年考题中以单项选择题和材料分析题的形式为主。在材料分析题中，也常与教育观、儿童观结合在一起考查。

教师观考查的知识点主要如下表所示。

知识点	常见考点	要求掌握的程度
幼儿教师的职业角色	支持者、合作者、指导者、示范者、研究者	☆☆☆☆
幼儿教师劳动的特点	创造性、示范性	☆☆☆
幼儿教师的专业发展	幼儿教师专业发展的基本理念：师德为先、幼儿为本、能力为重、终身学习	☆☆
	幼儿教师专业发展的途径	☆☆

一、幼儿教师的职业概述

幼儿是国家的未来，幼儿教师担负着促进下一代健康成长的光荣任务，对幼儿教师的职业认识，有助于全面了解幼儿教师工作，更好地促进教师提高其自身素质。

（一）幼儿教师的概念

幼儿教师是指在幼儿教育机构中对 0～6 岁的儿童实施教育影响的专职工作人员。幼儿教师担任着多重角色，其最大特点是职业角色的多样性。

（二）幼儿教师的职业角色

幼儿教师的职业角色多样性主要体现在以下几个方面：

1.幼儿学习活动的支持者

在幼儿园中，幼儿教师为幼儿提供的支持包括物质和心理两方面：物质上的支持包括创造丰富的物质环境；心理上的支持主要是指教师关怀、尊重和接纳幼儿。只有教师为幼儿创设丰富的物质环境和宽松的心理环境，幼儿才能进一步学习、实践和探究。

2.幼儿学习活动的合作者

幼儿教师要以"合作伙伴"的身份参与到幼儿的学习活动中去，这样有利于淡化甚至消除传统的"教师在上、幼儿在下"的师幼关系，变"填鸭式"的活动为合作探究的学习氛围。直接或间接地抛给幼儿一些问题，与幼儿一起深入探讨，要比教师居高临下的"教给"更有利于促进幼儿的学习与发展。教师应主动与幼儿合作，形成合作探究式的师幼互动。

3.幼儿学习活动的指导者

幼儿教师必须依照明确的教育目的，对幼儿施加具体、有效的学习指导，以促进幼儿身心健全地发展。幼儿教师的指导体现在很多方面：提供新玩具、教具，引导幼儿关注新的对象，发现新的问题，找到更好的解决问题的办法，产生新的兴趣和探索的目标与动力；还可以用语言、动作、作品、环境等多种方式引导幼儿的学习。教师要以多种形式有目的、有计划地引导幼儿生动、活泼、主动地参与教育活动。

4.幼儿的榜样和示范者

教师的一言一行都受到幼儿关注，同时也让幼儿在潜移默化中受到影响，幼儿教师应衣着整洁、美观大方，行为举止文雅有修养，待人和气有礼貌，有良好的生活作风和习惯。另外，幼儿园教育教学活动中，教师需要进行很多必要的示范，幼儿教师必须掌握并不断提高普通话、绘画、钢琴、跳舞等方面的专业技能，才能更标准地为幼儿做好示范。

5.幼儿生活中的"母亲"角色

幼儿教师要像母亲一样，热情地对待、关心、照顾每一位幼儿，随时注意观察幼儿的情绪及身体状况；及时与幼儿交谈，用细心、耐心和爱心给予幼儿母亲般的关怀和照顾；让幼儿感到幼儿园集体的温暖和母爱的存在，从而更安心、愉快地在幼儿园中生活和学习。

6.学习者和研究者

幼儿教师要在工作中进行自我观察、记录、反思，用敏锐的眼光发现问题，对幼儿进行研究，对课程、教学和游戏进行研究，不断地将经验上升到理论的层面，提高行动质量，改进实际工作。

（三）幼儿教师劳动的特点

幼儿教师的劳动特点是在幼儿教师职业活动过程中形成和体现出来的，并且在很大程度上反映的是幼儿教师职业的特点。

1. 复杂性

幼儿教师劳动的复杂性主要表现在以下两个方面：

(1) 劳动对象的差异性。幼儿教师的劳动对象是幼儿，他们不仅有着不同的生活背景、个性差异、遗传因素等，而且处在快速成长和变化的时期。因此，幼儿教师不仅要对全体幼儿实施相同的课程计划、课程标准，还要根据每个幼儿的实际情况因材施教，实施有差别的教育教学。

(2) 教育目的的全面性。幼儿教师劳动的目的是促进幼儿的全面发展。要实现这一目的，教师不仅要向幼儿传授文化科学知识和基本技能，还要培养他们形成高尚的道德品质，养成良好的行为习惯等。

【真题回顾】（2022 年下半年真题）

【单项选择题】班级里有的幼儿活泼，有的幼儿内向；有的幼儿喜欢画画，有的幼儿喜欢唱歌；有的幼儿家来自农村，有的幼儿来自城市。这给刘老师的工作带来较大的挑战。这表明刘老师的劳动具有（　　）。

A. 多样性　　　　　　　　　　B. 示范性

C. 个体性　　　　　　　　　　D. 复杂性

【答案】B

【解析】本题考查教师观中教师的劳动特点。题干中幼儿的性格、兴趣和来源地各不相同，刘老师需要围绕众多有个体差异的幼儿开展教育教学工作，这表明刘老师的劳动具有很大的复杂性。故选 B。

2. 创造性

幼儿教师劳动的创造性主要体现在以下三个方面：

(1) 因材施教。幼儿教师面对的劳动对象是多样的、复杂的，教师必须针对每个幼儿的特点，灵活地运用教育原则，采用不同的教育教学方法，使每个幼儿都能扬长避短，健康发展。

(2) 教育方法不断更新。教育是一种培养人的活动，需要按照一定的社会要求有目的有计划地进行，但它绝不是单纯模仿或机械重复，幼儿教师要根据实际情况的变化，结合自己对教育方针、培养目标以及教材的理解，不断改进和完善教学内容。

(3) 幼儿教师需要"教育机智"。"教育机智"是教师处理教育教学活动中突发或偶发事件的一种特殊能力。在教育教学过程中，教育情境是不断变化的，幼儿教师在指定计划时要留有余地，针对教育教学过程中的随机事件或意外情况，能迅速而正确地做出判断，随机应变，因势利导，及时采取恰当而有效的教育措施解决问题。

3. 示范性

幼儿教师的示范性是指教师的言行举止会成为幼儿仿效的对象，教师的人品、才能、治学态度等都可成为幼儿学习的楷模。由于幼儿具有向师性、模仿性、可塑性等特点，教师的一言一行都会对幼儿产生潜移默化的影响。因此，幼儿教师应充分重视示范性的价值，严于律己，以身作则。

【单项选择题】王老师在给孩子们讲故事时，讲到"大象用鼻子把球卷起来"时，用手做出"卷"的动作；说到"大象把球扔到河里去了"，又用手做出"扔"的动作，孩子们跟着做动作，脸上洋溢着笑容。这体现出教师劳动的什么特点？（　　）

A. 复杂性　　　　　　　　　　B. 示范性

C. 长期性　　　　　　　　　　D. 创造性

【答案】B

【解析】教师通过自身的动作引导幼儿理解故事内容，体现出了教师劳动的示范性。故选 B。

4. 长期性

幼儿教师的劳动不是一种短期见效的行为，而是一种具有长期性特点的特殊劳动过程。

(1) 人才培养的周期长、见效慢。幼儿教师劳动的任务是培养社会所需要的人，而人的成长是一个长期的过程，这就表明教师劳动要付出长期的、大量的艰辛劳动，而且，幼儿教师对幼儿所施加的影响，往往要经过很长的时间才能见到效果，教育的成效只能在幼儿未来发展的成就上体现出来。

(2) 教师对幼儿的影响具有长期性。教师对幼儿的影响不会随着幼儿学业的结束而消失，而是会在幼儿长期的实践中更趋于完善和成熟。教师引导幼儿在德、智、体、美、劳诸多方面打下的基础，往往会影响幼儿的一生，成为他们终身发展的宝贵财富。

5. 群体和个体的统一性

教师的劳动主要是以个体劳动的形式进行的，在一定的目标上，具有很强的个体性特点，教师的劳动从劳动手段角度讲主要是以个体劳动的形式进行的。同时，教师的劳动成果又是集体劳动和多方面影响的结果。这就要求教师既要协调好影响幼儿身心发展的综合环境，特别是处理好自身与教师群体的关系，又要不断提高自身的思想修养和业务水平。

二、新课改背景下的现代教师观

自新一轮基础教育课程改革（简称"新课改"）以来，人们对教师在基础教育新课程发展中的地位和角色等问题的认识产生了很大的变化，教师观也随之发生了变化。

（一）教师观的概念

教师观，是指关于教师职业的基本观念。教师观有狭义和广义之说：广义的教师观，是指人们对教师职业的认识、看法和期望的反映；狭义的教师观，是指教师对教师职业的特点、责任、教师的角色以及科学履行职责所必须具备的基本素质等方面的认识。

（二）现代教师观的内容

1. 教师职业角色的转变

(1) 教师由知识的传授者转变为学生学习的指导者和学生发展的促进者。教师是促进者，是指教师改变了过去单一的知识传授者这一核心角色，而是转变为促进以学习能力为重心的学生整个个性的和谐、健康发展。教师作为学生学习的促进者是教师最明显、最直接、最富时代的角色特征，也是教师角色的核心特征。

(2) 教师从课程的忠实执行者转变为课程的建设者和开发者。新课程倡导民主、开放、科学的课程观念，同时确立了国家课程、地方课程、校本课程三级课程管理体制，要求教师必须与教学相互整合，教师必须在课程改革中发挥主体性作用，不能只是课程的执行者，更应成为课程的建设者和开发者。

(3) 教师要从"教书匠"转变为教育教学的研究者和总结、创新的实践者。教师在教学过程中要以研究者的心态置身于教学情境之中，以研究者的眼光审视和分析教学理论与教学实践中的各种问题，对出现的问题进行探究，对积累的经验进行总结，使其形成规律性的认知。

(4) 教师要从学校的教师转变为社区型的开放的教师。新课程特别强调学校与社区的互动，重视挖掘社区的教育资源。在这种情况下，教师的教育工作不能局限于学校、课堂，教师的角色必须从专业型教师、学校型教师，拓展为"社区型"教师。教师的角色是开放的，教师要特别注重利用社区资源来丰富学校教育的内容。

2. 教师职业行为的转变

(1) 在对待师生关系上，新课程强调尊重、赞赏。"为了每一位学生的发展"是新课程改革的核心理念，为了实现这一理念，教师必须尊重每一位学生做人的尊严和价值，尤其是对于学习成绩不好的学生和有缺点、过错的学生。尊重学生还意味着不能伤害学生的自尊心，要求教师不能体罚学生，不大声训斥学生，不羞辱、嘲笑学生，不随意当众批评学生。此外，教师在尊重学生的基础上，还要学会赞赏每一位学生。

(2) 在对待教学关系上，教师应引导学生学习。教育的本质在于引导，引导的特点是含而不露，指而不明，开而不达，引而不发；引导的内容不仅包括方法和思维，也包括价值观和做人。

(3) 在对待自我上，强调反思与终身学习。新的幼师教育的基础教育类课程强调反思，按教学的进程，教学反思分为教学前、教学中、教学后三个阶段。教学反思是教师专业发展和自我成长的重要因素，促使教师形成自我反思的意识和自我监控的能力。

(4) 在对待与其他教育者的关系上，教师应加强合作。新的幼师教育的基础教育类课程强调课程的综合性，这种趋势特别需要教师之间的合作。不同年级、不同学科的教师要相互配合，齐心协力地培养学生。每个教师不仅要教好自己的学科，还要主动关心和积极配合其他教师的教学，从而使各学科、各年级的教学有机融合、相互促进。

三、幼儿教师的专业发展

建设一支高素质的教师队伍是治园之本，是幼儿园的核心，促进教师队伍专业化成长是幼儿园发展的重中之重。

(一) 幼儿教师专业发展的内涵

1. 幼儿教师专业发展的概念

《中华人民共和国教师法》中明确规定：教师是履行教育教学职责的专业人员。首次从法律上确认了教师的专业地位。

幼儿教师的专业发展，是指幼儿教师在其职业生涯当中，习得幼儿教育的专门知识与技能，内化幼儿教育的专业规范，形成幼儿教育的专业精神，表现专业自主性并实现其专业责任的过程。

2.幼儿教师专业发展的基本理念

《幼儿园教师专业标准（试行）》（以下简称《专业标准》），是国家对合格幼儿园教师专业素质的基本要求，当中明确了幼儿园教师专业发展的基本理念，主要表现如下：

(1) 师德为先。幼儿教师应热爱学前教育事业，具有职业理想，践行社会主义核心价值体系，履行教师职业道德规范；关爱幼儿，尊重幼儿人格，富有爱心、责任心、耐心和细心；为人师表，教书育人，自尊自律，做幼儿健康成长的启蒙者和引路人。

(2) 幼儿为本。幼儿教师应尊重幼儿权益，以幼儿为主体，充分调动和发挥幼儿的主动性；遵循幼儿身心发展特点和保教活动规律，提供适合的教育，保障幼儿快乐健康成长。

【真题回顾】（2023年上半年真题）

【单项选择题】在建构区，中班幼儿东东一直搭不好拱形桥，不停地把积木拉倒重来。对此，李老师恰当的说法是（ ）。

A."宝贝，我来帮助你！"　　　　B."试试不同的积木，你一定行！"
C."注意拱形桥的对称与平衡！"　D."不搭拱形桥了，搭其他的吧！"

【答案】B

【解析】处于幼儿阶段的孩子，身心发展不成熟，教师在进行教学时，需要考虑到幼儿的接受能力，幼儿如果不能很好地完成相关的活动，可以尝试让他们换个方式去完成，这也可以体现量力性教学。题干中"中班幼儿东东一直搭不好拱形桥，不停地把积木拉倒重来"，教师可以让幼儿尝试用其他的方式来完成活动任务，符合幼儿的接受能力。B项正确。

(3) 能力为重。幼儿教师应把学前教育理论与保教实践相结合，突出保教实践能力；研究幼儿，遵循幼儿成长规律，提升保教工作专业化水平；坚持实践、反思、再实践、再反思，不断提高自身专业能力。

(4) 终身学习。幼儿教师应学习先进学前教育理论，了解国内外学前教育改革与发展的经验和做法；优化知识结构，提高文化素养；具有终身学习与持续发展的意识和能力，做终身学习的典范。

【真题回顾】(2014年上半年真题)

【单项选择题】李老师认真学习《幼儿园教师专业标准（试行）》，并制订了自己的专业发展规划。李老师的做法体现了( )。

A.终身学习的理念　　　B.针对基础教育提出
C.良好的沟通能力　　　D.高超的教育技能

【答案】A

【解析】幼儿教师要具有终身学习的理念，表现为：学习先进的学前教育理论，了解国内外学前教育改革与发展的经验和做法；优化知识结构，提高文化素养；具有终身学习与持续发展的意识和能力，做终身学习的典范。故选A。

（二）幼儿教师专业发展的内容

《专业标准》中指出，幼儿园教师需要具备专业理念与师德、专业知识、专业能力。此外，具有良好的身心素养对幼儿教师专业发展也很重要。其包含内容概括起来如下：

1. 职业道德素养

幼儿教师的职业道德素养包括热爱幼儿教育事业、热爱幼儿、团结协作、为人师表。

(1) 热爱幼儿教育事业。热爱幼儿教育事业是幼儿教师职业道德的基础和前提。首先，我国教师所从事的是人民的教育事业，它是为国家社会主义事业培养建设者和接班人，为社会主义现代化建设培养人才的重要阵地。其次，教师事业是造就人、培育人的事业，它使人摆脱愚昧、走向文明，教人学会做人、学会生活、学会生存、学会学习。

(2) 热爱幼儿。热爱幼儿是幼儿教师热爱教育事业的集中体现，它不仅是一种教育手段，还表现为一种职业上的政治责任感。而且，教师热爱幼儿，幼儿就会信赖、依赖教师，愿意听教师的话，从而取得较好的教育效果。

(3) 团结协作。幼儿教师要协调好人际关系，懂得团结协作。在现代幼儿园中，人的全面成长是多方教育者集体劳动的结果，培养人才单纯依靠单个教师无法完成，需要许多教师的合作，也需要与家长、社会的合作，从而形成教育合力，共同完成培养人的工作。

(4) 为人师表。为人师表是幼儿教师职业道德的重要内容。它是由教师劳动的示范性特点以及幼儿的向师性、模仿性、可塑性特点所决定的。

2. 知识素养

幼儿教师的知识素养包括精深的专业知识、广博的科学文化知识、丰富的教育科学知识。

(1) 精深的专业知识。第一，幼儿教师应精通所教授科目的基本知识和基本技能。幼儿教师应该对所教科目的基础性知识有广泛而准确的理解，熟练掌握相关的技能和技巧。第二，幼儿教师应了解与所教学科相关的知识。幼儿教师要了解学科间的相关点、相关性质、逻辑关系等，它不但可以丰富幼儿教师所教学科的教学工作，而且使教师有可能与相关学科的教师在教学上取得协调，在组织幼儿开展综合性活动时相互配合。

(2) 广博的科学文化知识。幼儿教师既应学有专攻，又应广泛涉猎；既要精通一门学科，又要研究相邻学科。教师的知识越广博，越能做到知识讲解得透彻生动，增强幼儿的求知欲，提高自己的教学效果，而且还可以密切与幼儿的关系，成为向幼儿施加全面影响的手段和才能。

(3) 丰富的教育科学知识。幼儿教师是否懂得并掌握了教育的理论和规律，直接决定着其教育教学活动的成败和效率。其中，教育学、心理学及各学科教材教法是幼儿教师首先要掌握的最基本的教育科学知识。

3. 能力素养

幼儿教师的能力素养包括语言表达能力、组织管理能力、教育科研能力、自我反思和自我调控能力。

(1) 语言表达能力。首先，幼儿教师的语言表达能力要求准确，使幼儿听明白；其次，要富有感情和感染力，更高一层的要求是富有个性，能够体现出独特的风采。幼儿教师尤其要掌握与幼儿对话的艺术，教师在对话过程中，要善于对幼儿的谈话做出迅速而有针对性的语言反应；在对话中，教师应鼓励幼儿发表意见，完整、准确地表达思想，塑造其活泼开朗的性格。

(2) 组织管理能力。幼儿具有活泼好动、好奇心强、自我约束能力差等特点，因此，幼儿教师的组织管理能力特别重要。这种组织管理能力主要包括两个方面：一是教师在教学过程中的组织管理能力，二是对幼儿集体的组织管理能力。

(3) 教育科研能力。幼儿教师的科研能力，是指教师在进行教育教学的同时，从事与教育教学相关课题的总结、实验及创造发明的能力。它是幼儿教师应具备的能力，最基本的要求是教师应具有对他人成果进行分析、鉴别并提出个人见解的能力。

(4) 自我反思和自我调控能力。幼儿教师的自我反思能力是指教师在进行教学和组织活动的过程中，不断地对自我表现以及教学进行积极主动的计划、检查、评价、反馈、控制和调节的能力。幼儿教师的自我调控能力主要包括自我表现监控能力和对教学的监控能力。

4. 身心素养

健康的身体素质表现在两方面：一方面是幼儿教师具有较强的承受能力，能精力充沛、生气勃勃地从事工作；另一方面表现为反应敏捷、体格强壮、耳聪目明、声音洪亮。

健康的心理素质是指幼儿教师在对自身角色的深刻理解和认识的基础上，依照社会的期望和自身实际状况，不断地对自己的行为及心理进行调整，使其能够适应角色的要求并不断促进角色向积极方向发展的能力。它主要表现为高尚的师德、乐观的心境、和谐的人机关系和健康的人格。

(三) 幼儿教师专业发展的阶段

1. 教师成长的三阶段理论

福勒和布朗根据教师的需求和不同时期所关注的焦点问题，把教师的成长划分为关注生存、关注情境和关注学生三个阶段。

(1) 关注生存阶段。处于关注生存阶段的一般是新教师，他们非常关心自己的生存适应性，最担心的问题是："学生喜欢吗？""同事们如何看我？""领导是否觉得我干得不错？"等。为了成为一个良好的课堂管理者，有些新教师可能会把大量的时间都花在如何与学生搞好个人关系上，有些新教师则可能想方设法地控制学生。

(2) 关注情境阶段。当教师把关注的焦点投向提高学生的成绩上，即进入关注情境阶段。此阶段教师关心的是如何教好每一堂课的内容，通常会关心诸如班级规模的大小、时间的压力和备课材料是否充分等与教学情境有关的问题。传统教学评价也集中关注这一阶段，但通常老教师比新教师更加关注此阶段。

(3) 关注学生阶段。当教师顺利适应前两个阶段之后，成长的下一个目标便是关注学生。教师将考虑学生的个别差异，认识到不同发展水平的学生有不同的需要，某些教学材料和方式不一定适合所有学生。能否自觉关注学生是衡量一个教师是否成长成熟的重要标志之一。

【真题回顾】（2022 年下半年真题）

【单项选择题】幼儿园陈老师经常在心里琢磨："小朋友们喜欢我吗？""同事们如何看我？""园长是否觉得我干得还不错？"陈老师所处的教师发展阶段是（　　）。

A. 关注生存阶段　　　　　　　　B. 关注情境阶段

C. 关注学生阶段　　　　　　　　　　D. 关注自我阶段

【答案】A

【解析】题干中陈老师很在意小朋友和同事对自己的看法，由此可以得出陈老师处于关注生存阶段。故选 A。

2. 教师发展的五阶段理论

教师发展的五阶段理论，是美国亚利桑那州大学的伯利纳依据专业知识与技能的差异，将教师从新手到专家的发展过程分为如下五个阶段。

(1) 新手阶段。新手型教师是指经过系统教师教育和专业学习，刚刚进入教学领域的教师。此阶段的教师在教学方面的主要特征是：处理问题缺乏灵活性、刻板、依赖规定。处于这个阶段的教师，主要是了解与教学相关的实际情况，熟悉教学情境，积累教学经验。

(2) 熟练新手阶段。一般经过2～3年，新手型教师在积累了一定的知识和经验之后，逐渐发展成为熟练新手。此阶段的教师在教学方面的主要特征是：实践经验与书本知识的整合；处理问题具有一定的灵活性；不能很好地区分教学情境中的信息；缺乏足够的责任感。

(3) 胜任阶段。经过3～4年的教学实践和职业培训之后，大部分的熟练新手可以发展成为胜任型教师，这是教师发展的基本目标。此阶段的教师在教学方面的主要特征是：教学目的性相对明确，能够选择有效的方法达到教学目标，对教学行为有更强的责任心，但是教学行为还没有达到足够流畅、灵活的程度。

(4) 熟练阶段。一般来说，到了第5年，积累相当知识和教学经验的教师便进入业务熟练阶段。这一阶段教师在教学方面的主要特征是：对教学情境有敏锐的直觉感受力，教师技能达到认知自动化水平，教学行为也到了流畅、灵活的程度。

(5) 专家阶段。专家阶段是教师发展的最高级阶段，只有少部分教师才能达到这个阶段。此阶段的教师在教学方面的主要特征是：观察教学情境、处理问题的非理性倾向，教学技能的完全自动化，教学方法的多样化。

（四）幼儿教师专业发展的途径

幼儿教师专业发展途径主要包括职前教育、新教师的入职辅导、教师的在职培训、在教师专业发展学校继续学习、教师的自我研修、同伴互助和家园合作。

1. 职前教育

职前教育是教师个体专业发展的起点和基础，它建立在教师的专业特性之上，为培养教师专业人才服务。为此，职前教育必须强化其培养教育专业人才的职能，注重职前专业信念体系的形成和敬业精神的培养，建构反映教师专业所需要的知识和技能的课程体系，加强教育理论与实践的联系，建立有效的教育实习制度。

2. 新教师的入职辅导

新教师的入职辅导主要是由有经验的导师进行现场指导。在我国，各级各类师范院校还承担了短期的系统培训新教师的工作，其目的是向新教师提供系统而持续的帮助，使之尽快转变角色，适应环境。

3. 教师的在职培训

教师的在职培训主要是为了适应教育改革与发展的需要，为在职教师提供适应于教师专业发展不同阶段需要的继续教育。在职培训主要采取"理论学习、尝试实践、反省探究相结合"的方式，引导教师掌握不断涌现的现代教育理论，培养教师研究教育对象、教育问题的意识和能力，并辅以现代化教育技术手段。教师在职培训可以是业余进修，也可以是园本培训（比如集体观摩、相互评课、相互研讨等）。

4. 在教师专业发展学校继续学习

教师专业发展学校这种教育模式力图在大学的教育学院与中小学之间建立协作关系，以实现教师职前培养与在职教师专业发展的一体化。目前，教师专业发展学校已不仅仅是一种计划方案，而是已经整合进了教师教育模式中。

5. 教师的自我研修

教师的自我研修就是专业化的自我建构，是教师个体专业化发展最直接、最普遍的途径。教师自我研修的方式主要有经常性地、系统地自我反思，主动收集教改信息，研究教育教学中的各种关键事件，自学现代教育教学理论，积极感受教学的成功与失败等。教师的自我研修是专业理想确立、专业情感积淀、专业技能提高、专业风格形成的关键。

6. 同伴互助

教师集体的同伴互助方式要求加强教师间的交往、互动和合作。在日常教学之余，教师之间可以相互交换意见，彼此分享经验。同时，教师集体应积极探讨同伴互助的有效形式，指引教师平等对话，精诚协作，相互促进，在团队中共同成长。除了集体备课、以优带新、课例引领等形式外，教师集体还可以通过反思互动、案例评析、定向研讨、互动观摩和沙龙会谈等形式来加强教师间的同伴互助。

7. 家园合作

家园合作是幼儿教育工作的重要组成部分，指的是教师与家长形成良好的沟通、合作，可以对教育幼儿起到积极的推动作用。家园合作的成效也对教师的专业成长起到一定的引领和促进作用：强化教师职业荣誉感和奉献意识，使教师的专业素养、沟通能力得到提高。

【真题回顾】(2015 年上半年真题)

【单项选择题】某幼儿园经常组织老师们相互观摩保教活动，针对活动过程展开研讨，提出完善活动的建议。这种做法体现的教师专业发展途径是(   )。

A. 进修培训　　　　B. 同伴互助　　　　C. 师徒结对　　　　D. 自我研修

【答案】B

【解析】幼儿园组织老师们相互观摩保教活动，针对活动过程展开研讨，体现了教师专业发展的有效途径之一——同伴互助。故选 B。

四、幼儿教师应具备终身学习的意识

随着信息技术的迅速发展，知识老化的速度大大加快，教师只有坚持终身学习，才能不断提高自身素质，满足时代的需求。

(一) 终身学习的概念

终身学习是指社会成员为适应社会发展和实现个体发展的需要，贯穿于人的一生的、持续的学习过程，也就是人们常说的"活到老学到老"或者"学无止境"。

"终身教育"一词最早是在1965年联合国教科文组织主持召开的"第三届促进成人教育国际委员会"会议上，由法国学者保罗·朗格朗正式提出来的。自此之后，终身教育、终身学习、学习型社会的概念便在全世界范围内迅速传播开来。许多国家在制定本国的教育方针、政策或是构建国民教育体系的框架时，均以终身教育的理念为依据，以终身教育提出的各项基本原则为基点，并以实现这些原则为主要目标。

（二）教师终身学习的意义

1. 终身学习是新课程对教师的要求

新课程改革改变了学生的学习生活，也改变了教师的教学方式。新课程对教师角色的期望有所改变，对教师提出了师德高品位、专业高学识、能力多方位三个方面的挑战。因此，教师要走终身学习之路，成为学习型的教师。

2. 终身学习是教师实现自我发展的途径

新课程改革要求教师一切为了学生的发展。教师在促进学生发展的同时，自身也应该有最大限度的发展。为了能够达到这种高要求，教师应将自我的角色定位在"终身学习者角色"上。只有通过学习，教师才可以重新创造自我，才能够自我完善、提高。

3. 终身学习有利于教师提高教学水平

教师终身学习累积专业知识，有利于提高教学水平。现代教育以人为本，教师的责任已不仅仅是"教书"，完成教学任务，更不是单纯地"用教材教学生"，而是通过教学达到学生心智的发展和学习能力的提高。教育标准的提升要求教师必须从单一的学科教学能力向多元知识储备、多种教育手段运用能力方向发展，成为"复合型"教师。

4. 终身学习提高教师在教学中的探究创新精神

教师的终身发展有四个层次。第一层次是较低层次，教师能胜任教学，满足学生基本学习需求；第二层次是合格层次，教师能驾驭教学，能够较好地因材施教，成为教学中的骨干；第三层次是较高层次，教师能研究教学，追求教师在教学工作中的个人价值的实现，在学生的成长中求得自我发展；第四层次是最高层次，教师追求自我超越，致力于终身学习，博采众家之长，创造自己的教学实绩和构建理论研究特色，成为"学者型"的教师。胜任教学是基本功夫，驾驭教学是自我提高，研究教学是发展能力，终身学习创造特色则应当是教师矢志以求的成长目标。

5. 终身学习是教师职业的责任意识

职业责任意识，是从事职业活动时遵循道德规范和工作规则所表现出来的修养与品德，良好的职业责任意识是教师专业精神的核心。教师的职业责任是传承文明，教书育人。

6. 终身学习使教师适应实验新教材的教学

在教材更新异常迅速的今天，教师只有不断地充实自己，开拓自己的知识领域，才能加强对教材的驾驭能力，更好地对人才实施因材施教。教师必须认清终身学习对自身成长和发展的重要性，自觉地树立终身学习的观点，不断地提高自身的素质，以适应现代的教育需要。

（三）幼儿教师终身学习的内容

1. 学会学习

在当今社会，学会获取知识的方法比获取知识本身更为重要。学会学习，养成良好的学习习惯，使学习成为自己的一种生活方式，这将是每一个人未来生活幸福和愉快的保证。

2. 通晓自己所教的学科

幼儿教师应积累专业知识，成为学科专家。人们越来越清楚地认识到，教师只有接受严格的、高层次的学科教育，才有可能在教学过程中应付自如、得心应手，仅仅接受中等教育和最低层次的高等教育是不可能全面掌握一门学科的。一个合格的教师应全面学习一门学科，包括学科历史、学科结构体系、学科基础理论、学科知识应用以及跨学科知识等。

3. 学习有关教育的学问

未来的教师必须是一个教育方面的专业讲师，必须在学习专业学科的同时掌握其他有关教育的学问，如心理学、教育哲学、教育技术、管理学等。

4. 学习信息技术

教育信息化主要强调将现代化信息技术转化为现代教学手段。它包括两类：一类是视听技术，如广播、电影、电视、录音、录像等；另一类指信息处理技术，主要是计算机的操作技术。

（四）幼儿教师终身学习的方法

1. 参加系统的继续教育

我国很重视教师的继续教育问题，全国各地都实施了继续教育的系统工程。教育部明确要求，幼儿园、中小学教师要定期轮训。教师通过脱产进修、函授、自学考试或网络教育提高学历是适应职业的需要，也是自我发展的需要。所以未来教师的日常工作不再完全是教学生，定期接受继续教育将是其工作的重要内容之一，教师要把每一个阶段的学习作为"加油站"，养成终身学习的习惯。

2. 参加校本学习

幼儿教师可通过校本培训把知识转化为解决问题的技能、技巧，不断提高自己的教学技能和技巧。

3. 参加各类成人教育

幼儿教师可通过参加各类成人教育如函授学习、电大学习、各类自学考试等，提升自己的教学能力。

4. 借助媒体学习

幼儿教师可通过光盘、磁带、电视、上网查询等方法学习他人先进的教学经验，提升自己的教学能力。

五、教师职业的责任与价值

（一）教师职业的责任

教师职业的责任，是指教师必须承担的职责和任务。在社会主义条件下，教师的根本职责是培养社会主义新人，是培养社会主义事业的建设者和接班人。

现代教师是学生全面发展的培养者，是民主平等师生关系的建立者，是学生学习过程的指导者，是教育信息资源的开发与应用者，是学生心理健康的培养者。教师的职责不再是单一的，而是综合的；不是静止的，而是发展的；不是阶段性的，而是连续性的。

（二）教师职业的价值

教师职业的价值在于追求教师职业生活的幸福，并将教师职业的幸福引向人生的价值和归宿的思考轨道上来。教师职业的价值主要包括社会价值和个人价值两方面。

1. 教师职业的社会价值

教师职业的社会价值是指教师职业对他人、集体、国家、社会和人类都有巨大贡献，能够为社会进步和人类发展提供精神财富，培养合格的建设者和接班人。这种社会价值主要由教师的社会角色、责任及其所承担的社会功能所决定，它是教师的教育教学活动对学生、家长和社会需要的满足。

教师职业的社会价值主要体现在教师是人类文明的传播者，承担着文明传承的重任。教师这个群体决定着一个社会的文明程度和文化创造的能力。一个民族、一个国家的发展在于它创造的思想、文化，在于它掌握的科学技术，而这一切的基础是教育，一个国家教育水平的高低，其核心是教师水平的高低。因此，振兴民族的希望是教育，振兴教育的希望是教师。

2. 教师职业的个人价值

教师职业的个人价值是指教师职业可以满足教师的个体自我生存和发展的需要，是教师获取主要生活来源的社会劳动，也称为教师职业的自我价值。教师职业的个人价值主要通过其社会价值的实现而实现，教师的个人价值和社会价值是统一的。

强化训练

一、单项选择题

1. 素质教育以（　　）为根本目的。

A. 全面提高全体学生的基本素质　　　　B. 尊重学生

C. 注重形成人的健全个性　　　　D. 实现人的全面发展

2. 下列关于幼儿全面发展的说法错误的是（　　）。

A. 智力的发展，道德品质、意志的培养在很大程度上取决于健康状况

B. 美育有助于发展幼儿注意、观察、记忆、思维、想象等认知能力

C. 体育的作用最小

D. 美育能协调体、智、德育的发展，是体、智、德育的催化剂

3. 素质教育的重点是培养学生的（　　）。

A. 高水平的智力　B. 审美能力　　　　C. 健康体魄　　　　D. 创新精神

4. 幼儿教师职业的最大特点在于其职业角色的（　　）。

A. 专门化　　　B. 系统化　　　　C. 复杂化　　　　D. 多样化

5.（　　）是幼儿教师职业道德的基础和前提。

A. 热爱幼儿，尊重幼儿　　　　B. 与家长、同事团结协作

C. 热爱幼儿教育事业　　　　D. 为人师表，做好榜样

6. 在幼儿园中，幼儿教师为幼儿提供的支持包括物质和心理两方面，说明幼儿教师是（　　）。

A.幼儿学习活动的支持者　　　　　　B.学习者和研究者

C.幼儿的榜样和示范者　　　　　　　D.幼儿学习活动的指导者

7.幼儿园里，有的孩子活泼，有的孩子沉默；有的孩子喜欢画画，有些孩子喜欢唱歌；有的孩子受到父母的百般疼爱，有的孩子却被父母忽视。这说明幼儿教师劳动具有(　　)的特点。

A.长期性　　　　B.示范性　　　　　　C.创造性　　　　　　D.复杂性

8.教师开始考虑学生的个性差异，认识到不同发展水平的学生有不同需要的时候，是(　　)的特征。

A.关注生存阶段　　B.关注情境阶段　　　C.关注学生阶段　　　D.关注自身阶段

9.世界上没有两片完全相同的树叶，也没有完全相同的两个人。因此，教师在教学的过程中应该(　　)。

A.因材施教　　　　B.循序渐进　　　　　C.量力而行　　　　　D.抓住关键期

10.钟老师特别喜欢学习，不仅上班的时候积极听老教师的课，而且在业余时间自修研究生课程，还潜心研究教学法。她已经连续五年当选教学能手。这体现了钟老师(　　)。

A.关爱学生　　　　　　　　　　　　B.专注自身学习，以后能考研究生

C.有终身学习理念　　　　　　　　　D.志存高远，乐于奉献

二、材料分析题

洋洋是个活泼开朗的小孩子，她特别爱学习，跟别的小朋友关系特别好，老师也喜欢她。有一次，她不太舒服，却还是坚持上学。上课了，老师让她唱昨天学过的儿歌，她却无法唱出来。老师很生气，说她"笨"。洋洋特别伤心，回到家也不开心，连饭也不愿意吃，一直说再也不去幼儿园了。

问题：请从儿童观的角度，评析这位老师的做法。

扫描二维码，查看习题答案与解析。

答案与解析

第二章 教育法律法规

核心重点

考纲内容	1. 有关教育的法律法规 了解国家主要的教育法律法规，如《中华人民共和国教育法》《中华人民共和国义务教育法》《中华人民共和国教师法》《中华人民共和国未成年人保护法》《幼儿园工作规程》等。 了解《国家中长期教育改革和发展规划纲要(2010—2020年)》的相关内容。 了解联合国《儿童权利公约》的相关内容。 2. 教师的权利和义务 熟悉教师的权利和义务，熟悉国家有关教育法律法规所规范的教师教育行为，依法从教。 依据国家教育法律法规，分析评价幼儿教学实践中的实际问题。 3. 幼儿保护 熟悉幼儿权利保护的相关教育法规，保护幼儿的合法权利。 依据国家教育法律法规，分析评价幼儿教育工作中幼儿权利保护等实际问题
重点难点	本章考查考生是否具有良好的法律意识、法制观念，能够知法、守法、依法执教，要求考生能够理解与运用法律知识。本章重点难点主要有： (1) 重点掌握《中华人民共和国教育法》《中华人民共和国义务教育法》《中华人民共和国教师法》，特别是《中华人民共和国教育法》的重要法条。 (2) 理解《中华人民共和国未成年人保护法》《幼儿园工作规程》《国家中长期教育改革和发展规划纲要(2010—2020年)》的相关内容。 (3) 明确教师的一般权利和职业权利；理解教师的义务内容。 (4) 掌握幼儿的权利内容以及在现有法律法规体系下如何对其进行保护
题型与分值	(1) 题型：单项选择题+材料分析题。 (2) 分值：约占总分的10%，约15分

知识提要

```
                          ┌─ 教育法律
              教育法律      │
              法规概述 ─────┼─ 教育法规
                          │
                          └─ 教育政策

                          ┌─《中华人民共和国宪法》
                          │
                          ├─《中华人民共和国教育法》
                          │
                          ├─《中华人民共和国义务教育法》
                          │
              相关教育法律  ├─《中华人民共和国教师法》
              法规解读 ─────┤
  教育法律法规              ├─《中华人民共和国未成年人保护法法》
                          │
                          ├─《幼儿园工作规程》
                          │
                          ├─《国家中长期教育改革和发展规划纲要（2010—2020 年）》
                          │
                          ├─《学生伤害事故处理方法》
                          │
                          └─《儿童权利公约》

                          ┌─ 教师的权利
              教师的权利    │
              与义务 ───────┼─ 教师的义务
                          │
                          └─ 依法执教

              幼儿的权利    ┌─ 幼儿的基本权利
              与保护 ───────┤
                          └─ 幼儿权利的保护
```

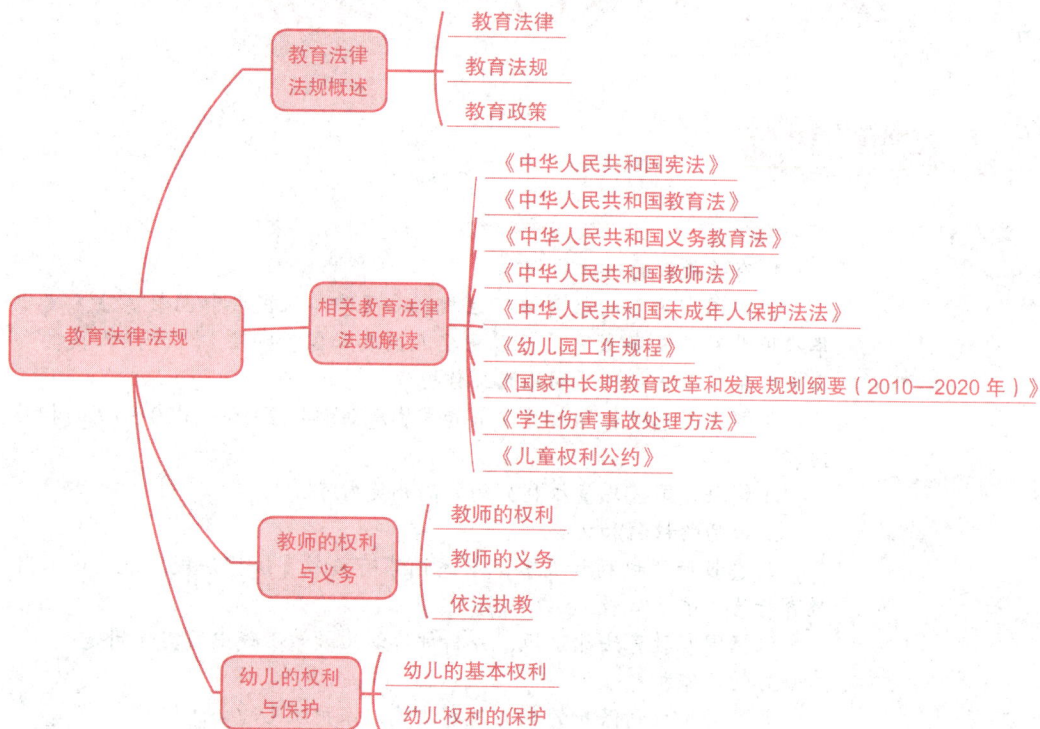

第一节　教育法律法规概述

考点分析

　　教育法律法规在历年考题中主要以单项选择题的形式出现，重点在于理解教育法律法规和教育政策的体系结构。

　　教育法律法规考查的知识点主要如下表所示。

知识点	常见考点	要求掌握的程度
教育法律法规	教育法律法规的体系结构	☆☆
教育政策	教育政策的体系结构	☆☆

　　法律法规，指中华人民共和国现行有效的法律、行政法规、司法解释、地方性法规、

地方规章、部门规章及其他规范性文件，以及对于该法律法规的修改和补充。

一、教育法律

（一）教育法律的内涵

法律，指由国家制定或认可的，体现统治阶级的共同意志，并以国家强制力保证实施的行为规范的总称。

教育法律与其他法律的主要不同之处在于调整的对象不一样，教育法律主要调整国家、学校、教师、家庭之间在教育活动中产生的关系。

（二）教育法律的分类

教育法律，有广义和狭义之分。

广义的教育法律，指拥有立法权的各级、各类国家机关制定的教育法律规范。例如，国务院制定的《教师资格条例》，教育部制定的《学生伤害事故处理办法》，省、自治区、直辖市人民代表大会及其常务委员会制定的实施办法等。

狭义的教育法律，指由国家最高权力机关制定的教育法律规范，在我国指的是由全国人民代表大会及其常务委员会制定的教育法律规范。例如，《中华人民共和国教育法》《中华人民共和国义务教育法》《中华人民共和国教师法》等。

二、教育法规

（一）教育法规的概念

教育法规，是一切调整教育关系法律规范的总称，即有关教育方面的法律、条例、规章等规范性文件的总和，是现代国家管理教育的基础和基本依据。

（二）教育法规的类型

1. 根据教育法规的创制方式和表达方式分类

根据教育法规的创制方式和表达方式的不同，教育法规可分为成文法和不成文法。

成文法，主要是指国家机关根据法定程序制定颁布的具体系统的法律文件。

不成文法，是指不具有法律条文形式，但国家认可其具有法律效力的法，包括习惯法和判例法两种形式。

2. 根据教育法规的效力等级和内容的重要程度分类

根据教育法规的效力等级和内容的重要程度不同，教育法规可分为根本法和普通法。

根本法（又称基本法），通常是指规定国家根本制度、具有最高法律效力的法律，即《中华人民共和国宪法》。

普通法（又称一般法），是根本法之外的其他法律，普通法不得与根本法相抵触。

在我国教育法规中，《中华人民共和国教育法》是我国教育的根本法、基本法，而《中华人民共和国义务教育法》《中华人民共和国教师法》等为普通法、单行法。

3. 根据教育法规规定的内容分类

根据教育法规规定的内容不同，教育法规可分为实体法和程序法。

实体法，是指规定具体权利义务或者法律保护的具体情况的法律。

程序法，是指规定行使具体实体法所要遵循的程序的法律。在我国现行教育法规中，还没有纯粹的程序法。

（三）教育法规的体系结构

教育法规的体系结构主要分为横向结构和纵向结构。

1. 教育法规体系的横向结构

1）教育法规体系的横向结构的定义

教育法规体系的横向结构，是指依据教育法规所调整的教育关系的特点或教育关系构成要素的不同，划分出若干处于同一层次的部门教育法，形成的法规调整的横向体系。

2）教育法规体系的横向结构包含的内容

我国教育法规体系的横向结构主要包括以下几个部类：

(1) 教育基本法。教育基本法，即已颁布施行的《中华人民共和国教育法》，它奠定了我国教育制度的基础，是决定我国教育发展的基本法。

(2) 基础教育法。基础教育法是学前教育、义务教育、初等教育、中等教育、特殊教育等教育领域的教育法律的总称。已颁布施行的《中华人民共和国义务教育法》即为基础教育法的一个组成部分。

(3) 高等教育法。高等教育法，即已颁布施行的《中华人民共和国高等教育法》，是以高等教育为调整对象，涵盖大学专科、本科、研究生教育以及非学历高等教育的法律法规的总称。

(4) 职业教育法。职业教育法，即已颁布施行的《中华人民共和国职业教育法》，是以各级各类职业技术教育和培训为调整对象的教育法律法规的总称。

(5) 成人教育或社会教育法。成人教育或社会教育法是以各类在职人员和职后人员的教育为调整对象，包括成人教育、继续教育、终身教育等。

(6) 学位法。学位法，即已颁布施行的《中华人民共和国学位条例》，主要就学位工作的领导和管理、学位的等级、学位授予的条件和程序做出规定。

(7) 教师法。教师法，即已颁布施行的《中华人民共和国教师法》，是指以各级各类学校教育教学人员的地位、权利、义务、职称、考评、进修、培养等为调整对象的教育法律法规。

(8) 教育投入法或教育财政法。教育投入法或教育财政法是指以教育经费的来源、分配、使用、核算及教育基建和教学设备等办学物质条件为保障对象的教育法律法规。

2. 教育法规体系的纵向结构

1）教育法规体系的纵向结构的定义

教育法规体系的纵向结构，即教育法规的表现形式，是指由不同层级的教育法律文件组成的等级、效力有序的纵向体系。

2）教育法规体系的纵向结构包含的内容

我国教育法规体系的纵向结构包含以下内容：

(1)《中华人民共和国宪法》中有关教育的条款。《中华人民共和国宪法》由国家最高权力机关（全国人民代表大会）制定，具有最高的法律地位和法律效力，是国家的根本大法，是其他一切法律法规制定的依据。

(2) 教育基本法律。教育基本法律是由全国人民代表大会制定，调整教育内部、外部相互关系的基本法律准则。我国的教育基本法律为《中华人民共和国教育法》。

(3) 教育单行法律。教育单行法律，一般是由全国人民代表大会常务委员会制定的，规定教育领域的某一方面具体问题的规范性文件。

(4) 教育行政法规。教育行政法规是行政法规的形式之一，它是由国家最高行政机关（国务院）依据《中华人民共和国宪法》和教育法律制定的关于教育行政管理的规范性文件。

(5) 地方性教育法规。地方性教育法规，是地方国家权力机关制定的规范性文件的专称。制定地方性教育法规，须报全国人大常委会备案。地方性教育法规只在该行政区域内有效，地方性法规一般称为条例，有时也称规定、实施办法、补充规定等。

(6) 教育规章。教育规章，又称为教育行政规章，是中央和地方有关国家行政机关依照法定权限和程序制定颁布的有关教育的规范性文件，包括部门教育规章和地方政府教育规章。

三、教育政策

（一）教育政策的概念

教育政策是一个政党和国家为实现一定历史时期的教育发展目标和任务，依据党和国家在一定历史时期的基本任务、基本方针而制定的关于教育的行动准则。

（二）教育政策的类型

1. 根据制定政策的主体分类

根据制定政策主体的不同，教育政策可分为政党的教育政策、国家的教育政策和社会团体的教育政策。

(1) 政党的教育政策。政党的教育政策是制定国家的教育政策的依据。

(2) 国家的教育政策。国家的教育政策是政党的教育政策的合法化、行政化。

(3) 社会团体的教育政策。社会团体的教育政策是在政党和国家的教育政策的基础上制定的。

2. 根据政策的内容与层次分类

根据政策的内容与层次的不同，教育政策可分为总政策、基本政策和具体政策。

(1) 总政策。总政策是党和国家在一定历史时期，为实现一定的目标、任务而制定的总的行动准则。

(2) 基本政策。基本政策是党和国家为实现某一方面的目标、任务而制定的基本行动准则，它只在某一领域起作用。

(3) 具体政策。具体政策是贯彻落实总政策、基本政策的具体行为规则。

3. 根据政策效力范围的角度分类

根据政策效力范围的角度不同，教育政策可分为全局性政策和区域性政策。

(1) 全局性政策。全局性政策是在全国范围内，对各级各类教育的政策效力。

(2) 区域性政策。区域性政策，一般只适用于地方或特定区域，只能是具体政策，不能违背全局性政策；但应该结合地方实际，创造性地体现全局性政策。

4. 根据政策所起作用的角度分类

根据政策所起作用的角度不同，教育政策可分为鼓励性政策和限制性政策。

(1) 鼓励性政策。鼓励性政策，是一种包含奖励因素和手段、目的在于引导公众朝着公共机构所倡导的方向努力的政策，如国务院颁布的《教学成果鼓励条例》《爱国主义教育实施纲要》。

(2) 限制性政策。限制性政策，又称调节性政策，指对个人或群体行为强加约束或限制，从而减少那些被调节者的自由或行动的随意性，一般常见于相关的政策性文件之中。

(三) 教育政策的体系结构

1. 教育政策的体系结构的定义

教育政策的体系结构，是指政党、国家和社会团体指定的有关教育政策的存在及其表现形式。

2. 教育政策的体系结构的分类

教育政策的体系结构，通常可以从表现形式和纵横结构两个角度加以阐述。在此只讨论纵横结构。

(1) 教育政策的纵向结构。教育政策的纵向结构，是指依照教育政策的内在逻辑关系做出的纵向排列，从不同的角度出发就有不同的排列方式。

例如，依照政策阶段性过程划分的长期教育政策、中期教育政策、短期教育政策和即时教育政策；依照政策空间划分的教育总政策、基本教育政策和一般教育政策。

(2) 教育政策的横向结构。教育政策的横向结构，是指不同领域的教育政策，依照横向并列关系加以排列形成的组合方式和秩序。

从横向结构来说，教育政策可以划分为高等教育政策、普通教育政策、职业和成人教育政策以及少数民族教育政策、残疾人教育政策等。

(四) 教育政策与教育法规的关系

教育政策与教育法规有一定的联系又有着区别。

从联系上看，教育政策是制定教育法规的依据，教育法规是教育政策的具体化；教育政策是实施教育法规的指导，教育法规是实现教育政策的保证。

从区别上看，教育政策是由政党制定的，而教育法规只能由国家机关制定；教育政策是通过学习、宣传、教育实施的，而教育法规是通过国家强制力实施的。

第二节　相关教育法律法规解读

一、《中华人民共和国宪法》

考点分析

《中华人民共和国宪法》(简称《宪法》) 相关的考点知识是从 2018 年下半年开始新增的内容，以单项选择题为主。

《宪法》考查的知识点主要如下表所示。

知识点	常见考点	要求掌握的程度
《宪法》	国有经济的地位	☆☆☆
	公民的基本权利和义务	☆☆☆☆
	中华人民共和国的武装力量	☆☆☆
	国家机构法律监督机关	☆☆☆

（一）《宪法》解读

《宪法》于1982年12月4日在第五届全国人民代表大会第五次会议上通过，1982年12月4日全国人民代表大会公告公布施行，根据1988年4月12日第七届全国人民代表大会第一次会议通过的《中华人民共和国宪法修正案》、1993年3月29日第八届全国人民代表大会第一次会议通过的《中华人民共和国宪法修正案》、1999年3月15日第九届全国人民代表大会第二次会议通过的《中华人民共和国宪法修正案》、2004年3月14日第十届全国人民代表大会第二次会议通过的《中华人民共和国宪法修正案》和2018年3月11日第十三届全国人民代表大会第一次会议通过的《中华人民共和国宪法修正案》修正。

1.《宪法》的性质与地位

(1)《宪法》的性质。《宪法》是我国的根本大法，具有最高的法律效力，是制定其他法律的依据，一切法律、法规都不得同《宪法》相抵触。《宪法》规定了国家的基本制度、公民的基本权利和义务、国家机构、国旗、国歌等重要内容，涉及生活的各个方面。

(2)《宪法》的地位。《宪法》是国家的根本大法，是治国安邦的总章程，是党和人民意志的集中体现。它在国家的整个法律体系中居于主导地位，具有最高的法律权威和最大的法律效力。

2.《宪法》的基本结构

《宪法》分为序言，第一章总纲，第二章公民的基本权利和义务，第三章国家机构，第四章国旗、国歌、国徽、首都，共四章，一百四十三条内容。

（二）《宪法》节选

中华人民共和国宪法

第一章　总　纲

第一条【国家性质及根本制度】　中华人民共和国是工人阶级领导的、以工农联盟为基础的人民民主专政的社会主义国家。

社会主义制度是中华人民共和国的根本制度。中国共产党领导是中国特色社会主义最本质的特征。禁止任何组织或者个人破坏社会主义制度。

第二条【国家权力机关】　中华人民共和国的一切权力属于人民。

人民行使国家权力的机关是全国人民代表大会和地方各级人民代表大会。

人民依照法律规定，通过各种途径和形式，管理国家事务，管理经济和文化事业，管理社会事务。

第三条【民主集中制】 中华人民共和国的国家机构实行民主集中制的原则。

全国人民代表大会和地方各级人民代表大会都由民主选举产生，对人民负责，受人民监督。

国家行政机关、监察机关、审判机关、检察机关都由人民代表大会产生，对它负责，受它监督。

中央和地方的国家机构职权的划分，遵循在中央的统一领导下，充分发挥地方的主动性、积极性的原则。

【真题回顾】（2023年上半年真题）

【单项选择题】依据《中华人民共和国宪法》，中央和地方划分国家机构职权的原则（   ）。

A. 中央统一领导，充分发挥地方的主动性和积极性

B. 中央统一领导，充分发挥地方的自主性和积极性

C. 中央统一领导，充分发挥地方的主体性和主动性

D. 中央统一领导，充分发挥地方的主体性和自主性

【答案】A

【解析】《中华人民共和国宪法》第三条中的有关规定，"中央和地方的国家机构职权的划分，遵循在中央的统一领导下，充分发挥地方的主动性、积极性的原则。"故选A。

第五条【依法治国】 中华人民共和国实行依法治国，建设社会主义法治国家。

国家维护社会主义法制的统一和尊严。

一切法律、行政法规和地方性法规都不得同宪法相抵触。

一切国家机关和武装力量、各政党和各社会团体、各企业事业组织都必须遵守宪法和法律。一切违反宪法和法律的行为，必须予以追究。

任何组织或者个人都不得有超越宪法和法律的特权。

【真题回顾】(2019年下半年真题)

【单项选择题】《中华人民共和国宪法》规定，任何组织或者个人的权利都不得超越（   ）。

A. 宪法和法规   B. 宪法和法律

C. 法规和法律   D. 政策和法律

【答案】B

【解析】《宪法》第五条规定：中华人民共和国实行依法治国，建设社会主义法治国家；任何组织或者个人都不得有超越宪法和法律的特权。故选B。

第六条【经济制度】 中华人民共和国的社会主义经济制度的基础是生产资料的社会主义公有制，即全民所有制和劳动群众集体所有制。社会主义公有制消灭人剥削人的制度，

实行各尽所能、按劳分配的原则。

国家在社会主义初级阶段，坚持公有制为主体、多种所有制经济共同发展的基本经济制度，坚持按劳分配为主体、多种分配方式并存的分配制度。

第七条【国有经济】 国有经济，即社会主义全民所有制经济，是国民经济中的主导力量。国家保障国有经济的巩固和发展。

【真题回顾】(2019 年上半年真题)

【单项选择题】依据我国宪法规定，我国国民经济的主导力量是(　　)。

A. 集体所有制经济　　　　　　B. 非公有制经济

C. 互联网经济　　　　　　　　D. 国有经济

【答案】D

【解析】《宪法》第七条规定：国有经济，即社会主义全民所有制经济，是国民经济中的主导力量。故选 D。

第十五条【市场经济】 国家实行社会主义市场经济。

国家加强经济立法，完善宏观调控。

国家依法禁止任何组织或者个人扰乱社会经济秩序。

第二十九条【武装力量】 中华人民共和国的武装力量属于人民。它的任务是巩固国防，抵抗侵略，保卫祖国，保卫人民的和平劳动，参加国家建设事业，努力为人民服务。

国家加强武装力量的革命化、现代化、正规化的建设，增强国防力量。

【真题回顾】(2020 年下半年真题)

【单项选择题】《中华人民共和国宪法》规定，中华人民共和国的武装力量属于(　　)。

A. 中国共产党　　　B. 中央人民政府　　　C. 人民　　　D. 社会

【答案】C

【解析】《宪法》第二十九条规定：中华人民共和国的武装力量属于人民。故选 C。

第二章　公民的基本权利和义务

第三十三条【平等权】 凡具有中华人民共和国国籍的人都是中华人民共和国公民。

中华人民共和国公民在法律面前一律平等。

国家尊重和保障人权。

任何公民享有宪法和法律规定的权利，同时必须履行宪法和法律规定的义务。

第三十四条【选举权与被选举权】 中华人民共和国年满十八周岁的公民，不分民族、种族、性别、职业、家庭出身、宗教信仰、教育程度、财产状况、居住期限，都有选举权和被选举权；但是依照法律被剥夺政治权利的人除外。

第三十五条【基本政治自由】 中华人民共和国公民有言论、出版、集会、结社、游行、示威的自由。

第三十六条【信仰自由】 中华人民共和国公民有宗教信仰自由。

任何国家机关、社会团体和个人不得强制公民信仰宗教或者不信仰宗教，不得歧视信仰宗教的公民和不信仰宗教的公民。

国家保护正常的宗教活动。任何人不得利用宗教进行破坏社会秩序、损害公民身体健康、妨碍国家教育制度的活动。

宗教团体和宗教事务不受外国势力的支配。

第三十七条【人身自由】 中华人民共和国公民的人身自由不受侵犯。

任何公民，非经人民检察院批准或者决定或者人民法院决定，并由公安机关执行，不受逮捕。

禁止非法拘禁和以其他方法非法剥夺或者限制公民的人身自由，禁止非法搜查公民的身体。

【真题回顾】(2018 年下半年真题)

【单项选择题】 未成年学生孔某在逛超市的时候，管理人员怀疑他偷拿物品，并对他进行了强制搜身。该超市侵犯孔某的权利是（　　）。

A. 名誉权　　　　　　　　　　　B. 人身自由权

C. 生命健康权　　　　　　　　　D. 隐私权

【答案】 B

【解析】《宪法》第三十七条规定：中华人民共和国公民的人身自由不受侵犯；禁止非法拘禁和以其他方法非法剥夺或者限制公民的人身自由，禁止非法搜查公民的身体。从题干得知，超市侵犯了孔某的人身自由权。故选 B。

第三十八条【人格尊严及保护】 中华人民共和国公民的人格尊严不受侵犯。禁止用任何方法对公民进行侮辱、诽谤和诬告陷害。

第三十九条【住宅权】 中华人民共和国公民的住宅不受侵犯。禁止非法搜查或者非法侵入公民的住宅。

第四十条【通信自由权】 中华人民共和国公民的通信自由和通信秘密受法律的保护。除因国家安全或者追查刑事犯罪的需要，由公安机关或者检察机关依照法律规定的程序对通信进行检查外，任何组织或者个人不得以任何理由侵犯公民的通信自由和通信秘密。

第四十二条【劳动的权利和义务】 中华人民共和国公民有劳动的权利和义务。

国家通过各种途径，创造劳动就业条件，加强劳动保护，改善劳动条件，并在发展生产的基础上，提高劳动报酬和福利待遇。

劳动是一切有劳动能力的公民的光荣职责。国有企业和城乡集体经济组织的劳动者都应当以国家主人翁的态度对待自己的劳动。国家提倡社会主义劳动竞赛，奖励劳动模范和先进工作者。国家提倡公民从事义务劳动。

国家对就业前的公民进行必要的劳动就业训练。

第四十三条【休息权】 中华人民共和国劳动者有休息的权利。

国家发展劳动者休息和休养的设施，规定职工的工作时间和休假制度。

第四十六条【受教育权】 中华人民共和国公民有受教育的权利和义务。

国家培养青年、少年、儿童在品德、智力、体质等方面全面发展。

【真题回顾】(2018 年下半年真题)

【单项选择题】下列选项中，不属于《宪法》规定的公民基本权利的是(　　)。

A. 人身自由权　　　　　　　　B. 信仰自由权
C. 通信自由权　　　　　　　　D. 教育自由权

【答案】D

【解析】《宪法》规定的公民的基本权益主要包括：人身自由权、人格尊严权、通信自由和通信秘密权、信仰自由权，批评和建议、申诉、控告或者检举以及取得赔偿权，并没有教育自由权。故选 D。

第三章　国 家 机 构

第五十七条【全国人大的性质】　中华人民共和国全国人民代表大会是最高国家权力机关。它的常设机关是全国人民代表大会常务委员会。

第五十八条【国家立法权行使机构】　全国人民代表大会和全国人民代表大会常务委员会行使国家立法权。

第八十五条【国家行政机关】　中华人民共和国国务院，即中央人民政府，是最高国家权力机关的执行机关，是最高国家行政机关。

第一百二十三条【监察机关】　中华人民共和国各级监察委员会是国家的监察机关。

第一百二十八条【审判机关】　中华人民共和国人民法院是国家的审判机关。

第一百三十四条【法律监督机关】　中华人民共和国人民检察院是国家的法律监督机关。

【真题回顾】(2021 年上半年真题)

【单项选择题】《中华人民共和国宪法》规定，中华人民共和国人民检察院是(　　)。

A. 国家的法律监督机关
B. 国家的法律监察机关
C. 国家的法律检察机关
D. 国家的法律检察机关

【答案】A

【解析】《宪法》第一百三十四条规定：中华人民共和国人民检察院是国家的法律监督机关。故选 A。

第四章　国旗、国歌、国徽、首都

第一百四十一条【国旗、国歌】　中华人民共和国国旗是五星红旗。
中华人民共和国国歌是《义勇军进行曲》。

第一百四十二条【国徽】　中华人民共和国国徽，中间是五星照耀下的天安门，周围是谷穗和齿轮。

第一百四十三条【首都】　中华人民共和国首都是北京。

二、《中华人民共和国教育法》

考点分析

《中华人民共和国教育法》(简称《教育法》)的考点知识在历年考题中以单项选择题为主。

《教育法》考查的知识点主要如下表所示。

知识点	常见考点	要求掌握的程度
《教育法》	教育的地位与管理体制	☆☆
	公民的教育权利与义务	☆☆☆
	教育机构的管理体制与法人条件	☆☆
	教育机构的员工制度	☆☆
	法律责任	☆☆☆☆

(一)《教育法》解读

《教育法》于1995年3月18日在第八届全国人民代表大会第三次会议上通过，根据2009年8月27日第十一届全国人民代表大会常务委员会第十次会议《关于修改部分法律的决定》第一次修正，根据2015年12月27日第十二届全国人民代表大会常务委员会第十八次会议《关于修改〈中华人民共和国教育法〉的决定》第二次修正，根据2021年4月29日第十三届全国人民代表大会常务委员会第二十八次会议《关于修改〈中华人民共和国教育法〉的决定》第三次修正。

1.《教育法》的性质与地位

(1)《教育法》的性质。《教育法》是依据《宪法》制定的调整教育内外部关系的基本法律准则，是我国教育法律法规体系中的基本法，在教育法体系中具有最高法律权力。它规定了我国教育的基本方针、基本任务、基本制度以及教育活动中各主体的权利与义务。

(2)《教育法》的地位。《教育法》是我国教育的基本法律，教育法制建设的里程碑，为我国教育法律法规体系的整体建设奠定了基础，标志着我国正式步入依法执教的轨道。

2.《教育法》的基本结构

《教育法》分为总则、分则、附则三个部分，共十章八十六条。其中，总则是对我国教育活动的总体规定，包括立法目的、使用范围、指导思想、教育的地位、教育的任务等内容；分则是对我国教育活动各个领域的分别规定，包括教育基本制度、学校及其他教育机构、教师和其他教育工作者、受教育者、教育与社会、教育投入与条件保障、教育对外交流与合作、法律责任；附则是未尽表达事项的补充规定和说明。

（二）《教育法》节选

中华人民共和国教育法

第一章 总 则

第一条【立法宗旨】 为了发展教育事业，提高全民族的素质，促进社会主义物质文明和精神文明建设，根据宪法，制定本法。

第二条【适用范围】 在中华人民共和国境内的各级各类教育，适用本法。

第三条【指导思想】 国家坚持中国共产党的领导，坚持以马克思列宁主义、毛泽东思想、邓小平理论、"三个代表"重要思想、科学发展观、习近平新时代中国特色社会主义思想为指导，遵循宪法确定的基本原则，发展社会主义的教育事业。

第四条【教育的地位】 教育是社会主义现代化建设的基础，对提高人民综合素质、促进人的全面发展、增强中华民族创新创造活力、实现中华民族伟大复兴有决定性意义，国家保障教育事业优先发展。

全社会应当关心和支持教育事业的发展。

全社会应当尊重教师。

【真题回顾】(2016 年下半年真题）

【单项选择题】依据《中华人民共和国教育法》，教育是社会主义现代化的基础，国家保障教育事业( )。

A.优先发展　　　B.持续发展　　　C.重点发展　　　D.均衡发展

【答案】A

【解析】《教育法》第四条规定：教育是社会主义现代化建设的基础，国家保障教育事业优先发展。故选 A。

第五条【教育方针】 教育必须为社会主义现代化建设服务、为人民服务，必须与生产劳动和社会实践相结合，培养德、智、体、美、劳全面发展的社会主义建设者和接班人。

第九条【公民的教育权利和义务】 中华人民共和国公民有受教育的权利和义务。

公民不分民族、种族、性别、职业、财产状况、宗教信仰等，依法享有平等的受教育机会。

【真题回顾】(2017 年下半年真题）

【单项选择题】依据《中华人民共和国教育法》的相关规定，中华人民共和国公民不分民族、种族、性别、职业、财产状况、宗教信仰等，依法享有( )。

A.平等的受教育机会　　　　　　B.平等地受教育条件

C.免试入学的机会　　　　　　　D.就近入学的机会

【答案】A

【解析】《教育法》第九条规定：公民不分民族、种族、性别、职业、财产状况、宗教信仰等，依法享有平等的受教育机会。故选 A。

第二章　教育基本制度

第十七条【学校教育制度】　国家实行学前教育、初等教育、中等教育、高等教育的学校教育制度。

国家建立科学的学制系统。学制系统内的学校和其他教育机构的设置、教育形式、修业年限、招生对象、培养目标等，由国务院或者由国务院授权教育行政部门规定。

第十九条【义务教育】　国家实行九年制义务教育制度。

各级人民政府采取各种措施保障适龄儿童、少年就学。

适龄儿童、少年的父母或者其他监护人以及有关社会组织和个人有义务使适龄儿童、少年接受并完成规定年限的义务教育。

第二十条【职业教育和继续教育】　国家实行职业教育制度和继续教育制度。

各级人民政府、有关行政部门和行业组织以及企业事业组织应当采取措施，发展并保障公民接受职业学校教育或者各种形式的职业培训。

国家鼓励发展多种形式的继续教育，使公民接受适当形式的政治、经济、文化、科学、技术、业务等方面的教育，促进不同类型学习成果的互认和衔接，推动全民终身学习。

第二十一条【教育考试制度】　国家实行国家教育考试制度。

国家教育考试由国务院教育行政部门确定种类，并由国家批准的实施教育考试的机构承办。

第二十二条【学业证书制度】　国家实行学业证书制度。

经国家批准设立或者认可的学校及其他教育机构按照国家有关规定，颁发学历证书或者其他学业证书。

第二十三条【学位制度】　国家实行学位制度。

学位授予单位依法对达到一定学术水平或者专业技术水平的人员授予相应的学位，颁发学位证书。

第二十五条【教育督导和评估制度】　国家实行教育督导制度和学校及其他教育机构教育评估制度。

第三章　学校及其他教育机构

第二十六条　国家制定教育发展规划，并举办学校及其他教育机构。

国家鼓励企业事业组织、社会团体、其他社会组织及公民个人依法举办学校及其他教育机构。

国家举办学校及其他教育机构，应当坚持勤俭节约的原则。

以财政性经费、捐赠资产举办或者参与举办的学校及其他教育机构不得设立为营利性组织。

第四章　教师和其他教育工作者

第三十三条【教师权利和义务】　教师享有法律规定的权利，履行法律规定的义务，忠诚于人民的教育事业。

第三十四条【教师待遇】　国家保护教师的合法权益，改善教师的工作条件和生活条件，提高教师的社会地位。

教师的工资报酬、福利待遇，依照法律、法规的规定办理。

第三十五条【教师队伍建设】 国家实行教师资格、职务、聘任制度，通过考核、奖励、培养和培训，提高教师素质，加强教师队伍建设。

第三十六条【员工制度】 学校及其他教育机构中的管理人员，实行教育职员制度。

学校及其他教育机构中的教学辅助人员和其他专业技术人员，实行专业技术职务聘任制度。

【真题回顾】（2023年上半年真题）

【单项选择题】依据《中华人民共和国教育法》，幼儿园的管理人员实行（ ）。

A. 专业技术制度
B. 管理职员制度
C. 教师资格制度
D. 教育职员制度

【答案】D

【解析】《中华人民共和国教育法》第三十六条规定"学校及其他教育机构中的管理人员应当实行教育职员制度。"D项正确。

第五章 受教育者

第四十三条【受教育者的权利】 受教育者享有下列权利：

(一) 参加教育教学计划安排的各种活动，使用教育教学设施、设备、图书资料；

(二) 按照国家有关规定获得奖学金、贷学金、助学金；

(三) 在学业成绩和品行上获得公正评价，完成规定的学业后获得相应的学业证书、学位证书；

(四) 对学校给予的处分不服向有关部门提出申诉，对学校、教师侵犯其人身权、财产权等合法权益，提出申诉或者依法提起诉讼；

(五) 法律、法规规定的其他权利。

【真题回顾】（2022年下半年真题）

【单项选择题】区角活动时，军军故意损坏玩具，黄老师批评他，他还做鬼脸，并顶撞黄老师，黄老师怎么做也无济于事，只好把他带出教室，交给园长处理。黄老师的做法（ ）。

A. 不正确，推卸了教师的责任
B. 正确，教师有公平评价幼儿的义务
C. 不正确，侵犯了幼儿的受教育权
D. 正确，教师有批评教育幼儿的权利

【答案】C

【解析】题干黄老师将军军带出教室，侵犯了军军的受教育权。故选C。

第六章 教育与社会

第五十条【家庭教育】 未成年人的父母或者其他监护人应当为其未成年子女或者其他被监护人受教育提供必要条件。

未成年人的父母或者其他监护人应当配合学校及其他教育机构，对其未成年子女或者其他被监护人进行教育。

学校、教师可以对学生家长提供家庭教育指导。

第五十一条【文化机构教育】图书馆、博物馆、科技馆、文化馆、美术馆、体育馆(场)等社会公共文化体育设施,以及历史文化古迹和革命纪念馆(地),应当对教师、学生实行优待,为受教育者接受教育提供便利。

广播、电视台(站)应当开设教育节目,促进受教育者思想品德、文化和科学技术素质的提高。

【真题回顾】(2022年上半年真题)

【单项选择题】依据《中华人民共和国教育法》,相关社会公共文化体育设施等场所应当对教师、学生实行优待。下列场所不属于按规定优待开放的是(   )。

A.图书馆   B.博物馆   C.电影院   D.文化馆

【答案】C。

【解析】本题考查社会公共文化场所对教育的支持。

根据《中华人民共和国教育法》(2021年修正)第五十一条的规定,"图书馆、博物馆、科技馆、文化馆、美术馆、体育馆(场)等社会公共文化体育设施以及历史文化古迹和革命纪念馆(地),应当对教师、学生实行优待,为受教育者接受教育提供便利。"A、B、D三项属于应对教师、学生实行优待的场所,C项不属于,故选C。

第七章　教育投入与条件保障

第五十四条【教育经费体制】国家建立以财政拨款为主、其他多种渠道筹措教育经费为辅的体制,逐步增加对教育的投入,保证国家举办的学校教育经费的稳定来源。

企业事业组织、社会团体及其他社会组织和个人依法举办的学校及其他教育机构,办学经费由举办者负责筹措,各级人民政府可以给予适当支持。

第五十七条【专项资金】国务院及县级以上地方各级人民政府应当设立教育专项资金,重点扶持边远贫困地区、少数民族地区实施义务教育。

第六十一条【经费使用】国家财政性教育经费、社会组织和个人对教育的捐赠,必须用于教育,不得挪用、克扣。

【真题回顾】(2022年下半年真题)

【单项选择题】高先生把自己收藏的书画捐给某幼儿园。周园长在整理书画时,发现其中一幅山水画意境很美,便装裱拿回家挂在书房里。关于周园长的做法,下列说法正确的是(   )。

A.周园长有权处理教育捐赠

B.周园长不得挪用教育捐赠

C.周园长侵犯了高先生的财产权

D.园长拿回家前应征得高先生的同意

【答案】B

【解析】《中华人民共和国教育法》(2021年修正)第六十一条的规定,"国家财政性教育经费、社会组织和个人对教育的捐赠,必须用于教育,不得挪用、克扣"。故选B。

第八章　教育对外交流与合作

第六十七条【教育合作原则】国家鼓励开展教育对外交流与合作，支持学校及其他教育机构引进优质教育资源，依法开展中外合作办学，发展国际教育服务，培养国际化人才。

教育对外交流与合作坚持独立自主、平等互利、相互尊重的原则，不得违反中国法律，不得损害国家主权、安全和社会公共利益。

第九章　法律责任

第七十一条【经费的法律责任】违反国家有关规定，不按照预算核拨教育经费的，由同级人民政府限期核拨；情节严重的，对直接负责的主管人员和其他直接责任人员，依法给予处分。

违反国家财政制度、财务制度，挪用、克扣教育经费的，由上级机关责令限期归还被挪用、克扣的经费，并对直接负责的主管人员和其他直接责任人员，依法给予处分；构成犯罪的，依法追究刑事责任。

第七十二条【刑事、民事责任】结伙斗殴、寻衅滋事，扰乱学校及其他教育机构教育教学秩序或者破坏校舍、场地及其他财产的，由公安机关给予治安管理处罚；构成犯罪的，依法追究刑事责任。

侵占学校及其他教育机构的校舍、场地及其他财产的，依法承担民事责任。

【真题回顾】(2020年下半年真题)

【单项选择题】某幼儿园职工家属刘某侵占幼儿园一间园舍，用于经营快递业务。根据《中华人民共和国教育法》，刘某应依法承担(　　)。

A. 刑事责任　　　B.违宪责任　　　C.民事责任　　　D. 行政责任

【答案】C

【解析】《教育法》第七十二条规定：侵占学校及其他教育机构的校舍、场地及其他财产的，依法承担民事责任。故选C。

【真题回顾】(2019年下半年真题)

【单项选择题】社会人员孙某闯入幼儿园寻衅滋事，扰乱幼儿园教育教学秩序。对孙某(　　)。

A.应由公安机关给予治安管理处罚　　　B.应由教育行政部门给予行政处罚

C.应由人民法院给予司法拘留　　　D. 应由人民检察院给予刑事处罚

【答案】A

【解析】《教育法》第七十二条规定：结伙斗殴、寻衅滋事，扰乱学校及其他教育机构教育教学秩序或者破坏校舍、场地及其他财产的，由公安机关给予治安管理处罚。故选A。

第七十三条【刑事责任】　明知校舍或者教育教学设施有危险，而不采取措施，造成人员伤亡或者重大财产损失的，对直接负责的主管人员和其他直接责任人员，依法追究刑事责任。

第七十四条【行政责任】　违反国家有关规定，向学校或者其他教育机构收取费用的，由政府责令退还所收费用；对直接负责的主管人员和其他直接责任人员，依法给予处分。

第七十五条【行政责任】 违反国家有关规定，举办学校或者其他教育机构的，由教育行政部门或者其他有关行政部门予以撤销；有违法所得的，没收违法所得；对直接负责的主管人员和其他直接责任人员，依法给予处分。

第七十六条【行政责任】 学校或者其他教育机构违反国家有关规定招收学生的，由教育行政部门或者其他有关行政部门责令退回招收的学生，退还所收费用；对学校、其他教育机构给予警告，可以处违法所得五倍以下罚款；情节严重的，责令停止相关招生资格一年以上三年以下，直至撤销招生资格、吊销办学许可证；对直接负责的主管人员和其他直接责任人员，依法给予处分；构成犯罪的，依法追究刑事责任。

第七十七条【行政、刑事责任】 在招收学生工作中滥用职权、玩忽职守、徇私舞弊的，由教育行政部门或者其他有关行政部门责令退回招收的不符合入学条件的人员；对直接负责的主管人员和其他直接责任人员，依法给予处分；构成犯罪的，依法追究刑事责任。

盗用、冒用他人身份，顶替他人取得入学资格的，由教育行政部门或者其他有关行政部门责令撤销入学资格，并责令停止参加相关国家教育考试二年以上五年以下；已经取得学位证书、学历证书或者其他学业证书的，由颁发机构撤销相关证书；已经成为公职人员的，依法给予开除处分；构成违反治安管理行为的，由公安机关依法给予治安管理处罚；构成犯罪的，依法追究刑事责任。

与他人串通，允许他人冒用本人身份，顶替本人取得入学资格的，由教育行政部门或者其他有关行政部门责令停止参加相关国家教育考试一年以上三年以下；有违法所得的，没收违法所得；已经成为公职人员的，依法给予处分；构成违反治安管理行为的，由公安机关依法给予治安管理处罚；构成犯罪的，依法追究刑事责任。

组织、指使盗用或者冒用他人身份，顶替他人取得入学资格的，有违法所得的，没收违法所得；属于公职人员的，依法给予处分；构成违反治安管理行为的，由公安机关依法给予治安管理处罚；构成犯罪的，依法追究刑事责任。

入学资格被顶替权利受到侵害的，可以请求恢复其入学资格。

【真题回顾】(2021年上半年真题)

【单项选择题】某公办幼儿园园长在招生工作中徇私舞弊，尚未构成犯罪。依据《中华人民共和国教育法》的相关规定，对于该园长（   ）。

A. 应依法给予行政处分
B. 应依法给予行政处罚
C. 应依法追究民事责任
D. 可免于追究法律责任

【答案】A

【解析】《教育法》第七十七条规定：在招收学生工作中徇私舞弊的，由教育行政部门或者其他有关行政部门责令退回招收的不符合入学条件的人员；对直接负责的主管人员和其他直接责任人员，依法给予处分；构成犯罪的，依法追究刑事责任。故选A。

第七十八条【行政责任】 学校及其他教育机构违反国家有关规定向受教育者收取费用的，由教育行政部门或者其他有关行政部门责令退还所收费用；对直接负责的主管人员和其他直接责任人员，依法给予处分。

第十章　附　则

第八十四条　军事学校教育由中央军事委员会根据本法的原则规定。

宗教学校教育由国务院另行规定。

第八十五条　境外的组织和个人在中国境内办学和合作办学的办法，由国务院规定。

第八十六条　本法自 1995 年 9 月 1 日起施行。

三、《中华人民共和国义务教育法》

考点分析

《中华人民共和国义务教育法》（简称《义务教育法》）的考点知识在历年考题中以单项选择题为主。

《义务教育法》考查的知识点主要如下表所示。

知识点	常见考点	要求掌握的程度
《义务教育法》	免试与保障入学	☆☆☆☆
	不得开除学生	☆☆☆
	不得体罚学生	☆☆☆
	均衡安排义务教育经费	☆☆

（一）《义务教育法》解读

《义务教育法》于 1986 年 4 月 12 日在第六届全国人民代表大会第四次会议上通过；2006 年 6 月 29 日第十届全国人民代表大会常务委员会第二十二次会议修订；根据 2015 年 4 月 24 日第十二届全国人民代表大会常务委员会第十四次会议《关于修改〈中华人民共和国义务教育法〉等五部法律的决定》第一次修正；根据 2018 年 12 月 29 日第十三届全国人民代表大会常务委员会第七次会议《关于修改〈中华人民共和国产品质量法〉等五部法律的决定》第二次修正。

1.《义务教育法》的性质与地位

《义务教育法》是教育单行法，其立法依据是《宪法》和《教育法》。《义务教育法》是对《教育法》规定的国家实行九年义务教育制度中的义务教育制度进行法律规范。

2.《义务教育法》的基本结构

《义务教育法》分为总则、分则、附则三个部分，共八章六十三条。其中，总则是对义务教育活动的总体规定，分则是对义务教育活动各个方面的分别规定，附则是对未尽表达事项的补充规定和说明。

（二）《义务教育法》节选

中华人民共和国义务教育法

第一章 总 则

第一条【立法宗旨】 为了保障适龄儿童、少年接受义务教育的权利，保证义务教育的实施，提高全民族素质，根据宪法和教育法，制定本法。

第二条【制度概况】 国家实行九年义务教育制度。

义务教育是国家统一实施的所有适龄儿童、少年必须接受的教育，是国家必须予以保障的公益性事业。

实施义务教育，不收学费、杂费。

国家建立义务教育经费保障机制，保证义务教育制度实施。

第三条【实施目标】 义务教育必须贯彻国家的教育方针，实施素质教育，提高教育质量，使适龄儿童、少年在品德、智力、体质等方面全面发展，为培养有理想、有道德、有文化、有纪律的社会主义建设者和接班人奠定基础。

第二章 学 生

第十一条【入学年龄】 凡年满六周岁的儿童，其父母或者其他法定监护人应当送其入学接受并完成义务教育；条件不具备的地区的儿童，可以推迟到七周岁。

适龄儿童、少年因身体状况需要延缓入学或者休学的，其父母或者其他法定监护人应当提出申请，由当地乡镇人民政府或者县级人民政府教育行政部门批准。

第十二条【免试入学】 适龄儿童、少年免试入学。地方各级人民政府应当保障适龄儿童、少年在户籍所在地学校就近入学。

父母或者其他法定监护人在非户籍所在地工作或者居住的适龄儿童、少年，在其父母或者其他法定监护人工作或者居住地接受义务教育的，当地人民政府应当为其提供平等接受义务教育的条件。具体办法由省、自治区、直辖市规定。

县级人民政府教育行政部门对本行政区域内的军人子女接受义务教育予以保障。

第十四条【社会的义务】 禁止用人单位招用应当接受义务教育的适龄儿童、少年。

根据国家有关规定经批准招收适龄儿童、少年进行文艺、体育等专业训练的社会组织，应当保证所招收的适龄儿童、少年接受义务教育；自行实施义务教育的，应当经县级人民政府教育行政部门批准。

第三章 学 校

第二十二条【均衡发展】 县级以上人民政府及其教育行政部门应当促进学校均衡发展，缩小学校之间办学条件的差距，不得将学校分为重点学校和非重点学校。学校不得分设重点班和非重点班。

县级以上人民政府及其教育行政部门不得以任何名义改变或者变相改变学校的公办性质。

【单项选择题】某地政府为提升教育质量，促进教学高质量发展，拟定将一所公立初中改为与企业合建，该做法（　　　）。

A. 错误。政府不得以任何名义改变或者变相改变公办学校的性质

B. 错误。政府不能通过与企业合作的方式提升学校教育教学质量

C. 正确。政府可以结合实际采取多种形式提升学校教育教学质量

D. 正确。政府应因地制宜地为义务教育阶段学校的发展提供帮助

【答案】A

【解析】《中华人民共和国义务教育法》（2018 年修正）第二十二条规定："县级以上人民政府及其教育行政部门不得以任何名义改变或者变相改变公办学校的性质。"故选 A。

第二十五条【违法获利】 学校不得违反国家规定收取费用，不得以向学生推销或者变相推销商品、服务等方式谋取利益。

第二十七条【批评教育】 对违反学校管理制度的学生，学校应当予以批评教育，不得开除。

第四章 教 师

第二十九条【教师行为】 教师在教育教学中应当平等对待学生，关注学生的个体差异，因材施教，促进学生的充分发展。

教师应当尊重学生的人格，不得歧视学生，不得对学生实施体罚、变相体罚或者其他侮辱人格尊严的行为，不得侵犯学生合法权益。

第三十一条【教师待遇】 各级人民政府保障教师工资福利和社会保险待遇，改善教师工作和生活条件；完善农村教师工资经费保障机制。

教师的平均工资水平应当不低于当地公务员的平均工资水平。

特殊教育教师享有特殊岗位补助津贴。在民族地区和边远贫困地区工作的教师享有艰苦贫困地区补助津贴。

第五章 教 育 教 学

第三十四条【教育目标】 教育教学工作应当符合教育规律和学生身心发展特点，面向全体学生，教书育人，将德育、智育、体育、美育等有机统一在教育教学活动中，注重培养学生独立思考能力、创新能力和实践能力，促进学生全面发展。

第三十五条【素质教育】 国务院教育行政部门根据适龄儿童、少年身心发展的状况和实际情况，确定教学制度、教育教学内容和课程设置，改革考试制度，并改进高级中等学校招生办法，推进实施素质教育。

学校和教师按照确定的教育教学内容和课程设置开展教育教学活动，保证达到国家规定的基本质量要求。

国家鼓励学校和教师采用启发式教育等教育教学方法，提高教育教学质量。

第三十六条【德育为先】 学校应当把德育放在首位，寓德育于教育教学之中，开展与学生年龄相适应的社会实践活动，形成学校、家庭、社会相互配合的思想道德教育体系，

促进学生养成良好的思想品德和行为习惯。

第三十七条【课外活动】 学校应当保证学生的课外活动时间，组织开展文化娱乐等课外活动。社会公共文化体育设施应当为学校开展课外活动提供便利。

第六章 经费保障

第四十四条【经费的责任主体】 义务教育经费投入实行国务院和地方各级人民政府根据职责共同负担，省、自治区、直辖市人民政府负责统筹落实的体制。农村义务教育所需经费，由各级人民政府根据国务院的规定分项目、按比例分担。

各级人民政府对家庭经济困难的适龄儿童、少年免费提供教科书并补助寄宿生生活费。

义务教育经费保障的具体办法由国务院规定。

第四十九条【经费的使用】 义务教育经费严格按照预算规定用于义务教育；任何组织和个人不得侵占、挪用义务教育经费，不得向学校非法收取或者摊派费用。

第七章 法律责任

第五十七条【行政法律责任】 学校有下列情形之一的，由县级人民政府教育行政部门责令限期改正；情节严重的，对直接负责的主管人员和其他直接责任人员依法给予处分：

(一) 拒绝接收具有接受普通教育能力的残疾适龄儿童、少年随班就读的；

(二) 分设重点班和非重点班的；

(三) 违反本法规定开除学生的；

(四) 选用未经审定的教科书的。

第五十九条【行政法律责任】 有下列情形之一的，依照有关法律、行政法规的规定予以处罚：

(一) 胁迫或者诱骗应当接受义务教育的适龄儿童、少年失学、辍学的；

(二) 非法招用应当接受义务教育的适龄儿童、少年的；

(三) 出版未经依法审定的教科书的。

第六十条 违反本法规定，构成犯罪的，依法追究刑事责任。

第八章 附则

第六十三条 本法自 2006 年 9 月 1 日起施行。

四、《中华人民共和国教师法》

考点分析

《中华人民共和国教师法》(简称《教师法》)的考点知识在历年考题中主要以单项选择题形式出现。

《教师法》考查的知识点主要如下表所示。

知识点	常见考点	要求掌握的程度
《教师法》	教师资格限制	☆☆☆☆
	待遇补贴	☆☆
	打击报复教师行为的法律责任	☆☆☆
	教师不当行为的处理	☆☆☆☆
	教师申诉	☆☆☆☆

（一）《教师法》解读

《教师法》于 1993 年 10 月 31 日在第八届全国人民代表大会常务委员会第四次会议上通过，并于 1994 年 1 月 1 日起施行；依据 2009 年 8 月 27 日第十一届全国人民代表大会常务委员会第十次会议通过的《全国人民代表大会常务委员会关于修改部分法律的决定》修订。

1.《教师法》的性质与地位

《教师法》是我国教育史上第一部关于教师的单行法律，它对教师培养、教师职业活动和教师管理等方面的法律关系进行了规范，是集合教师的行业管理和教师的权益保护为一体的综合性的专门法律。

《教师法》的制定和颁布体现了党和国家对人民教师的重视，有利于从根本上提高教师的社会地位，保障教师的合法权益，使教师成为受人尊重的职业；有利于加强教师队伍的建设，造就一批高素质的教师队伍，促进社会主义教育事业的发展。

2.《教师法》的基本结构

《教师法》分为总则、分则、附则三部分，共九章四十三条。其中，总则对立法目的、适用对象等做了总体规定，分则是对教师的权利和义务、教师队伍建设等方面的规定，附则是对未尽表达事项的补充规定和说明。

（二）《教师法》节选

中华人民共和国教师法

第一章　总　则

第一条【立法宗旨】　为了保障教师的合法权益，建设具有良好思想品德修养和业务素质的教师队伍，促进社会主义教育事业的发展，制定本法。

第二条【适用范围】　本法适用于在各级各类学校和其他教育机构中专门从事教育教学工作的教师。

第三条【教师职责】　教师是履行教育教学职责的专业人员，承担教书育人，培养社会主义事业建设者和接班人、提高民族素质的使命。教师应当忠诚于人民的教育事业。

第二章 权利和义务

第七条【教师权利】 教师享有下列权利：

(一) 进行教育教学活动，开展教育教学改革和实验；

(二) 从事科学研究、学术交流，参加专业的学术团体，在学术活动中充分发表意见；

(三) 指导学生的学习和发展，评定学生的品行和学业成绩；

(四) 按时获取工资报酬，享受国家规定的福利待遇以及寒暑假期的带薪休假；

(五) 对学校教育教学、管理工作和教育行政部门的工作提出意见和建议，通过教职工代表大会或者其他形式，参与学校的民主管理；

(六) 参加进修或者其他方式的培训。

【真题回顾】(2017年下半年真题)

【单项选择题】某教师积极参加幼儿园集体活动，并对幼儿园的改革发展建言献策。该教师行使的权利是( )。

A. 教育教学权　　　B.科学研究权　　　C.民主管理权　　　D. 公正评价权

【答案】C

【解析】根据《教师法》第七条规定，教师享有对学校教育教学、管理工作和教育行政部门的工作提出意见和建议，通过教职工代表大会或者其他形式，参与学校的民主管理的权利。故选C。

第八条【教师义务】 教师应当履行下列义务：

(一) 遵守宪法、法律和职业道德，为人师表；

(二) 贯彻国家的教育方针，遵守规章制度，执行学校的教学计划，履行教师聘约，完成教育教学工作任务；

(三) 对学生进行宪法所确定的基本原则的教育和爱国主义、民族团结的教育，法制教育以及思想品德、文化、科学技术教育，组织、带领学生开展有益的社会活动；

(四) 关心、爱护全体学生，尊重学生人格，促进学生在品德、智力、体质等方面全面发展；

(五) 制止有害于学生的行为或者其他侵犯学生合法权益的行为，批评和抵制有害于学生健康成长的现象；

(六) 不断提高思想政治觉悟和教育教学业务水平。

第三章 资格和任用

第十条【教师资格制度】 国家实行教师资格制度。

中国公民凡遵守宪法和法律，热爱教育事业，具有良好的思想品德，具备本法规定的学历或者经国家教师资格考试合格，有教育教学能力，经认定合格的，可以取得教师资格。

第十一条【学历要求】 取得教师资格应当具备的相应学历是：

(一)取得幼儿园教师资格，应当具备幼儿师范学校毕业及其以上学历。

(二)取得小学教师资格，应当具备中等师范学校毕业及其以上学历。

(三)取得初级中学教师、初级职业学校文化、专业课教师资格，应当具备高等师范专科学校或者其他大学专科毕业及其以上学历。

(四) 取得高级中学教师资格和中等专业学校、技工学校、职业高中文化课、专业课教师资格，应当具备高等师范院校本科或者其他大学本科毕业及其以上学历；取得中等专业学校、技工学校和职业高中学生实习指导教师资格应当具备的学历，由国务院教育行政部门规定。

(五) 取得高等学校教师资格，应当具备研究生或者大学本科毕业学历。

(六) 取得成人教育教师资格，应当按照成人教育的层次、类别，分别具备高等、中等学校毕业及其以上学历。不具备本法规定的教师资格学历的公民，申请获取教师资格，必须通过国家教师资格考试。国家教师资格考试制度由国务院规定。

第十四条【资格限制】 受到剥夺政治权利或者故意犯罪受到有期徒刑以上刑事处罚的，不能取得教师资格；已经取得教师资格的，丧失教师资格。

【真题回顾】(2018 年上半年真题)

【单项选择题】幼儿教师李某猥亵儿童被人民法院判处有期徒刑一年，缓刑一年。李某（　　）。

A. 将终身不能从事教师职业

B. 五年内不得从事教师职业

C. 缓刑期内可继续从事教师职业

D. 可在私立幼儿园从事教师职业

【答案】A

【解析】《教师法》第十四条规定：受到剥夺政治权利或者故意犯罪受到有期徒刑以上刑事处罚的，不能取得教师资格；已经取得教师资格的，丧失教师资格。故选 A。

第四章 培养和培训

第十八条【教师培养培训】 各级人民政府和有关部门应当办好师范教育，并采取措施，鼓励优秀青年进入各级师范学校学习。各级教师进修学校承担培训中小学教师的任务。非师范学校应当承担培养和培训中小学教师的任务。各级师范学校学生享受专业奖学金。

第五章 考 核

第二十二条【考核内容】 学校或者其他教育机构应当对教师的政治思想、业务水平、工作态度和工作成绩进行考核。教育行政部门对教师的考核工作进行指导、监督。

第二十三条【考核要求】 考核应当客观、公正、准确，充分听取教师本人、其他教师以及学生的意见。

第二十四条【考核效用】 教师考核结果是受聘任教、晋升工资、实施奖惩的依据。

【真题回顾】（2022 年上半年真题）

【单项选择题】某学校年终对全体教师进行考核。根据《中华人民共和国教师法》的规定，下列说法正确的是（　　）。

A. 考核包括教师的师德师风、业务水平、育人业绩和管理水平

B.考核结果是教师受聘任教、晋升工资、实施奖惩的唯一依据

C.考核应当充分听取教师本人、其他教师以及学生家长的意见

D.上级教育行政部门可以对该校教师考核工作进行指导与监督

【答案】D。

【解析】本题考查教师考核标准。A 项说法与《教师法》第二十二条第一款的规定不一致；B 项说法与《教师法》第二十四条的规定不一致，C 项说法与《教师法》第二十三条的规定不一致，只有 D 项符合《教师法》第二十二条第二款的规定，故选 D。

第六章 待 遇

第二十五条【教师工资】 教师的平均工资水平应当不低于或者高于国家公务员的平均工资水平，并逐步提高。建立正常晋级增薪制度，具体办法由国务院规定。

第二十六条【教师津贴】 中小学教师和职业学校教师享受教龄津贴和其他津贴，具体办法由国务院教育行政部门会同有关部门制定。

第二十七条【教师补贴】 地方各级人民政府对教师以及具有中专以上学历的毕业生到少数民族地区和边远贫困地区从事教育教学工作的，应当予以补贴。

第七章 奖 励

第三十三条【奖励机制】 教师在教育教学、培养人才、科学研究、教学改革、学校建设、社会服务、勤工俭学等方面成绩优异的，由所在学校予以表彰、奖励。国务院和地方各级人民政府及其有关部门对有突出贡献的教师，应当予以表彰、奖励。对有重大贡献的教师，依照国家有关规定授予荣誉称号。

第三十四条【其他奖励方式】 国家支持和鼓励社会组织或者个人向依法成立的奖励教师的基金组织捐助资金，对教师进行奖励。

第八章 法律责任

第三十五条【侮辱殴打教师行为的法律责任】 侮辱、殴打教师的，根据不同情况，分别给予行政处分或者行政处罚；造成损害的，责令赔偿损失；情节严重，构成犯罪的，依法追究刑事责任。

第三十六条【打击报复教师行为的法律责任】 对依法提出申诉、控告、检举的教师进行打击报复的，由其所在单位或者上级机关责令改正；情节严重的，可以根据具体情况给予行政处分。国家工作人员对教师打击报复构成犯罪的，依照刑法第一百四十六条的规定追究刑事责任。

【真题回顾】(2016 年下半年真题)

【单项选择题】某幼儿园教师钱某实名举报了园长的违法乱纪行为，园长知晓后，招来社会人员殴打钱某，导致钱某重伤。对于园长的行为应依法(　　)。

A.给予行政处分　　　　　　B.追究刑事责任

C.给予行政处罚　　　　　　D.追究治安责任

【答案】B

【解析】根据《教师法》第三十六条规定：对依法提出申诉、控告、检举的教师进行打击报复的，由其所在单位或者上级机关责令改正；情节严重的，可以根据具体情况给予行政处分。国家工作人员对教师打击报复构成犯罪的，依照刑法第一百四十六条的规定追究刑事责任。题干中园长的行为属于打击报复老师，导致钱某重伤，构成犯罪，应依法追究刑事责任。故选 B。

第三十七条【教师不当行为的处理】　教师有下列情形之一的，由所在学校、其他教育机构或者教育行政部门给予行政处分或者解聘：

(一) 故意不完成教育教学任务给教育教学工作造成损失的；

(二) 体罚学生，经教育不改的；

(三) 品行不良、侮辱学生，影响恶劣的。

教师有前款第 (二) 项、第 (三) 项所列情形之一，情节严重，构成犯罪的，依法追究刑事责任。

【真题回顾】(2021 年上半年真题)

【单项选择题】公办幼儿园教师黄某曾有轻微体罚幼儿的行为，园长对其进行了批评教育。没过多久，黄某再次同样体罚幼儿。对于黄某，可由所在教育行政部门依法给予 (　　)。

A. 行政处罚　　　　　　　　　　　B. 行政处分

C. 撤销教师资格　　　　　　　　　D. 刑事处罚

【答案】B

【解析】《教师法》第三十七条规定：教师有下列情形之一的，由所在学校、其他教育机构或者教育行政部门给予行政处分或者解聘：(一) 故意不完成教育教学任务给教育教学工作造成损失的；(二) 体罚学生，经教育不改的；(三) 品行不良、侮辱学生，影响恶劣的。教师有前款第 (二) 项、第 (三) 项所列情形之一，情节严重，构成犯罪的，依法追究刑事责任。故选 B。

第三十九条【教师申诉】　教师对学校或者其他教育机构侵犯其合法权益的，或者对学校或者其他教育机构做出的处理不服的，可以向教育行政部门提出申诉，教育行政部门应当在接到申诉的三十日内，做出处理。教师认为当地人民政府有关行政部门侵犯其根据本法规定享有的权利的，可以向同级人民政府或者上一级人民政府有关部门提出申诉，同级人民政府或者上一级人民政府有关部门应当做出处理。

【真题回顾】（2022 年上半年真题)

【单项选择题】教师张某在某民办幼儿园上班，因工作严重失误，被幼儿园解聘。张某不服，她可以采取的救济途径是（　　）。

A. 提出申诉和依法诉讼　　　　　　B. 劳动仲裁和行政复议

C. 依法检举和行政复议　　　　　　D. 诉讼赔偿和行政管制

【答案】A

【解析】根据《教师法》第三十九条规定："教师认为当地人民政府有关行政部门侵犯其根据本法规定享有的权利的，可以向同级人民政府或者上一级人民政府有关部门提出申诉，同级人民政府或者上一级人民政府有关部门应当作出处理。"故选A。

第九章 附 则

第四十条 本法下列用语的含义是：

(一) 各级各类学校，是指实施学前教育、普通初等教育、普通中等教育、职业教育、普通高等教育以及特殊教育、成人教育的学校。

(二) 其他教育机构，是指少年宫以及地方教研室、电化教育机构等。

(三) 中小学教师，是指幼儿园、特殊教育机构、普通中小学、成人初等中等教育机构、职业中学以及其他教育机构的教师。

五、《中华人民共和国未成年人保护法》

考点分析

《中华人民共和国未成年人保护法》(简称《未成年人保护法》)的考点知识在历年考题中主要以单项选择题形式出现。

《未成年人保护法》考查的知识点主要如下表所示。

知识点	常见考点	要求掌握的程度
《未成年人保护法》	保护原则	☆☆☆☆
	家庭保护	☆☆☆
	学校保护	☆☆☆☆
	社会保护	☆☆☆☆☆
	司法保护	☆☆☆☆
	法律责任	☆☆☆☆☆

(一)《未成年人保护法》解读

《未成年人保护法》于1991年9月4日在第七届全国人民代表大会常务委员会第二十一次会议上通过，2006年12月29日第十届全国人民代表大会常务委员会第二十五次会议第一次修订，根据2012年10月26日第十一届全国人民代表大会常务委员会第二十九次会议《关于修改〈中华人民共和国未成年人保护法〉的决定》修正，2020年10月17日第十三届全国人民代表大会常务委员会第二十二次会议第二次修订。

1.《未成年人保护法》的性质与地位

《未成年人保护法》一般被作为教育单行法看待，未成年人的保护问题，不仅是教育活动领域中的问题，也是社会生活领域中的问题。它从未成年人的健康成长需要出发，制定了保护未成年人成长的法律规范，涉及学校、家庭、社会和司法部门。

《未成年人保护法》的颁布与施行，使全社会明确了保护未成年人顺利成长的重要意义，明确了社会中各主体对未成年人保护的责任、义务和要求，统一了各方面的教育思想，使社会各方面形成教育合力，使年轻一代能够在一个较为健康的环境中成长。

2.《未成年人保护法》的基本结构

《未成年人保护法》分为总则、分则、附则三个部分，共有九章一百三十二条。其中，总则对立法目的、适用对象等做出了总体规定，分则规定了家庭保护、学校保护、社会保护、网络保护、政府保护、司法保护和法律责任等，附则是对未尽表达事项的补充规定和说明。

（二）《未成年人保护法》节选

中华人民共和国未成年人保护法

第一章　总　　则

第一条【立法宗旨】　为了保护未成年人身心健康，保障未成年人合法权益，促进未成年人德智体美劳全面发展，培养有理想、有道德、有文化、有纪律的社会主义建设者和接班人，培养担当民族复兴大任的时代新人，根据宪法，制定本法。

第二条【适用对象】　本法所称未成年人是指未满十八周岁的公民。

第三条【权利与保护】　国家保障未成年人的生存权、发展权、受保护权、参与权等权利。

未成年人依法平等地享有各项权利，不因本人及其父母或者其他监护人的民族、种族、性别、户籍、职业、宗教信仰、教育程度、家庭状况、身心健康状况等受到歧视。

第四条【保护原则】　保护未成年人，应当坚持最有利于未成年人的原则。处理涉及未成年人事项，应当符合下列要求：

（一）给予未成年人特殊、优先保护；

（二）尊重未成年人人格尊严；

（三）保护未成年人隐私权和个人信息；

（四）适应未成年人身心健康发展的规律和特点；

（五）听取未成年人的意见；

（六）保护与教育相结合。

第二章　家　庭　保　护

第十六条【监护职责】　未成年人的父母或者其他监护人应当履行下列监护职责：

（一）为未成年人提供生活、健康、安全等方面的保障；

（二）关注未成年人的生理、心理状况和情感需求；

（三）教育和引导未成年人遵纪守法、勤俭节约，养成良好的思想品德和行为习惯；

（四）对未成年人进行安全教育，提高未成年人的自我保护意识和能力；

（五）尊重未成年人受教育的权利，保障适龄未成年人依法接受并完成义务教育；

(六) 保障未成年人休息、娱乐和体育锻炼的时间，引导未成年人进行有益身心健康的活动；

(七) 妥善管理和保护未成年人的财产；

(八) 依法代理未成年人实施民事法律行为；

(九) 预防和制止未成年人的不良行为和违法犯罪行为，并进行合理管教；

(十) 其他应当履行的监护职责。

第十七条【父母或其他监护人不得实施的行为】 未成年人的父母或者其他监护人不得实施下列行为：

(一) 虐待、遗弃、非法送养未成年人或者对未成年人实施家庭暴力；

(二) 放任、教唆或者利用未成年人实施违法犯罪行为；

(三) 放任、唆使未成年人参与邪教、迷信活动或者接受恐怖主义、分裂主义、极端主义等侵害；

(四) 放任、唆使未成年人吸烟 (含电子烟,下同)、饮酒、赌博、流浪乞讨或者欺凌他人；

(五) 放任或者迫使应当接受义务教育的未成年人失学、辍学；

(六) 放任未成年人沉迷网络，接触危害或者可能影响其身心健康的图书、报刊、电影、广播电视节目、音像制品、电子出版物和网络信息等；

(七) 放任未成年人进入营业性娱乐场所、酒吧、互联网上网服务营业场所等不适宜未成年人活动的场所；

(八) 允许或者迫使未成年人从事国家规定以外的劳动；

(九) 允许、迫使未成年人结婚或者为未成年人订立婚约；

(十) 违法处分、侵吞未成年人的财产或者利用未成年人牟取不正当利益；

(十一) 其他侵犯未成年人身心健康、财产权益或者不依法履行未成年人保护义务的行为。

第十八条【安全家庭生活环境】 未成年人的父母或者其他监护人应当为未成年人提供安全的家庭生活环境，及时排除引发触电、烫伤、跌落等伤害的安全隐患；采取配备儿童安全座椅、教育未成年人遵守交通规则等措施，防止未成年人受到交通事故的伤害；提高户外安全保护意识，避免未成年人发生溺水、动物伤害等事故。

第二十二条【委托监护】 未成年人的父母或者其他监护人因外出务工等原因在一定期限内不能完全履行监护职责的，应当委托具有照护能力的完全民事行为能力人代为照护；无正当理由的，不得委托他人代为照护。

未成年人的父母或者其他监护人在确定被委托人时，应当综合考虑其道德品质、家庭状况、身心健康状况、与未成年人生活情感上的联系等情况，并听取有表达意愿能力未成年人的意见。

具有下列情形之一的，不得作为被委托人：

(一) 曾实施性侵害、虐待、遗弃、拐卖、暴力伤害等违法犯罪行为；

(二) 有吸毒、酗酒、赌博等恶习；

(三) 曾拒不履行或者长期怠于履行监护、照护职责；

(四) 其他不适宜担任被委托人的情形。

第三章　学校保护

第二十七条【尊重人格尊严】 学校、幼儿园的教职员工应当尊重未成年人人格尊严，不得对未成年人实施体罚、变相体罚或者其他侮辱人格尊严的行为。

第二十八条【保护受教育权】 学校应当保障未成年学生受教育的权利，不得违反国家规定开除、变相开除未成年学生。

学校应当对尚未完成义务教育的辍学未成年学生进行登记并劝返复学；劝返无效的，应当及时向教育行政部门书面报告。

第三十三条【合理安排时间】 学校应当与未成年学生的父母或者其他监护人互相配合，合理安排未成年学生的学习时间，保障其休息、娱乐和体育锻炼的时间。

学校不得占用国家法定节假日、休息日及寒暑假期，组织义务教育阶段的未成年学生集体补课，加重其学习负担。

幼儿园、校外培训机构不得对学龄前未成年人进行小学课程教育。

第三十九条【学生欺凌防控制度】 学校应当建立学生欺凌防控工作制度，对教职员工、学生等开展防治学生欺凌的教育和培训。

学校对学生欺凌行为应当立即制止，通知实施欺凌和被欺凌未成年学生的父母或者其他监护人参与欺凌行为的认定和处理；对相关未成年学生及时给予心理辅导、教育和引导；对相关未成年学生的父母或者其他监护人给予必要的家庭教育指导。

对实施欺凌的未成年学生，学校应当根据欺凌行为的性质和程度，依法加强管教。对严重的欺凌行为，学校不得隐瞒，应当及时向公安机关、教育行政部门报告，并配合相关部门依法处理。

第四十条【性教育】 学校、幼儿园应当建立预防性侵害、性骚扰未成年人工作制度。对性侵害、性骚扰未成年人等违法犯罪行为，学校、幼儿园不得隐瞒，应当及时向公安机关、教育行政部门报告，并配合相关部门依法处理。

学校、幼儿园应当对未成年人开展适合其年龄的性教育，提高未成年人防范性侵害、性骚扰的自我保护意识和能力。对遭受性侵害、性骚扰的未成年人，学校、幼儿园应当及时采取相关的保护措施。

第四章　社会保护

第四十四条【公共场所开放】 爱国主义教育基地、图书馆、青少年宫、儿童活动中心、儿童之家应当对未成年人免费开放；博物馆、纪念馆、科技馆、展览馆、美术馆、文化馆、社区公益性互联网上网服务场所以及影剧院、体育场馆、动物园、植物园、公园等场所，应当按照有关规定对未成年人免费或者优惠开放。

国家鼓励爱国主义教育基地、博物馆、科技馆、美术馆等公共场馆开设未成年人专场，为未成年人提供有针对性的服务。

国家鼓励国家机关、企业事业单位、部队等开发自身教育资源，设立未成年人开放日，为未成年人主题教育、社会实践、职业体验等提供支持。

国家鼓励科研机构和科技类社会组织对未成年人开展科学普及活动。

第四十九条【新闻媒体】 新闻媒体应当加强未成年人保护方面的宣传，对侵犯未成年人合法权益的行为进行舆论监督。新闻媒体采访报道涉及未成年人事件应当客观、审慎和适度，不得侵犯未成年人的名誉、隐私和其他合法权益。

【单项选择题】某报社为抢独家新闻，报道了一名未成年犯罪嫌疑人的姓名、住址和犯罪过程，并且配发了照片。该报社的做法（　　）。

A. 合法，有利于实施法治教育

B. 合法，体现了新闻报道自由

C. 不合法，侵犯了未成年人的隐私权

D. 不合法，侵犯了未成年人的荣誉权

【答案】C

【解析】本题考查新闻媒体不得侵犯未成年人隐私权的规定。根据《未成年人保护法》第四十九条的规定，"新闻媒体应当加强未成年人保护方面的宣传，对侵犯未成年人合法权益的行为进行舆论监督。新闻媒体采访报道涉及未成年人事件应当客观、审慎和适度，不得侵犯未成年人的名誉、隐私和其他合法权益。"故选 C。

第五十四条【禁止行为】 禁止拐卖、绑架、虐待、非法收养未成年人，禁止对未成年人实施性侵害、性骚扰。

禁止胁迫、引诱、教唆未成年人参加黑社会性质组织或者从事违法犯罪活动。

禁止胁迫、诱骗、利用未成年人乞讨。

第五十六条【安全保护措施】 未成年人集中活动的公共场所应当符合国家或者行业安全标准，并采取相应安全保护措施。对可能存在安全风险的设施，应当定期进行维护，在显著位置设置安全警示标志并标明适龄范围和注意事项，必要时应当安排专门人员看管。

大型的商场、超市、医院、图书馆、博物馆、科技馆、游乐场、车站、码头、机场、旅游景区景点等场所运营单位应当设置搜寻走失未成年人的安全警报系统。场所运营单位接到求助后，应当立即启动安全警报系统，组织人员进行搜寻并向公安机关报告。

公共场所发生突发事件时，应当优先救护未成年人。

第五十八条【不允许未成年人进入的场所】 学校、幼儿园周边不得设置营业性娱乐场所、酒吧、互联网上网服务营业场所等不适宜未成年人活动的场所。营业性歌舞娱乐场所、酒吧、互联网上网服务营业场所等不适宜未成年人活动场所的经营者，不得允许未成年人进入；游艺娱乐场所设置的电子游戏设备，除国家法定节假日外，不得向未成年人提供。经营者应当在显著位置设置未成年人禁入、限入标志；对难以判明是否是未成年人的，应当要求其出示身份证件。

第五十九条【烟、酒、彩票经营者的职责】 学校、幼儿园周边不得设置烟、酒、彩票销售网点。禁止向未成年人销售烟、酒、彩票或者兑付彩票奖金。烟、酒和彩票经营者应当在显著位置设置不向未成年人销售烟、酒或者彩票的标志；对难以判明是否是未成年人的，应当要求其出示身份证件。

任何人不得在学校、幼儿园和其他未成年人集中活动的公共场所吸烟、饮酒。

第六十三条【保护未成年人信件隐私】 任何组织或者个人不得隐匿、毁弃、非法删除未成年人的信件、日记、电子邮件或者其他网络通信内容。

除下列情形外，任何组织或者个人不得开拆、查阅未成年人的信件、日记、电子邮件或者其他网络通信内容：

(一) 无民事行为能力未成年人的父母或者其他监护人代未成年人开拆、查阅；

(二) 因国家安全或者追查刑事犯罪依法进行检查；

(三) 紧急情况下为了保护未成年人本人的人身安全。

【真题回顾】（2022 年上半年真题）

【单项选择题】良好的社会环境有利于促进未成年人的健康成长。下列选项属于社会保护的是（　　）。

A. 学生王某在学校突发疾病，学校及时通知家长并积极救护王某

B. 解除羁押、服刑期满的未成年人的复学、升学、就业不受歧视

C. 父母或者其他监护人不得使接受义务教育的未成年人辍学

D. 任何组织或者个人不得披露未成年人的个人隐私

【答案】D

【解析】本题考查属于社会保护的情形。A 项属于学校保护。B 项属于司法保护。C 项属于家庭保护。D 项属于社会保护。根据《中华人民共和国未成年人保护法》(2020 年修订) 第四章"社会保护"第六十三条的规定，"除下列情形外，任何组织或者个人不得开拆、查阅未成年人的信件、日记、电子邮件或者其他网络通讯内容：(一) 无民事行为能力未成年人的父母或者其他监护人代未成年人开拆、查阅；(二) 因国家安全或者追查刑事犯罪依法进行检查；(三) 紧急情况下为了保护未成年人本人的人身安全。"故选 D。

第五章　网络保护

第七十四条【网络产品和服务的规定】 网络产品和服务提供者不得向未成年人提供诱导其沉迷的产品和服务。

网络游戏、网络直播、网络音视频、网络社交等网络服务提供者应当针对未成年人使用其服务设置相应的时间管理、权限管理、消费管理等功能。

以未成年人为服务对象的在线教育网络产品和服务，不得插入网络游戏链接，不得推送广告等与教学无关的信息。

第七十五条【网络游戏规定】 网络游戏经依法审批后方可运营。

国家建立统一的未成年人网络游戏电子身份认证系统。网络游戏服务提供者应当要求未成年人以真实身份信息注册并登录网络游戏。

网络游戏服务提供者应当按照国家有关规定和标准，对游戏产品进行分类，做出适龄提示，并采取技术措施，不得让未成年人接触不适宜的游戏或者游戏功能。

网络游戏服务提供者不得在每日二十二时至次日八时向未成年人提供网络游戏服务。

第七十六条【网络直播服务】 网络直播服务提供者不得为未满十六周岁的未成年人提供网络直播发布者账号注册服务；为年满十六周岁的未成年人提供网络直播发布者账号注册服务时，应当对其身份信息进行认证，并征得其父母或者其他监护人同意。

第六章 政府保护

第八十二条【家庭教育指导】 各级人民政府应当将家庭教育指导服务纳入城乡公共服务体系，开展家庭教育知识宣传，鼓励和支持有关人民团体、企业事业单位、社会组织开展家庭教育指导服务。

第九十条【卫生保健服务】 各级人民政府及其有关部门应当对未成年人进行卫生保健和营养指导，提供卫生保健服务。

卫生健康部门应当依法对未成年人的疫苗预防接种进行规范，防治未成年人常见病、多发病，加强传染病防治和监督管理，做好伤害预防和干预，指导和监督学校、幼儿园、婴幼儿照护服务机构开展卫生保健工作。

教育行政部门应当加强未成年人的心理健康教育，建立未成年人心理问题的早期发现和及时干预机制。卫生健康部门应当做好未成年人心理治疗、心理危机干预以及精神障碍早期识别和诊断治疗等工作。

第九十二条【民政部门临时监护】 具有下列情形之一的，民政部门应当依法对未成年人进行临时监护：

(一) 未成年人流浪乞讨或者身份不明，暂时查找不到父母或者其他监护人；

(二) 监护人下落不明且无其他人可以担任监护人；

(三) 监护人因自身客观原因或者因发生自然灾害、事故灾难、公共卫生事件等突发事件不能履行监护职责，导致未成年人监护缺失；

(四) 监护人拒绝或者怠于履行监护职责，导致未成年人处于无人照料的状态；

(五) 监护人教唆、利用未成年人实施违法犯罪行为，未成年人需要被带离安置；

(六) 未成年人遭受监护人严重伤害或者面临人身安全威胁，需要被紧急安置；

(七) 法律规定的其他情形。

第九十四条【民政部门长期监护】 具有下列情形之一的，民政部门应当依法对未成年人进行长期监护：

(一) 查找不到未成年人的父母或者其他监护人；

(二) 监护人死亡或者被宣告死亡且无其他人可以担任监护人；

(三) 监护人丧失监护能力且无其他人可以担任监护人；

(四) 人民法院判决撤销监护人资格并指定由民政部门担任监护人；

(五) 法律规定的其他情形。

【真题回顾】（2022 年上半年真题）

【单项选择题】 小孙是个流浪儿童，相关部门一直没有找到小孙的父母或其他监护人。对于小孙的监护问题，下列说法正确的是（　　）。

A. 应当由民政部门对小孙进行长期监护

B. 应当由教育部门对小孙进行长期监护

C. 应当由福利机构对小孙进行长期监护

D. 应当由公安机关对小孙进行长期监护

【答案】 A

【解析】本题考查民政部门对未成年人进行长期监护的情形。

根据《中华人民共和国未成年人保护法》（2020年修订）第九十四条"具有下列情形之一的，民政部门应当依法对未成年人进行长期监护"的规定第一款中的情形"（一）查找不到未成年人的父母或者其他监护人"，题干中小孙的父母或其他监护人查找不到，因此小孙应当由民政部门对其进行长期监护。故选A。

第九十八条【违法犯罪人员信息系统】　国家建立性侵害、虐待、拐卖、暴力伤害等违法犯罪人员信息查询系统，向密切接触未成年人的单位提供免费查询服务。

第七章　司法保护

第一百零一条【专门机构办理未成年人案件】　公安机关、人民检察院、人民法院和司法行政部门应当确定专门机构或者指定专门人员，负责办理涉及未成年人案件。办理涉及未成年人案件的人员应当经过专门培训，熟悉未成年人身心特点。专门机构或者专门人员中，应当有女性工作人员。

公安机关、人民检察院、人民法院和司法行政部门应当对上述机构和人员实行与未成年人保护工作相适应的评价考核标准。

第一百零七条【继承权和受遗赠权】　人民法院审理继承案件，应当依法保护未成年人的继承权和受遗赠权。

人民法院审理离婚案件，涉及未成年子女抚养问题的，应当尊重已满八周岁未成年子女的真实意愿，根据双方具体情况，按照最有利于未成年子女的原则依法处理。

第一百一十条【询问未成年人】　公安机关、人民检察院、人民法院讯问未成年犯罪嫌疑人、被告人，询问未成年被害人、证人，应当依法通知其法定代理人或者其成年亲属、所在学校的代表等合适成年人到场，并采取适当方式，在适当场所进行，保障未成年人的名誉权、隐私权和其他合法权益。

人民法院开庭审理涉及未成年人案件，未成年被害人、证人一般不出庭作证；必须出庭的，应当采取保护其隐私的技术手段和心理干预等保护措施。

【真题回顾】(2020年下半年真题)

【单项选择题】某小区发生盗窃案，警察来到小区幼儿园，希望通过询问幼儿君君获得办案线索。幼儿园园长张某得知警察并没有联系上君君的父母，拒绝了警察的询问要求。张某的做法（　　）。

A. 正确，履行保护未成年人合法权益的义务

B. 正确，任何组织或个人不得改变教学计划

C. 不正确，公民有配合公安机关办案的义务

D. 不正确，干扰了公安机关的正常执法行为

【答案】A

【解析】《未成年人保护法》第一百一十条规定：公安机关、人民检察院、人民法院讯问未成年犯罪嫌疑人、被告人，询问未成年被害人、证人，应当依法通知其法定代理人或者其成年亲属、所在学校的代表等合适成年人到场，并采取适当方式，在适当场所进行，

保障未成年人的名誉权、隐私权和其他合法权益。故选 A。

第八章　法律责任

第一百二十三条【不适宜未成年人活动场所经营者，烟、酒、彩票经营者，管制器械经营者等的法律责任】 相关经营者违反本法第五十八条、第五十九条第一款、第六十条规定的，由文化和旅游、市场监督管理、烟草专卖、公安等部门按照职责分工责令限期改正，给予警告，没收违法所得，可以并处五万元以下罚款；拒不改正或者情节严重的，责令停业整顿或者吊销营业执照、吊销相关许可证，可以并处五万元以上五十万元以下罚款。

第一百二十八条【国家机关工作人员的法律责任】 国家机关工作人员玩忽职守、滥用职权、徇私舞弊，损害未成年人合法权益的，依法给予处分。

第一百二十九条【侵犯未成年人权益的法律责任】 违反本法规定，侵犯未成年人合法权益，造成人身、财产或者其他损害的，依法承担民事责任。

违反本法规定，构成违反治安管理行为的，依法给予治安管理处罚；构成犯罪的，依法追究刑事责任。

【真题回顾】(2019 年上半年真题)

【单项选择题】某地区文化执法部门在对当地一家网吧进行巡查时，发现有未成年人正在网吧上网。根据《中华人民共和国未成年人保护法》的规定，文化执法部门可以对该网吧采取的措施是(　　)。

A. 予以关闭，依法吊销营业执照　　B. 责令改正，依法给予行政处罚

C. 予以查封，依法没收违法所得　　D. 责令停业，依法追究民事责任

【答案】B

【解析】《未成年人保护法》第五十八条规定：营业性歌舞娱乐场所、酒吧、互联网上网服务营业场所等不适宜未成年人活动场所的经营者，不得允许未成年人进入。第一百二十三条规定：相关经营者违反本法第五十八条、第五十九条第一款、第六十条规定的，由文化和旅游、市场监督管理、烟草专卖、公安等部门按照职责分工责令限期改正，给予警告，没收违法所得，可以并处五万元以下罚款；拒不改正或者情节严重的，责令停业整顿或者吊销营业执照、吊销相关许可证，可以并处五万元以上五十万元以下罚款。故选 B。

第九章　附　　则

第一百三十二条【实施时间】 本法自 2021 年 6 月 1 日起施行。

六、《幼儿园工作规程》

考点分析

《幼儿园工作规程》的考点知识在历年考题中主要以单项选择题形式出现。

《幼儿园工作规程》考查的知识点主要如下表所示。

知识点	常见考点	要求掌握的程度
《幼儿园工作规程》	幼儿园教育的性质和地位	☆☆
	幼儿入园体检	☆☆☆☆☆
	幼儿园安全	☆☆☆☆
	幼儿园卫生保健	☆☆☆☆☆
	幼儿园教育	☆☆☆☆
	幼儿园教职工聘用条件	☆☆☆☆☆
	幼儿园收费依据	☆☆
	家长委员会的任务	☆☆

（一）《幼儿园工作规程》解读

《幼儿园工作规程》已经于 2015 年 12 月 14 日在第 48 次部长办公会议上审议通过，自 2016 年 3 月 1 日起施行。

1.《幼儿园工作规程》的性质与地位

《幼儿园工作规程》属于教育行政规章，它的颁布，标志着我国学前教育改革进入一个新的阶段，是我国幼儿园工作走向规范化、法制化的里程碑。

2.《幼儿园工作规程》的基本结构

《幼儿园工作规程》分为总则、分则、附则三个部分，共十一章六十六条。其中，总则对制定目的、幼儿园性质和任务等做出了总体规定；分则是对幼儿入园和编班，幼儿园的安全、幼儿园的卫生保健、幼儿园的教育、幼儿园的教职工等的规定；附则是对未尽事项的补充规定和说明。

（二）《幼儿园工作规程》节选

第一章 总 则

第一条【制定宗旨】 为了加强幼儿园的科学管理，规范办园行为，提高保育和教育质量，促进幼儿身心健康，依据《中华人民共和国教育法》等法律法规，制定本规程。

第二条【定义及性质】 幼儿园是对 3 周岁以上学龄前幼儿实施保育和教育的机构。幼儿园教育是基础教育的重要组成部分，是学校教育制度的基础阶段。

【真题回顾】(2017 年下半年真题)

【单项选择题】关于幼儿园教育的性质和地位，下列说法正确的是（   ）。

A.幼儿园教育是基础教育的预备阶段

B.幼儿园教育是义务教育的组成部分

C.幼儿园教育是学校教育制度的基础阶段

D.幼儿园教育不属于学校教育制度的范畴

【答案】C

【解析】《幼儿园工作规程》第二条规定：幼儿园教育是基础教育的重要组成部分，是学校教育制度的基础阶段。故选 C。

第三条【任务】 幼儿园的任务是：贯彻国家的教育方针，按照保育与教育相结合的原则，遵循幼儿身心发展特点和规律，实施德、智、体、美等方面全面发展的教育，促进幼儿身心和谐发展。幼儿园同时面向幼儿家长提供科学育儿指导。

第二章　幼儿入园和编班

第十条【入园检查】 幼儿入园前，应当按照卫生部门制定的卫生保健制度进行健康检查，合格者方可入园。

幼儿入园除进行健康检查外，禁止任何形式的考试或测查。

【真题回顾】(2021 年上半年真题)

【单项选择题】某幼儿园对新入园的幼儿进行健康检查、简单的知识测试与智力测验，并依据测试结果录取幼儿。该幼儿园的做法 (　　)。

A.正确，幼儿园拥有自主招生的权利

B.正确，有利于保证幼儿园生源质量

C.不正确，幼儿园不得对幼儿进行任何形式的测试或检查

D.不正确，幼儿园除健康检查外禁止任何形式的考试或测查

【答案】D

【解析】《幼儿园工作规程》第十条规定：幼儿入园除进行健康检查外，禁止任何形式的考试或测查。故选 D。

第十一条【编班人数】 幼儿园规模应当有利于幼儿身心健康，便于管理，一般不超过 360 人。

幼儿园每班幼儿人数一般为：小班 (3 周岁至 4 周岁)25 人，中班 (4 周岁至 5 周岁)30 人，大班 (5 周岁至 6 周岁)35 人，混合班 30 人。寄宿制幼儿园每班幼儿人数酌减。

幼儿园可以按年龄分别编班，也可以混合编班。

第三章　幼儿园的安全

第十二条【安全管理制度】 幼儿园应当严格执行国家和地方幼儿园安全管理的相关规定，建立健全门卫、房屋、设备、消防、交通、食品、药物、幼儿接送交接、活动组织和幼儿就寝值守等安全防护和检查制度，建立安全责任制和应急预案。

第十三条【园舍建设、规范】 幼儿园的园舍应当符合国家和地方的建设标准，以及相关安全、卫生等方面的规范，定期检查维护，保障安全。幼儿园不得设置在污染区和危险区，不得使用危房。

幼儿园的设备设施、装修装饰材料、用品用具和玩教具材料等，应当符合国家相关的

安全质量标准和环保要求。

入园幼儿应当由监护人或者其委托的成年人接送。

【真题回顾】(2021 年上半年真题)

【单项选择题】幼儿园放学时，萌萌的父亲临时有事，便委托其同事王某到园接萌萌。张老师在与萌萌的父亲通话确认无误后，同意王某将萌萌接走。张老师的做法 ( )。

A. 正确，家长的同事可以代替接送　　B. 正确，教师应该核对接送人的身份
C. 不正确，应该征得萌萌的同意　　D. 不正确，幼儿只能由其监护人接送

【答案】B

【解析】《幼儿园工作规程》第十三条规定：入园幼儿应当由监护人或者其委托的成年人接送。因此，排除 C、D 项。同事代为接送是可以的，但是教师要向家长核实身份。故选 B。

第十五条【安全意识】　幼儿园教职工必须具有安全意识，掌握基本急救常识和防范、避险、逃生、自救的基本方法，在紧急情况下应当优先保护幼儿的人身安全。

幼儿园应当把安全教育融入一日生活，并定期组织开展多种形式的安全教育和事故预防演练。

幼儿园应当结合幼儿年龄特点和接受能力开展反家庭暴力教育，发现幼儿遭受或者疑似遭受家庭暴力的，应当依法及时向公安机关报案。

【真题回顾】(2019 年上半年真题)

【单项选择题】陈老师发现班里的幼儿玲玲有遭受家庭暴力的迹象。对此陈老师应当采取的措施是 ( )。

A. 对玲玲的家长进行批评教育　　B. 向当地公安机关报案
C. 对玲玲的家长处以一定的罚款　　D. 向当地法院提起诉讼

【答案】B

【解析】《幼儿园工作规程》第十五条指出：幼儿园应当结合幼儿年龄特点和接受能力开展反家庭暴力教育，发现幼儿遭受或者疑似遭受家庭暴力的，应当依法及时向公安机关报案。故选 B。

第四章　幼儿园的卫生保健

第十八条【作息制度】　幼儿园应当制定合理的幼儿一日生活作息制度。正餐间隔时间为 3.5~4 小时。在正常情况下，幼儿户外活动时间 (包括户外体育活动时间) 每天不得少于 2 小时，寄宿制幼儿园不得少于 3 小时；高寒、高温地区可酌情增减。

第二十条【卫生检查制度】　幼儿园应当建立卫生消毒、晨检、午检制度和病儿隔离制度，配合卫生部门做好计划免疫工作。幼儿园应当建立传染病预防和管理制度，制定突发传染病应急预案，认真做好疾病防控工作。幼儿园应当建立患病幼儿用药的委托交接制度，未经监护人委托或者同意，幼儿园不得给幼儿用药。幼儿园应当妥善管理药品，保证幼儿用药安全。

幼儿园内禁止吸烟、饮酒。

【真题回顾】(2021 年上半年真题)

【单项选择题】五岁的平平发烧了，赵老师从自己的手提包里找出一粒退烧药，喂平平服了半粒。平平果然好多了。赵老师的做法（　　）。

A. 不正确，幼儿只能吃儿童专用退烧药

B. 不正确，应当征得幼儿监护人的同意

C. 正确，老师拥有幼儿医护与保健知识

D. 正确，老师应当关心幼儿的身体健康

【答案】B

【解析】《幼儿园工作规程》第二十条规定：幼儿园应当建立患病幼儿用药的委托交接制度，未经监护人委托或者同意，幼儿园不得给幼儿用药。幼儿园应当妥善管理药品，保证幼儿用药安全。故选 B。

第二十二条【安全饮水、便溺习惯】 幼儿园应当配备必要的设备设施，及时为幼儿提供安全卫生的饮用水。

幼儿园应当培养幼儿良好的大小便习惯，不得限制幼儿便溺的次数、时间等。

第二十三条【体育活动】 幼儿园应当积极开展适合幼儿的体育活动，充分利用日光、空气、水等自然因素以及本地自然环境，有计划地锻炼幼儿肌体，增强身体的适应和抵抗能力。正常情况下，每日户外体育活动不得少于 1 小时。

幼儿园在开展体育活动时，应当对体弱或有残疾的幼儿予以特殊照顾。

第五章　幼儿园的教育

第二十五条【教育原则及要求】 幼儿园教育应当贯彻以下原则和要求：

（一）德、智、体、美等方面的教育应当互相渗透，有机结合；

（二）遵循幼儿身心发展规律，符合幼儿年龄特点，注重个体差异，因人施教，引导幼儿个性健康发展；

（三）面向全体幼儿，热爱幼儿，坚持积极鼓励、启发引导的正面教育；

（四）综合组织健康、语言、社会、科学、艺术各领域的教育内容，渗透于幼儿一日生活的各项活动中，充分发挥各种教育手段的交互作用；

（五）以游戏为基本活动，寓教育于各项活动之中；

（六）创设与教育相适应的良好环境，为幼儿提供活动和表现能力的机会与条件。

【真题回顾】(2016 年上半年真题)

【单项选择题】某幼儿园以识字和算术为基本活动，得到了家长的支持。该幼儿园的做法（　　）。

A. 不正确，幼儿园应以游戏为基本活动

B. 不正确，幼儿园应以体育为基本活动

C. 正确，有助于培养幼儿的阅读能力

D. 正确，有助于办出幼儿园的特色

【答案】A

【解析】《幼儿园工作规程》第二十五条关于"幼儿园教育应当贯彻以下原则和要求"第 (五) 项规定：以游戏为基本活动，寓教育于各项活动之中。题干中以识字和算术为基本活动，明显错误。故选 A。

第二十六条【一日活动组织】 幼儿一日活动的组织应当动静交替，注重幼儿的直接感知、实际操作和亲身体验，保证幼儿愉快的、有益的自由活动。

【真题回顾】(2017 年上半年真题)

【单项选择题】依据《幼儿园工作规程》，下列说法不正确的是 (　　)。

A. 健康检查不合格的幼儿，可以拒绝其入园

B. 幼儿一日活动组织应动静交替，以动为主

C. 幼儿的每日户外体育活动不得低于 1 小时

D. 幼儿园可按年龄分别编班，也可混合编班

【答案】B

【解析】《幼儿园工作规程》第十条规定：幼儿入园前，应当按照卫生部门制定的卫生保健制度进行健康检查，合格者方可入园。故 A 项正确。

《幼儿园工作规程》第二十六条规定：幼儿一日活动的组织应当动静交替，注重幼儿的直接感知、实际操作和亲身体验，保证幼儿愉快的、有益的自由活动。题干中"以动为主"表述错误，故 B 项错误。

《幼儿园工作规程》第二十三条规定：正常情况下，每日户外体育活动不得少于 1 小时。故 C 项正确。

《幼儿园工作规程》第十一条规定：幼儿园可以按年龄分别编班，也可以混合编班。故 D 项正确。

第二十九条【创设游戏条件】 幼儿园应当将游戏作为对幼儿进行全面发展教育的重要形式。幼儿园应当因地制宜创设游戏条件，提供丰富、适宜的游戏材料，保证充足的游戏时间，开展多种游戏。

幼儿园应当根据幼儿的年龄特点指导游戏，鼓励和支持幼儿根据自身兴趣、需要和经验水平，自主选择游戏内容、游戏材料和伙伴，使幼儿在游戏过程中获得积极的情绪情感，促进幼儿能力和个性的全面发展。

第三十三条【幼小衔接，禁止小学化】 幼儿园和小学应当密切联系，互相配合，注意两个阶段教育的相互衔接。

幼儿园不得提前教授小学教育内容，不得开展任何违背幼儿身心发展规律的活动。

【真题回顾】（2023 年上半年真题）

【单项选择题】某幼儿园为给幼儿今后的学习发展打下坚实的基础，在大班教授小学语文和数学的内容。该幼儿园的做法（　　）。

A. 符合幼儿关键期的教育要求　　B. 彰显了关爱幼儿的教育理念

C. 不符合全面发展的教育理念　　D. 违背了幼儿的身心发展规律

【答案】D

【解析】《幼儿园工作规程》第三十三条规定："幼儿园不得提前教授小学教育内容，不得开展任何违背幼儿身心发展规律的活动。"故选 D。

第六章　幼儿园的园舍、设备

第三十四条【活动空间】 幼儿园应当按照国家的相关规定设活动室、寝室、卫生间、保健室、综合活动室、厨房和办公用房等，并达到相应的建设标准。有条件的幼儿园应当优先扩大幼儿游戏和活动空间。

寄宿制幼儿园应当增设隔离室、浴室和教职工值班室等。

第三十六条【教具设备】 幼儿园应当配备适合幼儿特点的桌椅、玩具架、盥洗卫生用具，以及必要的玩教具、图书和乐器等。

玩教具应当具有教育意义并符合安全、卫生要求。幼儿园应当因地制宜，就地取材，自制玩教具。

第七章　幼儿园的教职工

第三十八条【教职工配备】 幼儿园按照国家相关规定设园长、副园长、教师、保育员、卫生保健人员、炊事员和其他工作人员等岗位，配足配齐教职工。

第三十九条【教职工素质】 幼儿园教职工应当贯彻国家教育方针，具有良好品德，热爱教育事业，尊重和爱护幼儿，具有专业知识和技能以及相应的文化和专业素养，为人师表，忠于职责，身心健康。

幼儿园教职工患传染病期间暂停在幼儿园的工作。有犯罪、吸毒记录和精神病史者不得在幼儿园工作。

【真题回顾】(2017 年下半年真题)

【单项选择题】某幼儿园聘用了曾经有过犯罪记录的宋某作为工作人员，依据《幼儿园工作规程》的规定，该幼儿园的做法(　　)。

A. 合法，要给予宋某改过自新的机会

B. 合法，幼儿园有权自主聘用工作人员

C. 不合法，应征得上级主管部门同意方可聘用

D. 不合法，幼儿园不得聘用宋某担任工作人员

【答案】D

【解析】《幼儿园工作规程》第三十九条中明确规定：有犯罪、吸毒记录和精神病史者不得在幼儿园工作。故选 D。

第四十一条【教师职责】 幼儿园教师必须具有《教师资格条例》规定的幼儿园教师资格，并符合本规程第三十九条规定。

幼儿园教师实行聘任制。

幼儿园教师对本班工作全面负责，其主要职责如下：

(一) 观察了解幼儿，依据国家有关规定，结合本班幼儿的发展水平和兴趣需要，制订和执行教育工作计划，合理安排幼儿一日生活；

(二) 创设良好的教育环境，合理组织教育内容，提供丰富的玩具和游戏材料，开展适宜的教育活动；

(三) 严格执行幼儿园安全、卫生保健制度，指导并配合保育员管理本班幼儿生活，做好卫生保健工作；

(四) 与家长保持经常联系，了解幼儿家庭的教育环境，商讨符合幼儿特点的教育措施，相互配合共同完成教育任务；

(五) 参加业务学习和保育教育研究活动；

(六) 定期总结评估保教工作实效，接受园长的指导和检查。

第八章 幼儿园的经费

第四十七条【收费制度】 幼儿园收费按照国家和地方的有关规定执行。

幼儿园实行收费公示制度，收费项目和标准向家长公示，接受社会监督，不得以任何名义收取与新生入园相挂钩的赞助费。

幼儿园不得以培养幼儿某种专项技能、组织或参与竞赛等为由，另外收取费用；不得以营利为目的组织幼儿表演、竞赛等活动。

【真题回顾】(2017 年上半年真题)

【单项选择题】王某是某集团公司的老总，开办了一家民办幼儿园。下列关于王某举办幼儿园行为的说法，不正确的是(   )。

A. 幼儿园应该依法接受监督　　B. 幼儿园可以以营利为目的

C. 幼儿园应该维护幼儿的合法权益　　D. 幼儿园可以自行确定收费标准

【答案】D

【解析】《幼儿园工作规程》第四十七条中明确规定：幼儿园收费按照国家和地方的有关规定执行。故选 D。

第九章 幼儿园、家庭和社区

第五十三条【家长联系制度】 幼儿园应当建立幼儿园与家长联系的制度。幼儿园可采取多种形式，指导家长正确了解幼儿园保育和教育的内容、方法，定期召开家长会议，并接待家长的来访和咨询。

幼儿园应当认真分析、吸收家长对幼儿园教育与管理工作的意见与建议。

幼儿园应当建立家长开放日制度。

第五十四条【家长委员会】 幼儿园应当成立家长委员会。

家长委员会的主要任务是：对幼儿园重要决策和事关幼儿切身利益的事项提出意见和建议；发挥家长的专业和资源优势，支持幼儿园保育教育工作；帮助家长了解幼儿园工作计划和要求，协助幼儿园开展家庭教育指导和交流。

家长委员会在幼儿园园长指导下工作。

第十章　幼儿园的管理

第五十六条【园务委员会】 幼儿园实行园长负责制。

幼儿园应当建立园务委员会。园务委员会由园长、副园长、党组织负责人和保教、卫生保健、财会等方面工作人员的代表以及幼儿家长代表组成。园长任园务委员会主任。

园长定期召开园务委员会会议，遇重大问题可临时召集，对规章制度的建立、修改、废除，全园工作计划，工作总结，人员奖惩，财务预算和决算方案，以及其他涉及全园工作的重要问题进行审议。

第十一章　附　　则

第六十四条【适用范围】 本规程适用于城乡各类幼儿园。

第六十六条【实施时间】 本规程自 2016 年 3 月 1 日起施行。1996 年 3 月 9 日由原国家教育委员会令第 25 号发布的《幼儿园工作规程》同时废止。

七、《国家中长期教育改革和发展规划纲要 (2010—2020 年)》

考点分析

《国家中长期教育改革和发展规划纲要 (2010—2020 年)》(简称《教育规划纲要》) 的考点知识在历年考题中主要以单项选择题形式出现。

《教育规划纲要》考查的知识点主要如下表所示。

知识点	常见考点	要求掌握的程度
《教育规划纲要》	战略主题	☆☆☆
	学前教育 (明确政府职责)	☆☆
	学前教育 (重点发展农村教育)	☆☆
	减轻中小学课业负担	☆☆☆

(一)《教育规划纲要》解读

2010 年 7 月 29 日，中共中央、国务院印发的《国家中长期教育改革和发展规划纲要 (2010—2020 年)》正式发布。

1.《教育规划纲要》的性质与地位

《教育规划纲要》是中国共产党和国家层面的教育政策文件，是 21 世纪第 2 个十年指导全国教育改革和发展的纲领性文件。《教育规划纲要》规定了我国这一时期教育发展的总体方向、战略任务和各个教育领域改革发展的主要任务。《教育规划纲要》适时地回答了我国在 21 世纪教育改革与发展的重大问题，并指明了教育改革与发展的方向，为教育法律法规体系的改进和完善提供了基础。

2.《教育规划纲要》的基本结构

《教育规划纲要》分为总体战略、发展任务、体制改革、保障措施四大部分，共二十二章七十条。

（二）《教育规划纲要》节选

第一部分　总体战略

第一章　指导思想和工作方针

（一）指导思想。 高举中国特色社会主义伟大旗帜，以邓小平理论和"三个代表"重要思想为指导，深入贯彻落实科学发展观，实施科教兴国战略和人才强国战略，优先发展教育，完善中国特色社会主义现代教育体系，办好人民满意的教育，建设人力资源强国。

全面贯彻党的教育方针，坚持教育为社会主义现代化建设服务，为人民服务，与生产劳动和社会实践相结合，培养德智体美全面发展的社会主义建设者和接班人。

全面推进教育事业科学发展，立足社会主义初级阶段基本国情，把握教育发展阶段性特征，坚持以人为本，遵循教育规律，面向社会需求，优化结构布局，提高教育现代化水平。

（二）工作方针。 优先发展、育人为本、改革创新、促进公平、提高质量。

把教育摆在优先发展的战略地位。教育优先发展是党和国家提出并长期坚持的一项重大方针。各级党委和政府要把优先发展教育作为贯彻落实科学发展观的一项基本要求，切实保证经济社会发展规划优先安排教育发展，财政资金优先保障教育投入，公共资源优先满足教育和人力资源开发需要。充分调动全社会关心支持教育的积极性，共同担负起培育下一代的责任，为青少年健康成长创造良好环境。完善体制和政策，鼓励社会力量兴办教育，不断扩大社会资源对教育的投入。

把育人为本作为教育工作的根本要求。人力资源是我国经济社会发展的第一资源，教育是开发人力资源的主要途径。要以学生为主体，以教师为主导，充分发挥学生的主动性，把促进学生健康成长作为学校一切工作的出发点和落脚点。关心每个学生，促进每个学生主动地、生动活泼地发展，尊重教育规律和学生身心发展规律，为每个学生提供适合的教育。努力培养造就数以亿计的高素质劳动者、数以千万计的专门人才和一大批拔尖创新人才。

把改革创新作为教育发展的强大动力。教育要发展，根本靠改革。要以体制机制改革为重点，鼓励地方和学校大胆探索和试验，加快重要领域和关键环节改革步伐。创新人才培养体制、办学体制、教育管理体制，改革质量评价和考试招生制度，改革教学内容、方法、手段，建设现代学校制度。加快解决经济社会发展对高质量多样化人才需要与教育培养能力不足的矛盾、人民群众期盼良好教育与资源相对短缺的矛盾、增强教育活力与体制机制约束的矛盾，为教育事业持续健康发展提供强大动力。

把促进公平作为国家基本教育政策。教育公平是社会公平的重要基础。教育公平的关键是机会公平，基本要求是保障公民依法享有受教育的权利，重点是促进义务教育均衡发展和扶持困难群体，根本措施是合理配置教育资源，向农村地区、边远贫困地区和民族地区倾斜，加快缩小教育差距。教育公平的主要责任在政府，全社会要共同促进教育公平。

把提高质量作为教育改革发展的核心任务。树立科学的质量观，把促进人的全面发展、适应社会需要作为衡量教育质量的根本标准。树立以提高质量为核心的教育发展观，注重教育内涵发展，鼓励学校办出特色、办出水平，出名师，育英才。建立以提高教育质量为导向的管理制度和工作机制，把教育资源配置和学校工作重点集中到强化教学环节、提高教育质量上来。制定教育质量国家标准，建立健全教育质量保障体系。加强教师队伍建设，提高教师整体素质。

第二章 战略目标和战略主题

（三）战略目标。 到 2020 年，基本实现教育现代化，基本形成学习型社会，进入人力资源强国行列。

实现更高水平的普及教育。基本普及学前教育；巩固提高九年义务教育水平；普及高中阶段教育，毛入学率达到 90%；高等教育大众化水平进一步提高，毛入学率达到 40%；扫除青壮年文盲。新增劳动力平均受教育年限从 12.4 年提高到 13.5 年；主要劳动年龄人口平均受教育年限从 9.5 年提高到 11.2 年，其中受过高等教育的比例达到 20%，具有高等教育文化程度的人数比 2009 年翻一番。

形成惠及全民的公平教育。坚持教育的公益性和普惠性，保障公民依法享有接受良好教育的机会。建成覆盖城乡的基本公共教育服务体系，逐步实现基本公共教育服务均等化，缩小区域差距。努力办好每一所学校，教好每一个学生，不让一个学生因家庭经济困难而失学。切实解决进城务工人员子女平等接受义务教育问题。保障残疾人受教育权利。

提供更加丰富的优质教育。教育质量整体提升，教育现代化水平明显提高。优质教育资源总量不断扩大，更好满足人民群众接受高质量教育的需求。学生思想道德素质、科学文化素质和健康素质明显提高。各类人才服务国家、服务人民和参与国际竞争能力显著增强。

构建体系完备的终身教育。学历教育和非学历教育协调发展，职业教育和普通教育相互沟通，职前教育和职后教育有效衔接。继续教育参与率大幅提升，从业人员继续教育年参与率达到 50%。现代国民教育体系更加完善，终身教育体系基本形成，促进全体人民学有所教、学有所成、学有所用。

健全充满活力的教育体制。进一步解放思想，更新观念，深化改革，提高教育开放水平，全面形成与社会主义市场经济体制和全面建设小康社会目标相适应的充满活力、富有效率、更加开放、有利于科学发展的教育体制机制，办出具有中国特色、世界水平的现代教育。

（四）战略主题。 坚持以人为本、全面实施素质教育是教育改革发展的战略主题，是贯彻党的教育方针的时代要求，其核心是解决好培养什么人、怎样培养人的重大问题，重点是面向全体学生、促进学生全面发展，着力提高学生服务国家服务人民的社会责任感、勇于探索的创新精神和善于解决问题的实践能力。

坚持德育为先。立德树人，把社会主义核心价值体系融入国民教育全过程。加强马克思主义中国化最新成果教育，引导学生形成正确的世界观、人生观、价值观；加强理想信念教育和道德教育，坚定学生对中国共产党领导、社会主义制度的信念和信心；加强以爱国主义为核心的民族精神和以改革创新为核心的时代精神教育；加强社会主义荣辱观教育，培养学生团结互助、诚实守信、遵纪守法、艰苦奋斗的良好品质。加强公民意识教育，树立社会主义民主法治、自由平等、公平正义理念，培养社会主义合格公民。加强中华民族优秀文化传统教育和革命传统教育。把德育渗透于教育教学的各个环节，贯穿于学校教育、家庭教育和社会教育的各个方面。切实加强和改进未成年人思想道德建设和大学生思想政治教育工作。构建大中小学有效衔接的德育体系，创新德育形式，丰富德育内容，不断提高德育工作的吸引力和感染力，增强德育工作的针对性和实效性。加强辅导员、班主任队伍建设。

坚持能力为重。优化知识结构，丰富社会实践，强化能力培养。着力提高学生的学习能力、实践能力、创新能力，教育学生学会知识技能，学会动手动脑，学会生存生活，学会做人做事，促进学生主动适应社会，开创美好未来。

坚持全面发展。全面加强和改进德育、智育、体育、美育。坚持文化知识学习与思想品德修养的统一、理论学习与社会实践的统一、全面发展与个性发展的统一。加强体育，牢固树立健康第一的思想，确保学生体育课程和课余活动时间，提高体育教学质量，加强心理健康教育，促进学生身心健康、体魄强健、意志坚强；加强美育，培养学生良好的审美情趣和人文素养。加强劳动教育，培养学生热爱劳动、热爱劳动人民的情感。重视安全教育、生命教育、国防教育、可持续发展教育。促进德育、智育、体育、美育有机融合，提高学生综合素质，使学生成为德智体美全面发展的社会主义建设者和接班人。

【真题回顾】(2016年下半年真题)

【单项选择题】《国家中长期教育改革和发展规划纲要(2010—2020年)》提出，教育改革发展的战略主题是( )。

A.坚持立德树人，创新培养人才的体制　　B.坚持以人为本，全面实施素质教育
C.坚持教育公平，合理配置教育资源　　D.坚持内涵发展，全面提高教育质量

【答案】B

【解析】《教育规划纲要》中第二章"战略目标和战略主题"中规定：坚持以人为本、全面实施素质教育是教育改革发展的战略主题。故选B。

第三章 学前教育

（五）基本普及学前教育。 学前教育对幼儿身心健康、习惯养成、智力发展具有重要意义。遵循幼儿身心发展规律，坚持科学保教方法，保障幼儿快乐健康成长。积极发展学前教育，到2020年，普及学前一年教育，基本普及学前两年教育，有条件的地区普及学前三年教育。重视0至3岁婴幼儿教育。

（六）明确政府职责。 把发展学前教育纳入城镇、社会主义新农村建设规划。建立政府主导、社会参与、公办民办并举的办园体制。大力发展公办幼儿园，积极扶持民办幼儿园。加大政府投入，完善成本合理分担机制，对家庭经济困难幼儿入园给予补助。加强学前教育管理，规范办园行为。制定学前教育办园标准，建立幼儿园准入制度。完善幼儿园收费管理办法。严格执行幼儿教师资格标准，切实加强幼儿教师培养培训，提高幼儿教师队伍整体素质，依法落实幼儿教师地位和待遇。教育行政部门加强对学前教育的宏观指导和管理，相关部门履行各自职责，充分调动各方面力量发展学前教育。

【真题回顾】(2018年上半年真题)

【单项选择题】《国家中长期教育改革和发展规划纲要(2010—2020年)》提出了学前教育发展的政府职责。关于政府职责的说法，下列选项中不正确的是(　　)。

A.制定审核幼儿园章程　　　　　　B.建立幼儿园准入制度

C.制定学前教育的办园标准　　　　D.完善幼儿园收费管理办法

【答案】A

【解析】《教育规划纲要》中第三章学前教育中第(六)条"明确政府职责"中，规定了政府要"制定学前教育办园标准，建立幼儿园准入制度。完善幼儿园收费管理办法"。没有A项"制定审核幼儿园章程"。故选A。

（七）重点发展农村学前教育。努力提高农村学前教育普及程度。着力保证留守儿童入园。采取多种形式扩大农村学前教育资源，改扩建、新建幼儿园，充分利用中小学布局调整富余的校舍和教师举办幼儿园(班)。发挥乡镇中心幼儿园对村幼儿园的示范指导作用。支持贫困地区发展学前教育。

【真题回顾】(2017年下半年真题)

【单项选择题】根据《国家中长期教育改革和发展规划纲要(2010—2020年)》的规定，下列对于我国重点发展农村学前教育的表述，不正确的是(　　)。

A.将村小学改扩建为幼儿园　　　　B.着力保证留守儿童入园

C.提高农村学前教育普及程度　　　D.支持贫困地区发展学前教育

【答案】A

【解析】《教育规划纲要》中第(七)条关于"重点发展农村学前教育"中规定：努力提高农村学前教育普及程度。着力保证留守儿童入园。采取多种形式扩大农村学前教育资源，改扩建、新建幼儿园，充分利用中小学布局调整富余的校舍和教师举办幼儿园(班)；支持贫困地区发展学前教育。A项表述错误。故选A。

第四章　义 务 教 育

（八）巩固提高九年义务教育水平。义务教育是国家依法统一实施、所有适龄儿童少年必须接受的教育，具有强制性、免费性和普及性，是教育工作的重中之重。注重品行培养，激发学习兴趣，培育健康体魄，养成良好习惯。到2020年，全面提高普及水平，全面提高教育质量，基本实现区域内均衡发展，确保适龄儿童少年接受良好义务教育。

巩固义务教育普及成果。适应城乡发展需要，合理规划学校布局，办好必要的教学点，方便学生就近入学。坚持以输入地政府管理为主、以全日制公办中小学为主，确保进城务工人员随迁子女平等接受义务教育，研究制定进城务工人员随迁子女接受义务教育后在当地参加升学考试的办法。建立健全政府主导、社会参与的农村留守儿童关爱服务体系和动态监测机制。加快农村寄宿制学校建设，优先满足留守儿童住宿需求。采取必要措施，确保适龄儿童少年不因家庭经济困难、就学困难、学习困难等原因而失学，努力消除辍学现象。

提高义务教育质量。建立国家义务教育质量基本标准和监测制度。严格执行义务教育国家课程标准、教师资格标准。深化课程与教学方法改革，推行小班教学。配齐音乐、体育、美术等学科教师，开足开好规定课程。大力推广普通话教学，使用规范汉字。

增强学生体质。科学安排学习、生活、锻炼，保证学生睡眠时间。大力开展"阳光体育"运动，保证学生每天锻炼一小时，不断提高学生体质健康水平。提倡合理膳食，改善学生营养状况，提高贫困地区农村学生营养水平。保护学生视力。

（十）减轻中小学生课业负担。 过重的课业负担严重损害儿童少年身心健康。减轻学生课业负担是全社会的共同责任，政府、学校、家庭、社会必须共同努力，标本兼治，综合治理。把减负落实到中小学教育全过程，促进学生生动活泼学习、健康快乐成长。率先实现小学生减负。

各级政府要把减负作为教育工作的重要任务，统筹规划，整体推进。调整教材内容，科学设计课程难度。改革考试评价制度和学校考核办法。规范办学行为，建立学生课业负担监测和公告制度。不得以升学率对地区和学校进行排名，不得下达升学指标。规范各种社会补习机构和教辅市场。加强校外活动场所建设和管理，丰富学生课外及校外活动。

【真题回顾】(2015年上半年真题)

【单项选择题】《国家中长期教育改革和发展规划纲要(2010—2020年)》提出，要将减轻中小学课业负担作为教育工作的重要任务。为切实减轻学生课业负担，各级政府可以采取的措施有（　　）。

A.减少学生课外及校外活动　　B.加强教辅市场管理，取缔补习机构

C.调整教材内容，科学设计课程难度　　D.依据升学率对地区和学校进行排名

【答案】C

【解析】《教育规划纲要》中第（十）条规定：各级政府要把减负作为教育工作的重要任务，统筹规划，整体推进。调整教材内容，科学设计课程难度。故选C。

第三部分 体制改革

第十一章 人才培养体制改革

（三十一）更新人才培养观念。 深化教育体制改革，关键是更新教育观念，核心是改革人才培养体制，目的是提高人才培养水平。树立全面发展观念，努力造就德智体美全面发展的高素质人才。树立人人成才观念，面向全体学生，促进学生成长成才。树立多样化人才观念，尊重个人选择，鼓励个性发展，不拘一格培养人才。树立终身学习观念，为持续发展奠定基础。树立系统培养观念，推进小学、中学、大学有机衔接，教学、科研、实践紧密结合，学校、家庭、社会密切配合，加强学校之间、校企之间、学校与科研机构之间合作以及中外合作等多种联合培养方式，形成体系开放、机制灵活、渠道互通、选择多样的人才培养体制。

（三十二）创新人才培养模式。 适应国家和社会发展需要，遵循教育规律和人才成长规律，深化教育教学改革，创新教育教学方法，探索多种培养方式，形成各类人才辈出、拔尖创新人才不断涌现的局面。

注重学思结合。倡导启发式、探究式、讨论式、参与式教学，帮助学生学会学习。

激发学生的好奇心，培养学生的兴趣爱好，营造独立思考、自由探索、勇于创新的良好环境。适应经济社会发展和科技进步的要求，推进课程改革，加强教材建设，建立健全教材质量监管制度。深入研究、确定不同教育阶段学生必须掌握的核心内容，形成教学内容更新机制。充分发挥现代信息技术作用，促进优质教学资源共享。

注重知行统一。坚持教育教学与生产劳动、社会实践相结合。开发实践课程和活动课程，增强学生科学实验、生产实习和技能实训的成效。充分利用社会教育资源，开展各种课外及校外活动。加强中小学校外活动场所建设。加强学生社团组织指导，鼓励学生积极参与志愿服务和公益事业。

注重因材施教。关注学生不同特点和个性差异，发展每一个学生的优势潜能。推进分层教学、走班制、学分制、导师制等教学管理制度改革。建立学习困难学生的帮助机制。改进优异学生培养方式，在跳级、转学、转换专业以及选修更高学段课程等方面给予支持和指导。健全公开、平等、竞争、择优的选拔方式，改进中学生升学推荐办法，创新研究生培养方法。探索高中阶段、高等学校拔尖学生培养模式。

第十三章　建设现代学校制度

（三十八）推进政校分开、管办分离。　适应中国国情和时代要求，建设依法办学、自主管理、民主监督、社会参与的现代学校制度，构建政府、学校、社会之间新型关系。适应国家行政管理体制改革要求，明确政府管理权限和职责，明确各级各类学校办学权利和责任。探索适应不同类型教育和人才成长的学校管理体制与办学模式，避免千校一面。完善学校目标管理和绩效管理机制。健全校务公开制度，接受师生员工和社会的监督。随着国家事业单位分类改革推进，探索建立符合学校特点的管理制度和配套政策，克服行政化倾向，取消实际存在的行政级别和行政化管理模式。

第十四章　办学体制改革

（四十二）深化办学体制改革。　坚持教育公益性原则，健全政府主导、社会参与、办学主体多元、办学形式多样、充满生机活力的办学体制，形成以政府办学为主体、全社会积极参与、公办教育和民办教育共同发展的格局。调动全社会参与的积极性，进一步激发教育活力，满足人民群众多层次、多样化的教育需求。

深化公办学校办学体制改革，积极鼓励行业、企业等社会力量参与公办学校办学，扶持薄弱学校发展，扩大优质教育资源，增强办学活力，提高办学效益。各地可从实际出发，开展公办学校联合办学、委托管理等试验，探索多种形式，提高办学水平。

改进非义务教育公共服务提供方式，完善优惠政策，鼓励公平竞争，引导社会资金以多种方式进入教育领域。

第十五章　管理体制改革

（四十五）健全统筹有力、权责明确的教育管理体制。　以转变政府职能和简政放权为重点，深化教育管理体制改革，提高公共教育服务水平。明确各级政府责任，规范学校办学行为，促进管办评分离，形成政事分开、权责明确、统筹协调、规范有序的教育管理体制。中央政府统一领导和管理国家教育事业，制定发展规划、方针政策和基本标准，优化学科专业、类型、层次结构和区域布局。整体部署教育改革试验，统筹区域协调发展。地方政府负责落实国家方针政策，开展教育改革试验，根据职责分工负责区域内教育改革、发展和稳定。

第四部分　保障措施

第十七章　加强教师队伍建设

（五十一）建设高素质教师队伍。　教育大计，教师为本。有好的教师，才有好的教育。提高教师地位，维护教师权益，改善教师待遇，使教师成为受人尊重的职业。严格教师资质，提升教师素质，努力造就一支师德高尚、业务精湛、结构合理、充满活力的高素质专业化教师队伍。

（五十二）加强师德建设。　加强教师职业理想和职业道德教育，增强广大教师教书育人的责任感和使命感。教师要关爱学生，严谨笃学，淡泊名利，自尊自律，以人格魅力和学识魅力教育感染学生，做学生健康成长的指导者和引路人。将师德表现作为教师考核、聘任（聘用）和评价的首要内容。采取综合措施，建立长效机制，形成良好学术道德和学术风气，克服学术浮躁，查处学术不端行为。

（五十三）提高教师业务水平。　完善培养培训体系，做好培养培训规划，优化队伍结构，提高教师专业水平和教学能力。通过研修培训、学术交流、项目资助等方式，培养教育教学骨干、"双师型"教师、学术带头人和校长，造就一批教学名师和学科领军人才。

以农村教师为重点，提高中小学教师队伍整体素质。创新农村教师补充机制，完善制度政策，吸引更多优秀人才从教。积极推进师范生免费教育，实施农村义务教育学校教师特设岗位计划，完善代偿机制，鼓励高校毕业生到艰苦边远地区当教师。完善教师培训制度，将教师培训经费列入政府预算，对教师实行每五年一周期的全员培训。加大民族地区双语教师培养培训力度。加强校长培训，重视辅导员和班主任培训。加强教师教育，构建以师范院校为主体、综合大学参与、开放灵活的教师教育体系。深化教师教育改革，创新培养模式，增强实习实践环节，强化师德修养和教学能力训练，提高教师培养质量。

以"双师型"教师为重点，加强职业院校教师队伍建设。加大职业院校教师培养培训力度。依托相关高等学校和大中型企业，共建"双师型"教师培养培训基地。完善教师定期到企业实践制度。完善相关人事制度，聘任（聘用）具有实践经验的专业技术人员和高技能人才担任专兼职教师，提高持有专业技术资格证书和职业资格证书教师比例。

以中青年教师和创新团队为重点，建设高素质的高校教师队伍。大力提高高校教师教学水平、科研创新和社会服务能力。促进跨学科、跨单位合作，形成高水平教学和科研创新团队。创新人事管理和薪酬分配方式，引导教师潜心教学科研，鼓励中青年优秀教师脱颖而出。实施海外高层次人才引进计划、"长江学者奖励计划"和"国家杰出青年科学基金"等人才项目，为高校集聚具有国际影响的学科领军人才。

第十八章　保障经费投入

（五十七）完善投入机制。　进一步明确各级政府提供公共教育服务职责，完善各级教育经费投入机制，保障学校办学经费的稳定来源和增长。各地根据国家办学条件基本标准和教育教学基本需要，制定并逐步提高区域内各级学校学生人均经费基本标准和学生人均财政拨款基本标准。

义务教育全面纳入财政保障范围，实行国务院和地方各级人民政府根据职责共同负担，省、自治区、直辖市人民政府负责统筹落实的投入体制。进一步完善中央财政和地方财政分项目、按比例分担的农村义务教育经费保障机制，提高保障水平。尽快化解农村义务教育学校债务。

非义务教育实行以政府投入为主、受教育者合理分担、其他多种渠道筹措经费的投入机制。学前教育建立政府投入、社会举办者投入、家庭合理负担的投入机制。普通高中实行以财政投入为主，其他渠道筹措经费为辅的机制。中等职业教育实行政府、行业、企业及其他社会力量依法筹集经费的机制。高等教育实行以举办者投入为主、受教育者合理分担培养成本、学校设立基金接受社会捐赠等筹措经费的机制。

进一步加大农村、边远贫困地区、民族地区教育投入。中央财政通过加大转移支付，支持农村欠发达地区和民族地区教育事业发展，加强关键领域和薄弱环节，解决突出问题。

健全国家资助政策体系。各地根据学前教育普及程度和发展情况，逐步对农村家庭经济困难和城镇低保家庭子女接受学前教育予以资助。提高农村义务教育家庭经济困难寄宿生生活补助标准，改善中小学生营养状况。建立普通高中家庭经济困难学生国家资助制度。完善普通本科高校、高等职业学校和中等职业学校家庭经济困难学生资助政策体系。完善助学贷款体制机制。推进生源地信用助学贷款。建立健全研究生教育收费制度，完善资助政策，设立研究生国家奖学金。根据经济发展水平和财力状况，建立国家奖助学金标准动态调整机制。

第十九章　加快教育信息化进程

（五十九）加快教育信息基础设施建设。信息技术对教育发展具有革命性影响，必须予以高度重视。把教育信息化纳入国家信息化发展整体战略，超前部署教育信息网络。到2020年，基本建成覆盖城乡各级各类学校的教育信息化体系，促进教育内容、教学手段和方法现代化。充分利用优质资源和先进技术，创新运行机制和管理模式，整合现有资源，构建先进、高效、实用的数字化教育基础设施。加快终端设施普及，推进数字化校园建设，实现多种方式接入互联网。重点加强农村学校信息基础建设，缩小城乡数字化差距。加快中国教育和科研计算机网、中国教育卫星宽带传输网升级换代。制定教育信息化基本标准，促进信息系统互联互通。

第二十章　推进依法治教

（六十四）大力推进依法治校。学校要建立完善符合法律规定、体现自身特色的学校章程和制度，依法办学，从严治校，认真履行教育教学和管理职责。尊重教师权利，加强教师管理。保障学生的受教育权，对学生实施的奖励与处分要符合公平、公正原则。健全符合法治原则的教育救济制度。

开展普法教育。促进师生员工提高法律素质和公民意识，自觉知法守法，遵守公共生活秩序，做遵纪守法的楷模。

（六十五）完善督导制度和监督问责机制。制定教育督导条例，进一步健全教育督导制度。探索建立相对独立的教育督导机构，独立行使督导职能。健全国家督学制度，建设专职督导队伍。坚持督政与督学并重、监督与指导并重。加强义务教育督导检查，开展学前教育和高中阶段教育督导检查。强化对政府落实教育法律法规和政策情况的督导检查。建立督导检查结果公告制度和限期整改制度。

严格落实问责制。主动接受和积极配合各级人大及其常委会对教育法律法规执行情况的监督检查以及司法机关的司法监督。建立健全层级监督机制。加强监察、审计等专门监督。强化社会监督。

第二十一章　重大项目和改革试点

（六十六）组织实施重大项目。2010－2012年，围绕教育改革发展战略目标，着眼于促进教育公平，提高教育质量，增强可持续发展能力，以加强关键领域和薄弱环节为重点，完善机制，组织实施一批重大项目。

义务教育学校标准化建设。完善城乡义务教育经费保障机制，科学规划、统筹安排、均衡配置、合理布局。实施中小学校舍安全工程，集中开展危房改造、抗震加固，实现城乡中小学校舍安全达标；改造小学和初中薄弱学校，尽快使义务教育学校师资、教学仪器设备、图书、体育场地基本达标；改扩建劳务输出大省和特殊困难地区农村学校寄宿设施，改善农村学生特别是留守儿童寄宿条件，基本满足需要。

义务教育教师队伍建设。继续实施农村义务教育学校教师特设岗位计划，吸引高校毕业生到农村从教；加强农村中小学薄弱学科教师队伍建设，重点培养和补充一批边远贫困地区和革命老区急需紧缺教师；对义务教育教师进行全员培训，组织校长研修培训；对专科学历以下小学教师进行学历提高教育，使全国小学教师学历逐步达到专科以上水平。

推进农村学前教育。支持办好现有的乡镇和村幼儿园；重点支持中西部贫困地区充分利用中小学富余校舍和社会资源，改扩建或新建乡镇和村幼儿园；对农村幼儿园园长和骨干教师进行培训。

职业教育基础能力建设。支持建设一批职业教育实训基地，提升职业教育实践教学水平；完成一大批"双师型"教师培训，聘任（聘用）一大批有实践经验和技能的专兼职教师；支持一批中等职业教育改革示范校和优质特色校建设，支持高等职业教育示范校建设；支持一批示范性职业教育集团学校建设，促进优质资源开放共享。

提升高等教育质量。实施中西部高等教育振兴计划，加强中西部地方高校优势学科和师资队伍建设；实施东部高校对口支援西部高校计划；支持建设一批高等学校产学研基地；实施基础学科拔尖学生培养试验计划和卓越工程师、医师等人才教育培养计划；继续实施"985工程"和优势学科创新平台建设，继续实施"211工程"和启动特色重点学科项目；继续实施"高等学校本科教学质量与教学改革工程""研究生教育创新计划""高等学校哲学社会科学繁荣计划"和"高等学校高层次创新人才计划"。

发展民族教育。巩固民族地区普及九年义务教育成果，支持边境县和民族自治地方贫困县实现义务教育学校标准化；重点扶持和培养一批边疆民族地区紧缺教师人才；加强对民族地区中小学和幼儿园双语教师培养培训；加快民族地区高中阶段教育发展，启动内地中职班，支持教育基础薄弱县改扩建、新建一批普通高中和中等职业学校；支持民族院校建设。

　　发展特殊教育。改扩建和新建一批特殊教育学校，使市(地)和30万人口以上、残疾儿童少年较多的县(市)都有一所特殊教育学校；为现有特殊教育学校添置必要的教学、生活和康复训练设施，改善办学条件；对特殊教育教师进行专业培训，提高教育教学水平。

　　家庭经济困难学生资助。启动民族地区、贫困地区农村小学生营养改善计划；免除中等职业教育家庭经济困难学生和涉农专业学生学费；把普通高中学生和研究生纳入国家助学体系。

　　教育信息化建设。提高中小学每百名学生拥有计算机台数，为农村中小学班级配备多媒体远程教学设备；建设有效共享、覆盖各级各类教育的国家数字化教学资源库和公共服务平台；基本建成较完备的国家级和省级教育基础信息库以及教育质量、学生流动、资源配置和毕业生就业状况等监测分析系统。

　　教育国际交流合作。支持一批示范性中外合作办学机构；支持在高校建设一批国际合作联合实验室、研究中心；引进一大批海外高层次人才；开展大中小学校长和骨干教师海外研修培训；支持扩大公派出国留学规模；实施留学中国计划，扩大来华留学生规模；培养各种外语人才；支持孔子学院建设。

八、《学生伤害事故处理办法》

考点分析

　　《学生伤害事故处理办法》的考点知识在历年考题中以单项选择题形式出现。
　　《学生伤害事故处理办法》考查的知识点主要如下表所示。

知识点	常见考点	要求掌握的程度
《学生伤害事故处理办法》	责任承担原则	☆☆☆☆☆
	学生或未成年人监护人承担的责任	☆☆☆☆
	学校行为无责情形	☆☆☆
	致害人承担责任	☆☆☆☆

(一)《学生伤害事故处理办法》解读

　　2002年3月26日教育部通过《学生伤害事故处理方法》，2002年9月1日起施行，根据2010年12月13日《教育部关于修改和废止部分规章的决定》修改。

1.《学生伤害事故处理办法》的性质与地位

　　《学生伤害事故处理办法》是教育部制定颁发的一部教育规章。它不仅与学生的权利保护有关，也与教育活动中学校权益、学校教育教学活动秩序相关。它的制定与颁布，为实施未成年人安全保护提供了实际操作规则，也为处理教育活动中的学生伤害事故提供了法律依据。

2.《学生伤害事故处理办法》的基本结构

《学生伤害事故处理办法》分为总则、分则和附则三个部分，共六章四十条。总则规定了制定该规章的宗旨、依据、适用范围和事故处理原则等。分则从事故与责任、事故处理程序、事故损害的赔偿、事故责任者的处理四个方面对学生伤害事故的处理做了规定。附则是对未尽事项的补充规定和说明。

（二）《学生伤害事故处理办法》节选

第一章　总　　则

第一条【立法宗旨】　为积极预防、妥善处理在校学生伤害事故，保护学生、学校的合法权益，根据《中华人民共和国教育法》《中华人民共和国未成年人保护法》和其他相关法律、行政法规及有关规定，制定本办法。

第二条【适用范围】　在学校实施的教育教学活动或者学校组织的校外活动中，以及在学校负有管理责任的校舍、场地、其他教育教学设施、生活设施内发生的，造成在校学生人身损害后果的事故的处理，适用本办法。

第七条【监护人职责】　未成年学生的父母或者其他监护人（以下称为监护人）应当依法履行监护职责，配合学校对学生进行安全教育、管理和保护工作。

学校对未成年学生不承担监护职责，但法律有规定的或者学校依法接受委托承担相应监护职责的情形除外。

第二章　事　故　与　责　任

第八条【责任承担原则】　学生伤害事故的责任，应当根据相关当事人的行为与损害后果之间的因果关系依法确定。

因学校、学生或者其他相关当事人的过错造成的学生伤害事故，相关当事人应当根据其行为过错程度的比例及其与损害后果之间的因果关系承担相应的责任。当事人的行为是损害后果发生的主要原因，应当承担主要责任；当事人的行为是损害后果发生的非主要原因，承担相应的责任。

【真题回顾】(2017 年下半年真题)

【单项选择题】教师成某带领小班幼儿户外活动，东东在玩滑梯时突然从滑梯上跳下摔伤。事后调取监控录像发现，事发时成某背对着幼儿活动区域。对东东所受伤害应承担赔偿责任的主体是（　　）。

A. 成某　　　　　　B. 幼儿园　　　　　　C. 东东　　　　　D. 东东的监护人

【答案】A

【解析】《学生伤害事故处理办法》第八条明确规定：学生伤害事故的责任，应当根据相关当事人的行为与损害后果之间的因果关系依法确定；当事人的行为是损害后果发生的主要原因，应当承担主要责任；当事人的行为是损害后果发生的非主要原因，承担相应的责任。题干中东东受伤主要是由于教师背对幼儿导致的，因此成某承担主要责任。故选 A。

第九条【学校承担的责任】 因下列情形之一造成的学生伤害事故，学校应当依法承担相应的责任：

（一）学校的校舍、场地、其他公共设施，以及学校提供给学生使用的学具、教育教学和生活设施、设备不符合国家规定的标准，或者有明显不安全因素的；

（二）学校的安全保卫、消防、设施设备管理等安全管理制度有明显疏漏，或者管理混乱，存在重大安全隐患，而未及时采取措施的；

（三）学校向学生提供的药品、食品、饮用水等不符合国家或者行业的有关标准、要求的；

（四）学校组织学生参加教育教学活动或者校外活动，未对学生进行相应的安全教育，并未在可预见的范围内采取必要的安全措施的；

（五）学校知道教师或者其他工作人员患有不适宜担任教育教学工作的疾病，但未采取必要措施的；

（六）学校违反有关规定，组织或者安排未成年学生从事不宜未成年人参加的劳动、体育运动或者其他活动的；

（七）学生有特异体质或者特定疾病，不宜参加某种教育教学活动，学校知道或者应当知道，但未予以必要的注意的；

（八）学生在校期间突发疾病或者受到伤害，学校发现，但未根据实际情况及时采取相应措施，导致不良后果加重的；

（九）学校教师或者其他工作人员体罚或者变相体罚学生，或者在履行职责过程中违反工作要求、操作规程、职业道德或者其他有关规定的；

（十）学校教师或者其他工作人员在负有组织、管理未成年学生的职责期间，发现学生行为具有危险性，但未进行必要的管理、告诫或者制止的；

（十一）对未成年学生擅自离校等与学生人身安全直接相关的信息，学校发现或者知道，但未及时告知未成年学生的监护人，导致未成年学生因脱离监护人的保护而发生伤害的；

（十二）学校有未依法履行职责的其他情形的。

第十条【学生或未成年学生监护人承担责任】 学生或者未成年学生监护人由于过错，有下列情形之一，造成学生伤害事故，应当依法承担相应的责任：

（一）学生违反法律法规的规定，违反社会公共行为准则、学校的规章制度或者纪律，实施按其年龄和认知能力应当知道具有危险或者可能危及他人的行为的；

（二）学生行为具有危险性，学校、教师已经告诫、纠正，但学生不听劝阻、拒不改正的；

（三）学生或者其监护人知道学生有特异体质，或者患有特定疾病，但未告知学校的；

（四）未成年学生的身体状况、行为、情绪等有异常情况，监护人知道或者已被学校告知，但未履行相应监护职责的；

（五）学生或者未成年学生监护人有其他过错的。

【真题回顾】(2020年下半年真题)

【单项选择题】幼儿园教师王某带领小朋友参加户外活动，王某时不时叮嘱小朋友们注意安全，彼此保持适当距离，可是淘气的天天还是将文文摔倒在地，导致文文摔伤。对文文所受伤害应当承担主要赔偿责任的是（　　）。

A. 幼儿园
B. 天天的法定监护人
C. 王某
D. 文文的法定监护人

【答案】B

【解析】《学生伤害事故处理办法》第十条第（二）项规定：学生或者未成年学生监护人由于过错，有以下情形之一，造成学生伤害事故，应当依法承担相应责任：学生行为具有危险性，学校、教师已经告诫、纠正，但学生不听劝阻、拒不改正的。同时，《学生伤害事故处理办法》第四章第二十八条规定：未成年学生对学生伤害事故负有责任的，由其监护人依法承担相应的赔偿责任。题干所述，教师王某已经进行了多次叮嘱，已经尽到了职责，因此对于天天造成文文所受的伤害，应由天天的法定监护人承担赔偿责任。故选B。

第十二条【学校履行职责后，无责情形】 因下列情形之一造成的学生伤害事故，学校已履行了相应职责，行为并无不当的，无法律责任：

（一）地震、雷击、台风、洪水等不可抗的自然因素造成的；

（二）来自学校外部的突发性、偶发性侵害造成的；

（三）学生有特异体质、特定疾病或者异常心理状态，学校不知道或者难于知道的；

（四）学生自杀、自伤的；

（五）在对抗性或者具有风险性的体育竞赛活动中发生意外伤害的；

（六）其他意外因素造成的。

第十三条【学校行为无责情形】 下列情形下发生的造成学生人身损害后果的事故，学校行为并无不当的，不承担事故责任；事故责任应当按有关法律法规或者其他有关规定认定：

（一）在学生自行上学、放学、返校、离校途中发生的；

（二）在学生自行外出或者擅自离校期间发生的；

（三）在放学后、节假日或者假期等学校工作时间以外，学生自行滞留学校或者自行到校发生的；

（四）其他在学校管理职责范围外发生的。

【真题回顾】(2021年上半年真题)

【单项选择题】幼儿园放学后，大班幼儿晨晨在父亲的陪同下留在园内玩耍，不慎摔伤。在此过程中，幼儿园的行为并无不当。对此，承担事故责任的主体应是（　　）。

A. 晨晨
B. 幼儿园
C. 幼儿园及晨晨的监护人
D. 晨晨的监护人

【答案】D

【解析】《学生伤害事故处理办法》第十三条第(三)项规定：在放学后、节假日或者假期等学校工作时间以外，学生自行滞留学校或者自行到校发生的，学校不承担相应的责任。题干中晨晨是放学后发生的事故，所以责任主体是监护人。故选D。

第十四条【致害人承担责任】 因学校教师或者其他工作人员与其职务无关的个人行为，或者因学生、教师及其他个人故意实施的违法犯罪行为，造成学生人身损害的，由致害人依法承担相应的责任。

【真题回顾】(2018年上半年真题)

【单项选择题】小华的父母出差，将其委托给好友胡某代为监护，胡某带着小华在小区内玩耍，在小朋友们的追逐打闹中，小刚将小华推倒摔伤。对小华所受伤害，应承担赔偿责任的是（　　）。

　　A. 小华的父母　　　　　　　　B. 胡某

　　C. 小刚的父母　　　　　　　　D. 胡某和小刚的父母

【答案】C

【解析】《学生伤害事故处理办法》第十四条规定：因学校教师或者其他工作人员与其职务无关的个人行为，或者因学生、教师及其他个人故意实施的违法犯罪行为，造成学生人身损害的，由致害人依法承担相应的责任。《学生伤害事故处理办法》第二十八条规定：未成年学生对学生伤害事故负有责任的，由其监护人依法承担相应的赔偿责任。故选C。

第三章　事故处理程序

第十五条【及时救助和告知义务】　发生学生伤害事故,学校应当及时救助受伤害学生,并应当及时告知未成年学生的监护人；有条件的，应当采取紧急救援等方式救助。

第四章　事故损害的赔偿

第二十七条【追偿】　因学校教师或者其他工作人员在履行职务中的故意或者重大过失造成的学生伤害事故，学校予以赔偿后，可以向有关责任人员追偿。

第二十八条【监护人或成年学生赔偿】　未成年学生对学生伤害事故负有责任的，由其监护人依法承担相应的赔偿责任。

学生的行为侵害学校教师及其他工作人员以及其他组织、个人的合法权益，造成损失的，成年学生或者未成年学生的监护人应当依法予以赔偿。

第五章　事故责任者的处理

第三十六条【其他人员的处理】　受伤害学生的监护人、亲属或者其他有关人员，在事故处理过程中无理取闹，扰乱学校正常教育教学秩序，或者侵犯学校、学校教师或者其他工作人员的合法权益的，学校应当报告公安机关依法处理；造成损失的，可以依法要求赔偿。

【真题回顾】（2022年下半年真题）

【单项选择题】在幼儿园事故处理中，受伤害的幼儿监护人无理取闹，扰乱教育教学秩序。幼儿园应当（　　）。

　　A. 报告公安机关依法处理　　　　B. 报告质检部门依法处理

　　C. 报告人民法院依法处理　　　　D. 报告人民检察院依法处理

【答案】A

【解析】《学生伤害事故处理办法》第三十六条的规定，"受伤害学生的监护人、亲属或者其他有关人员，在事故处理过程中无理取闹，扰乱学校正常教育教学秩序，或者侵犯学校、学校教师或者其他工作人员的合法权益的，学校应当报告公安机关依法处理；造成损失的，可以依法要求赔偿。"故选 A。

<h3 style="text-align:center">第六章 附 则</h3>

第三十八条【幼儿伤害事故处理】 幼儿园发生的幼儿伤害事故，应当根据幼儿为完全无行为能力人的特点，参照本办法处理。

第四十条【实施时间】 本办法自 2002 年 9 月 1 日起实施，原国家教委、教育部颁布的与学生人身安全事故处理有关的规定，与本办法不符的，以本办法为准。

在本办法实施之前已处理完毕的学生伤害事故不再重新处理。

九、《儿童权利公约》

考点分析

《儿童权利公约》的考点知识在历年考题中主要以单项选择题形式出现。

《儿童权利公约》考查的知识点主要如下表所示。

知识点	常见考点	要求掌握的程度
《儿童权利公约》	"儿童"的定义	☆☆☆
	儿童最大利益	☆☆☆☆
	确保生命权	☆☆☆
	父母对儿童的养育和发展负责	☆☆☆☆☆

（一）《儿童权利公约》解读

《儿童权利公约》于 1989 年 11 月 20 日获得联合国大会通过，于 1990 年 9 月 2 日正式生效，并向各国开放供签署、批准和加入。《儿童权利公约》于 1992 年 4 月 2 日正式对中国生效。

1.《儿童权利公约》的性质与地位

《儿童权利公约》是一部有关保障儿童权利的、具有法律约束力的国际性约定，是国际迄今规范儿童保护内容最全面、最丰富、最广泛认可的一项法律文书。

2.《儿童权利公约》的基本结构

《儿童权利公约》共分为三大部分五十四条。前四十条（实质性条款）强调了必须重视儿童的人权，并提出了一系列指导原则；第四十一条至第四十五条（程序性条款）包括政府的义务，使大众能够了解政府各机关的职责；第四十六条至第五十四条，包括了经由政府签署及批准之过程并指定联合国秘书长为该公约的保管人。

（二）《儿童权利公约》节选

第一部分

第一条【儿童年龄】 为本公约之目的，儿童系指 18 岁以下的任何人，除非对其适用之法律规定成年年龄低于 18 岁。

【真题回顾】(2018 年下半年真题)

【单项选择题】联合国《儿童权利公约》所指的"儿童"是（　　）。

A.18 岁以下的任何人 　　　　　　B.16 岁以下的任何人

C.10 岁以下的任何人 　　　　　　D.6 岁以下的任何人

【答案】A

【解析】《儿童权利公约》第一条规定：儿童系指 18 岁以下的任何人，除非对其适用之法律规定成年年龄低于 18 岁。故选 A。

第三条【儿童最大利益】

(1) 关于儿童的一切行动，不论是由公私社会福利机构、法院、行政当局或立法机构执行，均应以儿童的最大利益为一种首要考虑。

(2) 缔约国承担确保儿童享有其幸福所必需的保护和照料，考虑到其父母、法定监护人、或任何对其负有法律责任的个人的权利和义务，并为此采取一切适当的立法和行政措施。

(3) 缔约国应确保负责照料或保护儿童的机构、服务部门及设施符合主管当局规定的标准，尤其是安全、卫生、工作人员数目和资格以及有效监督方面的标准。

【真题回顾】(2020 年下半年真题)

【单项选择题】根据联合国《儿童权利公约》，政府各部门和机构在制定相关政策和落实措施时应首先考虑（　　）。

A. 儿童最大利益 　　　　　　B. 儿童优先

C. 儿童不受任何歧视 　　　　　　D. 尊重儿童的原则

【答案】A

【解析】《儿童权利公约》第三条第 1 款规定：关于儿童的一切行动，不论是由公私社会福利机构、法院、行政当局或立法机构执行，均应以儿童的最大利益为一种首要考虑。故选 A。

第六条【确保生命权】

(1) 缔约国确认每个儿童均有固有的生命权。

(2) 缔约国应最大限度地确保儿童的存活与发展。

【真题回顾】(2016 年上半年真题)

【单项选择题】下列选项中，不符合联合国《儿童权利公约》对儿童权利的保护规定的是（　　）。

A. 承认儿童享有固有的生命权

B. 确保儿童免受惩罚的权利

C. 最大限度地确保儿童的存活与发展

D. 确保儿童享有其幸福所需的保护和照顾

【答案】B

【解析】《儿童权利公约》第六条规定：缔约国确认每个儿童均有固有的生命权。缔约国应最大限度地确保儿童的存活与发展。故选项 A 和 C 正确。第三条第 2 款规定："缔约国承担确保儿童享有其幸福所必需的保护和照料。故选项 D 正确。只有 B 项"确保儿童免受惩罚的权利"并没出现在规定中。故选 B。

第七条【儿童出生即有的权利】

(1) 儿童出生后应立即登记，并有自出生起获得姓名的权利，有获得国籍的权利，以及尽可能知道谁是其父母并受其父母照料的权利。

(2) 缔约国应确保这些权利按照本国法律及其根据有关国际文书在这一领域承担的义务予以实施，尤应注意不如此儿童即无国籍之情形。

第十三条【言论自由权】

(1) 儿童应有自由发表言论的权利；此项权利应包括通过口头、书面或印刷、艺术形成或儿童所选择的任何其他媒介，寻求、接受和传递各种信息和思想的自由，而不论国界。

(2) 此项权利的行使可受某些限制约束，但这些限制仅限于法律所规定并为以下目的所必需：

① 尊重他人的权利和名誉；

② 保护国家安全或公共秩序或公共卫生或道德。

第十六条【隐私、荣誉及名誉权】

(1) 儿童的隐私、家庭、住宅或通信不受任意或非法干涉，其荣誉和名誉不受非法攻击。

(2) 儿童有权享受法律保护，以免受这类干涉或攻击。

第十八条【父母对儿童的养育和发展负责】

(1) 缔约国应尽其最大努力，确保父母双方对儿童的养育和发展负有共同责任的原则得到确认。父母、或视具体情况而定的法定监护人对儿童的养育和发展负有首要责任。儿童的最大利益将是他们主要关心的事。

(2) 为保证和促进本公约所列举的权利，缔约国应在父母和法定监护人履行其抚养儿童的责任方面给予适当协助，并应确保发展育儿机构、设施和服务。

(3) 缔约国应采取一切适当措施确保就业父母的子女有权享受他们有资格得到的托儿服务和设施。

【真题回顾】（2022 年上半年真题）

【单项选择题】依据联合国《儿童权利公约》，对儿童的养育和发展负有首要责任的是（　　）。

A. 学校和教师　　　　　　　　　B. 父母或其他监护人

C. 社会或企业　　　　　　　　　D. 国家和当地人民政府

【答案】B。

【解析】本题考查对儿童的养育和发展负有首要责任的主体。

根据《儿童权利公约》第十八条第 1 款规定："缔约国应尽其最大努力，确保父母双方对儿童的养育和发展负有共同责任的原则得到确认。父母、或视具体情况而定的法定监护人对儿童的养育和发展负有首要责任。"故选 B。

第二十八条【受教育权】

(1) 缔约国确认儿童有受教育的权利，为在机会均等的基础上逐步实现此项权利，缔约国尤应：

① 实现全面的免费义务小学教育；

② 鼓励发展不同形式的中学教育，包括普通和职业教育，使所有儿童均能享有和接受这种教育，并采取适当措施，诸如实行免费教育和对有需要的人提供津贴；

③ 根据能力以一切适当方式使所有人均有受高等教育的机会；

④ 使所有儿童均能得到教育和职业方面的资料和指导；

⑤ 采取措施鼓励学生按时出勤和降低辍学率。

(2) 缔约国应采取一切适当措施，确保学校执行纪律的方式符合儿童的人格尊严及本公约的规定。

(3) 缔约国应促进和鼓励有关教育事项方面的国际合作，特别着眼于在全世界消灭愚昧与文盲，并便利获得科技知识和现代教学方法。在这方面，应特别考虑到发展中国家的需要。

【真题回顾】（2022 年下半年真题）

【单项选择题】联合国《儿童权利公约》要求各缔约国采取有效措施保障儿童享有受教育的权利。关于这些措施，下列措施正确的是（　　　　）。

A. 实施全面免费的九年义务教育

B. 鼓励发展不同形式的课外教育

C. 根据成绩使所有人享有平等的接受高等教育的机会

D. 使所有儿童均能得到教育和职业方面的资料和指导

【答案】D

【解析】根据联合国《儿童权利公约》第二十八条的规定第一款中的第四点"④使所有儿童均能得到教育和职业方面的资料和指导。"故选 D。

第 二 部 分

第四十四条【履行公约情况报告】

(1) 缔约国承担按下述办法，通过联合国秘书长，向委员会提交关于它们为实现本公约确认的权利所采取的措施以及关于这些权利的享有方面的进展情况的报告：

① 在本公约对有关缔约国生效后两年内；

② 此后每五年一次。

(2) 根据本条提交的报告应指明可能影响本公约规定的义务履行程度的任何因素和困难。报告还应载有充分的资料，以使委员会全面了解本公约在该国的实施情况。

(3) 缔约国若已向委员会提交全面的初次报会，就无须在其以后按照本条第 1 款 (B)

项提交的报告中重复原先已提供的基本资料。

(4) 委员会可要求缔约国进一步提供与本公约实施情况有关的资料。

(5) 委员会应通过经济及社会理事会每两年向大会提交一次关于其活动的报告。

(6) 缔约国应向其本国的公众广泛供应其报告。

第三节　教师的权利与义务

考点分析

教师的权利与义务的考点知识在历年考题中主要以单项选择题的形式出现。

教师的权利与义务考查的知识点主要如下表所示。

知识点	常见考点	要求掌握的程度
教师的权利与义务	教师的权利	☆☆☆
	教师的义务	☆☆

一、教师的权利

权利，是指公民在宪法和法律规定的范围内，以作为或不作为的方式取得利益的一种行为。

（一）教师的权利的含义

教师的权利，也称教师的法律权利，是指教师依法享有的权利，表现为教师作为权利享有者能够做出或不做出一定的行为，或要求他人做出一定行为的资格。这些权利要以相应义务人的义务为保障。

（二）教师的权利的分类

教师权利根据性质的不同，可以分为一般权利和职业权利两类。

1. 教师的一般权利

教师的一般权利，是指教师作为公民依法享有的权利，包括平等权、选择权、人身权、姓名权、隐私权、财产权等。

2. 教师的职业权利

教师的职业权利，是指教师作为教育工作者依据教育法律法规享受的教育权利及与教师职业相关的其他权利。

依据我国《教师法》第七条规定，教师享有教育教学权、科学研究权、管理学生权、报酬待遇权、民主管理权、进行培训权。

1) 教育教学权

《教师法》第七条第 (一) 款规定：教师享有"进行教育教学活动，开展教育教学改革和实验"的权利，简称教育教学权。

教育教学权包含三个方面的含义：

(1) 教师可依据其所在学校的教学计划、教学工作量等具体要求，结合自身的教学特点自主地组织课堂教学。

(2) 教师可按照教学大纲的要求确定其教学内容和进度，并不断完善教学内容。

(3) 教师可针对不同的教育教学对象，在教育教学的形式、方法、具体内容等方面进行改革、实验和完善。任何组织或个人都不得非法剥夺在聘教师从事教育教学活动，开展教育教学改革和实验权利的行使。

2) 科学研究权[②]

《教师法》第七条第 (二) 款规定：教师享有"从事科学研究、学术交流，参加专业的学术团体，在学术活动中充分发表意见"的权利，简称科学研究权。

科学研究权包含四个方面的含义：

(1) 教师在完成规定的教育教学任务的前提下，有权进行科学研究、技术开发、技术咨询等创造性劳动。

(2) 教师有权将教育教学中的成功经验，或专业领域的研究成果等，撰写成学术论文，著书立说。

(3) 教师有参加有关的学术交流活动，以及参加依法成立的学术团体并在其兼任工作的权利。

(4) 教师有在学术研究中发表自己的观点，开展学术争鸣的自由。但应注意在教育教学活动中，教师应按教学大纲或教学基本要求进行讲授，不应任意发表与讲授内容无关且有损受教育者身心发展的个人看法。

3) 管理学生权

《教师法》第七条第 (三) 款规定：教师享有"指导学生的学习和发展，评定学生的品行和学生成绩"的权利，简称管理学生权。这是教师所享有的在教育教学过程中居于主导地位的基本权利。

管理学生权包含三个方面的含义：

(1) 教师有权依据学生的身心发展状况和特点，因材施教，有针对性地指导学生，并就学生的特长、就业、升学等方面的发展给予指导。

(2) 教师有权对学生的思想政治、品德、学习、劳动等方面给予客观、公正的恰如其分的评价。

(3) 教师有权运用正确的指导思想、科学的方式方法，使学生的个性和能力得到充分发展。

4) 报酬待遇权

《教师法》第七条第 (四) 款规定：教师享有"按时获取工资报酬，享受国家规定的福

---

② 《中华人民共和国教师法》解读 . http://www.jiangdu.gov.cn/zgjd/bmzcfg/201712/7777dc31f2dd4f4eb9c3 eabe7e0bb93d.shtml.

利待遇以及寒暑假期的带薪休假"的权利，简称报酬待遇权。

报酬待遇权包含三个方面的含义：

(1) 教师的报酬必须按时发放，不得拖欠教师的报酬，不得克扣或变相克扣教师的工资。

(2) 教师有权要求足额支付工资报酬，包括基础工资、职务工资、课时津贴、奖金及其他津贴在内的所有工资收入。

(3) 教师有权享受国家规定的各种待遇，包括医疗、住房、退休方面的待遇和优惠政策以及寒暑假期的带薪休假。

【真题回顾】(2018 年下半年真题)

【单项选择题】某幼儿园为提升教师专业水平，从所有教师工资中扣除 100 元用于订阅专业刊物。该园的做法 (　　)。

A. 合法，幼儿园有权管理和使用本单位经费

B. 合法，幼儿园有按照章程自主管理的权利

C. 不合法，侵犯了教师获取工资报酬的权利

D. 不合法，侵犯了教师从事科学研究的自由

【答案】C

【解析】《教师法》第七条第 (四) 款规定：教师享有"按时获取工资报酬，享受国家规定的福利待遇以及寒暑假期的带薪休假"的权利。幼儿园扣除教师工资用于订阅刊物，侵犯了教师获取工资报酬的权利。故选 C。

5) 民主管理权

《教师法》第七条第 (五) 款规定：教师享有"对学校教育教学、管理工作和教育行政部门的工作提出意见和建议，通过教职工代表大会或者其他形式，参与学校的民主管理"的权利，简称民主管理权。

民主管理权包含两个方面的含义：

(1) 教师享有对学校及其他教育行政部门工作的批评和建议权，这是《宪法》规定的"公民对任何国家机关和国家工作人员，有提出批评和建议的权利"的具体表现。

(2) 教师有权通过教职工代表大会、工会等组织形式以及其他适当方式，参与学校的民主管理，讨论学校发展、改革等方面的重大事项，以保障教师的民主权利和切身利益，推进学校的民主建设，提高学校管理的效益和水平。

6) 进行培训权

《教师法》第七条第 (六) 款规定：教师享有"参加进修或者其他方式的培训"的权利，简称进行培训权。

进行培训权包含两个方面的含义：

(1) 教师有权参加进修和接受其他多种形式的培训，不断更新知识、调整知识结构，以提高自己的思想品德和业务素质，从而保障教育教学的质量。

(2) 教育行政部门和学校及其他教育机构应当采取各种形式，开辟多种渠道，保证教师进修培训权的行使。同时，教师进修培训权的行使，要在完成本职工作的前提下，有组织有计划地进行，不得影响正常的教育教学工作。

二、教师的义务

义务，即法律上的义务，是"权利"的对称，是指法律关系主体依法必须为一定行为或不为一定行为，以保证权利人的权利得以实现的责任。

（一）教师的义务的含义

教师的义务，是指教师依照《教育法》《教师法》及其他有关法律、法规，从事教育教学工作而必须履行的义务，表现为教师在教育教学活动中必须做出一定行为或不得做出一定行为的约束。它是由法律规定，并以国家强制力保障其履行。

（二）教师的义务的分类

教师的义务可以分为教师的一般义务和教师的职业义务。

1. 教师的一般义务

教师的一般义务，是指教师作为普通公民应承担的《宪法》规定的基本义务，是《宪法》规定的公民必须遵守和应尽的基本责任。

依照我国《宪法》的规定，教师作为普通公民，应当履行如下义务：

(1) 维护国家统一和民族团结的义务。

(2) 遵守宪法和法律的义务。

(3) 维护国家安全、荣誉和利益的义务。

(4) 保卫祖国和依法服兵役的义务。

(5) 依法纳税的义务。

(6) 其他方面的义务。它包括劳动的义务；受教育的义务；夫妻双方有义务实行计划生育，父母有义务抚养教育未成年子女，成年子女有义务赡养扶助父母。

2. 教师的职业义务

教师的职业义务，是指教师在职业行为中应承担的专门的职业义务。

依据我国《教师法》第八条的规定，我国教师主要承担遵纪守法、履行教育教学职责、对学生进行思想政治教育、爱护尊重学生、保护学生合法权益、提高水平六项职业义务。

1) 遵纪守法

《教师法》第八条第 (一) 款规定：教师应当履行"遵守宪法、法律和职业道德，为人师表"的义务，简称"遵纪守法"的义务。

这一义务的含义体现在三个方面：

(1) 教师作为公民，必须遵守《宪法》、法律。教师不仅应是模范遵守《宪法》和法律的表率，而且要在教育教学工作中，自觉培养学生的法治观念、民主意识，使每个学生都成为遵纪守法的好公民。

(2) 教师作为人类灵魂的工程师，应当遵守职业道德。我国 2008 年修订的《中小学教师职业道德规范》明确规定了六个方面的内容，这六个方面不仅是教师职业道德规范，也是教师的法定义务，必须严格遵守。

(3) 教师应以身作则，为人师表。教师良好的言谈举止、仪表仪态，对学生起表率作用。教师要以人格魅力和学识魅力感染学生，成为学生健康成长的引导者。

2) 履行教育教学职责

《教师法》第八条第 (二) 款规定：教师应当履行"贯彻国家的教育方针，遵守规章制度，执行学校的教学计划，履行教师聘约，完成教育教学工作任务"的义务，简称"履行教育教学职责"的义务。

这一义务的含义体现在三个方面：

(1) 教师在教育教学活动中，应当全面贯彻国家关于教育必须为社会主义现代化建设服务，必须与生产劳动相结合，培养德、智、体等方面全面发展的社会主义事业的建设者和接班人的方针，对学生进行全面指导。

(2) 教师应遵守教育行政部门和学校及其他教育机构制定的具体教学工作安排，不得任意改变教学计划，不得无故缺勤、旷工，保证学校教育教学工作的有序进行。

(3) 教师应当履行聘任合同中约定的教育教学职责，完成职责范围内的教育教学任务。

3) 对学生进行思想政治教育

《教师法》第八条第 (三) 款规定：教师应当履行"对学生进行宪法所确定的基本原则的教育和爱国主义、民族团结的教育，法制教育以及思想品德、文化、科学技术教育，组织、带领学生开展有益的社会活动"的义务，简称"对学生进行思想政治教育"的义务。

这一义务的含义体现在三个方面：

(1) 教师应自觉地结合自己教育教学的业务特点，将思想政治、品德教育贯穿在教育教学工作全过程之中。

(2)教师应在对学生进行思想政治、品德教育的内容上，要遵循《宪法》确定的四项基本原则，要引导学生逐步树立科学的人生观、世界观，引导教育学生爱祖国、爱人民、爱劳动、爱科学、爱社会主义，把学生培养成为有理想、有道德、有文化、有纪律的社会主义新人。

(3) 教师应组织、带领学生开展有益的社会活动。教师应注重根据学生身心发展的特点，采用灵活生动的形式，扩展学生的视野，培养创新精神和实践能力。

4) 爱护尊重学生

《教师法》第八条第 (四) 款规定：教师应当履行"关心、爱护全体学生，尊重学生人格，促进学生在品德、智力、体质等方面全面发展"的义务，简称"爱护尊重学生"的义务。

这一义务的含义体现在三个方面：

(1) 教师必须关心、爱护学生，应公平对待学生，不因民族、性别、残疾、学习成绩等因素歧视学生。

(2) 教师必须尊重学生的人格尊严，不能侮辱学生或体罚、变相体罚学生，不能泄露学生隐私。

(3) 教师应促进学生德、智、体全面发展，不能只关注学生的学业成绩而忽视其德育和体质的发展。

5) 保护学生合法权益

《教师法》第八条第 (五) 款规定：教师应当履行"制止有害于学生的行为或者其他侵犯学生合法权益的行为，批评和抵制有害于学生健康成长的现象"的义务，简称"保护学生合法权益"的义务。

这一义务的含义主要体现在两个方面：

(1) 教师在学校工作和与教育教学工作相关的活动中，对侵犯其所负责教育管理的学生合法权益的违法行为给予制止。

(2) 教师对社会上出现的有害于身心健康成长的不良现象，有义务进行批评和抵制。

6) 提高业务水平

《教师法》第八条第 (六) 款规定：教师应当履行"不断提高思想政治觉悟和教育教学业务水平"的义务，简称"提高业务水平"的义务。

这一义务的含义主要体现在两个方面：

(1) 教师应不断提高思想政治觉悟。教师承担着立德树人的根本任务，立德是树人的前提和基础，要培养学生的思想政治素养，就要求教师不断提高自身思想政治觉悟。

(2) 教师应不断提高教育教学业务水平。教育教学工作是一项专业性较强的工作，教师要不断提高其教学业务水平才能胜任。这也是社会进步和科学技术发展对教师提出的要求。

三、依法执教

(一) 依法执教的含义

依法执教，是指教师在从事教育教学活动中，严格按照《宪法》和教育法律、法规及其他相关的法律、法规，使自己的教育教学活动法制化和规范化。

(二) 依法执教的意义

依法执教具有重要意义，主要体现在三个方面：

(1) 依法执教是依法治国的必然要求。依法治国的依据是我国的《宪法》和法律，基本要求有四个方面，即有法可依、有法必依、执法必严、违法必究。教师从事教育工作，只有做到了依法执教，才能更好地为国家培养依法治国的人才，才能不断提高全民族的法律意识。

(2) 依法执教是依法治教的重要内容。依法治教，就是国家机关以及有关机构依照有关教育法律的规定，在其职责范围内从事有关教育的治理活动，以及各级各类学校及其他教育机构、社会组织和公民依照有关教育的法律规定，从事办学活动、教育教学活动及其他有关教育的活动。教师在从教过程中，必须做到依法执教，否则依法治教就不完善，就不能实施。

(3) 依法执教是人民教师之必需。作为依法执教的主体，教师法律素质的高低决定着依法执教实施是否顺利，进而影响到教育质量和效果的优劣。有些教师在执教过程中仍不同程度地存在着歧视、侮辱、体罚甚至殴打学生的现象，这说明教师在执教过程中的执法意识很单薄，需要加强有关法律、法规的学习。此外，有些地方还存着侵犯教师合法权益的现象，教师的合法权益受到不法侵害的事件时常发生，这就更需要增强法律意识，善于依法维护自身合法权益。

(三) 依法执教的具体要求

(1) 教师要模范地遵守《宪法》及其他法律、法规。在我国，人人都应当遵守《宪法》及其他法律、法规。教师作为我国公民的重要组成部分，是人类文化的传播者，是我国社会主义现代化建设人才的培养者，并且教师的劳动还具有高度的示范性和感染性，对学生的学习和成长起着潜移默化的影响作用，因此，教师更需要模范地依法进行生活、学习和工作，争做遵守法律的模范和榜样。

(2) 教师要依法进行教育教学活动。随着我国一系列教育法律的规定和颁布，教育法律体系也不断完善。因而教师在模范遵守《宪法》及其他法律的基础上，尤其要带头遵守《教师法》《教育法》及其他有关教育的法律、法规，依法开展教育教学活动。

首先，教师要认真贯彻执行教育方针，遵守各种规章制度，执行学校的教学计划，完成教育教学工作任务。

其次，教师要对学生进行《宪法》所确定的关于四项基本原则教育、爱国主义教育、民族团结教育以及法制教育。

再次，教师要关心、爱护全体学生，尊重学生人格，保证学生在德、智、体等方面全面发展。

最后，教师要制止有害于学生的行为或者其他侵犯学生合法权益的行为，批评和抵制有害于学生健康成长的现象，为学生的健康成长营造良好的环境。

（四）教师的违法（侵权）行为及其法律责任

教师的违法（侵权）行为，是指教师故意或由于过失而侵害他人（在幼儿园主要指幼儿）合法权益的行为。

(1) 教师故意不完成教育教学任务应承担的责任。教师故意不完成教育教学任务给教育教学工作造成损失的，构成此项违法责任必须具备两个条件：第一，主观上"故意的"，即明知会对教育教学工作造成损失，但却放任这种行为的发生；第二，客观上有"给教育教学工作造成损失"的后果。对故意不完成本职的教育教学任务，给学校的教育教学工作造成损失的教师，要给予行政处分或解聘。

(2) 教师体罚学生、侮辱学生人格应承担的责任。民事侵权行为是教师职务违法行为的重要方面。体罚学生、侮辱学生等，都属于教师民事侵权行为的一部分。教师民事侵权行为承担的法律责任以赔偿损失为主，还包括停止侵害、消除影响、赔礼道歉、恢复名誉等。对体罚学生经教育后仍不改的教师，以及品行不良、侮辱学生的教师，情节较轻者，要给予行政处分或解聘；情节较重构成犯罪者，要依法追究刑事责任。

(3) 教师实施性犯罪应承担的责任。教师实施性犯罪是指教师用欺哄、武力、讨好、教唆或者物质诱惑及其他方式把未成年学生引向性接触，以满足其需求的行为。这是教师利用学生对自己的崇拜和信任心理来实施的犯罪行为，也属于教师利用职务之便实施违法行为的范畴。

《中华人民共和国刑法》（以下简称《刑法》）第二百三十六条规定："以暴力、胁迫或者其他手段强奸妇女的，处三年以上十年以下有期徒刑。奸淫不满十四周岁的幼女的，以强奸论，从重处罚。强奸妇女、奸淫幼儿，有下列情形之一的，处十年以上有期徒刑、无期徒刑或者死刑：① 强奸妇女、奸淫幼女情节恶劣的；② 强奸妇女、奸淫妇女多人的；③ 在公共场所当众强奸妇女的；④ 二人以上轮奸的；⑤ 致使被害人重伤、死亡或者造成其他严重后果的。"

《刑法》第二百三十七条规定："以暴力、胁迫或者其他方法强制猥亵妇女或者侮辱妇女的，处五年以下有期徒刑或者拘役。聚众或者在公共场所当众犯前款罪的，处五年以上有期徒刑。猥亵儿童的，依照前两款的规定从重处罚。"

教师的性犯罪适用于以上法律。

(4) 教师实施其他违法行为应承担的责任。由于教师职务的特殊性，可能会接触到一些秘密信息，比如重大考试的试题等。教师有责任保护这些秘密不被泄露。

《刑法》第三百九十八条规定："国家机关工作人员违反保守国家秘密法的规定，故意或过失泄露国家秘密，情节严重的，处三年以下有期徒刑或者拘役；情节特别严重的，处三年以上七年以下有期徒刑。非国家机关工作人员犯前款罪的，依照前款的规定酌情处罚。"

【真题回顾】(2015 年上半年真题)

【单项选择题】面对捣乱的幼儿，个别同事采取体罚的办法，叶老师没有这样做，而是耐心地与幼儿交流，帮助他们改正缺点。这说明叶老师能够做到 (　　)。

A. 依法执教　　　　B. 团结协作　　　　C. 尊重同事　　　　D. 终身学习

【答案】A

【解析】依法执教是指教师要依据法律法规履行教书育人的职责，一方面，教师的教育教学行为要在法律法规所允许的范围内进行；另一方面，教师要善于利用法律手段来维护自身的合法权益。题干中，叶老师并没有像个别同事一样采取体罚的办法，而是耐心地与幼儿交流，这表明叶老师具备高尚的师德，关心爱护幼儿，切实做到了依法执教。故选 A。

第四节　幼儿的权利与保护

考点分析

幼儿的权利与保护在历年考题中主要以单项选择题形式出现。

幼儿的权利与保护考查的知识点主要如下表所示。

知识点	常见考点	要求掌握的程度
幼儿的权利与保护	幼儿的基本法律权利	☆☆☆☆☆

一、幼儿的基本权利

幼儿的权利，是指依照国家法律法规规定而拥有的一切正当权利。综合我国《宪法》及其他相关法律，幼儿的基本法律权利主要有人身权、财产权和受教育权。

（一）人身权

人身权又称非财产权利，是指不直接具有财产的内容，与主体人身不可分离的权利。

人身权是幼儿权利中最基本、最重要的一项权利。因为人身权的正常享有与否，关系到幼儿公民能否进行正常的学习、工作和生活。

一般而言，幼儿人身权包括生命健康权、姓名权、肖像权、名誉权、荣誉权、隐私权等。

1. 生命健康权

生命健康权是人身权的最基本权利，主要包括幼儿的生命健康、人身安全、人身自由等方面的内容。幼儿的生命健康权应受到法律的保护。

《中华人民共和国民法典》(以下简称《民法典》)第一百一十条规定：自然人享有生命权、身体权、健康权、姓名权、肖像权、名誉权、荣誉权、隐私权、婚姻自主权等权利。其中，生命权指公民维持自己生命延续，不受他人非法剥夺的权利；健康权则指公民保持身体组织的完整和生理机能的健全，使机体生理机能正常运作和功能完整发挥，从而维持人体生命活动的权利。

2. 姓名权

姓名权就是公民就其姓名所享有的权利。我国《民法典》第一千零一十二条规定：自然人享有姓名权，有权依法决定、使用变更或者许可他人使用自己的姓名，但是不得违背公序良俗。《民法典》第一千零一十四条规定：任何组织或者个人不得以干涉、盗用、假冒等方式侵害他人的姓名权或者名称权。

3. 肖像权

肖像权是幼儿所享有的在自己的肖像上所体现的以人格利益为内容的权利，也就是幼儿就自己的肖像上的利益所享有的权利。

我国《民法典》第一千零一十八条规定：自然人享有肖像权，有权依法制作、使用、公开或者许可他人使用自己的肖像。《民法典》第一千零一十九条规定：任何组织或者个人不得以丑化、污损，或者利用信息技术手段伪造等方式侵害他人的肖像权。未经肖像权人同意，不得制作、使用、公开肖像权人的肖像，但是法律另有规定的除外。未经肖像权人同意，肖像作品权利人不得以发表、复制、发行、出租、展览等方式使用或者公开肖像权人的肖像。其包含四层含义：

第一，幼儿拥有自己的肖像，并有权通过对肖像的利用取得精神上、财产上的利益；

第二，经幼儿监护人的书面同意，允许他人使用未成年人的肖像，并有权取得适当的报酬；

第三，未经幼儿监护人的书面同意，任何人不得以营利为目的使用幼儿的肖像；

第四，幼儿及其监护人有权禁止他人非法毁损、侮辱、玷污幼儿的肖像。

4. 名誉权

名誉权就是幼儿享有的维持自己获得公正的社会评价的权利，是每个人对自己在名誉上的利益所享有的权利。

我国《民法典》第一千零二十四条规定：民事主体享有名誉权。任何组织或者个人不得以侮辱、诽谤等方式侵害他人的名誉权。

5. 荣誉权

荣誉权指幼儿对自己在社会生活中所获得的社会评价依法享有的不可侵犯的权利。在生活中，每个公民都有荣誉权。

我国《民法典》第一千零三十一条规定：民事主体享有荣誉权，任何组织或者个人不得非法剥夺他人的荣誉称号，不得诋毁、贬损他人的荣誉。作为幼儿，也同样拥有荣誉权。

6. 隐私权

隐私权一般是指自然人享有的对自己的个人秘密和个人私生活进行支配并排除他人干涉的权利。隐私权与生俱来，是一种典型的私权，幼儿同样依法享有维护自身的合法隐私权，不能因为缺乏某种权利意识，成人就有剥夺幼儿此项权利的理由。

【真题回顾】(2020 年下半年真题)

【单项选择题】下列选项不属于侵犯他人隐私权的是(　　)。

A. 窃取他人的 QQ 号密码，并偷看他人的聊天记录

B. 某报社报道未成年人案件时，使用了其真实姓名

C. 父母亲未经子女同意，查看了子女的信件和电邮

D. 某出版社出版了某电视节目主持人的写真

【答案】D

【解析】隐私权一般是指自然人享有的对自己的个人秘密和个人私生活进行支配并排除他人干涉的权利。幼儿也拥有此项权利。故 A、B、C 三项均属于侵犯他人隐私权，D 项则属于侵犯肖像权。故选 D。

(二) 财产权

一般而言，幼儿财产权包括财产所有权、继承权、受赠权以及知识产权中的财产权等。

1. 财产所有权

财产所有权，是指所有人依法对其财产享有占有、使用、收益、处分的权利。幼儿年龄虽小，但任何人不得随意剥夺、侵犯其权利。

2. 继承权

继承权，是指自然人依法享有的、能够无偿取得死亡公民遗留的个人合法财产的权利。

3. 受赠权

受赠权，是指接受别人赠予的财物的权利。

4. 知识产权中的财产权

知识产权中的财产权，是指著作权、专利权之中的财产权利。

(三) 受教育权

受教育权是幼儿的一项基本权利。《教育法》第九条规定：中华人民共和国公民有受教育的权利和义务；公民不分民族、种族、性别、职业、财产状况、宗教信仰等，依法享有平等的受教育机会。这些规定都确定了幼儿受教育权利上的平等性。

幼儿受教育机会平等原则一般包括受教育起点上的机会平等、受教育过程上的机会平等和受教育结果上的机会平等三个方面。

1. 受教育起点上的机会平等

受教育起点上的机会平等，是指幼儿在入学机会上享有平等的权利。

2. 受教育过程上的机会平等

受教育过程上的机会平等，是指幼儿进入幼儿园以后，幼儿园应该让每个幼儿参加教育教学计划内安排的各种活动，使用各种教学设备、玩具等，每个幼儿都是平等的。

3. 受教育结果上的机会平等

受教育结果上的机会平等，是指幼儿在接受教育后，有获得学校和社会公正评价的平等权利。这种平等主要体现为学业成绩和品行评价上的平等，进一步求学机会上的平等，就业机会上的平等。

二、幼儿权利的保护

（一）幼儿权利保护的原则

《未成年人保护法》第四条明确规定：保护未成年人，应当坚持最有利于未成年人的原则。处理涉及未成年人事项，应当符合下列要求：① 给予未成年人特殊、优先保护；② 尊重未成年人人格尊严；③ 保护未成年人隐私权和个人信息；④ 适应未成年人身心健康发展的规律和特点；⑤ 听取未成年人的意见；⑥ 保护与教育相结合。

这一规定也体现了幼儿权利保护的原则。

（二）幼儿权利保护的义务主体及责任

我国《未成年人保护法》明确规定了全社会对未成年人保护的责任、义务和要求。

1. 家庭保护

家庭保护，是指父母或其他监护人依法履行对未成年人的抚养、监护和教育的义务及其职责，是未成年人保护的基础。

《未成年人保护法》第二章中关于"家庭保护"的主要内容如下：

(1) 监护人的监护职责和抚养义务。《未成年人保护法》第十五条规定：未成年人的父母或者其他监护人应当学习家庭教育知识，接受家庭教育指导，创造良好、和睦、文明的家庭环境。

《未成年人保护法》第十七条第 (一) 款中规定，未成年人的父母或者其他监护人不得实施下列行为：虐待、遗弃、非法送养未成年人或者对未成年人实施暴力。

(2) 尊重未成人的受教育权。《未成年人保护法》第十六条第 (五) 款规定：尊重未成年人受教育的权利，保障适龄未成年人依法接受并完成义务教育。

《未成年人保护法》第十七条第 (五) 款规定，未成年人的父母或者其他监护人不得实施下列行为：放任或者迫使应当接受义务教育的未成年人失学、辍学。

(3) 通过家庭教育，正确引导和教育未成年人。《未成年人保护法》第十六条第 (二) 款规定，未成年人的父母或者其他监护人应当履行下列监护职责：关注未成年人的生理、心理状况和情感需求。其第 (三) 款规定：教育和引导未成年人遵纪守法、勤俭节约，养成良好的思想品德和行为习惯。

《未成年人保护法》第十七条第 (四) 款规定，未成年人的父母或者其他监护人不得实施下列行为：放任、唆使未成年人吸烟 (含电子烟，下同)、饮酒、赌博、流浪乞讨或者欺凌他人。

2. 学校保护

学校保护，是指有关的学校、幼儿园及其他教育机构依照法律规定，在其自身的职责范围内对在校的未成年学生和幼儿园儿童进行教育，并对他们的身心健康和合法权益进行保护。

《未成年人保护法》第三章中关于"学校保护"的主要内容如下：

(1) 保护未成年人的受教育权。《未成年人保护法》第二十八条规定：学校应当保障未成年学生受教育的权利，不得违反国家规定开除、变相开除未成年学生。学校应当对尚未完成义务教育的辍学未成年学生进行登记并劝返复学；劝返无效的，应当及时向教育行政部门书面报告。

(2) 保护未成年学生的人身安全。《未成年人保护法》第三十五条规定：学校、幼儿园应当建立安全管理制度，对未成年人进行安全教育，完善安保设施、配备安保人员，保障未成年人在校、在园期间的人身和财产安全。学校、幼儿园不得在危及未成年人人身安全、身心健康的校舍和其他设施、场所中进行教育教学活动。学校、幼儿园安排未成年人参加文化娱乐、社会实践等集体活动，应当保护未成年人的身心健康，防止发生人身伤害事故。

《未成年人保护法》第三十七条规定：未成年人在校内、园内或者本校、本园组织的校外、园外活动中发生人身伤害事故的，学校、幼儿园应当立即救护，妥善处理，及时通知未成年人的父母或者其他监护人，并向有关部门报告。

(3) 保护未成年人的人格尊严。《未成年人保护法》第二十七条规定：学校、幼儿园的教职员工应当尊重未成年人人格尊严，不得对未成年人实施体罚、变相体罚或者其他侮辱人格尊严的行为。

【真题回顾】(2018 年上半年真题)

【单项选择题】幼儿萌萌午休时不睡觉，还发出吵闹的声音，何老师把她关在厕所里，以免影响其他幼儿的休息。何老师的做法(   )。

A. 不正确，侵犯幼儿的人身权利和人格尊严

B. 不正确，侵犯幼儿的思想自由和受教育权

C. 正确，有利于保证其他幼儿午休的权利

D. 正确，有利于引导萌萌养成良好生活习惯

【答案】A

【解析】何老师把萌萌关在厕所里，限制了她的人身自由，会给幼儿带来心灵伤害，严重侵犯了幼儿的人身权和人格尊严，违背了《未成年人保护法》第二十七条的规定，因此这种做法是错误的。故选 A。

(4) 贯彻教育方针，促进未成年人全面发展。《未成年人保护法》第二十五条规定：学校应当全面贯彻国家教育方针，坚持立德树人，实施素质教育，提高教育质量，注重培养未成年学生认知能力、合作能力、创新能力和实践能力，促进未成年学生全面发展。

3. 社会保护

社会保护是指各级人民政府、企事业组织、社会团体和其他组织以及公民为未成年人创造一种健康成长的社会环境，保护未成年人的合法权益。

《未成年人保护法》第四章中关于"社会保护"的主要内容如下：

(1) 树立良好的风尚，开展多种有益社会活动。《未成年人保护法》第四十二条规定：全社会应当树立关心、爱护未成年人的良好风尚。国家鼓励、支持和引导人民团体、企业事业单位、社会组织以及其他组织和个人，开展有利于未成年人健康成长的社会活动和服务。

【真题回顾】(2017 年上半年真题)

【单项选择题】我国不少地方已形成校车提供最高路权、路人自觉礼让校车的良好风

尚。这对未成年人的保护是（　　）。

　　A. 家庭保护　　　　B. 社会保护　　　　C. 学校保护　　　　D. 司法保护

【答案】B

【解析】题干中的描述体现了《未成年人保护法》第四十二条的规定：全社会应当树立关心、爱护未成年人的良好风尚。故选 B。

　　(2) 建立和改善活动场所和设施。《未成年人保护法》第四十四条规定：爱国主义教育基地、图书馆、青少年宫、儿童活动中心、儿童之家应当对未成年人免费开放；博物馆、纪念馆、科技馆、展览馆、美术馆、文化馆、社区公益性互联网上网服务场所以及影剧院、体育场馆、动物园、植物园、公园等场所，应当按照有关规定对未成年人免费或者优惠开放。

　　(3) 向未成年人提供健康产品。《未成年人保护法》第五十二条规定：禁止制作、复制、发布、传播或者持有有关未成年人的淫秽色情物品和网络信息。

　　《未成年人保护法》第五十五条规定：生产、销售用于未成年人的食品、药品、玩具、用具和游戏游艺设备、游乐设施等，应当符合国家或者行业标准，不得危害未成年人的人身安全和身心健康。上述产品的生产者应当在显著位置标明注意事项，未标明注意事项的不得销售。

　　《未成年人保护法》第五十八条规定：学校、幼儿园周边不得设置营业性娱乐场所、酒吧、互联网上网服务营业场所等不适宜未成年人活动的场所。营业性歌舞娱乐场所、酒吧、互联网上网服务营业场所等不适宜未成年人活动场所的经营者，不得允许未成年人进入；游艺娱乐场所设置的电子游戏设备，除国家法定节假日外，不得向未成年人提供。经营者应当在显著位置设置未成年人禁入、限入标志；对难以判明是否是未成年人的，应当要求其出示身份证件。

　　《未成年人保护法》第五十九条规定：学校、幼儿园周边不得设置烟、酒、彩票销售网点。禁止向未成年人销售烟、酒、彩票或者兑付彩票奖金。烟、酒和彩票经营者应当在显著位置设置不向未成年人销售烟、酒或者彩票的标志；对难以判明是否是未成年人的，应当要求其出示身份证件。任何人不得在学校、幼儿园和其他未成年人集中活动的公共场所吸烟、饮酒。

　　(4) 禁止使用童工。《未成年人保护法》第六十一条规定：任何组织或者个人不得招用未满十六周岁未成年人，国家另有规定的除外。

【真题回顾】(2016 年上半年真题)

【单项选择题】15 岁的小江辍学到王某所办的电子厂打工。王某的行为（　　）。

　　A. 合法，王某有自主招工的权利　　　　B. 合法，王某有管理工人的权利

　　C. 不合法，工厂不得招用童工　　　　D. 不合法，征得家长同意可招用

【答案】C

【解析】根据《未成年人保护法》第六十一条规定：任何组织或者个人不得招用未满十六周岁未成年人，国家另有规定的除外。故选 C。

4. 网络保护

网络保护，是指国家、社会、学校和家庭对未成年人网络实施的专门保护。网络保护

有利于保障未成年人在网络空间的合法权益。

《未成年人保护法》第五章中关于"网络保护"的主要内容如下：

(1) 合法、正当处理未成年人个人信息。《未成年人保护法》第七十二条规定：信息处理者通过网络处理未成年人个人信息的，应当遵循合法、正当和必要的原则。处理不满十四周岁未成年人个人信息的，应当征得未成年人的父母或者其他监护人同意，但法律、行政法规另有规定的除外。

(2) 网络直播服务的年龄限制。《未成年人保护法》第七十六条规定：网络直播服务提供者不得为未满十六周岁的未成年人提供网络直播发布者账号注册服务；为年满十六周岁的未成年人提供网络直播发布者账号注册服务时，应当对其身份信息进行认证，并征得其父母或者其他监护人同意。

(3) 禁止对未成年人的网络欺凌行为。《未成年人保护法》第七十七条规定：任何组织或者个人不得通过网络以文字、图片、音视频等形式，对未成年人实施侮辱、诽谤、威胁或者恶意损害形象等网络欺凌行为。

5. 政府保护

政府保护，是指各级人民政府及有关部门在各自职责范围内对未成年人实施的保护。

《未成年人保护法》第六章中关于"政府保护"的主要内容如下：

(1) 保障未成年人的受教育权。《未成年人保护法》第八十三条规定：各级人民政府应当保障未成年人受教育的权利，并采取措施保障留守未成年人、困境未成年人、残疾未成年人接受义务教育。对尚未完成义务教育的辍学未成年学生，教育行政部门应当责令父母或者其他监护人将其送入学校接受义务教育。

(2) 保障未成年人安全。《未成年人保护法》第八十七条规定：地方人民政府及其有关部门应当保障校园安全，监督、指导学校、幼儿园等单位落实校园安全责任，建立突发事件的报告、处置和协调机制。

《未成年人保护法》第八十八条规定：公安机关和其他有关部门应当依法维护校园周边的治安和交通秩序，设置监控设备和交通安全设施，预防和制止侵害未成年人的违法犯罪行为。

(3) 改善未成年人活动场所。《未成年人保护法》第八十九条规定：地方人民政府应当建立和改善适合未成年人的活动场所和设施，支持公益性未成年人活动场所和设施的建设和运行，鼓励社会力量兴办适合未成年人的活动场所和设施，并加强管理。地方人民政府应当采取措施，鼓励和支持学校在国家法定节假日、休息日及寒暑假期将文化体育设施对未成年人免费或者优惠开放。地方人民政府应当采取措施，防止任何组织或者个人侵占、破坏学校、幼儿园、婴幼儿照护服务机构等未成年人活动场所的场地、房屋和设施。

(4) 开通未成年人保护热线，保护未成年人合法权益。《未成年人保护法》第九十七条规定：县级以上人民政府应当开通全国统一的未成年人保护热线，及时受理、转介侵犯未成年人合法权益的投诉、举报；鼓励和支持人民团体、企业事业单位、社会组织参与建设未成年人保护服务平台、服务热线、服务站点，提供未成年人保护方面的咨询、帮助。

6. 司法保护

司法保护是指公安机关、人民检察院、人民法院以及司法行政部门等依法履行职责，在司法活动中对未成年人实施专门保护措施。

《未成年人保护法》第七章中关于"司法保护"的内容主要如下：

(1) 对未成年人违法行为的司法保护。对未成年人违法行为的司法保护包含：坚持教育为主、惩罚为辅的原则，保障未成年人的名誉权、隐私权等。

《未成年人保护法》第一百一十条规定：公安机关、人民检察院、人民法院讯问未成年犯罪嫌疑人、被告人，询问未成年被害人、证人，应当依法通知其法定代理人或者其成年亲属、所在学校的代表等合适成年人到场，并采取适当方式，在适当场所进行，保障未成年人的名誉权、隐私权和其他合法权益。人民法院开庭审理涉及未成年人案件，未成年被害人、证人一般不出庭作证；必须出庭的，应当采取保护其隐私的技术手段和心理干预等保护措施。

《未成年人保护法》第一百一十三条规定：对违法犯罪的未成年人，实行教育、感化、挽救的方针，坚持教育为主、惩罚为辅的原则。对违法犯罪的未成年人依法处罚后，在升学、就业等方面不得歧视。

(2) 办理案件涉及未成年人合法权益的保护。办理案件涉及未成年人合法权益的保护包括：给予法律援助；保护继承权和受遗赠权；离婚案件中子女权益的保护等。

《未成年人保护法》第一百零四条规定：对需要法律援助或者司法救助的未成年人，法律援助机构或者公安机关、人民检察院、人民法院和司法行政部门应当给予帮助，依法为其提供法律援助或者司法救助。

《未成年人保护法》第一百零七条规定：人民法院审理继承案件，应当依法保护未成年人的继承权和受遗赠权。人民法院审理离婚案件，涉及未成年子女抚养问题的，应当尊重已满八周岁未成年子女的真实意愿，根据双方具体情况，按照最有利于未成年子女的原则依法处理。

强化训练

一、单项选择题

1.《中华人民共和国教育法》规定，学生作为受教育者享受的权利不包括( )。

A. 参与教育教学活动权　　　　　　　B. 获得公正评价权

C. 获得报酬待遇权　　　　　　　　　D. 申诉和诉讼权

2. 六年级学生王力经常旷课，不遵守学校的管理制度，学校对王力进行适当的教育方式是( )。

A. 等待他自我醒悟并改正　　　　　　B. 了解情况后进行耐心教育

C. 批评教育无效后开除他　　　　　　D. 将他交给家长批评教育

3. 我国首次以法律形式明确规定"国家实行教师资格制度"的法律法规是( )。

A.《教师资格条例》　　　　　　　　　B.《中华人民共和国教师法》

C.《〈教师资格条例〉实例办法》　　　D.《中华人民共和国教育法》

4. 小花晚上常常看电视到很晚，家长也不干预。其家长违反了( )。

A.《中华人民共和国预防未成年人犯罪法》　B.《中华人民共和国义务教育法》

C.《中华人民共和国劳动法》　　　　　D.《中华人民共和国未成年人保护法》

5. 下列关于幼儿园每班幼儿人数，不符合《幼儿园工作规程》的是 (   )。

A. 某幼儿园小班 25 人   B. 某幼儿园中班 30 人

C. 某幼儿园大班 35 人   D. 某幼儿园学前幼儿班 50 人

6. 《国家中长期教育改革和发展规划纲要 (2010—2020 年)》提出的教育发展的任务，不正确的是 (   )。

A. 普及学前教育   B. 巩固提高九年义务教育水平

C. 加快普及高中阶段教育   D. 大力发展职业教育

7. 学生小峰放学回家途中乱穿马路，被汽车撞倒在地，导致肋骨骨折。对于小峰遭遇到的伤害，下列说法正确的是 (   )。

A. 学校存在过错，应当承担赔偿责任   B. 学校没有过错，但要承担赔偿责任

C. 学校没有过错，无须承担赔偿责任   D. 学校存在过错，但可免除赔偿责任

8. 联合国大会通过的《儿童权利公约》所确定的保护儿童的基本原则不包括 (   )。

A. 无差别原则   B. 尊重儿童权利原则

C. 无歧视原则   D. 儿童最大利益原则

9. 王老师就校务公开问题向学校提建议，王老师的做法是 (   )。

A. 行使教师权利   B. 履行教师义务

C. 影响学校的秩序   D. 给学生出难题

10. 村民张某夫妇认为女孩子读书没有用，一直不让已经 8 岁的女儿上学读书，就想留着她在家里做家务。张某夫妇的行为违反了 (   )。

A.《中华人民共和国宪法》   B.《中华人民共和国义务教育法》

C.《中华人民共和国民法典》   D.《中华人民共和国未成年人保护法》

二、材料分析题

某幼儿园大班教师给幼儿布置家庭作业。第二天上课检查作业时，该教师发现桐桐没有完成，非常生气，要求桐桐抄写 10 遍。到第三天，桐桐还是没有完成作业，教师大发雷霆，随即让桐桐在班上抄写 100 遍作为惩罚。

问题：请你从教育法律法规的角度，对该教师的做法进行评析。

扫描二维码，查看习题答案与解析。

答案与解析

第三章 教师职业道德规范

核心重点

考纲内容	1. 教师职业道德 了解《中小学教师职业道德规范》，掌握教师职业道德规范的主要内容。 理解《中小学班主任工作条例》的精神。 分析评价保教实践中教师的道德规范问题。 2. 教师职业行为 熟悉教师职业行为规范的要求，熟悉幼儿园教师的职业特点。 理解教师职业行为规范的主要内容，在教育活动中运用道德规范与行为规范恰当地处理与幼儿、幼儿家长、同事以及教育管理者的关系。 在保教活动中，依据教师职业行为规范，爱国守法、爱岗敬业、关爱学生、教书育人、为人师表
重点难点	本章考查考生是否具有良好的职业道德，并且能够按照相关法律规范综合分析和评判幼儿园保教活动中的现实问题。本章重点难点主要有： (1) 掌握《中小学教师职业道德规范》的主要内容，能够正确判断教师职业行为是否符合相关规范要求。 (2) 理解《中小学班主任工作条例》主要内容，熟悉班主任的选聘条件、职责与任务。 (3) 理解教师职业行为规范的内涵，把握教师职业道德规范与职业行为规范的内在联系。 (4) 正确认识和掌握教师与幼儿、教师与家长、教师与同事等之间关系的处理方法。 (5) 了解教师职业行为规范在保教活动中的践行要求
题型与分值	(1) 题型：单项选择题+材料分析题。 (2) 分值：约占总分的15%，约23分

知识提要

教师职业道德规范
- 教师职业道德
  - 教师职业道德概述
  - 《中小学教师职业道德规范》解析
  - 《中小学班主任工作规定》解析
  - 保教实践中教师的道德规范问题
- 教师职业行为规范
  - 教师职业行为规范的概念
  - 教师职业行为规范的主要内容
  - 教师职业行为规范在处理人际关系中的运用
  - 教师职业行为规范在保教活动中的践行要求

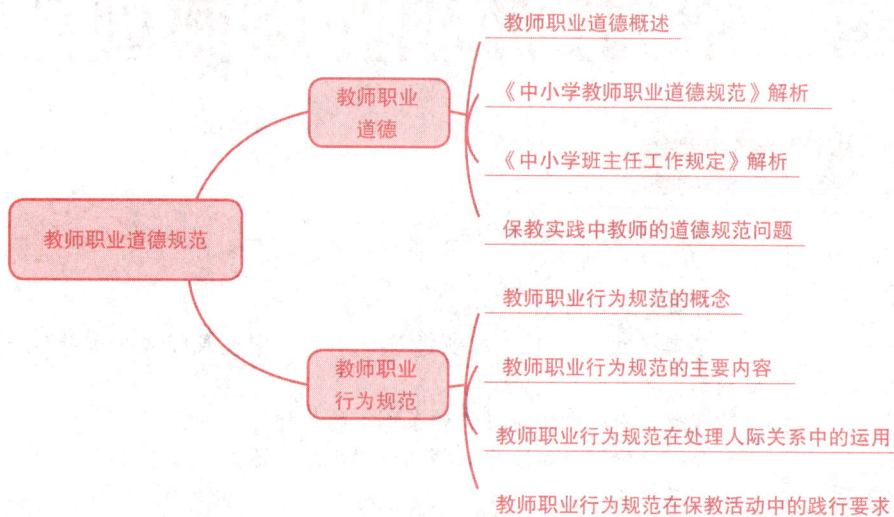

第一节　教师职业道德

考点分析

教师职业道德在历年考题中以单项选择题和材料分析题的形式为主。

教师职业道德考查的知识点主要如下表所示。

知识点	常见考点	要求掌握的程度
《中小学教师职业道德规范》	爱国守法	☆☆☆☆☆
	爱岗敬业	☆☆☆☆☆
	关爱学生	☆☆☆☆☆
	教书育人	☆☆☆☆☆
	为人师表	☆☆☆☆☆
	终身学习	☆☆☆☆☆

一、教师职业道德概述

（一）教师职业道德的概念

教师职业道德，又称"师德"，是教师在职业行业生涯中应该遵守的行为规范和必备品德的总和，是调节教师与他人、与社会等关系时所必须遵守的基本道德规范和行为准则，以及在此基础上所表现出来的道德观念、情操和品质。它是一般社会道德在教师职业中的特殊体现。

（二）教师职业道德的本质

(1) 教师职业道德是教师从事教育教学活动必须遵守的职业伦理。教师是学生成长的引路人。教师的思想政治素质和职业道德水平直接关系到儿童的健康成长，关系到国家和民族的前途与未来。《中小学教师职业道德规范》指出了教师在教育教学活动中必须遵守的职业伦理。

(2) 教师职业道德体现为特定的道德规范体系。教师职业道德主要是要求教师树立正确的教育观，具有热爱教育的事业心和全心全意培养、教育学生的责任感以及良好的道德品质。

树立正确的教育观，关键是要对教育和教师职业的地位及作用有一个深刻的认识。要办好教育，关键在于教师，教师肩负着为社会培养合格人才的重任，教师的职业是光荣的、高尚的。

(3) 教师职业道德是从教育活动的特殊利益关系中引申出来的。教师在教学活动中给学生以实际教益是教师职业道德形成的基础。教师职业道德的特殊本质是同教育劳动的本质紧密联系在一起的。教师职业道德是教育劳动过程中人与人之间关系的反映，是通过教育劳动表现出来的。

教育的社会职能决定了教师必须树立起为社会培养全面发展人才的道德责任感。教育的社会职能主要是通过培养、教育出具有良好思想品德、掌握一定的文化科学知识、体魄健全的人才来为社会发展和人民的利益服务。

（三）教师职业道德的特点

1. 境界的高层次性

境界的高层次性，是指社会和他人对教师职业道德的要求总是在整个社会道德体系中处于较高水平和较高层次，这是由教师要教书育人的根本任务所决定的。

2. 意识的自觉性

意识的自觉性，是指教师因职业劳动的特点所决定的在职业道德意识上的更高的自觉性，它是教师职业情感和职业行为的基础。教师劳动的个体性要求教师要有遵守教师道德的自觉性。

3. 行为的典范性

行为的典范性，是指教师的品德和行为对幼儿的思想品德的形成与行为具有榜样作用。这是由教师劳动的示范性决定的。

4. 影响的深远性

影响的深远性，是指教师的道德品质和行为将给幼儿留下深刻久远的印象，它不会因幼儿的毕业而随之结束，还将延续到毕业之后，有时甚至伴随幼儿的一生。不仅如此，教师还会通过影响幼儿、影响幼儿家长进而影响整个社会。

（四）教师职业道德在幼儿保教活动中的意义

教师职业道德是教师职业活动中不可或缺的因素，是教师完成教育任务的保障，也是教育事业成败的重要因素。

(1) 教师职业道德是幼儿教师职业素质的灵魂。教师的职业道德是教师在职业行为中的规范，也是教师行业对社会所负的道德责任和义务。因此，教师对保教活动的认识，对保教活动内容和方式的选择，都受制于自己的教师职业道德。

(2) 教师职业道德是幼儿园保教目标实现的保障。教师职业道德作为调整教育活动的规范体系，其根本目的就是教育活动的目的。教师职业道德通过对教师各方面关系的行为规范，使教师行为有利于保教活动目标的实现。幼儿教育活动作为一种社会事业，是许多参与到这一活动中的教师的共同事业。幼儿教师职业道德规范就是把幼儿教师的行为规范到幼儿保教目标上。因此，教师职业道德是幼儿园保教目标实现的保障。

(3) 教师职业道德是幼儿全面发展的条件。我国教育的目的在于人的全面发展，幼儿保教目标在于幼儿的全面发展。教师职业道德规范把幼儿教师的行为规范到促进幼儿的全面发展上，为幼儿的全面发展提供条件。教师良好的职业道德品质是幼儿直接学习的内容，是直接促进幼儿品质发展的资源。

二、《中小学教师职业道德规范》解析

（一）《中小学教师职业道德规范》的修订背景

自 1984 年颁布《中小学教师职业道德要求 (试行草案)》开始，我国教师职业道德规范先后于 1991 年、1997 年和 2008 年进行了讨论和修订。2008 年 9 月，教育部和中国教科文卫体工会全国委员会联合颁布《中小学教师职业道德规范》(2008 年修订版)。

依据《教师法》第四十条第 (三) 款规定："中小学教师，是指幼儿园、特殊教育机构、普通中小学、成人初等中等教育机构、职业中学以及其他教育机构的教师。"因此，现行的《中小学教师职业道德规范》适用于广大幼儿园教师。

（二）《中小学教师职业道德规范》的修订原则

1. 坚持"以人为本"

新修订的《中小学教师职业道德规范》,体现了"教育以育人为本,以学生为主体","办学以人才为本，以教师为主体"的理念，强调教师责任与权利的统一，充分调动教师的主动性、积极性和创造性。

2. 坚持继承与创新相结合

新修订的《中小学教师职业道德规范》，总结了原《中小学教师职业道德规范》执行以来的基本经验，保留了其中的合理成分，又充分考虑了社会经济发展、教育教学改革对

教师职业道德提出的新要求，将优秀师德与时代要求紧密结合。

3. 坚持广泛性与先进性结合

新修订的《中小学教师职业道德规范》，从教师队伍的现状和实际出发，面向全体教师，对教师职业道德提出基本要求，体现了广泛性原则。先进性是指在基本要求的基础上所提出的体现时代精神和社会发展需要的倡导性要求。

4. 倡导性要求与禁行性规定相结合

新修订的《中小学教师职业道德规范》，既有针对教师职业道德建设的倡导性内容，又有针对当前师德建设中的共性问题与突出问题的禁行性新规定。

5. 注重他律与自律相结合

新修订的《中小学教师职业道德规范》，在注重"他律"的同时，强调"自律"，倡导广大教师自觉践行师德规范，把规范要求内化为自觉行为。

(三)《中小学教师职业道德规范》的内容及解读

1.《中小学教师职业道德规范》的内容

(1) 爱国守法。热爱祖国，热爱人民，拥护中国共产党领导，拥护社会主义。全面贯彻国家教育方针，自觉遵守教育法律法规，依法履行教师职责权利。不得有违背党和国家方针政策的言行。

(2) 爱岗敬业。忠诚于人民教育事业，志存高远，勤恳敬业，甘为人梯，乐于奉献。对工作高度负责，认真备课上课，认真批改作业，认真辅导学生。不得敷衍塞责。

(3) 关爱学生。关心爱护全体学生，尊重学生人格，平等公正对待学生。对学生严慈相济，做学生良师益友。保护学生安全，关心学生健康，维护学生权益。不讽刺、挖苦、歧视学生，不体罚或变相体罚学生。

(4) 教书育人。遵循教育规律，实施素质教育。循循善诱，诲人不倦，因材施教。培养学生良好品行，激发学生创新精神，促进学生全面发展。不以分数作为评价学生的唯一标准。

(5) 为人师表。坚守高尚情操，知荣明耻，严于律己，以身作则。衣着得体，语言规范，举止文明。关心集体，团结协作，尊重同事，尊重家长。作风正派，廉洁奉公。自觉抵制有偿家教，不利用职务之便谋取私利。

(6) 终身学习。崇尚科学精神，树立终身学习理念，拓宽知识视野，更新知识结构。潜心钻研业务，勇于探索创新，不断提高专业素养和教育教学水平。

2.《中小学教师职业道德规范》的解读

《中小学教师职业道德规范》共六条，体现了教师职业特点对师德的本质要求和时代特征，"爱"与"责任"是贯穿其中的核心和灵魂。

(1) "爱国守法"是教师职业的基本要求。热爱祖国是每个公民，也是每个教师的神圣职责和义务。建设社会主义法治国家，是我国现代化建设的重要目标。要实现这一目标，需要每个社会成员知法守法，用法律来规范自己的行为，不做法律禁止的事情。

(2) "爱岗敬业"是教师职业的本质要求。没有责任就办不好教育，没有感情就做不好教育工作。教师应始终牢记自己的神圣职责，志存高远，把个人的成长进步同社会主义伟大事业、同祖国的繁荣富强紧密联系在一起，并在深刻的社会变革和丰富的教育实践中履行自己的光荣职责。

(3)"关爱学生"是师德的灵魂。没有爱，就没有教育。教师必须关心爱护全体学生，尊重学生人格，平等公正对待学生；对学生严慈相济，做学生的良师益友；保护学生安全，关心学生健康，维护学生权益。

【真题回顾】（2023年上半年真题）

【单项选择题】在一次续编故事活动中，小朋友们积极举手发言，一向胆小的圆圆也举起了小手，戴老师有意请圆圆回答，可圆圆的声音非常小，小朋友们嚷嚷："他的声音太小了，我们什么也听不见！""老师让我替他说吧！"对此，戴老师恰当的回应是（　　）。

A."欣欣，你来替圆圆讲！圆圆请先坐下休息一会儿！"

B."圆圆真勇敢，请你大声地再讲一遍，好吗？"

C."你们管好自己的小嘴吧，我们要尊重圆圆。"

D."圆圆，你应该大声讲故事。"

【答案】B

【解析】本题考查关爱学生的教师职业道德。题干中戴老师让胆小的圆圆回答问题，是为了锻炼和鼓励圆圆，在其他幼儿嚷嚷的情况下，戴老师鼓励圆圆大声回答问题，保护了她的自尊心，还能帮助她克服胆小。故选B。

【真题回顾】（2022年上半年真题）

【单项选择题】午睡起床时，小班的李老师发现小朋友常将两只鞋子穿反，就编了首儿歌："一双小鞋子，套上小脚丫。背对背，脸背脸，就像刚刚吵过架。咦——怎么了？"小朋友听完儿歌纷纷检查了自己的鞋子，"哦，小鞋子穿反了！"下列选项与该案例所体现的教师职业道德要求相符的是（　　）。

A."不闻不若闻之，闻之不若见之。"

B."耳濡目染，不能以习。"

C."不愤不启，不悱不发。"

D."动人以言者，其感不深：动人以行者，其应必速。"

【答案】C。

【解析】本题考查教师职业道德规范。题干中李老师发现幼儿常常将两只鞋子穿反，编儿歌引导幼儿发现问题、积极思考探索、这体现了李老师实庭启发式教育，循循善诱，实蒐素质教育的职业道德。而C项中"不愤不启，不悱不发"的意思是不到学生苦思冥想却想不通的时候，不去指点他；不到学生力求表达却无力表达出来的时候，不去启发他。这体现的是启发式教育，循循善诱，实施素质教育。故选C。

(4)"教书育人"是教师的天职。教师必须遵循教育规律，实施素质教育；循循善诱，诲人不倦，因材施教；培养学生良好品行，激发学生创新精神，促进学生全面发展，不以分数作为评价学生的唯一标准。

(5)"为人师表"是教师职业的内在要求。教师要坚守高尚情操，知荣明耻，严于律己，以身作则，在各个方面率先垂范，做学生的榜样，以自己的人格魅力和学识魅力教育影响学生；要关心集体，团结协作，尊重同事，尊重家长；要作风正派，廉洁奉公。

【单项选择题】果果的妈妈给王老师送去一袋家乡特产，请王老师多关照果果。王老师婉言谢绝，并表明照顾好每一个孩子是自己的责任。下列说法与对王老师做法的评价不符的是(　　)。

A."大厦之成，非一木之材也；大海之阔，非一流之归也。"

B."谁云交际之常，廉耻实伤；倘非不义之财，此物何来？"

C."心不动于微利之诱，目不眩于五色之惑。"

D."一丝一粒，我之名节。"

【答案】A

【解析】题干中王老师拒绝了果果妈妈赠送的特产，没有利用职务之便谋取私利。选项 A 是强调团结合作方面，不涉及教师利用职务之便谋取私利等方面。故选 A。

【单项选择题】在小班的家长会上，有两个家长质问带班的李老师："为什么不教孩子写字和拼音？再不教的话，我们的孩子就转园。"对此，李老师恰当的做法是(　　)。

A. 接受意见，适当增加拼音和写字的内容

B. 听取意见，耐心向家长分析不教的原因

C. 尊重家长，推荐校外辅导机构

D. 不予理会，尊重家长的转园自由

【答案】B

【解析】《中小学教师职业道德规范》要求教师要为人师表，尊重家长，题干中根据家长的质问教师不能直接反驳，要站在尊重家长的基础之上根据幼儿园的教育目标及幼儿的发展特点分析幼儿园的做法，耐心讲解让家长明确问题。故选 B。

(6)"终身学习"是教师专业发展不竭的动力。终身学习是时代发展的要求，也是教师职业特点所决定的。教师必须树立终身学习的理念，拓宽知识视野，更新知识结构，潜心钻研业务，勇于探索创新，不断提高专业素养和教育教学水平。

【材料分析题】婉婉一岁多的时候生过一场大病，身体发育比同龄幼儿晚。上幼儿园后，她的身体还是比较瘦弱，语言表达不太清晰。一次，陈老师教孩子们唱儿歌《两只老虎》。陈老师发现大部分孩子都会唱了，就叫孩子们到教室中间一个一个表演。陈老师给唱得好的孩子奖励一朵小红花。轮到婉婉了，她刚唱了一句，就不记得歌词，还跑调了。陈老师对婉婉说："你怎么总是比别人差！"接着在婉婉的额头上贴了一朵绿色的小花。小朋友们都不屑地看着婉婉，婉婉羞愧极了。

回到家里，婉婉大哭了一场。第二天，婉婉说什么也不愿意再去幼儿园了。婉婉的妈

妈非常生气,找到陈老师理论:"亏你还是老师,怎么这样对待小孩子?"陈老师回应道:"你家婉婉就是比别人差,不信,你去问其他老师。"婉婉的妈妈气得说不出话,只好找园长投诉。园长在弄清楚情况后,严肃地批评了陈老师,要求她当着全班幼儿的面给婉婉道歉。

问题:

请结合材料,从教师职业道德的角度,评析陈老师的教育行为。

【参考答案】该教师的教学行为不正确,违背了《中小学教师职业道德规范》的相关内容。

(1)违背了关爱学生的职业道德要求。关爱学生是师德的灵魂,要求教师关心爱护全体学生,尊重学生人格,平等公正对待学生,不讽刺挖苦学生。材料中,陈老师说婉婉总是比别人差,没有尊重婉婉的人格,违背了关爱学生的职业道德要求。

(2)违背了教书育人的职业道德要求。教书育人是教师的天职,要求教师循循善诱,因材施教,促进学生全面发展。材料中,婉婉不记得歌词,陈老师没有耐心教导,没有做到循循善诱,因材施教,违背了教书育人的职业道德要求。

(3)违背了为人师表的职业道德要求。为人师表是教师职业道德的内在要求,要求教师以身作则,尊重家长。材料中,陈老师当着全班小朋友的面给婉婉贴上绿色的小花,羞辱婉婉,也没有和家长耐心沟通,都违背了为人师表的职业道德要求。

综上所述,材料中陈老师的行为是错误的,违背了教师职业道德的相关内容,不值得我们学习。

三、《中小学班主任工作规定》解析

(一)《中小学班主任工作规定》的制定背景

随着我国经济社会改革的进一步深入,基础教育步入由全面普及转向更加重视提高质量、由规模发展转向更加注重内涵发展的新时期。为了进一步加强中小学班主任工作,发挥班主任在中小学教育中的重要作用,保障班主任的合法权益,全面推进素质教育,2009年8月12日,教育部印发了《中小学班主任工作规定》,作为全国中小学班主任工作的指导性文件。

(二)《中小学班主任工作规定》的内容及解读

1.《中小学班主任工作规定》的内容

第一章 总 则

第一条 为进一步推进未成年人思想道德建设,加强中小学班主任工作,充分发挥班主任在教育学生中的重要作用,制定本规定。

第二条 班主任是中小学日常思想道德教育和学生管理工作的主要实施者,是中小学生健康成长的引领者,班主任要努力成为中小学生的人生导师。

班主任是中小学的重要岗位,从事班主任工作是中小学教师的重要职责。教师担任班主任期间应将班主任工作作为主业。

第三条 加强班主任队伍建设是坚持育人为本、德育为先的重要体现。政府有关部门和学校应为班主任开展工作创造有利条件，保障其享有的待遇与权利。

第二章 配备与选聘

第四条 中小学每个班级应当配备一名班主任。

第五条 班主任由学校从班级任课教师中选聘。聘期由学校确定，担任一个班级的班主任时间一般应连续1学年以上。

第六条 教师初次担任班主任应接受岗前培训，符合选聘条件后学校方可聘用。

第七条 选聘班主任应当在教师任职条件的基础上突出考查以下条件：

(一) 作风正派，心理健康，为人师表；

(二) 热爱学生，善于与学生、学生家长及其他任课教师沟通；

(三) 爱岗敬业，具有较强的教育引导和组织管理能力。

第三章 职责与任务

第八条 全面了解班级内每一个学生，深入分析学生思想、心理、学习、生活状况。关心爱护全体学生，平等对待每一个学生，尊重学生人格。采取多种方式与学生沟通，有针对性地进行思想道德教育，促进学生德智体美全面发展。

第九条 认真做好班级的日常管理工作，维护班级良好秩序，培养学生的规则意识、责任意识和集体荣誉感，营造民主和谐、团结互助、健康向上的集体氛围。指导班委会和团队工作。

第十条 组织、指导开展班会、团队会(日)、文体娱乐、社会实践、春(秋)游等形式多样的班级活动，注重调动学生的积极性和主动性，并做好安全防护工作。

第十一条 组织做好学生的综合素质评价工作，指导学生认真记载成长记录，实事求是地评定学生操行，向学校提出奖惩建议。

第十二条 经常与任课教师和其他教职员工沟通，主动与学生家长、学生所在社区联系，努力形成教育合力。

第四章 待遇与权利

第十三条 学校在教育管理工作中应充分发挥班主任的骨干作用，注重听取班主任意见。

第十四条 班主任工作量按当地教师标准课时工作量的一半计入教师基本工作量。各地要合理安排班主任的课时工作量，确保班主任做好班级管理工作。

第十五条 班主任津贴纳入绩效工资管理。在绩效工资分配中要向班主任倾斜。对于班主任承担超课时工作量的，以超课时补贴发放班主任津贴。

第十六条 班主任在日常教育教学管理中，有采取适当方式对学生进行批评教育的权利。

第五章 培养与培训

第十七条 教育行政部门和学校应制订班主任培养培训规划，有组织地开展班主任岗位培训。

第十八条 教师教育机构应承担班主任培训任务，教育硕士专业学位教育中应设立中小学班主任工作培养方向。

第六章　考核与奖惩

第十九条　教育行政部门建立科学的班主任工作评价体系和奖惩制度。对长期从事班主任工作或在班主任岗位上做出突出贡献的教师定期予以表彰奖励。选拔学校管理干部应优先考虑长期从事班主任工作的优秀班主任。

第二十条　学校建立班主任工作档案，定期组织对班主任的考核工作。考核结果作为教师聘任、奖励和职务晋升的重要依据。对不能履行班主任职责的，应调离班主任岗位。

第七章　附　则

第二十一条　各地可根据本规定，结合当地实际情况，制定中小学班主任工作的具体实施办法。

第二十二条　本规定自发布之日起施行。

2.《中小学班主任工作规定》解读[③]

(1) 明确了班主任的工作量，使班主任教师有更多的时间来做班主任工作。一直以来，班主任教师既要承担与其他学科教师一样的教学任务，还要负责繁重的班主任工作，使得班主任教师工作负担过重。《中小学班主任工作规定》(简称《规定》)要求："班主任工作量按当地教师标准课时工作量的一半计入教师基本工作量。各地要合理安排班主任的课时工作量，确保班主任做好班级管理工作。"《规定》明确了班主任教师应当把授课和做班主任工作都作为主业，要拿出一半的时间来做班主任工作，来关心每个学生的思想道德状况、身心健康状况及其他各方面的发展状况。

(2) 提高了班主任的经济待遇，使班主任有更多的热情来做班主任工作。长期以来，广大中小学班主任教师辛勤工作在育人第一线，而享受的班主任津贴一直是按照1979年教育部、财政部、国家劳动总局颁布的《关于普通中学和小学班主任津贴试行办法》执行的。自2009年起，国家实施义务教育学校绩效工资制度。根据国务院办公厅转发的《人力资源社会保障部财政部教育部关于义务教育学校实施绩效工资的指导意见》，这次出台的《规定》第十五条要求将"班主任津贴纳入绩效工资管理。在绩效工资分配中要向班主任倾斜。对于班主任承担超课时工作量的，以超课时补贴发放班主任津贴。"

(3) 保证了班主任教育学生的权利，使班主任有更多的空间来做班主任工作。在我们强调尊重学生、维护学生权利的今天，一些地方和学校也出现了教师特别是班主任教师不敢管学生、不敢批评教育学生、放任学生的现象。《规定》第十六条明确规定："班主任在日常教育教学管理中，有采取适当方式对学生进行批评教育的权利。"《规定》保证和维护了班主任教育学生的合法权利，使班主任在教育学生过程中，在坚持正面教育为主的同时，不再缩手缩脚，可以适当采取批评等方式教育和管理学生。

(4) 强调了班主任在学校中的重要地位，使班主任有更多的信心来做班主任工作。《规定》从班主任的职业发展、职务晋升、参与学校管理、待遇保障、表彰奖励等多个方面强调了班

---

③ 教育部基础一司负责人就《中小学班主任工作规定》答记者问. http://www.moe.gov.cn/jyb_xwfb/gzdt_gzdt/moe_1485/201001/t20100131_51072.html.

主任在学校教育中的重要地位，充分体现了对班主任工作的尊重和认可，对广大班主任教师是一个极大的鼓舞和激励；强调班主任在学校教育中的重要地位，对于稳定班主任队伍、促进班主任专业成长，鼓励广大班主任能长期、深入、细致地开展班主任工作有着积极的意义。

四、保教实践中教师的道德规范问题

（一）幼儿教师职业道德存在的问题

(1) 职业认同感低，缺乏事业心和敬业精神。随着学前教育日益受到重视，社会各界对幼儿教师职业道德的要求也越来越高。但从当前现状来看，人们对幼儿教师的职业道德要求与幼儿教师对自身职业低认同之间存在冲突。不少幼儿教师对自己所从事的职业前景并不看好，出现主动脱离幼教队伍的现象。这样就不可避免地影响了教师的工作热情、事业心和进取心。

(2) 对幼儿缺少爱心和尊重。当前我国幼儿教师普遍感到压力过大，职业倦怠的现象比较严重，影响着幼儿教师正常的工作，导致教师对幼儿缺乏爱心，在教育行为上主要表现为：在保教活动中，对幼儿不够细心、缺乏耐心，不尊重幼儿的人格，讽刺、挖苦甚至歧视幼儿；依法执教意识淡薄，打骂、恐吓、体罚幼儿。这些行为都会对幼儿的身心发展造成非常不利的影响。

(3) 合作意识差，缺乏团结协作精神。保教目标的实现需要整个幼儿教师群体的共同努力，但教育现实中，幼儿教师内部的冲突有时也会发生，主要表现为：有些教师不尊重和信任其他教师；有的教师不支持和配合其他教师的工作；新教师不尊重老教师，老教师不接纳新教师；班主任和配班教师之间不合作、互相抱怨等。

教师与家长之间可能会出现隔阂，当代社会家长们对于幼儿园和教师寄予很高的期望。他们往往能够与教师保持密切联系，能够随时了解孩子在园内的每个细节和问题。但有的教师无法与家长进行及时有效的沟通，甚至在幼儿面前或公开场合批评、训斥家长，导致教师与家长之间产生无形的隔阂，使他们之间无法进行有效的协作。

（二）幼儿教师职业道德存在问题的原因分析

(1) 社会环境的负面影响。教师职业道德的形成和发展离不开社会大环境。目前，我国正处于社会转型时期，人们的价值观发生了深刻的变化。教师面对社会的一些权利、荣誉等不良的影响，与自己的工作形成强烈反差，导致教师心理产生不平衡，一些教师身上逐渐丧失了无私奉献的精神。再加上工作压力大，待遇低，合法权益得不到保障，导致其职业道德观念淡化，职业行为失范。

(2) 幼儿园疏于管理。教师职业道德的形成和发展，需要不断教育培养和监督引导。但是，我国不少幼儿园在这方面的工作十分薄弱。幼儿园对教师考核偏重于教师的业务能力方面，而对道德考核缺乏详细的标准。在教师的培训中，幼儿园也注重教师业务素质和学历层次的提高，忽视思想素质、职业道德的培训。这些都导致了教师职业道德问题的存在。

(3) 幼儿教师自身修养的缺陷。教师职业道德方面的问题与其自身修养也密切相关。部分教师对于加强自身职业道德修养的自觉性不足，没有意识到加强职业道德修养的重要性和紧迫性，没有真正体会到教师职业的神圣感、光荣感和责任感，不能严格要求自己。

另外，由于幼教事业的重要性及教师的投入、贡献与他们的社会地位、物质待遇较差的状况带来教师的心理失衡，也影响着教师良好职业道德的形成。

（三）提升幼儿教师职业道德的策略

(1) 注重师德教育，增强教师的职业道德意识。将师德教育纳入教师教育课程体系，开设师德教育课程，新任教师岗前培训开设师德教育专题，在职教师培训将师德教育作为培训的重要内容。

组织幼儿教师认真学习《教育法》《教师法》《中小学教师职业道德规范》等教育法律法规，提高师德认识，培养良好的职业品质。

(2) 强化考评监督，健全教师职业道德的激励机制。考评监督，是培养教师形成良好职业道德修养的有效外在机制，具有指引和督导作用。

① 幼儿园要严格师德考核，促进教师自觉加强师德修养，采取教师个人自评、家长和学生参与测评、考核工作小组综合评定等多种方式进行。

② 突出师德激励，促进形成重德养德良好风气。在同等条件下，师德表现突出的教师，优先评选特级教师和晋升教师职务、选培学科带头人和骨干教师。

③ 强化师德监督，有效防止失德行为。构建学校、教师、家长和社会广泛参与的师德监督体系。建立多种形式的师德投诉、举报平台，及时掌握师德信息动态，及时发现和纠正不良倾向和问题。

(3) 优化内外环境，营造教师职业道德建设的良好风气。国家应采取多种措施提高幼儿教师的社会地位和经济待遇，激发幼儿教师献身于教育事业的积极性。

幼儿园要创造一个良好的教育环境，培养教师的职业道德，并给他们创造良好的工作和生活条件，帮助他们解决生活中的后顾之忧，使广大教师安心于教育事业。

第二节　教师职业行为规范

考点分析

教师职业行为规范在历年考题中以单项选择题的形式为主。

教师职业行为规范考查的知识点主要如下表所示。

知识点	常见考点	要求掌握的程度
教师职业行为规范	教学行为规范、人际行为规范、仪表行为规范	☆☆☆☆
教师与幼儿的关系	热爱、尊重、了解、公平公正、严格要求	☆☆☆☆☆
教师与家长的关系	平等沟通、尊重家长	☆☆☆
教师与同事的关系	尊重、理解、协作	☆☆

一、教师职业行为规范的概念

教师职业行为规范，是指教师在职业活动过程中，为了实现教育目标、履行教育职责、严守职业道德，从思想认识到日常行为应遵守的基本准则。教师的一言一行、一举一动都是学校形象的再现，所以不断提高教师的自身素质、规范教师的行为是学校文化建设的重要内容。

二、教师职业行为规范的主要内容

教师职业行为是其专业化的具体体现，决定着教师专业发展的长远性，对幼儿的身心发展起着潜移默化的作用。

（一）思想行为规范

教师的思想行为对教育工作起着至关重要的作用，教师的思想境界和道德水平直接影响着幼儿的成长。在思想行为方面，教师要做到：

(1) 热爱祖国，热爱人民，拥护社会主义，认真执行党和国家的教育路线、方针和政策。

(2) 遵纪守法，做社会主义精神文明的建设者和传播者。

(3) 执行教育方针，遵循教育规律，尽职尽责，教书育人。

(4) 树立正确的人生观和价值观，发扬无私奉献的精神，乐于奉献。

(5) 加强职业道德修养，依法执教，廉洁从教，树立教师的良好形象。

（二）教学行为规范

教学是实现教育目标的重要途径。规范教师教学行为是提高教师的业务素质和教育教学质量的客观要求。在教学行为方面，教师要做到：

(1) 端正教学态度，严肃认真地对待教学工作中的每一项内容。

(2) 钻研业务，熟悉教材，认真备课；善于激发学生的求知欲，组织好课堂教学，避免灌输性教学。

(3) 按时上课下课，不迟到，不缺课，不拖堂。

(4) 上课语言文明、流畅清晰，表达准确简洁，板书整洁规范，内容简练精确。

(5) 精心编排练习，认真批改错误，及时纠正错误；定时做好教学质量检查工作，及时查漏补缺。

(6) 对学生要一视同仁，既严格要求学生，又要尊重学生，热心、耐心地回答学生的提问。

(7) 教学计划应符合教学进度的要求，不随意增删内容、拖堂或缺课，不占用学生的课余休息时间。

【真题回顾】(2020 年下半年真题)

【单项选择题】每次教学活动前，伍老师都会组织小朋友们做"请你跟我这样做"的游戏，每次动作都一样。小朋友们感觉有些乏味。这一天伍老师又做这个游戏，她热情地说："请你跟我这样做。"小英突然冒出来一声："不想跟你这样做。"全班哄堂大笑。对此，伍老师恰当的做法是（　　）。

A. 停止游戏，直接进入教学环节

B. 停止游戏，批评该小朋友扰乱秩序

C. 继续游戏，对小朋友的捣乱声音不予理睬

D. 继续游戏，根据小朋友的兴趣调整游戏动作

【答案】D

【解析】教师职业行为规范要求教师要端正教学态度，严肃对待教学工作中的每一项内容，并且要善于激发幼儿的求知欲，组织好课堂教学。题干中小英对课堂游戏感到乏味，不想再继续，教师的合理做法是根据幼儿的兴趣调整游戏动作，使游戏活动继续进行下去。故选D。

（三）人际行为规范

教师的职业特点具有特殊性和复杂性，在教师的人际关系中包括教师与学生、同事、领导及家长之间的关系。在人际行为方面，教师要做到：

(1) 与学生之间：热爱学生，关心学生，尊重学生；同时也要严格要求学生，耐心教导，循循善诱，不偏不袒；不以师生关系谋取私利。

(2) 与同事之间：互相尊重，切忌嫉妒；相互学习，取长补短；平等相待，不卑不亢；乐于助人，关心同事。

(3) 与领导之间：尊重领导，服从安排；顾全大局，遵守纪律；互相理解，互相支持；秉公办事，团结一致。

(4) 与家长之间：尊重家长，理解家长；加强联系，互通情况；密切配合，教育学生。

【真题回顾】(2018年上半年真题)

【单项选择题】幼儿园派夏老师外出学习，结束后，园长要求她给全园老师做一次讲座，分享她的学习体会。夏老师应该(　　　)。

A. 只与园长分享学习体会　　　　　　B. 婉拒分享学习体会的要求

C. 积极主动地与全园老师分享　　　　D. 挑选不重要的内容与全园老师分享

【答案】C

【解析】教师职业行为规范中的"人际行为规范"，要求教师与同事之间互相尊重、互相学习、乐于助人、关心同事。夏老师外派学习结束后，应按照园长的安排，积极主动地与全园老师分享学习体会。故选C。

（四）仪表行为规范

在仪表行为方面，教师要做到：

(1) 以幼儿的欣赏水平为前提。教师可以通过服饰外表将自己的审美观点和精神风貌展示给学生；服饰打扮应整洁朴实，美观大方；言行举止应谨慎谦和、文明礼貌；为人要落落大方，给幼儿树立一个值得尊敬、和蔼可亲的形象。

(2) 与自己的性格特点相得益彰。教师在塑造自己的仪容仪表时，要结合自己的性格特点，从实际出发，扬长避短，努力塑造有自己鲜明特点的个性风格。

(3) 符合自己的年龄特点。青年教师要富有朝气，仪表新颖活泼；中年教师年富力强，仪表可成熟稳健；老年教师德高望重，仪表上要严谨庄重。

(4) 与课堂教学的情境相适应。不同的学科对教师的角色要求不同，教师可以根据具

体的教学内容来调节授课气氛、情调，以此来有效调动各方面因素传递课堂信息，使自己的仪容仪表能更好地与教学内容在审美情趣上保持一致。

【真题回顾】(2017 年下半年真题)

【单项选择题】最近，徐老师将头发染成红色。在一次区域活动中，"理发室"里的几个孩子边玩边说："请给我染发，我要红色的，像徐老师一样的颜色。""我也要红色的！"徐老师染头发的行为(　　)。

A. 恰当，反映幼儿教师的合理审美需求

B. 恰当，促进幼儿审美能力的发展

C. 不恰当，不符合区域活动的组织要求

D. 不恰当，不符合幼儿教师的仪表规范

【答案】D

【解析】教师职业行为规范中的"仪表行为规范"，要求教师的仪表行为以幼儿的欣赏水平为前提，并且教师的仪表行为要与课堂教育的情境相适应，以利于调动课堂信息。题干中的幼儿进行活动时局限于"红头发"，不利于幼儿扩散思维。故选 D。

(五) 语言行为规范

教师的工作主要是通过语言来表达传递教学信息，影响学生，其中口头语言是教师语言表达的主要形式。在语言行为方面，教师要做到：

(1) 使用普通话。教师可以通过媒体及其他途径练习普通话，力争吐字清晰，发音标准。教师在课堂上要用语规范，避免方言、土语。

(2) 语义要明确，表达要清楚。教师应熟悉学科知识，思路清晰，同时要不断修炼语言能力，在有限的课堂教学中简洁明了地传授知识、解答问题。

(3) 语句要完整，要上下连贯、有逻辑性。教师在课堂教学中切忌言语断层、表达混乱、自相矛盾。教师规范的用语能够大大提高教学效果，也可以增加教师的个人魅力。

(4) 与时俱进、丰富语言。为了拉近与学生的距离，教师应学会用学生熟悉、喜欢的语言表达教学内容，这样有助于增加亲和力，也有助于教育教学取得好的效果。

三、教师职业行为规范在处理人际关系中的运用

教师与幼儿、教师与幼儿家长、教师与同事、教师与领导的关系是幼儿园中最基本的人际关系，正确处理这些关系，直接影响着教育活动开展的质量和效率。

(一) 教师与幼儿的关系

教师与幼儿的关系是教师各类关系中最基本、最重要的关系。良好的师幼关系主要体现在以下几个方面：

1. 热爱幼儿

热爱幼儿是处理师幼关系的基础和根本出发点，教师在具体的保教实践中把幼儿的成长放在第一位，关爱每一位幼儿，对所有幼儿付出同样的爱，全面关心幼儿的成长，是教师高尚师德的体现。

2. 尊重幼儿

尊重幼儿是建立平等师幼关系的前提条件，也是发挥幼儿主体性的关键因素。

教师尊重幼儿要做到：首先，尊重幼儿的人格，不打骂、侮辱、体罚幼儿；其次、尊重幼儿的个体差异，引导幼儿健康成长；最后，信任幼儿，在保教活动中让幼儿体验到成功的满足，激发幼儿的兴趣。

3. 了解幼儿

了解幼儿是教师热爱幼儿的起点，是教师开展保教活动的前提，也是教师公平评价幼儿的需要。

教师了解幼儿要做到：首先，使自己成为幼儿的朋友，建立新型的平等的师幼关系；其次，深入了解每一位幼儿，避免错误心理惯性，防止形成偏见；最后，要赏识幼儿，激励幼儿成长。

4. 公平公正对待幼儿

幼儿需要的爱是没有差别的，因而教师要公正公平地对待每一位幼儿。

公平公正地对待每一位幼儿，要求教师要公平、公正、不偏不倚、一视同仁。教师不能因个人喜好来偏袒或轻视幼儿，也不能因幼儿的性别、智力、长相、家庭条件等不同而偏袒或轻视幼儿。教师要公正地对待幼儿，尊重和信赖幼儿，保障幼儿的权利，贯彻教育公平的理念。

5. 严格要求幼儿

在保教活动中，教师要热爱幼儿，教师的热爱不是无原则地溺爱或偏爱，而是要爱中有严、严中有爱、严慈相济。

教师严格要求幼儿要做到以下几点：

(1) 严而有理。教师在要求幼儿时，不仅要符合幼儿身心发展规律，不让幼儿片面发展，还要在要求幼儿时摆事实、讲道理，使幼儿能够真心接受。

(2) 严而有度。教师要根据幼儿实际情况提出适度的要求，从关心、爱护幼儿的角度出发，认真考虑幼儿每一项要求及其可能产生的后果，以便做到恰到好处。

(3) 严而有恒。教师对幼儿的要求必须始终一贯，坚持到底。对于幼儿错误的行为，教师必须态度坚决、明确。

(4) 严而有方。教师对幼儿提出的要求必须从幼儿的实际情况出发，在充分考虑教育条件的基础上，选择合适的教育方式。

（二）教师与幼儿家长的关系

家长作为幼儿的第一任教师，是影响孩子成长的重要因素。因此，家庭教育对幼儿在学校中接受教育的效果也会产生重要的影响。

教师在处理与幼儿家长的关系时，要做到以下几点：

(1) 建立平等的沟通关系。教师和家长都是将教育好幼儿、促进幼儿身心全面发展作为共同目标。因此，双方要建立起彼此信任、相互支持的平等关系。只有平等了才能进行有效的沟通，才能齐心协力教育好幼儿。

(2) 形成良好的沟通习惯。教师要积极主动地与家长建立联系，通过家访、家长会、网络等多种方式与家长互相沟通，共同商讨、协调教育方法等。教师要全面、客观地介绍幼儿在校学习、生活的情况，热情、耐心与家长沟通，特别是出现异常情况或突发事件时，要第一时间与家长沟通。此外，教师要认真倾听家长的意见和建议，并利用自己的专业优势为家长提供家庭教育指导。

(3) 尊重家长的人格。教师与家长是教育合作伙伴的关系，他们在人格上是完全平等的，没有尊卑之分。因此，教师必须尊重幼儿家长的人格，尊重社会地位低和所谓差生的家长的人格。教师应尽量理解家长，不能有侮辱家长人格的言行。

(4) 教育幼儿尊重家长。教师要教育幼儿尊重自己的父母，尤其是那些社会地位低和文化水平不高的父母。教师教育幼儿尊重家长，有利于提高家长的威信，增强家庭教育的力量，还能赢得家长的信任和感激，获得家长的大力支持。

【真题回顾】（2022 年下半年真题）

【单项选择题】小玉的奶奶去幼儿园给小玉送被子，走到寝室时，老师刚好带孩子们去做操了。奶奶发现小玉的床在一个角落里，便将小玉的床位换到了寝室中间。老师回来后，下面正确的做法是（　　）。

A. 认同奶奶调整床位的行为　　　　B. 让小玉告诉奶奶不能调

C. 立即把小玉的床位调回床位　　　D. 打电话与奶奶沟通说不应该这样做

【答案】D

【解析】教师职业行为规范要求教师要尊重家长。针对题干中小玉的奶奶将小玉的床位换到寝室中间的现象，老师恰当的做法是应该与小玉奶奶耐心沟通，告诉奶奶这样排列床位的原因，听取奶奶的想法，积极传递科学的教育思想和方法。故选 D。

（三）幼儿教师与同事的关系

幼儿教师与同事之间的关系，是在一起完成幼儿园工作任务的环境中建立的，处理好这类关系有助于教师更好地完成保教活动。幼儿教师处理与同事之间的关系时，要做到以下三点：

(1) 相互尊重。教师只有在互相尊重的基础上，才能形成团结和睦的同事关系，才能一起协作开展保教活动。

(2) 相互理解。由于工作任务及性质上的差异，教师之间也会产生矛盾和冲突，这就需要教师之间互相理解对方，为了完成培养幼儿的共同目标而形成教育合力。

(3) 相互协作。教师要在集体中共同完成教育教学工作，并实现一定的教育目的，必须与同事团结协作，互相支持，互相理解。

【真题回顾】（2022 年下半年真题）

【单项选择题】小班的保育员徐老师正在照顾两个不肯吃饭的孩子。这时京京端着空碗还想再吃一点饭。徐老师转头对正在使用电脑的陈老师说："陈老师，帮京京舀一点饭。"陈老师回复："这是你保育员的工作，我有我的事情要做！"陈老师的做法违背的教师职业道德要求是（　　）。

A. 关系性　　　　　　　　　　　　B. 长期性

C. 协作性　　　　　　　　　　　　D. 制度性

【答案】C

【解析】题干中陈老师却在徐老师忙不过来时，拒绝徐老师寻求帮助的请求，违背了教师间协作性的要求。故选 C。

（四）幼儿教师与领导的关系

幼儿教师与领导的关系，实际上是管理与被管理的关系，这种关系并不意味着地位的差异或不平等，只是具体分工不同。幼儿教师在处理与领导之间的关系时，要做到以下两点：

(1) 尊重领导的工作。幼儿教师在领导的协调下开展工作，是为了共同实现学校组织的教育教学目标，领导的管理目标与教师的工作目标是一致的。因此，教师应尊重领导根据其管理职责所开展的教育管理活动。

(2) 支持领导的工作。教师的职责和任务一般是由领导赋予的，每一位教师完成幼儿园领导分配的任务，是实现幼儿园保育目标的保障。因此，教师要积极支持领导对幼儿园的管理工作，主动完成自己的教育教学工作。

四、教师职业行为规范在保教活动中的践行要求

保教活动是幼儿园工作的生命线，优质的保教活动是幼儿园赖以生存的前提。因此，幼儿教师要在保教活动中认真践行教师职业道德规范，严格规范自身的职业行为，发挥教师在保教活动中的重要作用，提升幼儿园的保教质量。

1. 爱国守法的践行要求

教师践行爱国守法的行为规范时要求做到：树立爱国主义思想；树立为祖国教育事业献身的崇高理想；在保教实践中渗透爱国守法教育，做爱国守法的模范。

2. 爱岗敬业的践行要求

教师践行爱岗敬业的行为规范时要求做到：珍惜和热爱自己的岗位；具有强烈的使命感和责任感。

3. 关爱幼儿的践行要求

教师践行关爱幼儿的行为规范时要求做到：关心爱护全体幼儿；尊重幼儿的主体性；将对幼儿的关爱渗透于幼儿一日生活的方方面面；保护幼儿的安全。

4. 教书育人的践行要求

教师践行教书育人的行为规范时要求做到：对幼儿有爱心；以身立教，为人师表；刻苦钻研业务知识；不断提高保教能力和水平。

5. 为人师表的践行要求

教师践行为人师表的行为规范时要求做到：加强语言修养；规范自己的行为；以高尚的形象树立威信和尊严。

6. 终身学习的践行要求

教师践行终身学习的行为规范时要求做到：树立终身学习的理念；潜心钻研业务，不断提高专业素养和教育教学水平。

拓展阅读

新时代幼儿园教师职业行为十项准则

（2018年11月8日）

教师是人类灵魂的工程师，是人类文明的传承者。长期以来，广大教师贯彻党的教育方针，教书育人，呕心沥血，默默奉献，为国家发展和民族振兴做出了重大贡献。新时代对广大教师落实立德树人根本任务提出新的更高要求，为进一步增强教师的责任感、使命感、荣誉感，规范职业行为，明确师德底线，引导广大教师努力成为有理想信念、有道德情操、有扎实学识、有仁爱之心的好老师，着力培养德智体美劳全面发展的社会主义建设者和接班人，特制定以下准则。

（1）坚定政治方向。坚持以习近平新时代中国特色社会主义思想为指导，拥护中国共产党的领导，贯彻党的教育方针；不得在保教活动中及其他场合有损害党中央权威和违背党的路线方针政策的言行。

（2）自觉爱国守法。忠于祖国，忠于人民，恪守宪法原则，遵守法律法规，依法履行教师职责；不得损害国家利益、社会公共利益，或违背社会公序良俗。

（3）传播优秀文化。带头践行社会主义核心价值观，弘扬真善美，传递正能量；不得通过保教活动、论坛、讲座、信息网络及其他渠道发表、转发错误观点，或编造散布虚假信息、不良信息。

（4）潜心培幼育人。落实立德树人根本任务，爱岗敬业，细致耐心；不得在工作期间玩忽职守、消极怠工，或空岗、未经批准找人替班，不得利用职务之便兼职兼薪。

（5）加强安全防范。增强安全意识，加强安全教育，保护幼儿安全，防范事故风险；不得在保教活动中遇突发事件、面临危险时，不顾幼儿安危，擅离职守，自行逃离。

（6）关心爱护幼儿。呵护幼儿健康，保障快乐成长；不得体罚和变相体罚幼儿，不得歧视、侮辱幼儿，严禁猥亵、虐待、伤害幼儿。

（7）遵循幼教规律。循序渐进，寓教于乐；不得采用学校教育方式提前教授小学内容；不得组织有碍幼儿身心健康的活动。

（8）秉持公平诚信。坚持原则，处事公道，光明磊落，为人正直；不得在入园招生、绩效考核、岗位聘用、职称评聘、评优评奖等工作中徇私舞弊、弄虚作假。

（9）坚守廉洁自律。严于律己，清廉从教；不得索要、收受幼儿家长财物或参加由家长付费的宴请、旅游、娱乐休闲等活动；不得推销幼儿读物、社会保险或利用家长资源谋取私利。

（10）规范保教行为。尊重幼儿权益，抵制不良风气；不得组织幼儿参加以营利为目的的表演、竞赛等活动，或泄露幼儿与家长的信息。

【真题回顾】（2022年上半年真题）

【单项选择题】第二天一早李老师就要交职称材料了，她发现还缺少2份听课材料。但是她已经没有时间听课了。李老师正确的做法是（　　）。

A.请同事帮忙提供听课材料

B.参考同事教案改写听课材料

C.根据自己的教案编写听课材料

D.直接放弃本次职称评定机会

【答案】D。

【解析】本题考查秉持公平诚信的教师职业行为准则。题干中李老师缺少两份听课材料且没有时间听课了，就应该实事求是，不能弄虚作假编造听课材料。所以，李老帅正确的做法是直接放弃本次职称评定机会。故选D。

强化训练

一、单项选择题

1. 孙老师作为一名优秀的幼儿教师，不仅十分关注幼儿对知识的掌握情况，还特别关注每一位幼儿的人格和道德发展。这体现了孙老师能够做到（   ）。

A.关爱学生　　　　　　　　　　B.教书育人

C.为人师表　　　　　　　　　　D.德育为先

2. 某幼儿园教师李凤执教三年之后，还坚持认为自己的保育观念很先进，"吃老本"足够了。但是，随着社会和家长对学前教育的关注，新的理念和要求也越来越多，而李凤的保育效果却越来越差。李凤的行为违反了（   ）的师德要求。

A.教书育人　　　　　　　　　　B.关爱学生

C.终身学习　　　　　　　　　　D.爱国守法

3. 一天某幼儿园下午放学时，一位家长迟到了半小时去接孩子，发现孩子不见了。经过调查发现，原来教师等不到孩子的家长，就将该幼儿交给同路的学生家长，让其带回家。下列说法正确的是（   ）。

A.家长不配合教师工作，应该给予教训

B.教师不负责任，违背了爱岗敬业的要求

C.儿童最终安全到家即可，无须大惊小怪

D.教师应为家长考虑，符合爱岗敬业的要求

4. "其身正，不令而行；其身不正，虽令不从。"说明教师遵守（   ）的职业道德规范的重要性。

A.廉洁从教　　　　　　　　　　B.关爱学生

C.教书育人　　　　　　　　　　D.为人师表

5. 幼儿园午餐时间到，果果一边念叨着"我不喜欢喝汤"，一边走到垃圾桶前打算把汤倒掉。这时，郑老师走过来，没有强迫她喝汤，而是和她聊她喜欢的艾莎公主，引导她把汤全部喝完。这体现了郑老师（   ）的职业道德。

A.关爱学生　　　　　　　　　　B.依法执教

C.团结协作　　　　　　　　　　D.为人师表

6. 林老师家庭负担重，妻子要看病，孩子要读书，家里还有老人要赡养，于是他用假名在培训机构上课补贴家用。林老师的这种行为（   ）。

A.不影响正常教学即可

B. 这是林老师的自由

C. 不对，林老师的行为违反了廉洁奉公、关心爱护全体学生的教师职业道德

D. 不对，林老师的行为违反了爱岗敬业、终身学习的教师职业道德

7. 张老师是位比较有个性的老师，她上的课小朋友们非常喜欢，但是她从来不注重衣着外表，常常邋里邋遢地出现在课堂上。如果你是张老师的同事，你会（　　）。

A. 不跟张老师说，上好课就可以了

B. 委婉地跟张老师说既要上好课，也要注意自己的形象

C. 跟张老师说邋里邋遢很讨人嫌，以后要改正

D. 不跟张老师说，直接跟领导报告

8. 角色扮演活动中，几个小朋友围着乐乐笑个不停。原来乐乐扮演小丑，大家觉得很搞笑。小云说："天哪，你真是个小丑，跟小丑一模一样，丑爆了！"程老师过来后，仔细看了看乐乐，然后笑着说："你的演技太好了，小朋友们都分辨不出乐乐和小丑，你真是个好演员。"以下关于程老师的行为的评价，正确的是（　　）。

A. 合理，教师应完全肯定幼儿的作品

B. 合理，尊重并欣赏幼儿

C. 不合理，不利于幼儿表演水平的提高

D. 正确，体现了对幼儿的严格要求

9. 以下对班主任的表述正确的是（　　）。

A. 所有任课教师都可以当

B. 所有任课教师都必须当

C. 学校根据聘任条件选聘的任课教师才可以当

D. 学校选聘的专职人员可以当

10. 毛毛每天午睡时都精神抖擞，压根不愿意睡觉，下午活动时却困得不行。教师的正确做法是（　　）。

A. 批评家长，没有培养幼儿良好的生活习惯

B. 让家长把毛毛带回去，习惯养好了再回幼儿园

C. 与家长积极沟通，商量对策

D. 只要不影响其他幼儿，不用管他

二、材料分析题

六六是中二班新转来的小朋友，平时在集体活动中不爱讲话。刚开始，赵老师以为六六是需要时间来适应陌生环境，不好意思表达自己。这天，六六偷偷跟赵老师说："小朋友说我讲话像'火星语'。"经过与六六父母沟通，赵老师得知，六六从小跟爷爷奶奶一起生活，而爷爷奶奶又不是本地人，平时说话几乎都是讲方言。为了让六六能快速融入集体，赵老师在活动区和六六一起搭积木，在户外活动中经常鼓励六六。通过接触，赵老师发现六六很聪明，想法也很多。

为了帮助六六消除因为普通话不好而造成的自卑心理，赵老师开展了以"我们的语言"为主题的活动，让小朋友了解每个地方的方言。赵老师让六六当"小老师"，教大家几句简单的方言。小朋友们对此很感兴趣，纷纷争着要和六六学习方言。赵老师提议，小

朋友平时也可以互当小老师，教六六说好普通话。此外，赵老师还跟六六父母沟通，建议为六六创造一个说普通话的良好环境。经过大家的帮助，六六的普通话说得越来越好了。六六的父母特别感激赵老师，专程带了礼物表示感谢，被赵老师婉言拒绝，并表示自己会照顾好每个幼儿。

　　问题：请结合材料，从教师职业道德的角度，评析赵老师的教育行为。
　　扫描二维码，查看习题答案与解析。

答案与解析

第四章 文化素养

核心重点

考纲内容	具有一定的文化常识。 了解中外科技发展史上的代表人物及其主要成就,熟悉常见的幼儿科普读物。 了解中外文学史上重要的作家作品,尤其是常见的儿童文学作品
重点难点	本章涉及的知识面比较广,要求考生做到基本了解。本章重点难点主要有: (1)重点掌握文化常识中的中国古代历史常识。 (2)重点掌握科学素养中的科学技术成就和地理常识。 (3)理解传统文化常识中的神话故事和成语典故等。 (4)了解其他历史知识、文学知识等
题型与分值	(1)题型:单项选择题。 (2)分值:约占总分的12%,约18分

知识提要

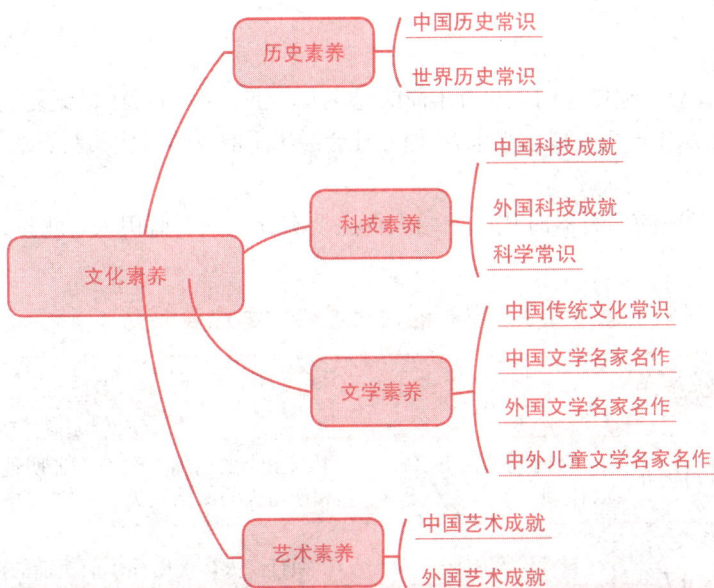

第一节 历史素养

考点分析

历史素养在历年考题中以单项选择题的形式为主。

历史素养考查的知识点主要如下表所示。

知识点	常见考点	要求掌握的程度
历史常识	中国古代史	☆☆☆
	中国近代史	☆☆☆
	中国现代史	☆☆
	世界古代史	☆☆
	世界近代史	☆☆
	世界现代史	☆☆

一、中国历史常识

（一）中国古代史概述

1.原始社会

中国的原始社会，起自大约170万年前的元谋人，止于公元前21世纪夏王朝的建立，经历了100多万年。从生产力发展水平来看，原始社会经历了旧石器时代和新石器时代两个阶段。

1) 旧石器时代

在我国境内发现的旧石器时代的原始人群主要有元谋人、蓝田人、北京人、山顶洞人，具体见表4-1-1。

表4-1-1　旧石器时代原始人群代表简介

原始人群	距今年限	发现地	典型特征
元谋人	约170万年	云南元谋县上那蚌村附近	根据出土的石器、化石，证明他们是能制造工具和使用火的原始人类
蓝田人	约115万年—70万年	陕西省蓝田县公王岭	早期直立人，能用简单而粗糙的方法打造石器

原始人群	距今年限	发现地	典型特征
北京人	约 70 万年—20 万年	北京市西南房山区周口店龙骨山	晚期直立人，能制造石器工具，会使用天然火
山顶洞人	约 3 万年	北京市周口店龙骨山北京人遗址顶部的山顶洞	处于母系氏族社会，掌握磨光和钻孔技术，会人工取火，还会用骨针缝衣服，懂得爱美

2) 新石器时代

距今一万年左右的新石器时代，在我国境内的远古人类创造了灿烂的文化，主要以河姆渡文化、半坡文化、大汶口文化、龙山文化为代表，具体见表 4-1-2。

表 4-1-2　新石器时代远古人类文化代表简介

名称	距今年限	发现地	特　点
河姆渡文化	约 7000 年	浙江省余姚市河姆渡村东北	新石器时代母系氏族公社时期的氏族村落遗址，反映了长江下游流域氏族的情况
半坡文化	约 6000 年	陕西省西安市半坡村	属于黄河中游地区新石器时代的仰韶文化，是北方农耕文化的典型代表。这是黄河流域规模最大、保存最完整的原始社会母系氏族村落遗址
大汶口文化	约 4500—6500 年	山东省泰安市大汶口遗址	大汶口晚期的墓葬里随葬品相差悬殊，说明已出现了私有财产
龙山文化	约 4000 年	山东省济南市历城县龙山镇	发现了以精美的磨光黑陶为显著特征的文化遗存，因此龙山文化也称黑陶文化

3) 古代传说中的"三皇五帝"

"三皇五帝"指古代传说中的帝王，说法不一。

"三皇"通常指伏羲氏、神农氏、燧人氏，或者称天皇、地皇、人皇为三皇。"五帝"通常指黄帝、颛顼、帝喾、尧、舜。三皇五帝代表人物具体见表 4-1-3。

表 4-1-3　三皇五帝代表人物简介

类别	人物	有　关　传　说
三皇	伏羲氏	古代传说里中华民族的人文始祖，是中国古籍中记载的最早的王，是中国医药鼻祖之一。相传伏羲氏人首蛇身，发明创造了占卜八卦，创造文字结束了"结绳记事"的历史

类别	人物	有 关 传 说
三皇	燧人氏	中国上古时期的部落首领，简称燧人，尊称"燧皇"。他在今河南商丘一带钻木取火，教人熟食，是华夏人工取火的发明者，结束了远古人类茹毛饮血的历史，开创了华夏文明
	神农氏	华夏太古三皇之一，汉族民间传说中的农业和医药以及人类茶叶的发明者，他尝遍百草，教人医疗与农耕，被世人尊称为"药王""神农大帝"等，为掌管医药及农业的神祇
五帝	黄帝	华夏部落联盟首领，中国远古时代华夏民族的共主，五帝之首，被尊为中华"人文初祖"，居轩辕之丘，号轩辕氏，黄帝以统一华夏部落与征服东夷、九黎族而统一中华的伟绩载入史册
	颛顼	中国上古部落联盟首领，又称黑帝或玄帝，在天神传说中是主管北方的天帝
	帝喾	出生于高辛，中国上古时期一位著名的部落联盟首领。帝喾是黄帝的曾孙，前承炎黄，后启尧舜，奠定华夏根基，是华夏民族的共同人文始祖
	尧	中国上古时期部落联盟首领，帝喾之子。尧从父亲帝喾那里继承帝位，并开创了"禅让制"的先河
	舜	中国上古时期的部落联盟首领，被后世尊为帝，列入"五帝"，受尧的"禅让"为有虞氏首领，尊号有帝舜帝、大舜、虞舜（《史记·五帝本纪》曰："天下明德皆自舜帝始。"）

【真题回顾】(2020 年下半年真题)

【单项选择题】"三皇五帝"是中国古代文明形成过程中几大发展阶段中的代表人物，孙中山诗句"中华开国五千年，神州轩辕自古传"所指的是其中之一。该人物是（　　）。

A. 黄帝　　　　B. 炎帝　　　　C. 尧　　　　D. 禹

【答案】A

【解析】黄帝号轩辕氏。故选 A。

2. 奴隶社会

1) 夏

(1) 王位世袭制。约公元前 2070 年，禹建立夏王朝。这是中国历史上的第一个王朝。禹的儿子启在禹死后继承了他的位置，从此，世袭制代替禅让制。

(2)《夏小正》。夏朝历书《夏小正》为我国现存最早的科学文献之一，是我国现存最早的记录农事的历书，保存了古代中国的天文历法知识。

【真题回顾】(2018年上半年真题)

【单项选择题】历法是推算年、月、日的时间长度和它们之间的关系，制定时间序列的法则。我国最早制定历法的朝代是(　　)。

A. 夏朝　　　　　　B. 商朝　　　　　　C. 西周　　　　　　D. 西汉

【答案】A

【解析】夏朝的"夏历"是我国最早的历法，又叫"阴历""农历"。故选A。

2) 商

约公元前1600年，商部落在汤的领导下打败了夏桀，建立商朝。

(1)盘庚迁都。商朝最早的国都在亳(今河南商丘)。公元前14世纪，商王盘庚迁都到殷(今河南安阳小屯村)。他在那里整顿商朝的政治，使衰落的商朝出现了复兴的局面，以后二百多年，一直没有迁都。因此，商朝又称为"殷商"。

(2)甲骨文。我国有文字可考的历史是从商朝的甲骨文开始的。

甲骨文，被称为"最早的汉字"，是刻在龟甲或兽骨上的文字，商朝晚期王室用其进行占卜记事，是研究商朝历史的宝贵资料。

3) 西周

(1)武王伐纣。约公元前1046年，周武王联合各部落在牧野打败了商纣，建立周朝，定都镐京(今陕西西安韦曲西北)，史称"西周"。

(2)井田制。井田制是我国古代社会的土地国有制度。西周时期，把土地分隔成方块，形状像"井"字，因此称作"井田"。井田属周王所有，分配给庶民使用。领主不得买卖和转让井田，还要交一定的贡赋。

(3)分封制。分封制是周王室把疆域土地划分给诸侯的社会制度。分封的原则与对象是根据与周王血缘关系的亲疏、功劳的大小，其前提是承认周王的统治。通过分封制，西周将政权和族权合一，依据血缘关系的亲疏来确定权威和财产的继承权，建立起严格的等级从属关系。

(4)宗法制。宗法制的核心是嫡长继承制，也就是正妻所生的长子为法定的王位继承人。夏朝时已经确立了王位世袭制，也有"父死子继""兄终弟及"的区别，商朝末年才完全确立了嫡长继承制。西周一开始就确立了"立嫡以长不以贤，立子以贵不以长"的嫡长继承制，从而进一步完备了宗法制。

4) 东周

(1)平王东迁。公元前771年，犬戎攻破镐京，周幽王被杀，西周灭亡。随后周平王继位，第二年(公元前770年)将国都迁至洛邑(今河南洛阳)，史称"东周"。

平王东迁是周朝国势的转折点，平王迁都之后周天子王权开始衰落，诸侯势力不断壮大，最终形成春秋时期群雄争霸的局面。

(2)春秋五霸。公元前770年到公元前476年是我国历史上的春秋时期，标志着奴隶社会的结束。此时，一些强大的诸侯国开启了争霸之战，出现了"春秋五霸"——齐桓公、宋襄公、晋文公、秦穆公和楚庄王。

(3)城濮之战(退避三舍)。公元前632年，楚军和晋军在城濮(今山东鄄城西南)交战，晋文公兑现当年流亡楚国许下"退避三舍"的诺言，令晋军后退，躲避楚军锋芒。子玉不顾楚成王告诫，率军前进，楚军大败。

(4)战国七雄。公元前475年到公元前221年，是我国封建社会的形成时期，出现了齐、楚、燕、韩、赵、魏、秦七个强大的诸侯国，史称"战国七雄"。

(5)商鞅变法。公元前356年和公元前350年，秦孝公任用商鞅先后两次实行了变法。其主要内容是"废井田，开阡陌，实行郡县制，奖励耕织和战斗，实行连坐之法"。秦国经过商鞅变法，废除了旧制度，封建经济得到发展，秦国逐渐成为战国七雄中实力最强的国家，为秦统一六国奠定了基础。

(6)百家争鸣。春秋战国时期，社会急剧变化，产生了各种思想流派，如儒、法、道、墨等，他们著书讲学，互相论战，出现了学术上的繁荣景象，被后世称为"百家争鸣"。"百家争鸣"是我国第一次思想解放运动，形成中国的传统文化体系。

【真题回顾】(2018年上半年真题)

【单项选择题】春秋战国时期，各诸侯国为富国强兵、增强争霸实力，先后实行变法。下列选项中，诸侯国与变法活动对应不正确的是（　　）。

A.魏国——李悝变法
B.楚国——吴起变法
C.秦国——商鞅变法
D.赵国——管仲变法

【答案】D

【解析】战国时期，各种社会矛盾加剧，各诸侯国开始进行变法运动。其中，李悝在魏国主持变法，吴起在楚国主持变法，商鞅在秦国主持变法，管仲在齐国主持变法。故选D。

3.封建社会

1) 秦朝

(1) 统一六国。公元前230年至公元前221年，秦王嬴政先后灭掉了韩、赵、魏、楚、燕、齐六国，统一了全国，建立秦朝，定都咸阳，是我国历史上第一个统一的中央集权的封建国家。

【真题回顾】(2016年上半年真题)

【单项选择题】中国历史上第一个统一的多民族中央集权国家的都城是（　　）。

A. 河南安阳　　　　B. 河南洛阳　　　　C. 陕西咸阳　　　　D. 陕西西安

【答案】C

【解析】秦王嬴政灭六国后，定都咸阳。故选C。

(2)秦朝加强中央集权政策的措施。为了巩固秦王朝，秦朝颁布了一系列加强中央集权政策的措施，具体如下：

政治领域：确立至高无上的皇权；在中央实行三公九卿制；在地方废除分封制，实行郡县制；颁布《秦律》。

经济领域：实行土地私有制，按亩纳税；统一度量衡；统一货币；统一车轨，修建驰道。

文化领域：统一文字，以小篆为标准字体，通令全国使用；出于书写方便的需要，出现隶书；焚书坑儒；以法为教，以吏为师。

【真题回顾】(2020 年下半年真题)

【单项选择题】秦始皇建立中央集权制之后，统一了度量衡和币制，实行车同轨、书同文。统一规范的字体是什么？(　　)

A.大篆　　　　　　B.小篆　　　　　　C.隶书　　　　　　D.楷书

【答案】B

【解析】为了巩固秦朝的中央集权，秦朝规定以小篆为标准字体。故选 B。

(3)大泽乡起义。公元前209年，陈胜、吴广在大泽乡(今宿州)发动兵变，又称"陈胜吴广起义"。起义军推举陈胜为将军，吴广为都尉，并在陈县(今河南淮阳)建立张楚政权，揭开了秦末农民起义的序幕。这是我国历史上第一次大规模的农民起义。

(4)楚汉之争。公元前206年到公元前202年初，刘邦、项羽进行了为期四年的楚汉战争，最终以项羽至乌江(今安徽和县东北)自刎而死、刘邦胜利而结束。

2) 汉朝

(1)文景之治。文帝、景帝统治时期，宽刑简政，轻徭薄赋，提倡节俭，社会经济发展，农民安定生活、生产，国库财政充裕，国家由贫变强，史称"文景之治"。

(2)张骞出使西域。为了加强同西域各国的往来，汉武帝派张骞两次出使西域，开辟了通往西域的"丝绸之路"。这条路横贯东西，从长安经河西走廊、新疆地区，经中亚、西亚，直至地中海国家。

(3)昭君出塞。汉匈和亲是西汉王朝对少数民族势力匈奴的最主要策略。公元前33年，匈奴呼韩邪单于向汉元帝请求和亲，王昭君主动"请行"，从而使匈奴同汉朝和平相处长达半个世纪。

3) 三国时期

(1)三国鼎立。220年，曹丕在洛阳称帝，国号魏；221年，刘备在成都称帝，国号汉，又称蜀汉；229年，孙权在建邺(今南京)称帝，国号吴。魏、蜀、吴三国鼎立的局面形成。

(2)官渡之战。官渡之战，是中国历史上著名的以弱胜强的战役之一。200年，曹操军队与袁绍军队相持于官渡(今河南中牟东北)，曹操奇袭袁军在乌巢的粮仓，击溃袁军。此战奠定了曹操统一中国北方的基础。

(3)赤壁之战。赤壁之战，是中国历史上著名的以少胜多的战役之一。208年，孙权、刘备联军在长江赤壁一带以火攻打败曹军，迫使曹操退回北方，奠定了三国鼎立的基础。

4) 西晋

266年，司马懿的孙子司马炎篡夺曹魏政权建立晋朝，定都洛阳，史称"西晋"。

西晋中后期，司马氏同姓王之间为争夺中央政权而爆发混战，前后历时十六年。其最终结局是东海王司马越夺取大权。西晋皇族中参与这场动乱的王不止八个，但八王为主要参与者，故史称"八王之乱"，这场动乱成为西晋迅速灭亡的重要因素。

5) 东晋

(1) 东晋十六国。317 年,镇守建康 (今江苏南京) 的晋宗室司马睿在江南重建政权,史称"东晋"。东晋是门阀士族政治,与北方的五胡十六国并存,这一历史时期又称东晋十六国。

(2) 淝水之战。383 年,东晋时期北方的统一政权前秦出兵伐晋,于淝水(今安徽省寿县的东南方)以八万军力大胜八十余万前秦军。这也是中国历史上著名的以少胜多的战例。

6) 南北朝

(1)南朝包括宋、齐、梁、陈四朝,都城均在建康。

(2)北朝包括北魏、东魏、西魏、北齐和北周五朝。

(3)北魏孝文帝改革。为了改革鲜卑旧俗,吸收汉族的先进文化,巩固北魏的统治,孝文帝进行了大胆改革。改革的主要内容有:实行俸禄制,严惩贪污;颁布了均田令;迁都洛阳;革除鲜卑旧俗,接受汉族先进文化,如改官制、禁胡服、断北语、改复姓、定族姓;等等。这些改革加速了当时北方各少数民族封建化的过程,促进了北方民族的大融合。

7) 隋朝

581 年,北周静帝禅让帝位于杨坚。杨坚即隋文帝,他定国号为"隋",定都大兴城(今西安)。隋文帝时期经济繁荣发展,史称"开皇之治"。其子隋炀帝统治残暴,导致农民起义爆发,隋朝于618年灭亡。

(1)三省六部制。三省六部制是在西汉以后长期发展形成,到隋朝时期正式确立,唐朝进一步完善的一种行政制度。三省指中书省、门下省、尚书省,六部指尚书省下属的吏部、户部、礼部、兵部、刑部、工部。

(2)科举制。隋炀帝时科举制度正式形成,科举制顺应了庶族地主想在政治上得到应有地位的要求,有利于缓和社会矛盾,也有利于选拔人才,提高官吏的文化素质,对巩固封建专制的中央集权发挥了积极作用。

(3)开凿大运河。605年,隋炀帝下令开凿大运河。

大运河以洛阳为中心,南起余杭(杭州)、北至涿郡(北京),自北向南分为永济渠、通济渠、邗沟和江南河四段,地跨北京、天津、河北、山东、河南、安徽、江苏、浙江8个省、直辖市,连接海河、黄河、淮河、长江和钱塘江五大河流,成为我国南北交通的大动脉,是世界上开凿最早、规模最大的运河。

8) 唐朝

618 年,李渊建立唐朝,定都长安 (今西安)。

(1)玄武门之变。626年7月2日,秦王李世民在长安城大内皇宫的北宫门——玄武门附近发动兵变。李世民杀死了自己的长兄皇太子李建成和四弟李元吉,自己继承皇位,即唐太宗,年号贞观。

(2)贞观之治。唐太宗李世民即位之后,广开言路,虚心纳谏,重用魏征等谏臣,采取了以农为本、厉行节约、休养生息、完善科举制度等措施,使得社会经济发展、人民生活安定,史称"贞观之治"。这是唐朝的第一个治世,为后来的开元盛世奠定了坚实的基础。

(3)开元盛世。唐玄宗开元年间,在宰相姚崇、宋璟等人的辅佐下,推行改革措施,经济迅速发展,唐朝进入全盛时期,成为当时世界上最强盛的国家,史称"开元盛世"。

(4)安史之乱。755年，安禄山、史思明在范阳(今北京)起兵叛唐，史称"安史之乱"。安史之乱是唐朝由盛而衰的转折点，从此唐朝进入藩镇割据的局面。

9) 五代十国

907年，唐朝节度使朱温废掉唐朝皇帝，建立梁朝，史称"后梁"。在之后的50多年里，后梁、后唐、后晋、后汉、后周五个朝代相继统治黄河流域，史称"五代"。同一时期，在南方各地和北方的山西，先后出现了十个割据政权，史称"十国"。

10) 宋朝

960年，赵匡胤建立宋朝，建都于汴梁(今河南开封)，史称"北宋"。

1127年，宋高宗赵构在应天(今商丘)称帝，迁都杭州，改称临安，史称"南宋"。

(1)陈桥兵变。960年，赵匡胤发动取代后周、建立宋朝的兵变事件，此典故又称"黄袍加身"。

(2)杯酒释兵权。宋太祖赵匡胤为了加强中央集权，避免别的将领也"黄袍加身"篡夺自己的皇位，通过一次酒宴，要求高阶军官交出兵权，史称"杯酒释兵权"。

(3)王安石变法。北宋中期，宋神宗任用王安石主持变法，积极推行均输法、青苗法、农田水利法、募役法、市易法、方田均税法等。这是中国古代历史上继商鞅变法之后又一次规模巨大的社会变革运动。

(4)靖康之变。1126年，金军攻破北宋都城开封，于第二年俘虏宋徽宗和宋钦宗北去，掠走了大批的文献典籍和珍宝器物，北宋灭亡，历史上称这次事件为"靖康之变"，也称"靖康之耻"。

11) 元朝

1206年，铁木真统一了蒙古各部，建立政权，被推举为大汗，尊称为"成吉思汗"。1260年，忽必烈继大汗位。1271年，忽必烈改国号为大元，建立元朝。1279年，元朝实现全国统一。元朝是中国历史上第一个由少数民族建立的统一国家。

(1)行省制。元朝为了管理疆域，实行有效的统治，实行行省制。元朝在中央设中书省总理全国政务，在地方设行中书省(以下简称行省)，行省设丞相一人，掌管全省军政大事。行省下设路、府、州、县。行省制创立了一种以行省为枢纽，以中央集权为主，辅以部分地方分权的新体制。

(2)对外交流。元朝大都是著名的国际商业大都市，泉州是当时世界第一大港。马可·波罗是元朝时来我国的著名人物。

12) 明朝

1368年，明太祖朱元璋建立明朝。1421年，明成祖北迁，以顺天府(北京)为京师。

(1)加强君主专政的措施。明朝初期，统治者为了加强君权，在中央和地方采取了一系列措施：中央废丞相，撤销中书省，六部直接对皇帝负责，军政由五军都督府和兵部共辖，司法、监察互相制约，地方废除行省，设三司直属中央各部；设锦衣卫和东西厂，对臣民进行严厉的监视和侦察；实行严格的八股取士，禁锢人民的思想。

(2)郑和下西洋。从1405年到1433年，郑和先后七次下西洋，到过亚非30多个国家和地区，最远到达非洲东海岸和红海沿岸地区。

(3)戚继光抗倭。明朝中期，海防松弛，中国沿海地区经常遭受倭寇的袭击和骚扰。

为保护沿海地区人民的生命财产安全，戚继光受命抗倭。至1566年，东南沿海的倭寇基本肃清，保证了边疆的稳定。

(4)郑成功收复台湾。明朝末年，荷兰殖民主义者侵占中国台湾。1661年，郑成功率军击败荷兰殖民者。1662年，荷兰投降，郑成功及其后代收复台湾。

(5)李自成起义。明朝末年，李自成起义提出"均田免粮"的口号，标志着中国封建社会农民战争已经发展到触及封建土地所有制的新水平。随着农民起义的不断发展以及东北满族的兴起与壮大，1644年，李自成率农民军攻入北京，明崇祯帝在紫禁城后的煤山(今景山)自缢，明朝灭亡。

【真题回顾】（2022年下半年真题）

【单项选择题】教育儿童从小热爱英雄，崇拜英雄，学习英雄，如果给孩子们讲述民族英雄抗击倭寇的故事，下列人物中，其事迹可作为学习典范的是（　　）。

A. 霍去病　　　　　B. 文天祥　　　　　C. 戚继光　　　　　D. 林则徐

【答案】C

【解析】本题考查历史人物。霍去病是西汉时期远击匈奴的将领，文天祥是南宋抗击元军的代表人物之一，戚继光是明朝平定东南沿海倭患的重要将领之一，林则徐是清朝道光年间的大臣，领导了虎门销烟。故选C。

13) 清朝

1616年，建州女真部首领努尔哈赤建立后金。1636年，皇太极改国号为清。1644年清军趁李自成起义占领北京之时入关，清世祖顺治帝定都北京，逐步占领中国。雍正时期设立的"军机处"，标志着我国古代封建君权发展到顶峰。

(1)康乾盛世。"康乾盛世"，又称"康雍乾盛世"，是我国清王朝前期统治下的盛世，起于康熙二十年(1681年)平三藩之乱，止于嘉庆元年(1796年)川陕楚白莲教起义爆发，持续时间长达115年。

(2)文字狱。文字狱是指封建社会统治者迫害知识分子的一种冤狱。皇帝和他周围的人故意从作者的诗文中摘取字句，罗织成罪，严重者会因此引来杀身之祸，甚至所有家人和亲戚都受到牵连，遭满门抄斩乃至株连九族的重罪。文字狱历朝皆有，但以清朝最多。

（二）中国近代史概述

1. 从鸦片战争到辛亥革命

1) 虎门销烟

1838年12月，道光帝任命林则徐为钦差大臣，赴广州查禁鸦片。1839年6月3日至25日，林则徐主持在虎门海滩销毁收缴的鸦片，使禁烟运动达到最高潮。虎门销烟后来成为第一次鸦片战争的导火索。

2) 第一次鸦片战争

1840年6月，英国以保护通商为借口发动了第一次鸦片战争，1841年1月英军占领香港岛，鸦片战争以中国失败而告终。1842年8月，清政府被迫同英国签订了丧权辱国的《南京条约》，其中有割让香港、赔款、开放通商口岸、协定关税等条款。这是中国近代史上第一个不平等条约，它使中国领土完整和主权遭到破坏，中国开始从封建社会走向半殖民地半封建社会的道路。

3) 第二次鸦片战争

1856 年至 1860 年，英法两国在俄美的支持下，联合发动了第二次鸦片战争。清政府被迫签订了《天津条约》《北京条约》《瑷珲条约》等不平等条约，沙俄还趁机吞并中国领土 150 多万平方公里。

4) 火烧圆明园

咸丰十年 (1860 年)8 月，英法联军攻入北京，10 月 6 日占领圆明园。英法侵略军到达圆明园后把圆明园抢劫一空。之后，为了销赃灭迹，掩盖罪行，烧毁了圆明园。

5) 太平天国运动

1851 年 1 月 11 日，洪秀全率众约两万人在广西桂平金田村起义，建号太平天国。1864 年 6 月洪秀全病逝，7 月天京陷落，太平天国运动失败。太平天国运动是一次反帝反封建的农民运动，它沉重地打击了中外反动势力。其颁布的《天朝田亩制度》表达了几千年来农民的理想追求，《资政新篇》是近代中国第一部资产阶级性质的社会改革方案。

6) 甲午战争

甲午战争指 19 世纪末日本侵略中国和朝鲜的战争。它以 1894 年 7 月丰岛海战的爆发为开端，至 1895 年 4 月签订《马关条约》为结束。这场战争以中国失败，北洋水师全军覆没告终。《马关条约》的签订标志着中国半殖民地半封建社会程度进一步加深。

7) 义和团运动

义和团运动，又称庚子事变，是公元 1900 年前后，中国甲午战争失败后，西方列强对华侵略日益加重的情况下，中国北方发生的以 "扶清灭洋" 为口号的农民运动。这一运动粉碎了帝国主义列强瓜分中国的狂妄计划，加速了清政府的灭亡。

8) 洋务运动

清政府以奕䜣、左宗棠、曾国藩、李鸿章等为代表的洋务派为了挽救清王朝的封建统治，发动了以 "中学为体，西学为用" 为宗旨，以引进西方先进生产技术、军事装备和科学文化为主要内容的自救运动。

19 世纪 60 年代，是洋务运动的 "自强" 阶段，重点兴办军事工业。19 世纪 70 至 90 年代为洋务运动的 "求富" 阶段，重点兴办民用工业。由于洋务运动带有浓厚的封建性、买办性和垄断性，不能挽救清王朝，但在客观上对中国资本主义的产生、发展有一定的刺激作用。

【真题回顾】(2020 年下半年真题)

【单项选择题】19 世纪中后期，洋务派认为自强要以练兵为要，练兵要以制器为先。下列选项中体现 "制器为先" 的是 (　　)。

A. 兴办新式学堂　　　　　　　　B. 创办民用工业
C. 创办军事工业　　　　　　　　D. 派留学生出国

【答案】C

【解析】在洋务运动前期，是 "自强" 阶段，重点是兴办军事工业。故选 C。

9)戊戌变法(百日维新)

在维新派康有为、梁启超的推动下，1898年，光绪皇帝接受维新派的变法主张，于6月11日颁布"明定国是"诏书，宣布变法维新，推行包括政治、经济、军事、文教各个方面的新政。以慈禧太后为首操纵着清廷军政实权的守旧派坚决反对变法维新，于9月21日发动宫廷政变，幽禁光绪帝，杀害谭嗣同等变法六君子，废除大部分新政。变法新政只实行了103天就宣告结束，史称"百日维新"。

10)八国联军侵华战争

1900年6月，英、美、俄、日、法、德、意、奥八国联军2000多人，从大沽经天津向北京进犯。1901年9月，清政府被迫同英、俄、德、日、法、美、意、奥、荷、比、西11个国家签订丧权辱国的《辛丑条约》，中国彻底沦为半殖民地半封建社会。

11)辛亥革命

孙中山是中国资产阶级民主革命的先行者。

1894年，孙中山组织"兴中会"，是第一个资产阶级的革命团体。

1905年8月，孙中山在东京建立"中国同盟会"，确立同盟会的革命纲领是"驱除鞑虏，恢复中华，创立民国，平均地权"。资产阶级领导的民主革命运动从此进入高潮。不久，孙中山在《民报》中将这个纲领归结为"民族、民权、民生"三大主义，作为革命的指导思想。

1911年10月10日，武昌起义胜利，清政府瓦解，史称"辛亥革命"。次年2月12日清帝退位，宣告清王朝专制统治结束。辛亥革命推翻了中国延续两千多年的封建君主专制制度，建立了资产阶级民主共和国。

【真题回顾】(2021年上半年真题)

【单项选择题】1905年8月，在孙中山的推动下，民主革命团体兴中会、华兴会、光复会的骨干联合成立了中国同盟会。中国同盟会成立的地点是(　　)。

A.中国广州　　　B.日本东京　　　C.美国纽约　　　D.印尼万隆

【答案】B

【解析】中国同盟会于1905年8月在日本东京成立，是我国近代第一个资产阶级革命政党组织。故选B。

2.从"五四运动"到中华人民共和国成立

1)新文化运动

为了反对思想文化领域的尊孔复古潮流，陈独秀、李大钊、鲁迅、胡适等一批先进知识分子掀起了一场思想启蒙运动，以廓清蒙昧、启发理智，使广大民众从封建思想束缚中解放出来。这就是新文化运动。

1915年9月，陈独秀在上海创办《青年杂志》(后易名《新青年》)，揭开新文化运动序幕。新文化运动猛烈地冲击了千百年来束缚中国人心智的道德，对于民国政治、思想和文化的发展，产生了巨大的影响。

2)"五四运动"

1919年1月，第一次世界大战的战胜国中国在巴黎和会中提出收回山东主权、废除"二十一条"不平等条约等正当要求。但会议置之不理，还做出将德国在山东的特权转让给日本的决定。消息传来，举国愤怒。

5月4日，北京3000多名学生汇集天安门前，高呼"外争国权，内惩国贼""誓死力争，还我青岛"等口号，并且要求惩办曹汝霖、陆宗舆、章宗祥三个卖国贼，并拒绝在巴黎和会的"和约"上签字。学生的游行活动受到广泛关注，各界人士给予支持，将"五四运动"推向高潮。6月28日，中国代表没有在和约上签字。

"五四运动"是一次伟大的反帝爱国运动，是中国新民主主义革命的开端。

3) 中国共产党成立

1921年7月23日，中国共产党第一次全国代表大会在上海法租界召开。党的第一次全国代表大会正式宣告了中国共产党的诞生，从此，在中国出现了一个完全崭新的，以马克思列宁主义为其行动指南的、统一的无产阶级政党。中国的革命面貌从此焕然一新。

4) 第一次国共合作

1924年1月，孙中山在广州召开了中国国民党第一次全国代表大会，确定了"联俄、联共、扶助农工"的三大政策，把旧三民主义发展为新三民主义。大会正式决定国共合作，而国共合作所采取的方式就是党内合作。国民党一大的召开，标志着国民党改组完成和国共合作的正式形成。

5) 南昌起义（八一起义）

南昌起义，也称八一起义，是1927年8月1日中国共产党领导部分国民革命军在江西省南昌市举行的武装起义。起义由周恩来、贺龙、叶挺、朱德、刘伯承等人领导。南昌起义打响了武装反抗国民党反动派的第一枪，揭开了中国共产党独立领导武装斗争和创建革命军队的序幕。

6) 秋收起义

秋收起义是1927年9月毛泽东在湖南东部和江西西部领导的工农革命军（即红军）举行的一次武装起义。秋收起义部队在文家市会师，毛泽东主持前委会议，及时做出从进攻大城市转向农村进军的决定，初步形成了农村包围城市的战略思想。

秋收起义是继南昌起义之后，中国共产党领导的又一次著名的武装起义，是中共党史军史上的三大起义之一。中国人民革命史开始了具有决定意义的新起点。

7) 遵义会议

遵义会议是1935年1月中共中央政治局在贵州遵义召开的独立自主地解决中国革命问题的一次极其重要的扩大会议。这次会议是中国共产党第一次独立自主地运用马克思列宁主义基本原理解决自己的路线、方针和政策方面问题的会议。这次会议，在极端危急的历史关头，挽救了党，挽救了红军，挽救了中国革命，在中国共产党和红军的历史上，是一个生死攸关的转折点。

8) 抗日战争

1931年9月18日，日本关东军蓄意进攻东北军驻地北大营，挑起了"九一八"事变，民族矛盾上升为主要矛盾。1937年7月7日，日本帝国主义发动了卢沟桥事变（"七七"事变），抗日战争全面爆发。1937年12月13日，日本攻陷南京后，进行了惨绝人寰的大屠杀，遇害人数超过30万人。

1935年年底，中共中央召开瓦窑堡会议，确定了建立抗日民族统一战线的策略方针。1945年8月15日日本宣布无条件投降，9月2日签订投降书，抗日战争胜利。

9) 解放战争

(1) 重庆谈判。1945 年，毛泽东等人赴重庆同国民党进行和平谈判。1945 年 10 月 10 日，国共双方签署了《政府与中共代表会议纪要》(双十协定)。

(2) 国共内战。1946 年夏，国共内战爆发。1948 年 9 月至 1949 年 1 月，解放军连续发动辽沈、淮海、平津三大战役，为解放战争的胜利奠定了基础。

10) 中国人民政治协商会议第一届全体会议

1949 年 9 月，人民政协一届全会在北京召开，会议代表全国人大职能，一致通过了《中国人民政治协商会议共同纲领》，为中华人民共和国成立做了准备。《中国人民政治协商会议共同纲领》规定了中华人民共和国的性质和施政方针，起到了临时宪法的作用。

大会选举毛泽东为中华人民共和国主席；确定以《义勇军进行曲》为代国歌；把北平改为北京，作为中华人民共和国的首都；中华人民共和国采用公元纪年。

(三) 中国现代史概述

1. 新民主主义社会 (1949 年 10 月—1956 年年底)

1) 开国大典

1949 年 10 月 1 日下午，举行开国大典，宣告中华人民共和国正式成立。

2) 抗美援朝

1950 年 10 月，美国干涉朝鲜内政，并把战火燃烧到中朝边境。为了保家卫国，中国志愿军开赴朝鲜，抗美援朝。1953 年 7 月，美国在《朝鲜停战协定》上签字。

2. 社会主义社会 (1956 年年底至今)

1) 三大改造

从 1953 年起，我国全面展开了对农业、手工业、资本主义工商业的社会主义改造。1956 年社会主义三大改造取得决定性的胜利，社会主义公有制成为我国主要的所有制形式。这标志着社会主义制度在我国基本上建立起来了，我国进入社会主义初级阶段。

2) 中共十一届三中全会

中共十一届三中全会于 1978 年 12 月 18 日至 22 日在北京举行，党的十一届三中全会从根本上冲破了长期左倾错误的严重束缚，端正了党的指导思想，重新确立了马克思主义的思想路线、政治路线和组织路线，把党和国家的工作重点转移到现代化建设上来，实行改革开放的政策，实现国家发展战略的根本转变，因而成为开辟中国特色社会主义道路、开创中国社会主义事业发展新时期的伟大起点。

3) 家庭联产承包责任制

1978 年安徽凤阳小岗村农民首先实行分田包产到户，自负盈亏，农民有了生产自主权，生产积极性大大提高。这种建立生产责任制的做法得到中央的肯定。随后，农村逐步实行以家庭联产承包为主的责任制。

4) 香港、澳门回归

1984 年 12 月，中英两国政府在北京正式签署了关于香港问题的联合声明。联合声明宣布，中国政府决定于 1997 年 7 月 1 日对香港恢复行使主权。1987 年 4 月，中葡双方在北京签署了关于澳门问题的联合声明。联合声明宣布，中华人民共和国政府于 1999 年 12 月 20 日对澳门恢复行使主权。

5) 其他重大历史事件

2001 年，中国正式加入世界贸易组织。

2008 年 8 月 8 日，第 29 届奥运会在北京举行。

二、世界历史常识

（一）世界古代史概述

1. 四大文明古国

古埃及、古巴比伦、古印度和中国是世界四大文明古国，它们最先由原始社会进入奴隶社会，被称为世界文明的摇篮。

1) 古埃及

古埃及是人类文明的发源地之一。古代埃及国王的陵墓金字塔是权力的象征，是人类文明的杰出成就。国王胡夫的金字塔最大，其中狮身人面像金字塔是国王哈夫拉的陵墓。埃及金字塔是世界七大奇迹之一。

古埃及文明还表现在象形文字、制定世界上最早的太阳历、十进位制的计算方法等方面。

【真题回顾】(2017 年上半年真题)

【单项选择题】在古代社会中，对国王的称呼有很多。下列选项中，把国王尊称为"法老"的是 (　　)。

A. 古希腊　　　　B. 古罗马　　　　C. 古印度　　　　D. 古埃及

【答案】D

【解析】法老是古埃及国王的尊称，法老作为奴隶制专制君主，掌握全国的军政、司法、宗教大权，其意志就是法律，是古埃及的最高统治者。故选 D。

2) 古巴比伦

(1)《汉谟拉比法典》。公元前 18 世纪，古巴比伦王国国王汉谟拉比统一了两河流域，建立起中央集权的奴隶制国家。为维护奴隶主的利益，汉谟拉比制定了一部法典，史称《汉谟拉比法典》。它是世界上迄今发现的古代第一部比较完整的成文法典。

(2) 美索不达米亚文化。两河流域在古代诞生了美索不达米亚文化，在文字、宗教、神话、建筑、数学、天文历法等方面均取得较高成就。古代美索不达米亚的天文学与占星术紧密联系，修建在高塔上的神庙称作"观象台"，又称"山岳台"。这是美索不达米亚人用来崇拜山岳、天体，观测星象的塔式建筑物。

【真题回顾】(2017 年下半年真题)

【单项选择题】古代西亚人把庙宇建在高高的台面上，后人称之为"山岳台"，又称"观象台"。除了观测星象外，还有表达图腾崇拜的意味。其崇拜的对象是 (　　)。

A. 天体山岳　　　B. 帝王将相　　　C. 祖辈先人　　　D. 飞禽走兽

【答案】A

【解析】山岳台，又称观象台，是古代西亚人崇拜山岳、崇拜天体、观测星象的塔式建筑物。故选 A。

(3) 古巴比伦其他文明。巴比伦古城废墟遗迹被列为世界奇观，古巴比伦空中花园被誉为古代七大世界奇迹之一。巴比伦王国的文明还体现在楔形文字、用肉眼观测月食等。

3) 古印度

古印度文明最早在印度河流域兴起，它是人类最古老的文明之一，后被雅利安人入侵建立了恒河流域文明。古印度人建立了严密的社会等级制度，创作了精美的绘画和雕塑，还有世界上最长的史诗。这块古老的土地还是世界三大宗教之一的佛教的诞生地。

在吠陀时代，印度形成"种姓制度"，分为四个等级：婆罗门、刹帝利、吠舍、首陀罗。

古印度文明主要表现在创作了不朽的史诗《摩诃婆罗多》和《罗摩衍那》，还发明了世界通用的计数法，创造了包括 0～9 的数字。阿拉伯数字实际起源于印度，后由阿拉伯人传向欧洲，之后再经欧洲人将其现代化。

4) 中国

中国的文明主要表现在印刷术、造纸术、火药和指南针四大发明。

2. 古希腊文明

公元前五六世纪，特别是希波战争以后，古希腊经济生活高度繁荣，希腊文化逐渐形成。在古希腊许多奴隶制城邦国家中，斯巴达和雅典最强大。

1)《荷马史诗》

《荷马史诗》是古希腊著名的英雄史诗。据说，它是在民间口头创作的基础上，由盲人诗人荷马加工整理而成的，包括《伊利亚特》和《奥德赛》。

2) 斯巴达

斯巴达是古代希腊城邦之一。斯巴达以其严酷纪律、贵族统治和军国主义而闻名。斯巴达在军事上实行严格的军事制度和教育制度，全民皆兵，忽视文化建设。为保卫政权的稳定，斯巴达教育具有浓厚的军事色彩。其教育目的是把奴隶主贵族子弟培养、训练成体格强壮、受过严酷军事体育锻炼的武士。

3) 雅典

雅典的手工业和商业比较发达，实行的是奴隶主民主共和政体。雅典的教育目的不仅是要把奴隶主贵族子弟训练成身强力壮的武士，还希望他们成为具有文化知识的商人、能言善辩的社会活动家及政治家。雅典的教育不仅重视体育、军事训练、道德教育，还注重智育、美育和谐发展。

4) 古希腊哲学

苏格拉底是古希腊著名的思想家、哲学家、教育家。他认为，有思想力的人是万物的尺度；提倡知德合一，认为善是人的内在灵魂，美德即知识，教育与美德同样重要。他采用的"诘问式"教育方法对西方的思维方式有着极为重要的贡献。

柏拉图是古希腊哲学家，受教于苏格拉底，并教导了亚里士多德，提出了"理想国"的学说。他鼓励人们独立思考，为理性主义的发展奠定了基础。

亚里士多德与柏拉图一起，被称为对西方思维方式产生重要影响力的两人。他强调在整个自然中，人类是最高级的。他还创建了逻辑学。"吾爱吾师，吾尤爱真理"是他的名言。

5) 古希腊科学

毕达哥拉斯是古希腊数学家、哲学家，发现了毕达哥拉斯定律即勾股定律。

阿基米德是古希腊哲学家、数学家、物理学家。其名言有"给我一个支点，我将撬动地球"。

6) 古希腊戏剧

公元前 5 世纪，古希腊戏剧的发展达到了顶峰，诞生了埃斯库罗斯、索福克勒斯和欧里庇德斯三位伟大的悲剧作家。古希腊早期喜剧代表作家阿里斯托芬，恩格斯将其称为"喜剧之父"和"有强烈倾向的诗人"。

3. 腓尼基人

腓尼基是古代地中海东岸的一系列小城邦的总称。公元前 12 世纪初，腓尼基达到鼎盛时期。腓尼基人从事海上贸易和殖民事业。腓尼基人发明了腓尼基字母，希腊人在这套字母的基础上，加上几个元音字母，创造了希腊字母。

【真题回顾】(2016 年下半年真题)

【单项选择题】公元前一千多年，人们就开始了海上贸易，那时就以海上贸易著称的是 (　　)。

A. 巴比伦人　　　　B. 古罗马人　　　　C. 腓尼基人　　　　D. 古希腊人

【答案】C

【解析】腓尼基人生活在地中海东安，从事海上贸易和殖民事业。故选 C。

4. 古罗马文明

公元前 27 年，罗马帝国建立。后来罗马帝国分裂为西罗马帝国和东罗马帝国。

476 年，西罗马帝国的灭亡标志着西欧奴隶社会的结束；1453 年，东罗马帝国被奥斯曼帝国所灭。

公元前 73 至前 71 年，古罗马爆发了斯巴达克起义，这是罗马共和国爆发的一次最大的奴隶起义，在世界历史上具有重要的意义。

5. 中世纪的西欧文明

以英国、法国为代表的民族国家在中世纪时期形成。9 世纪，法兰克国王查理建立的法兰克王国达到最大，在其死后王国分裂成法国、德国和意大利。此后，等级议会成为维护王权的工具。欧洲王室间的联姻，使得领土继承问题成为英法百年战争的主要原因。

1429 年 4 月，法国的贞德争取到法国王室和民众的支持，率军击退英军，解救了奥尔良。

1453 年，英法百年战争结束，法国逐步收回被占领土，英国的兰开斯特党和约克党之间爆发内战，史称"红白玫瑰战争"。最后，都铎家族胜出，开始都铎王朝对英国的统治。

6. 基督教

基督教与伊斯兰教、佛教并称为世界三大宗教。1 世纪，基督教产生于巴勒斯坦一带。传道者宣传说耶稣是上帝的使者，是"救世主"。现在通用的公元纪年，就是以传说中的"耶稣诞生"之年作为公元元年，12 月 25 日为"圣诞节"，经典为《圣经》。11 世纪，基督教分为天主教和东正教。

7. 伊斯兰教

7 世纪，穆罕默德在阿拉伯半岛的麦加创立了伊斯兰教。他们信奉唯一真神"真主安拉"，伊斯兰教的信徒是"穆斯林"，经典是《古兰经》。伊斯兰教的三大圣地为麦加、麦地那、耶路撒冷。

8. 玛雅文明

玛雅文明，最早于公元前2000年左右在中美洲地区开始形成，覆盖了今天的伯利兹、墨西哥南部的部分地区，以及洪都拉斯西部和萨尔瓦多北部地区。

玛雅文明是美洲文明的源泉，在天文、数学、建筑和艺术等方面都有辉煌成就。

（二）世界近代史概述

1. 新航路的开辟

1487—1488年，葡萄牙人迪亚士在葡萄牙王室的支持下抵达非洲最南端的好望角。

1492年，哥伦布抵达美洲，发现新大陆。

1519—1522年，麦哲伦率领的船队沿着哥伦布开辟的航路，绕过了美洲南端的海峡，横渡太平洋，完成了环球航行。

2. 欧洲的文艺复兴

拉斐尔、米开朗琪罗和达·芬奇被誉为文艺复兴"美术三杰"。达·芬奇的《最后的晚餐》、米开朗琪罗的《最后的审判》、拉斐尔的《雅典学派》被誉为文艺复兴全盛时期三大杰作。

但丁、彼特拉克、薄伽丘被誉为文艺复兴"文学三杰"。其中，但丁创作的长诗《神曲》，体现了文艺复兴运动是人类历史上第一次伟大的思想解放运动。

文艺复兴向西欧扩展的代表人物是莎士比亚，其代表作有《哈姆雷特》《奥赛罗》《李尔王》《麦克白》《罗密欧与朱丽叶》等；西班牙的塞万提斯代表作是《堂吉诃德》。

3. 英国革命

1640年冬，查理一世召开议会，企图通过征收新税以讨伐苏格兰起义，遭到议会的反对，议会要求限制王权，这标志着英国资产阶级革命的开始。

1688年，英国资产阶级和新贵族为了推翻詹姆士二世的统治而发动非暴力政变，史称"光荣革命"。

1689年英国颁布文献《权利法案》，以法律形式对王权进行明确制约，确立了议会君主立宪制。

4. 美国独立战争

1773年，美国独立战争以"波士顿倾茶事件"为导火索。

1775年，英军与北美民兵在莱克星顿交火，北美独立战争开始。

1776年7月4日，由资产阶级民主派杰斐逊起草的《独立宣言》正式发布，正式宣告了北美13个殖民地脱离英国，成为独立的美利坚合众国。

1789年1月，华盛顿当选美国第一任总统。同年4月，华盛顿在纽约宣誓就职，组成联邦政府。

5. 法国大革命

1789年7月14日，巴黎人民举行起义，起义者冲向巴士底狱，揭开了法国资产阶级革命的序幕。

1789年8月26日，法国制宪会议通过了《人权宣言》。它规定了资产阶级社会的自由、平等、天赋人权等基本原则；提出法律面前，人人平等；国家的主权属于人民；

公民有言论、出版自由；　还宣布私有财产是神圣不可侵犯的。

法国资产阶级革命是资产阶级革命时代最伟大的、最彻底的一次革命。法国资产阶级革命不仅结束了法国1000多年的封建统治，而且动摇了欧洲大陆许多国家的封建制度基础，加速了资本主义的发展，具有世界意义。

6. 第一次工业革命

第一次工业革命是指18世纪60年代从英国发起的技术革命，以机器的发明和使用开始，开创了以机器代替手工劳动的时代。这不仅是一次技术改革，更是一场深刻的社会变革。

1785年，瓦特改良蒸汽机，这是这次工业革命的重要标志，它使整个社会生产面貌有了划时代的变化，将人们带入"蒸汽时代"。

7. 美国南北战争

南北战争是美国历史上一场规模最大的内战，参战双方为北方美利坚合众国和南方美利坚联盟国。战争以南方联盟炮击萨姆特要塞为起点，最终以北方联邦胜利告终。战争之初，北方为了维护国家统一而战，后来演变为一场消灭奴隶制的革命战争。

8. 日本明治维新

19世纪中叶，一向奉行"锁国政策"的日本，遭到美、英、法、俄等国的侵略，面临严重的民族危机。日本人民仇视外国侵略者，更痛恨和侵略者相勾结的幕府。农民和市民纷纷起义开展"倒幕"运动。倒幕派取得胜利后，建立起以明治天皇为首的日本新政府。

明治天皇废藩置县，建立起一个统一的中央集权的国家，为发展资本主义扫除了障碍。自此以后，由明治天皇主政，进行了一系列改革，使日本走上发展资本主义的道路。这在日本历史上称为"明治维新"。

9. 巴黎公社

1871年春，法国工人阶级成立了无产阶级政权——巴黎公社，它是第一个无产阶级政权的雏形。巴黎公社施行了许多重大措施，在政权建设方面，规定公职人员由民主选举产生，人民有权监督和罢免。在经济方面，没收逃亡资本家的工厂，交给工人合作社管理等。这些措施为无产阶级政权建设提供了宝贵经验，丰富和发展了科学社会主义理论。

1871 年 5 月底，巴黎公社失败。

（三）世界现代史概述

1. 第一次世界大战

1914年7月，奥匈帝国在德国的支持下，以萨拉热窝事件为借口，向塞尔维亚宣战。交战的一方为以德意志为首的同盟国，另一方为以英国、法国和俄罗斯为首的协约国。

1918年11月，德国宣布投降，第一次世界大战以同盟国的失败而告终。这场战争是欧洲历史上破坏性最强的战争之一。据统计，参战各国的死伤人数超过3000万人。

2. 俄国十月革命

1917年11月7日，以列宁为领导的布尔什维克武装力量向资产阶级临时政府所在地圣彼得堡冬宫发起总攻，推翻了临时政府，建立了苏维埃政权。

十月革命建立了人类历史上第二个无产阶级政权，成立了由马克思主义政党领导的第一个社会主义国家——苏维埃社会主义共和国联盟。

3. 罗斯福新政

1933年，美国总统罗斯福实施的政治经济政策，统称为"罗斯福新政"。其核心内容是赋予政府干预和调节经济的职能。美国通过实施"新政"，使得政府干预经济从暂时性成为长期性；从仅仅为克服危机转变为实现宏观经济目标；从零散的政策措施发展为具有一整套系统的经济干预理论、政策、方法；从局部干预发展到对国民经济的全面干预。

它开创了资产阶级政府大规模干预经济的先河，进一步提高了美国国家资本主义的垄断程度，是资本主义发展史上的一个里程碑。

4. 第二次世界大战

1939年9月1日，德国闪击波兰，1939年9月3日，英法对德宣战，第二次世界大战全面爆发。

1941年12月7日，日军偷袭美国太平洋海军基地珍珠港，英美对日宣战，第二次世界大战达到最大规模。

1943年11月，中、美、英三国政府首脑在埃及开罗会晤，签署了《开罗宣言》，声明盟国将坚持对日作战，直至日本法西斯无条件投降。

1945年，苏军攻占柏林，德国投降。日本政府在1945年8月15日投降，9月2日在美国海军战列舰"密苏里号"上签署投降书，第二次世界大战正式结束。

5. 联合国成立

联合国是在第二次世界大战后成立的一个由主权国家组成的政府间国际组织。

1945年10月24日，《联合国宪章》生效，联合国正式成立，这一天被定为联合国日。联合国总部设在纽约，截至2015年，联合国已经拥有成员国193个。

联合国安全理事会常任理事国是：中国、法国、俄罗斯、英国、美国。

6. 万隆会议

1955年，在印度尼西亚万隆召开了第一次亚非会议，这是亚非国家和地区第一次在没有殖民国家参加的情况下讨论亚非人民切身利益的大型国际会议。

周恩来为加强亚非团结，倡导和平共处，提出"求同存异""一致对敌"的主张，得到与会各国的热烈反响。会议闭幕时，周恩来发表了《亚非会议最后公报》，提出指导国际关系的十项原则。

7. 苏联解体

1985年，戈尔巴乔夫当选为苏共中央总书记后，经济改革寸步难行，政治改革激化了苏共党内斗争，造成了社会的不安定。

1990年，苏共中央决定放弃党的领导，实行多党制。

1991年12月，俄罗斯、乌克兰、白俄罗斯三国领导人在明斯克签署协定，宣布成立独立国家联合体。独联体随后又扩大到苏联绝大部分加盟共和国。12月25日，苏联国旗从克里姆林宫顶降下，标志着苏联解体。

第二节　科技素养

考点分析

科技素养在历年考题中主要以单项选择题的形式为主。
科技素养考查的知识点主要如下表所示。

知识点	常见考点	要求掌握的程度
科技常识	中国古代科技成就	☆☆☆
	中国近代科技成就	☆☆
	中国现代科技成就	☆☆☆
	外国近现代科技成就	☆☆☆
	地理常识	☆☆☆

一、中国科技成就

（一）中国古代科技成就

1. 四大发明

中国古代四大发明对中国的政治、经济、文化的发展有着极大的推动作用。这些发明经各种途径逐步传至西方，对世界文明的发展产生了深远的影响。四大发明具体内容见表4-2-1。

表 4-2-1　四大发明的发展及应用

发明	发展及应用
指南针	① 战国时期，人们利用磁石指示南北的特性制成了指南工具——司南，这是最早的指南针。 ② 北宋时，人们发明了使用人工磁体的指南针，并大量应用于航海。 ③ 13世纪初，指南针传到欧洲
火药	① 火药由中国汉族炼丹家发明于隋唐时期，距今已有一千多年历史。 ② 唐朝末年，火药试用于军事，火箭是最早利用火药的武器。 ③ 北宋时，火药广泛应用在军事上，东京设立"广备攻城作"，制造火药和火器。 ④ 火药在13世纪传入阿拉伯，后来又由阿拉伯传入欧洲

造纸术	① 西汉先后出现絮纸和麻纤维。甘肃天水放马滩出土的绘有地图的纸，是目前世界上所知最早的纸。 ② 东汉蔡伦改进造纸术，制造成适于书写的植物纤维纸，才使纸成为人们普遍使用的书写材料，被称为"蔡侯纸"。 ③ 造纸术在7世纪经朝鲜传到日本，8世中叶传到阿拉伯。到12世纪，欧洲才仿效中国的方法开始设厂造纸
印刷术	① 隋唐时期已有雕版印刷的佛经、日历和诗。 ② 北宋毕昇发明了活字印刷术，比欧洲早400年。 ③ 元朝出现锡、铅活字，后来又有铜、铅活字。 ④ 活字印刷术发明之后，向东传入朝鲜、日本，向西传入埃及和欧洲

【真题回顾】 (2017年上半年真题)

【单项选择题】 中国古代发明的指南针、造纸术、印刷术和火药，是中国古代文明的标志性成就，深刻影响中国和世界文明进程。下列选项中，把这些发明传播到西方的是（　　）。

　A. 来华的留学生　　　　　　　　B. 西方船舶冒险家
　C. 阿拉伯商人　　　　　　　　　D. 派赴西方使者

【答案】 C

【解析】 在中国古代四大发明向西方传播的过程中，贡献最大的是阿拉伯商人。由于阿拉伯位于中东地区，连接欧亚，地理位置占有优势；同时阿拉伯人向来以善于经商闻名，来往于中国和西方。故选C。

2. 天文历法

我国古代天文历法成就较多，具体可见表4-2-2。

表4-2-2　中国古代天文历法成就

朝代	天文历法成就
夏朝	开始有历法"夏小正"，也称"夏历"
商朝	出现了我国最早的日食、月食记录
春秋	留下了举世公认的首次哈雷彗星的确切记录，比欧洲早600多年
战国	出现了我国最早的天文学著作《甘石星经》
西汉	汉武帝时，天文学家制订出中国第一部较完整的历书《太初历》。公元前28年，西汉关于太阳黑子的记录，被世界公认为是有关黑子的最早记录
东汉	张衡发明了浑天仪和地动仪。地动仪可以遥测千里以外地震发生的方向，比欧洲早1700多年
唐朝	僧一行制订的《大衍历》，比较准确地反映了太阳运行的规律，系统周密，表明中国古代历法体系的成熟。僧一行还是世界上首位用科学方法实测地球子午线长度的人
元朝	郭守敬主持编定《授时历》，一年的周期与现行公历相同，但比现行公历早300多年

3. 数学

中国古代数学成就④，如表 4-2-3 所示。

表 4-2-3　中国古代数学成就

朝代	数 学 成 就
西周	《周髀算经》是中国现存最早的数学著作,也是一部天文学著作,其中记载有勾股定理"勾三股四弦五"
春秋	九九乘法表
西汉	刘歆推算圆周率为 3.154 7
东汉	《九章算术》介绍了许多算术命题及解法,包含当时世界上最先进的应用数学
三国	刘徽运用极限理论,提出了计算圆周率的正确方法——割圆术,并且求出了圆周率的近似值为 3.141 6
南朝	祖冲之第一次将圆周率精确计算到小数点后 7 位,即 3.141 592 6 ～ 3.141 592 7 之间,这一成果领先世界近千年。祖冲之与其子合著《缀术》,对数学发展有杰出贡献
唐朝	数学家王孝通编写《缉古算经》,是中国现存最早解三次方程的著作
明朝	数学家程大位编著《算法统宗》,奠定了后世珠算法的基础
清朝	蒙古族数学家明安图推出"割圆九术",将其研究成果整理成《割圆密率捷法》,用解析几何方法把三角函数和圆周率的研究提高到一个新的水平

4. 医学

中国古代医学成就如表 4-2-4 所示。

表 4-2-4　中国古代医学成就

朝代	医 学 成 就
战国	名医扁鹊,提出"望、闻、问、切"四诊法,后代称其为"脉学之宗",相传现存经典的医学著作《难经》为其所著
西汉	战国问世、西汉编定的《黄帝内经》,是我国现存较早的重要医学文献,奠定了我国医学的理论基础
东汉	①《神农本草经》,是我国现存最早的完整的药物学专著。②"神医"华佗,发明外科手术麻醉药麻沸散,比西方早 1600 年; 他创编"五禽戏"来舒展筋骨,畅通经脉。③"医圣"张仲景《伤寒杂病论》确立的辨证施治原则,是中医临床的基本原则
唐	①"药王"孙思邈编著的《千金方》,全面总结历代和当时的医学成果,是我国古代综合性临床医学著作。②唐高宗时修编的《唐本草》,是世界上最早由国家发行的药典
明	李时珍的《本草纲目》,全面系统总结了 16 世纪以前的中国医药学,被誉为"东方医药巨典"。《本草纲目》在动植物分类学方面有突出成就,并在生物学、化学、矿物学、地质学、天文学等方面做出了突出贡献

---

④　周丽娜.综合素质(幼儿园)[M].武汉：华中师范大学出版社,2019:150-151.

【单项选择题】我国医学历史悠久，很早就有了中医学理论，经后世不断丰富和发展，产生了许多中医学著作。要通过一本中医学著作了解我国古代在药物学、生物学、矿物学、化学等诸多科学领域的成就，下列选项中适合的是（ ）。

    A.《黄帝内经》   B.《伤寒杂病论》

    C.《千金方》   D.《本草纲目》

【答案】D

【解析】《黄帝内经》是我国现存较早的医学文献，奠定了我国医学的理论基础。《伤寒杂病论》确立了辨证施治的原则，是中医临床医学的经典。《千金方》全面总结当代和历代的医学成果，是我国古代综合性临床医学著作。《本草纲目》不仅是一部药物学专著，内容还涉及生物学、化学、矿物学、地质学、天文学等方面。故选D。

5. 农业、手工业及自然科学

中国古代农业、手工业及自然科学成就如表4-2-5所示。

表4-2-5　中国古代农业、手工业及自然科学成就

朝代	农业、手工业及自然科学成就
北魏	贾思勰的《齐民要术》，是中国现存最早、最完整的一部农书
北宋	沈括的《梦溪笔谈》，总结我国北宋时期的许多科技成就，被英国学者李约瑟称为"中国科学史的里程碑"
宋末元初	黄道婆，棉纺织家、技术改革家、布业始祖
元朝	王祯编著《农书》，是一部从全面范围内对整个农业进行系统研究的巨著，兼论南北农业技术
明朝	①宋应星的《天工开物》，是世界上第一部关于农业和手工业生产的综合性著作，被誉为"中国17世纪的工艺百科全书"。 ②徐光启的《农政全书》，介绍了我国传统农学成就，建立了一个比较完整的农学体系；徐光启被誉为"中国近代科学先驱"

【单项选择题】杂交是不同属种或品种的动物或植物交配或结合，可分为天然杂交和人工杂交。中国人在两千年前就注意到了杂交优势，此后不断利用杂交进行育种。明代有典籍记录了运用人工杂交育种培育优良蚕种，该典籍是（ ）。

    A.《齐民要术》   B.《农桑辑要》   C.《天工开物》   D.《授时通考》

【答案】C

【解析】由题干知，该典籍成书于明代。A项《齐民要术》是北魏贾思勰的一部综合性农学著作，B项《农桑辑要》是元朝司农司撰写的一部农业科学著作，D项《授时通考》是清代政府组织编纂的农书。C项《天工开物》是明代宋应星编写的，是世界上第一部关于农业和手工业生产的综合性著作，被誉为"中国 17 世纪的工艺百科全书。"其中记载了有关杂交蚕蛾的先进技术。故选 C。

6. 地理学

中国古代地理学成就如表 4-2-6 所示。

表 4-2-6　中国古代地理学成就

朝代	地理学成就
商朝	《周易》一书首先提出了"地理"名称
战国	《山海经》反映了当时人们对中外地理的认识
西晋	裴秀主编完成《禹贡地域图》，提出绘制地图的 6 项原则，即"制图六体"，开创了中国古代地图绘制学；李约瑟称裴秀为"中国科学制图学之父"
北魏	地理学家郦道元撰写的《水经注》，是一部综合性的地理著作
明朝	徐霞客的《徐霞客游记》，是一部地理学巨著，是世界上最早介绍喀斯特地貌的著作

（二）中国近代科技成就

中国近代科学取得了一些突出成就，主要代表人物如下：

1. 铁模制炮法

龚振麟首创铁模制炮法，其《铸炮铁模图说》堪称世界上最早系统论述铁模铸造法的专著。

2. 微积分初步理论

李善兰的《方圆阐幽》阐述了微积分的初步理论，选译的《重学》，第一次把牛顿三定律介绍到中国。

3. "黄鹄"号蒸汽轮船

华蘅芳和徐寿合作试制我国第一艘木质蒸汽轮船"黄鹄"号，标志着我国近代造船业迈出了第一步。

4. 京张铁路

京张铁路是詹天佑主持修建的由中国人自己设计建造的第一条铁路。

（三）中国现代科技成就

1. 国防军事

1）"两弹一星"

"两弹一星"是对核弹、导弹和人造卫星的简称。

1960 年，我国仿制的第一枚近程导弹发射成功。

1964 年，我国第一颗原子弹爆炸成功，中国成为世界上第五个拥有原子弹的国家。

1967 年，我国第一颗氢弹爆炸成功。

1970 年，我国第一颗人造地球卫星东方红一号发射成功，中国成为世界上第五个能独立发射人造地球卫星的国家。

邓稼先为中国核科学事业做出了伟大贡献，被誉为"两弹元勋"；钱学森被誉为"中国航天之父""中国导弹之父""中国自动化控制之父""火箭之王"等。

2) 航空母舰

中国首艘航空母舰"辽宁号"于 2012 年 9 月 25 日正式交接入列。"辽宁号"航空母舰，简称"辽宁舰"，舷号 16，是中国人民解放军海军第一艘可以搭载固定翼飞机的航空母舰。

"山东号"航空母舰于 2019 年 12 月 17 日在海南交付海军。"山东号"是中国自主设计、研发、建造的航空母舰，比起"辽宁号"有不少改进，型号为 002 型，舷号 17，是中国真正意义上的第一艘国产航空母舰。

2. 航天工程

中国航天工程的成就如表 4-2-7 所示。

表 4-2-7　中国航天工程成就

时间	航天工程成就
1999 年	中国第一艘无人试验飞船"神舟一号"在酒泉起飞，这次飞行成功为中国载人飞船上天打下非常坚实的基础
2003 年	我国自行研制的"神舟五号"载人航天飞船在酒泉卫星发射中心升空，成功将航天员杨利伟送上太空，这是中国首次进行载人航天飞行
2005 年	我国进行第二次载人航天飞行发射"神舟六号"载人飞船，第一次将我国两名航天员费俊龙、聂海胜同时送上太空，进行"多人多天"的飞行任务
2007 年	我国成功发射了第一颗北斗导航卫星
2008 年	我国第三颗载人飞船"神舟七号"发射升空，三名航天员翟志刚、刘伯明、景海鹏顺利升空。中国成为世界上第三个掌握空间出舱活动技术的国家
2011 年	承载着首次交会对接任务的"神舟八号"飞船与"天宫一号"对接成功
2012 年	我国航天员景海鹏、刘旺、刘洋乘"神舟九号"载人飞船成功进入太空。这是中国实施的首次载人空间交会对接，刘洋是我国第一位进入太空的女航天员
2013 年	"神舟十号"载人飞船进入太空，航天员王亚平担任主讲实现太空授课
2016 年	"神舟十一号"载人飞船成功进入太空，并与"天宫二号"自动交会对接成功
2017 年	中国第三代导航卫星顺利升空，它标志着中国正式开始建造"北斗"全球卫星导航系统
2019 年	"嫦娥四号"探测器成功着陆在月球背面预选着陆区，这是人类航天器首次在月球背面软着陆
2020 年	"长征五号 B"运载火箭在海南文昌完成首飞任务，正式拉开我国载人航天工程"第三步"任务的序幕
2021 年	"神舟十二号"载人航天飞船发射成功，顺利完成与天和核心舱的自主快速交会对接。航天员聂海胜、刘伯明、汤洪波先后进入天和核心舱，标志着中国航天人首次进入自己的空间站

3. 信息技术

(1) 1983 年 12 月 22 日，中国第一台每秒钟运算一亿次以上的"银河"巨型计算机，由国防科技大学计算机研究所在长沙研制成功。它填补了国内巨型计算机的空白，标志着中国进入世界研制巨型计算机的行列。

(2) 2010 年 11 月，全球超级计算机 500 强排行榜上，中国"天河一号"超级计算机以每秒 2570 万亿次实测运算速度，成为世界上运算速度最快的超级计算机，这也是中国第一台千万亿次超级计算机。

(3) 2016 年 11 月，全球超级计算机 500 强排行榜上，"神威·太湖之光"超级计算机以每秒 9.3 亿亿次的浮点运算速度夺冠。

(4) 2019 年 6 月，工业和信息化部正式向中国电信、中国移动、中国联通、中国广电发放 5G 商用牌照，中国正式进入 5G 商用元年。

4. 生物学

1) 人工合成结晶牛胰岛素

1965 年 9 月，中国科学家人工合成结晶牛胰岛素。这是世界上第一种人工合成的蛋白质，向人类认识生命、揭开生命奥秘的目标迈出了可喜的一步。

2) 超级杂交水稻

1973 年，袁隆平研发出可以广泛种植的杂交水稻，大幅度提高了水稻产量。袁隆平被誉为"杂交水稻之父"。

3) 成功提取青蒿素

2015 年，屠呦呦获得诺贝尔生理学或医学奖，是首位获得科学类诺贝尔奖的中国本土科学家。她发现的青蒿素可以有效降低疟疾患者的死亡率。

5. 航海科考

1) "向阳红一号"船

"向阳红一号"船是国家海洋局建造的第一艘水文气象船，也是我国第一艘吨位比较大的气象船。

2) "远望一号"船

"远望一号"船于 1977 年 8 月 31 日在江南造船厂建成下水，于 1978 年交付使用，是我国自行设计、制造的第一代综合性航天远洋测量船。自此，中国成为继美、俄、法之后第四个拥有航天远洋测量船的国家。

3) "大洋一号"船

"大洋一号"船是一艘 5600 吨级远洋科学考察船，是中国第一艘现代化的综合性远洋科学考察船，也是中国远洋科学调查的主力船舶。

4) "蛟龙号"载人深潜器

"蛟龙号"载人深潜器是中国首台自主设计、自主集成研制的作业型深海载入潜水器，设计最大下潜深度为 7000 米，也是世界上下潜能力最强的作业型载人潜水器。

5) "雪龙 2"号

2018 年，中国第一艘自主建造的极地科学家考察破冰船在上海下水，并正式命名为"雪龙 2"号，这标志着中国极地考察现场保障和支撑能力取得新的突破。

【单项选择题】1978年，我国第一艘航天测量船投入使用，成为世界上第四个拥有航天远洋测量船的国家。该航天测量船的名称是(　　)。

A."大洋一号"　　B."远望一号"　　C."东方红一号"　　D."向阳红一号"

【答案】B

【解析】"远望一号"是我国自行设计、制造的第一代综合性航天远洋测量船。中国成为继美、俄、法之后第四个拥有航天远洋测量船的国家。故选B。

【单项选择题】海洋科学考察离不开考察船的建造。从20世纪70年代起到现在，我国建造了各种类型的科考船。我国建造的第一艘水文气象科考船是(　　)。

A."大洋一号"　　B."远望一号"　　C."东方红一号"　　D."向阳红一号"

【答案】D

【解析】"向阳红一号"船是国家海洋局建造的第一艘水文气象船，也是我国第一艘吨位比较大的气象船。故选D。

6. 其他

1) 汉字激光照排技术

激光照排实际上是电子排版系统的大众化简称。王选领导的科研集体研制出的汉字激光照排系统为新闻、出版全过程的计算机化奠定了基础，被誉为"汉字印刷术的第二次发明"，中文印刷排版业从铅与火的时代进入光与电的时代。

2) 天文——中国天眼

2016年9月25日，由中国科学院国家天文台自主设计、建造的500米口径球面射电望远镜（简称FAST)落成启用。这个世界最大单口径、最灵敏的射电望远镜，为人类发现脉冲星、探索暗物质和黑洞、研究宇宙起源和地外文明等提供独特手段，为基础研究的重大发现和突破、战略高技术发展和开展国际科技合作，提供一流创新平台。

二、外国科技成就

（一）外国古代科技成就

1. 古印度的科技成就

国际通用的阿拉伯数字，最初由印度人发明，后由阿拉伯人传向欧洲，之后再由欧洲人将其现代化。

2. 古埃及的科技成就

古埃及人创造了太阳历，根据太阳的运行情况来计算时间，提高了准确性；埃及金字塔、亚历山大灯塔、阿蒙神庙等建筑体现了古埃及人高超的建筑技术和数学知识；古埃及人很早就采用了十进制计数法。

3.古希腊的科技成就

1) 阿基米德

阿基米德，古希腊哲学家、数学家、物理学家，他发现了"杠杆原理"和"力矩"的概念，被称为"力学之父"。

2) 毕达哥拉斯

毕达哥拉斯，古希腊数学家、哲学家，发现了毕达哥拉斯定律(即勾股定理)。

3) 欧几里得

欧几里得，古希腊数学家，被称为"几何之父"，著有《几何原本》，奠定了欧洲数学的基础。

(二) 外国近现代科技成就

1.文艺复兴时期

1) 天文

文艺复兴时期外国主要天文成就详见表 4-2-8。

表 4-2-8　文艺复兴时期外国天文成就

时间	代表人物	天 文 成 就
1543 年	哥白尼(波兰)	发表《天体运行论》，提出了"日心说"，推翻了"地心说"，是近代自然科学诞生的主要标志
1609—1610 年	伽利略(意大利)	首次用望远镜观测天象，发现了木星的四颗卫星，为哥白尼学说找到了确凿的证据
1609—1619 年	开普勒(德国)	发现行星运动三大定律，第一定律为椭圆定律，第二定律为面积定律，第三定律为周期定律
1705 年	哈雷(英国)	发表《彗星天文学论说》，首先测定彗星轨道，并预言周期为 76 年，1759 年得到证实，称为哈雷彗星

【真题回顾】(2019 年上半年真题)

【单项选择题】下列选项中，首先提出行星的运行轨道是椭圆形的天文学家是( )。

A.开普勒　　　B.哥白尼　　　C.第谷　　　D.牛顿

【答案】A

【解析】A 项，开普勒提出了行星运动的三大定律，第一定律为椭圆定律，是说太阳处在椭圆的一个焦点上，每一行星沿着各自的椭圆轨道环绕太阳运行。B 项，哥白尼提出了"日心说"。C 项，第谷提出了一种介于"地心说"和"日心说"之间的宇宙结构体系。D 项，牛顿提出了牛顿三大运动定律，发现了万有引力。故选 A。

2) 物理

文艺复兴时期外国主要物理成就详见表 4-2-9。

表 4-2-9　文艺复兴时期外国物理成就

时间	代表人物	物 理 成 就
1590 年	伽利略（意大利）	发现自由落体定律
1653 年	帕斯卡（法国）	发现帕斯卡定律
1654 年	格里克（德国）	马德堡半球实验，证明大气压的存在
1666 年	牛顿（英国）	发现万有引力定律

3) 生物

文艺复兴时期外国主要生物成就详见表 4-2-10。

表 4-2-10　文艺复兴时期外国生物成就

时间	代表人物	生 物 成 就
1543 年	维萨里（比利时）	著有《人体结构》，确立近代解剖学
1628 年	哈维（英国）	发现血液循环，成为现代生理学的起点
1665 年	胡克（英国）	首次用显微镜观察植物细胞，提出了细胞概念
1675—1683 年	列文虎克（荷兰）	用显微镜首次发现动物细胞、精子和细菌

4) 数学

文艺复兴时期外国主要数学成就详见表 4-2-11。

表 4-2-11　文艺复兴时期外国数学成就

时间	代表人物	数 学 成 就
1614 年	纳皮尔（英国）	制定对数表
1637 年	笛卡尔（法国）	创立解析几何，将几何和代数相结合
1654 年	帕斯卡（法国）费尔马（法国）	创立概率论
1665—1676 年	牛顿（英国）莱布尼茨（德国）	分别创立微积分

2. 第一次科技革命 (18 世纪 60 年代—19 世纪中期)

1) 天文

第一次科技革命时期外国主要天文成就详见表 4-2-12。

表 4-2-12　第一次科技革命时期外国天文成就

时间	代表人物	天文成就
1781 年	赫歇尔（英国）	发现天王星
1796 年	拉普拉斯（法国）	提出太阳系起源的星云说
1846 年	加勒（德国）	发现海王星

2) 物理、化学

第一次科技革命时期外国物理及化学成就详见表 4-2-13。

表 4-2-13　第一次科技革命时期外国物理及化学成就

时间	代表人物	物理、化学成就
1705 年	纽科门（英国）	制成第一架能实用的蒸汽机
1746 年	罗巴克（英国）	建立世界第一座铅室法制硫酸的工厂
1752 年	富兰克林（美国）	发明避雷针，揭示雷电本质
1756 年	罗蒙诺索夫（俄国）	发现质量守恒定律
1765 年	哈格里沃斯（英国）	发明珍妮纺织机
1765—1787 年	瓦特（英国）	改良蒸汽机，并用作纺纱机的动力
1774 年	普利斯特利（英国）	用凸透镜聚光加热氧化汞时，发现了氧气
1777 年	拉瓦锡（法国）	提出燃烧的氧化学说，并正式确立质量守恒定律
1800 年	伏特（意大利）	发明伏特电堆
1800 年	赫歇尔（英国）	发现红外线
1802 年	费歇尔（法国）	列出第一个酸碱当量表
1811 年	阿伏伽德罗（意大利）	发表了阿伏伽德罗假说，也就是阿伏伽德罗定律，并提出分子概念及原子、分子区别等重要化学问题
1820 年	奥斯特（丹麦）	发现电流的磁效应
1822 年	安培（法国）	发现安培定律
1826 年	欧姆（德国）	发现欧姆定律
1827 年	布朗（英国）	观察到分子的布朗运动
1831 年	法拉第（英国）	首次发现电磁感应现象
1832 年	皮克西兄弟（法国）	发明世界第一台磁电式发电机

时间	代表人物	物理、化学成就
1840年	焦耳（英国）	发现电热定律，开始精确测定热功当量，实验确立能量守恒定律
1841年	本生（德国）	发明锌碳电池
1842年	多普勒（奥地利）	发现多普勒效应
1848年	开尔文（英国）	建立绝对温标
1865年	麦克斯韦（英国）	推断电磁波的存在，断定光是一种电磁波

【真题回顾】(2019年上半年真题)

【单项选择题】下列科学家中，提出并阐明了燃烧作用的氧化学说的是（　　）。

A. 拉瓦锡　　　　B. 玻意耳　　　　C. 普利斯特利　　　　D. 阿伏伽德罗

【答案】A

【解析】A项，拉瓦锡，法国化学家，提出氧化学说。B项，玻意耳，英国的化学家和自然哲学家，因研究气体性质而闻名，是近代化学元素理论的先驱。C项，普利斯特利，英国化学家，用凸透镜聚光加热氧化汞时，发现了氧气。D项，阿伏伽德罗，意大利化学家，在1811年发表了阿伏伽德罗假说，也就是阿伏伽德罗定律，并提出分子概念及原子、分子区别等重要化学问题。故选A。

3) 生物

第一次科技革命时期外国生物成就详见表4-2-14。

表4-2-14　第一次科技革命时期外国生物成就

时间	代表人物	生物成就
1759年	沃尔弗（德国）	创立胚胎发育的后成说
1828年	维勒（德国）	最早用无机物合成有机物尿素
1829年	盖·吕萨克（法国）	首次将淀粉转化为葡萄糖
1835—1839年	摩尔（德国）	记载了细胞的有丝分裂过程
1838—1839年	施旺（德国）、施莱登（德国）	提出细胞学说
1859年	达尔文（英国）	发表《物种起源》，奠定了达尔文进化论的基础
1863年	谢切诺夫（俄国）	提出一切意识活动都是神经的反射活动
1864年	萨克斯（德国）	发现叶绿体在光合作用中产生淀粉
1865年	孟德尔（奥地利）	提出遗传学两大基本定律

3. 第二次科技革命 (19 世纪 70 年代—20 世纪初)

1) 航空

第二次科技革命时期外国航空成就详见表 4-2-15。

表 4-2-15 第二次科技革命时期外国航空成就

时间	代表人物	航空成就
1903 年	莱特兄弟 (美国)	驾驶着自己设计制造的飞机飞向天空，这是人类航空史上首次自主操纵飞行
1924 年	DWC 飞机编队 (美国)	完成人类首次环球飞行

2) 物理、化学、信息技术

第二次科技革命时期外国物理、化学、信息技术成就详见表 4-2-16。

表 4-2-16 第二次科技革命时期外国物理、化学、信息技术成就

时间	代表人物	物理、化学、信息技术成就
1866 年	西门子 (德国)	发明自激发电机，标志着电力时代的到来
1869 年	门捷列夫 (俄国)	提出化学元素周期律
1876 年	贝尔 (美国)	发明有线电话
1877—1880 年	爱迪生 (美国)	发明留声机、白炽灯泡
1900 年	普朗克 (德国)	提出量子论，导致了 20 世纪物理学的一场革命
1901 年	伦琴 (德国)	发现了 X 射线，成为首届诺贝尔物理学奖得主
1904 年	弗莱明 (英国)	发现世界上第一只电子管，标志着人类从此进入电子时代
1905 年	爱因斯坦 (瑞士、美国)	阐述了狭义相对论，带来了物理学的巨大变革
1925 年	海森堡 (德国)	创立了著名的矩阵力学理论 (量子力学第一定律)
1932 年	诺尔 (德国)、鲁斯卡 (德国)	制成世界上第一台电子显微镜
1936 年	图灵 (英国)	年仅 24 岁的图灵发表了奠定计算机和人工智能基础的论文；图灵被称为"计算机科学之父""人工智能之父"

3) 生物

第二次科技革命时期外国生物成就详见表 4-2-17。

表 4-2-17　第二次科技革命时期外国生物成就

时间	代表人物	生物成就
1868 年	米歇尔 (瑞士)	发现核酸
1879—1910 年	法布尔 (法国)	1879 年第一卷《昆虫记》首次出版，1907 年全书首次出版
1881 年	巴斯德 (法国)	开创免疫学
1882 年	科赫 (德国)	发现结核杆菌
1887 年	费歇尔 (德国)	研制出人工合成葡萄糖
1928 年	弗莱明 (英国)	发现了世界上第一种抗生素——青霉素，开创医学新纪元

4) 其他

第二次科技革命时期外国其他科技成就：

1900 年，弗洛伊德《梦的解析》出版，掀起心理学的革命。

1915 年，魏格纳写成《海陆的起源》一书，提出了大陆漂移说。

1932 年，世界上第一条高速公路在德国出现。

4. 第三次科技革命 (20 世纪四五十年代)

1) 天文

第三次科技革命时期外国天文成就详见表 4-2-18。

表 4-2-18　第三次科技革命时期外国天文成就

时间	国家	天文成就
1957 年	苏联	发射了世界上第一颗人造地球卫星，人类进入太空时代
1960 年	美国	发射世界上第一颗试验性气象卫星
2005 年	欧洲航天局	欧洲航天局"惠更斯"号成功登陆土卫六——被认为具备生命条件的泰坦星，创造了人类探测器登陆其他天体最远距离的新纪录
2005 年	美国	美国天文学家宣布发现了太阳系内第十大行星 (2003UB313)，这颗行星位于柯伊伯带，体积比冥王星大 27%。其与太阳的平均距离是冥王星的 3 倍 (在 2006 年 8 月第 26 届国际天文学大会上，它同冥王星一样被划入矮行星的行列。2007 年这颗星的中文名称被命名为阋神星)

2) 物理、化学、信息技术

第三次科技革命时期外国物理、化学、信息技术成就详见表 4-2-19。

表 4-2-19　第三次科技革命时期外国物理、化学、信息技术成就

时间	国家 / 人物	物理、化学、信息技术成就
1942 年	费米（意大利）	在其领导下设计和建造的第一座核反应堆在美国成功运行，这标志着原子能时代的开始
1945 年	美国	世界上第一颗原子弹在美国新墨西哥爆炸
1946 年	美国	宾夕法尼亚大学的科学家建造了世界上第一台电子计算机，标志着计算机时代的开始
1947 年	美国	第一个半导体电子增幅器——晶体管问世，成为人类微电子革命的先声
1947 年	威拉德·弗兰克·利比（美国）	发明了碳 14 断代法，也称放射性碳定年法，是根据碳 14 的衰变程度来计算样品的大概年代的一种方法。该方法在考古学中得到了极其重要的应用
1952 年	美国	在太平洋上的马绍尔群岛成功试爆了世界上第一颗氢弹
1954 年	美国	美国设计制造的世界上第一艘核动力潜艇"鹦鹉螺"号进行处女航，宣告了核潜艇时代的到来
1954 年	苏联	建成并正式启用世界上第一座核电站，这是人类和平利用核能的开始
1964 年	乔治·茨威格（美国）默里·盖尔曼（美国）	美国物理学家首次提出"夸克模型"，并预言这种非凡的粒子不仅存在，而且正是这种粒子构成了其他一切粒子
1964 年	IBM 公司（美国）	研制成功世界上第一个采用集成电路的第三代计算机
1969 年	五角大楼（美国）	首创因特网
1971 年	霍夫（美国）	发明了微处理器，第一台微型电子计算机因此诞生
1972 年	英国	CT 扫描仪问世，这是继伦琴发现 X 射线以来，在医学诊断领域的又一次重大突破
1973 年	美国	世界上第一个光纤通信实验系统在美国贝尔实验室建成，为信息高速公路奠定了基石
1984 年	美国	美国苹果公司推出世界上第一台多媒体计算机
1991 年	蒂姆·伯纳斯-李（英国）	发明万维网，从此之后，因特网以惊人的速度在全球范围内发展，人类进入信息时代

3）生物

第三次科技革命时期外国生物成就详见表 4-2-20 所示。

表 4-2-20　第三次科技革命时期外国生物成就

时间	国家 / 人物	生 物 成 就
1943 年	科尔夫 (荷兰)	制成了第一个人工肾脏，首次以机器代替人体的重要器官
1953 年	沃森、克里克	发现了生命遗传的基因物质——DNA 双螺旋结构模型
1967 年	南非开普敦	成功进行了第一例心脏移植手术
1978 年	路易斯·布朗	第一个试管婴儿
1990 年	人类基因组计划	人类基因组计划开始实施，标志着人体"生命之书"掀开第一页
1993 年	美国、英国	在与世隔绝的"生物圈 2 号"中生活了两年之久的 8 位科学家，平安地走出这一人造小世界，标志着美国"生物圈 2 号"计划首次试验结束
1996 年	伊恩·威尔穆特（英国）	成功地克隆出了一只小羊多利 (Dolly)
2003 年	中、美、日、英、法、德	六国科学家联合宣布：人类基因组序列图完成

三、科学常识

（一）物理学常识

1. 力学

1) 机械运动

物体位置随时间的变化叫作机械运动。物体的运动和静止是相对的。判断一个物体是运动还是静止，要以选择的参照物为标准。

2) 惯性定律

惯性定律 (即牛顿第一定律) 是指任何物体都要保持匀速直线运动或静止状态，直到外力迫使它改变运动状态为止。

3) 压强

物体所受压力的大小与受力面积之比叫作压强。气体和液体都是流体，流体中流速越大的位置，压强越小。

4) 浮力

浸在液体中的物体受到的向上的力称为浮力。浮力的大小等于它排开的液体所受的重力，即阿基米德原理。浮力的应用主要有气球、轮船、飞艇、潜水艇等。

5) 杠杆原理

阿基米德发现了杠杆原理，动力 × 动力臂 = 阻力 × 阻力臂。生活中常见的杠杆应用有跷跷板、天平、吊车、滑轮等。

6) 共振

共振，是指两个振动频率相同的物体，当一个物体发生振动时，引起另一个物体振动的现象。例如，军队过桥的时候，整齐的步伐能产生振动，一旦这个频率接近桥梁的固有频率，就可能导致桥梁坍塌。

2. 声现象

一切发声的物体都在振动。不同动物感受声波的频率范围不同，人们把频率高于 20 000 Hz 的声波称为超声波，把低于 20 Hz 的声波称为次声波。蝙蝠在飞行时发出超声波，并通过回声进行定位。超声波的应用有声呐、B 超、超声波速度测定器、超声波焊接器等。

3. 光现象

能够发光的物体称为光源。光源可以分为自然光源和人造光源。光在同种均匀介质中沿直线传播，这就是小孔成像的原理。光在宇宙真空中沿直线传播一年的距离，叫作光年。光年是长度单位，而不是时间单位。

光遇到水、玻璃及其他物体的表面会发生反射。照镜子、潜水镜、光纤等都是利用了光的反射原理。白色的物体能够反射所有色光，因此看起来是白色的。黑色的物体能够吸收所有色光，因此看起来是黑色的。黑色的物体在吸收光的同时还会吸收大量辐射热，白色的物体则相反。

光从一种介质斜射入另一种介质时，会发生折射。常见的折射现象有插入水中的筷子会变弯、水中的石头变浅、海市蜃楼等。

【真题回顾】(2019 年下半年真题)

【单项选择题】"冬不穿白，夏不穿黑"是人们在实践中总结出来的生活经验。它体现的科学常识是( )。

A. 太阳光的吸收与反射　　　　　B. 冬夏雨水的变化规律
C. 颜色搭配的视觉效果　　　　　D. 冬夏景物的巨大变化

【答案】A

【解析】白色的物体能够反射所有色光，因此热量吸收少，黑色的物体能够吸收所有色光，而且黑色的物体在吸收光的同时还会吸收大量辐射热。故选 A。

【真题回顾】(2020 年下半年真题)

【单项选择题】海市蜃楼是由于剧烈的温度梯度，在沙漠或者是水平面形成的。形成海市蜃楼的光学现象是( )。

A. 光的反射　　　　B. 衍射　　　　C. 干涉　　　　D. 光的折射

【答案】D

【解析】海市蜃楼，是由于不同的空气层有不同的密度，而光在不同密度的空气中又有着不同的折射率。也就是因海面上冷空气与高空中暖空气之间的密度不同，对光线折射而产生的。故选 D。

4. 热现象

1) 物态变化

在物理学中，我们把物质从一种状态变化到另一种状态的过程，叫作物态变化。

物质有三种状态：固态、液态、气态。它们两两之间可以相互转化，所以物态变化有6种：熔化、凝固、汽化、液化、升华、凝华。

2) 分子的热运动

一切物质的分子都在不停地做无规则的热运动。物体的内能是物体内部所有分子热运动的动能和分子势能的总和。改变物体的内能有做功和热传递两种方法。

利用燃料燃烧释放出的能量做功的机械叫作热机，如蒸汽机、内燃机、喷气式发动机等。

3) 温度

温度，表示物体的冷热程度。

温标，是为了测量物体温度而对温度零点和分度方法所作的一种规定，是温度的单位制。温标主要分为华氏温标、摄氏温标、热力学温标。华氏温标是最早建立的温标。

5. 电磁学

1) 电路

金属中存在大量的自由电子，容易导电。金属、大地、人体、石墨、食盐水都是导体，橡胶、玻璃、塑料是绝缘体。

家庭电路中，各家用电器采用并联的连接方式，这样各个电器使用时互不影响。

2) 生活用电

我国家庭电路的电压是220 V，进户的两条输电线分别是零线和火线。

保险丝是用电阻比较大、熔点比较低的铅锑合金制成的。接在电路中的保险丝或空气开关，可以在电路中的电流过大时，自动切断电路，起到保险的作用。

3) 电和磁

通电导线周围存在磁场，这是电流的磁效应。在螺线管内部插入铁芯，可以做成电磁铁。其应用有电磁起重机、高速磁悬浮列车的磁体、电磁继电器等。

磁场对通电导线有力的作用，其方向与电流方向、磁场方向有关。电动机就是利用磁场对通电线圈的作用制成的。扬声器则是利用不同电流受磁体作用振动而发声的原理。

电磁感应是指闭合电路的一部分导体在磁场中做切割磁感线运动，导体中就会产生电流的现象，这种利用磁场产生电流的现象叫作电磁感应现象。发电机就是利用此原理发电，将机械能转化为电能。

6. 能源和资源

(1) 煤、石油、天然气称为化石能源。

(2) 一次能源：直接取自自然界没有经过加工转换的各种能量和资源，包含化石能源、风能、水能、太阳能及核能。

(3) 二次能源：需通过消耗一次能源才能得到的能源，如电力、煤气、沼气、蒸汽等。

(4) 不可再生资源：人类开发利用后，在相当长的时期内不可能再生的自然资源等，如人等。

(5) 可再生资源：能够通过自然力以某一增长率保持或增加蕴藏量的自然资源，如风能、水能、太阳能等。

7. 生活中的物理知识

(1) 电饭煲、电砂锅、电水壶的三脚插头插入三孔插座，可防止电器漏电和触电事故的发生。

（2）菜刀刀刃比较薄，是为了减少受力面积，增大压强；菜刀柄、锅铲柄、电水壶把手有凹凸花纹，使接触面粗糙，增大摩擦。

（3）往保温瓶里倒开水，可根据声音知道水量高低。这是因为随着水量增多，空气柱的长度减小，振动频率增大，音调会逐渐升高。

（4）冬季从保温瓶里倒出一些开水，盖紧瓶塞时，常会看到瓶塞马上跳一下。这是因为随着开水倒出，进入一些冷空气，瓶塞塞紧后，进入的冷空气受热很快膨胀，压强增大，从而推开瓶塞。

（5）煮熟后滚烫的鸡蛋放入冷水中浸一会儿，容易剥壳，因为滚烫的鸡蛋壳与蛋白遇冷收缩，但它们收缩的程度不一样，使得两者脱离。

（二）生物学常识

1. 细胞

细胞是一切生物机体构造和发育的基本单位，一般由质膜、细胞质和核（或拟核）构成。细胞能够通过分裂而增殖，是生物体个体发育和系统发育的基础。细胞是遗传的基本单位，并具有遗传的全能性。有成形细胞核的是真核细胞，无成形细胞核的是原核细胞。

2. 蛋白质

蛋白质是生命的物质基础，没有蛋白质就没有生命。因此，它是与生命及与各种形式的生命活动紧密联系在一起的物质。

机体中的每一个细胞核所有重要组成部分都有蛋白质参与。蛋白质占人体重量的16%～20%，即一个60千克重的成年人其体内约有蛋白质9.6～12千克。人体内蛋白质的种类很多，性质、功能各异，但都是由20种氨基酸(Amino Acid)按不同比例组合而成的，并在体内不断进行代谢与更新。日常饮食中，蛋白质主要存在于瘦肉、蛋类、豆类以及鱼类中。

3. 遗传与变异

遗传是指生物的亲代能产生与自己相似的后代的现象。例如，人眼睛颜色就是一个典型的遗传例子。遗传物质的基础是脱氧核糖核酸(DNA)，亲代将自己的遗传物质DNA传递给子代，而且遗传的性状和物种保持相对的稳定性。生命能够一代代延续的原因，主要是由于遗传物质在生物进程之中得以代代相承，从而使后代具有与前代相近的性状。

变异是指亲代与子代之间、子代的个体之间存在着或多或少的差异的现象。变异主要是指基因突变、基因重组与染色体变异。其中基因突变是产生新生物基因的根本来源，也就是产生生物多样性的根本来源。

遗传是指亲子间的相似性，变异是指亲子间和子代个体间的差异。生物的遗传和变异是通过生殖和发育而实现的。遗传和变异是对立的统一体，遗传使物种得以延续，变异则使物种不断进化。

【真题回顾】(2020年下半年真题)

【单项选择题】遗传一般是指亲代的性状又在下代中出现，对植物、动物遗传起决定作用的是（　　）。

A. 蛋白质　　　　　B. 多糖　　　　　C.DNA　　　　　D. 多肽

【答案】C

【解析】DNA 即脱氧核糖核酸，是遗传的物质基础，亲代将自己的遗传物质 DNA 传递给子代。故选 C。

4. 新陈代谢

新陈代谢是活细胞中全部化学反应的总称。其中的每一个反应都是在酶的催化作用下进行的，是生物体的自我更新过程。同化作用和异化作用是新陈代谢的两个方面。

(1) 同化作用，是指新陈代谢的过程中，生物体从外界环境中摄取的营养物质转变成自身的组成物质，并贮存能量。

(2) 异化作用，是指生物体把组成自身的一部分物质加以分解，释放出其中的能量，并把代谢的最终产物排出体外。

5. 基因工程

基因工程又称遗传工程，是指按照人们的愿望，进行严格的设计，通过体外 DNA 重组和转基因技术，赋予生物以新的遗传特性，创造出更符合人们需要的新的生物类型和生物产品。

基因工程可以应用在农业、畜牧业、医学等方面。

（三）化学常识

1. 化学与健康

1) 人体中的化学元素

人体中的化学元素按照含量分为常量元素和微量元素。常量元素，是指在人体内含量占体重 0.01% 以上的元素。人体内含量较多的有碳、氢、氧、氮、磷、氯、钠、镁、钾、钙等。微量元素，是指在人体内含量低于人体体重 0.01% 的元素，包括铁、碘、锌、硒、氟、铜、钴、镉、汞、铅等。

人体缺乏元素的症状主要有：缺碘引起的甲状腺肿大（粗脖子病）、缺钙引起的儿童常见的软骨病、缺铁引起的缺铁性贫血等。

2) 人体所需的营养物质

人体需要的营养物质主要有蛋白质、糖类、脂类、维生素、无机盐、水六类。

2. 化学与环境

1) 气体与环境

(1) 空气：我们每天都呼吸着的"生命气体"，它分层覆盖在地球表面，透明且无色无味，主要由氮气和氧气组成，对人类的生存和生产有重要影响。

(2) 天然气：主要成分是甲烷，用作燃料。

(3) 氢气：① 填充气，如充气球、飞艇；② 高能燃料；③ 冶炼黄油；④ 利用脂肪氢化的特点，制作人造黄油、食用油、润滑剂等。

(4) 一氧化碳：在紧闭门窗的房间里生炭火取暖或使用燃气热水器洗澡，会产生一种无色、无味并与人体血红蛋白结合而引起中毒的气体，就是一氧化碳。

(5) 二氧化碳：二氧化碳在大气层中过量累积，使地球红外辐射不能透过大气，从而造成大气温度升高，产生"温室效应"。

2) 白色污染和水体富营养化

(1) 白色污染：指用聚苯乙烯、聚丙烯、聚氯乙烯等高分子化合物制成的包装袋、农用地膜、一次性餐具、塑料瓶等塑料制品使用后被随意乱丢乱扔，很难降解处理，给生态环境和景观造成的污染。

(2) 水体富营养化：指在人类活动的影响下，生物所需的氮、磷等营养物质大量进入湖泊、河口、海湾等缓流水体，引起藻类及其他浮游生物迅速繁殖，水体溶解氧量下降，水质恶化，鱼类及其他生物大量死亡的现象。

3. 日常生活中的化学

(1) 用来制作包装香烟、糖果的金属箔 (金属纸) 的金属是铝。

(2) 我们穿的衣服的布料通常是由纤维制成的。棉花、羊毛、蚕丝等属于天然纤维，涤纶、锦纶和腈纶等属于合成纤维。合成纤维的强度高、弹性好、耐磨且耐化学腐蚀，但吸水性和透气性差。

(3) 我国著名的制碱专家侯德榜先生发明了侯氏制碱法，使碱不仅可以应用在工业上，还可以用于日常生活中制作油条、馒头等食品。

(4) 不粘锅锅底涂有一层特殊物质"特氟龙"，化学名叫作聚四氟乙烯，也称为塑料王。

(5) 霜降以后，青菜、萝卜吃起来味道甜美，是因为青菜里的淀粉在植物体内酶的作用下水解成了葡萄糖。

(6) 炒菜时不宜把油烧得冒烟。油在高温时，容易形成一种多环化合物。一般植物油含的不饱和脂肪酸多，更容易形成多环化合物，易诱发癌症。

(7) 食盐易潮是因为其中常含有氯化镁，氯化镁在空气中有潮解现象。为了防止食盐的潮解，一般可将食盐放在锅中干炒，氯化镁在高温下水解完全生成氧化镁，就会失去潮解性；或将食盐进行提纯，纯的氯化钠在空气中没有潮解的现象。

(8) 剃须时，可以用牙膏代替肥皂。牙膏不含游离碱，不仅对皮肤无刺激，而且泡沫丰富，气味清香，使人有清凉舒爽之感。

（四）地理常识

1. 太阳系

1) 太阳系物质的特点

太阳系是一个以太阳为中心，受太阳引力约束在一起的天体系统，包括太阳、行星、矮行星、小行星、彗星、流星体、卫星和行星际物质等。

行星：围绕恒星运转的质量足够大的天体，本身不发光，因表面反射太阳光而发亮。

矮行星：同样具有足够质量、呈圆球形，但不能清除其轨道附近其他物体的天体。

小行星：围绕太阳运转的石块，火星和木星轨道之间的小行星密集区域称为小行星带。

彗星：一种质量较小的云雾状小天体，它在扁长的轨道上绕太阳运行。

流星体：飘荡在行星际空间中的尘粒和固体块，在闯入地球大气层时，同大气摩擦燃烧会产生光迹。

卫星：围绕着行星运行的天体，它有自己的运行轨道。

【真题回顾】(2019 年上半年真题)

【单项选择题】小行星带是太阳系内的一个小行星密集区域，聚集了大约 50 万颗以上的小行星。它所在的位置是（　　　）。

A. 金星轨道和地球轨道之间　　　B. 地球轨道和火星轨道之间

C. 火星轨道和木星轨道之间　　　D. 木星轨道和土星轨道之间

【答案】C

【解析】小行星带主要集中在火星与木星轨道之间。故选 C。

【真题回顾】(2018 年下半年真题)

【单项选择题】如果太阳不发光，那么地球上的人们仍然能够用肉眼直接看到的天体是 ( )。

A. 彗星　　　　B. 金星　　　　C. 流星　　　　D. 月亮

【答案】C

【解析】A 项，彗星是进入太阳系内亮度和形状会随日距变化而变化的绕日运动的天体。彗星靠近太阳时，在太阳辐射作用下可分解成彗头和彗尾，状如扫帚。B 项，金星是行星，因反射太阳光而发光。C 项，流星体是飘荡在行星际空间中的尘粒和固体块，在闯入地球大气层时，同大气摩擦燃烧会产生光迹。即便太阳不发光，流星也会产生光迹。D 项，月亮是地球的卫星，其本身也不发光。故选 C。

2) 太阳系的八大行星

太阳系目前已知的八大行星距日由近到远依次为水星、金星、地球、火星、木星、土星、天王星、海王星。太阳系八大行星示意图如图 4-2-1 所示。

图 4-2-1　太阳系八大行星示意图

2. 地球的自转与公转

1) 地球的自转

地球的自转，是指地球绕着自转轴 (地轴) 的转动。地球自转的方向是自西向东。

地球自转形成的现象：昼夜交替变化；地方的时差，经度每隔 15 度，地方时间相差一小时；地球偏转力，水平运动物体的方向产生偏向。

2) 地球的公转

地球的公转，是指地球按一定轨道围绕太阳转动。地球公转的方向是自西向东，公转一周的时间是一年。

地球公转形成的现象：正午太阳高度的变化；昼夜长短的变化；四季的更替；地球五带的划分等。

3. 日食与月食

当太阳、月球、地球运行约成一条直线时，并且月球在太阳和地球之间，太阳照射到地球的光线便会部分或完全被月球遮挡住，从而产生日食现象。

当太阳、月球、地球运行约成一条直线时，并且地球在太阳和月球之间，太阳照射到月球的光线便会部分或完全被地球遮挡住，进而产生月食现象。

4. 陆地与海洋

地球表面有约 71% 的面积被海洋覆盖，陆地面积约占 29%，陆地主要集中在北半球。

全球陆地共分七个大洲，即亚洲、欧洲、非洲、北美洲、南美洲、大洋洲和南极洲。其中亚洲面积最大，大洋洲面积最小。

地球上的海洋被陆地分隔成彼此相连的四个大洋。它们按照面积的大小，依次为太平洋、大西洋、印度洋、北冰洋。

5. 中国地理常识

中国陆地面积约 960 万平方千米，仅次于俄罗斯、加拿大，在世界各国中居第三位。中国领土最北端在黑龙江省漠河县北端的黑龙江主航道中心线上。中国领土最南端在南海的南沙群岛中的曾母暗沙。中国领土最东端在黑龙江省的黑龙江与乌苏里江主航道中心线的相交处。中国领土最西端在新疆帕米尔高原。

1) 行政区域

中国的行政区域，基本分为省 (自治区、直辖市、特别行政区)、县 (自治县、市)、乡 (镇、民族乡) 三级。中国有 34 个省级行政单位，其中有 23 个省、5 个自治区、4 个直辖市和 2 个特别行政区。

2) 民族

中国是一个统一的多民族国家，一共有 56 个民族。在中国各民族中，汉族人口最多，约占总人口的 92%。少数民族人口最多的是壮族，约有 1600 万人。

汉族与其他少数民族的分布特点是：大杂居、小聚居。

3) 盆地

(1) 四大盆地。中国四大盆地为塔里木盆地、准噶尔盆地、柴达木盆地和四川盆地。塔里木盆地是中国最大的内陆盆地，位于天山山脉和昆仑山脉之间。准噶尔盆地是我国第二大盆地，东北部为阿尔泰山，南部为天山。柴达木盆地是我国海拔最高的盆地，位于青藏高原东北部。四川盆地，位于四川和重庆境内，也称为"紫色盆地"。

(2) 吐鲁番盆地。吐鲁番盆地，它的最低点艾丁湖低于海平面 155 米，是我国最低的洼地，也是世界第二低地。

【真题回顾】(2019 年下半年真题)

【单项选择题】盆地的主要特征是四周高 (山地或高原)、中部低 (平原或丘陵)。下列盆地中海拔高度低于海平面的是 (　　)。

A. 柴达木盆地　　　　　　　　B. 四川盆地

C. 吐鲁番盆地　　　　　　　　D. 塔里木盆地

【答案】C

【解析】A项，柴达木盆地海拔3000米左右，是我国地势最高的盆地。B项，四川盆地海拔250～700米，位于四川和重庆境内。C项，吐鲁番盆地是我国最低的洼地，符合题意。D项，塔里木盆地海拔800～1300米，位于天山山脉与昆仑山脉之间。故选C。

4) 四大高原
中国四大高原为青藏高原、内蒙古高原、黄土高原、云贵高原。

5) 三大平原
中国三大平原为东北平原、华北平原、长江中下游平原。

6) 长江
长江是世界第三长河，发源于青藏高原唐古拉山脉各拉丹冬峰西南侧，干流沿途流经11个省级行政区，最终从上海市崇明岛注入东海，是我国最长（约6300千米）、年径流量最大、流域面积最广的河流。

7) 黄河
黄河发源于青藏高原巴颜喀拉山北麓，流经9个省级行政区，注入渤海。黄河中的泥沙沉积是华北平原得以形成的主要原因之一，还形成了具有"塞上江南"美称的宁夏平原和河套平原。

第三节　文学素养

考点分析

文学素养在历年考题中以单项选择题的形式为主。
文学素养考查的知识点主要如下表所示。

知识点	常见考点	要求掌握的程度
文学常识	传统文化常识（神话故事和成语典故）	☆☆☆☆
	传统文化常识（天文历法）	☆☆
	中国文学名家名作（先秦、唐宋、明清文学）	☆☆
	外国文学名家名作	☆☆
	中外儿童文学名家名作	☆☆☆

一、中国传统文化常识

（一）天文历法

1. 二十四节气

二十四节气，是中国古代订立的一种用来指导农事的补充历法，是我国古代历法的重要组成部分。

二十四节气的名称及顺序为立春、雨水、惊蛰、春分、清明、谷雨、立夏、小满、芒种、夏至、小暑、大暑、立秋、处暑、白露、秋分、寒露、霜降、立冬、小雪、大雪、冬至、小寒、大寒。

为了方便人们记忆，还有关于二十四节气的歌谣："春雨惊春清谷天，夏满芒夏暑相连。秋处露秋寒霜降，冬雪雪冬小大寒。"

【真题回顾】（2022年上半年真题）

【单项选择题】"小满"是二十四节气之一，这时，江南大麦进入黄熟期，油菜籽成熟，蚕开始结茧。古时有"小满动三车"的习俗，下列选项中，不属于"三车"的是（ ）。

A. 纺车　　　　　B. 滑车　　　　　C. 油车　　　　　D. 水车

【答案】B。

【解析】本题考查"小满动三车"中"三车"的含义。

"小满动三车"民间谚语，是对江南小满农事的形象总结。"三车"指的是水车、丝车和油车。小满时节，江南农村三车齐动，一派繁忙景象。故选B。

2. 四象

古人把东、北、西、南四方每一方的七宿想象为四种动物形象，叫作四象。

东方七宿如同飞舞在春天夏初夜空的巨龙，故而称为"东宫苍龙"； 北方七宿似蛇、龟出现在夏天秋初的夜空，故而称为"北宫玄武"； 西方七宿犹如猛虎跃出深秋初冬的夜空，故而称为"西宫白虎"； 南方七宿像一只展翅飞翔的朱雀，出现在寒冬早春的夜空，故而称为"南宫朱雀"。后人将四象称为"左青龙、右白虎、南朱雀、北玄武"。

3. 星宿

二十八星宿，是古人为了认识星辰和观测天象对天上恒星进行的划分。在古代，人们根据它们的出没和到达中天的时间定四时，安排农事活动。二十八星宿按方位分为四组，与东、北、西、南四宫和四象匹配。

东方青龙七宿：角宿、亢宿、氐宿、房宿、心宿、尾宿、箕宿。

北方玄武七宿：斗宿、牛宿、女宿、虚宿、危宿、室宿、壁宿。

西方白虎七宿：奎宿、娄宿、胃宿、昴宿、毕宿、觜宿、参宿。

南方朱雀七宿：井宿、鬼宿、柳宿、星宿、张宿、翼宿、轸宿。

4. 流火

流：下行；火，指大火星，即东宫苍龙七宿中的心宿。《诗经·七月》："七月流火，九月授衣。"七月通常是公历的八月，流火是说大火星的位置已由中天逐渐西降，表明暑气已退，天气逐渐凉爽起来。

5. 北斗

北斗，又称"北斗七星"，指在北方天空排成斗形（或勺形）的七颗亮星。七颗星的名称是：天枢、天璇、天玑、天权、玉衡、开阳、摇光。

6. 五更

我国古代把夜晚分成五个时段，用鼓打更报时，所以叫作五更、五鼓或五夜。一更等于现代的两个小时，从晚上七点起更，一更是晚上七点到九点，二更指晚上九点到十一点，依次类推。五更名称及对应时间如表 4-3-1 所示。

表 4-3-1　五更名称及对应时间

五更	夜间时辰	五鼓	五夜	现代时间
一更	黄昏	一鼓	甲夜	19:00 ～ 21:00
二更	人定	二鼓	乙夜	21:00 ～ 23:00
三更	夜半	三鼓	丙夜	23:00 ～ 01:00
四更	鸡鸣	四鼓	丁夜	01:00 ～ 03:00
五更	平旦	五鼓	戊夜	03:00 ～ 05:00

7. 天干

在中国历法中，甲、乙、丙、丁、戊、己、庚、辛、壬、癸被称为"十天干"，子、丑、寅、卯、辰、巳、午、未、申、酉、戌、亥被称为"十二地支"。

干支纪年是中国古代的一种纪年法，即以十天干和十二地支按照顺序组合起来纪年，如甲子、乙丑等。在干支纪年法中，以甲子为首，经过六十年又回到甲子，故一甲子为六十年。

【真题回顾】(2018 年下半年真题)

【单项选择题】作为计量单位，"光年"和"甲子"分别是（　　　　）

A. 时间单位、时间单位

B. 长度单位、长度单位

C. 时间单位、长度单位

D. 长度单位、时间单位

【答案】D

【解析】光年是长度单位，光年是光在宇宙真空中沿直线传播一年的距离。甲子为干支之一，古人称六十年为一个甲子，所以甲子是时间单位。故选 D。

（二）传统思想

我国古代不同历史时期有不同的代表思想，如表 4-3-2 所示。

表 4-3-2　我国古代不同历史时期的代表思想

时期	派别	代表人物	主要思想及政治主张	主要作品
春秋战国时期	儒家	孔子	创立儒学，以"仁"为核心；"德政"强调统治者以德治民；主张"克己复礼"，使每个人的行为符合"礼"的要求	《论语》
		孟子	"仁政"，提出"民贵君轻"的民本思想，主张"性本善"	《孟子》
		荀子	主张施政用"仁义"和"王道"，"以德服人"，提出"君舟民水"观点；主张"性恶论"	《荀子》
春秋战国时期	道家	老子	创立道家学派，思想核心是"朴素的辩证法"；在政治上，主张"无为而治、不言之教"	《道德经》
		庄子	庄子认为万物是相对的，认为"道"是客观真实的存在，"道"是宇宙万物的本源	《庄子》
	法家	韩非子	主张以法治国，法、权、势相结合	《韩非子》
	墨家	墨子	主张"兼爱""非攻""尚贤"	《墨子》
西汉	新儒学	董仲舒	提出"春秋大一统""罢黜百家、独尊儒术""君权神授""天人合一""天人感应""三纲五常"	《春秋繁露》
魏晋	玄学	何晏、王弼、阮籍、嵇康、向秀、郭象	"贵无论""名教本于自然""无待而独化说"等	《老子注》《周易注》《通易论》《庄子注》
宋明	程朱理学	"二程"程颢、程颐	天理是万物的本源，理先物后；认为"人论者，天理也"；提出"格物致知"	《周易程氏法》
		朱熹	强调"存天理，灭人欲"	《四书章句集注》
	心学	陆九渊	主张"心"是万物的本源，"心"即"理"	《象山先生全集》
		王阳明	宣扬"心外无物""心外无理""致良知""知行合一"	《王文成共全书》

		李贽	破除对孔子和儒家经典的迷信,批判道学家"存天理,灭人欲"的思想,强调人正当的私欲	《焚书》《藏书》
明清	儒学	黄宗羲	指出君主专制是天下之大害,提出"天下为主,君为客"的民主思想	《明夷待访录》
		顾炎武	提出"经世致用""天下兴亡,匹夫有责"	《日知录》
		王夫之	认为世界是物质的,事物是客观存在的;静止是相对的,运动是绝对的; 朴素的辩证法思想	《周易外传》

【真题回顾】(2022年上半年真题)

【单项选择题】理学,也叫道学,是宋明儒家哲学思想,影响深远。很多思想家为理学的形成和发展作出了重要贡献。下列理学家中,人称"濂溪先生"的是(   )。

A.周敦颐   B.邵雍   C.程颢   D.王守仁

【答案】A。

【解析】本题考查宋明理学家及其称号。A周敦颐,字茂叔,号濂溪,世称"濂溪先生",是宋朝儒家理学思想的开山鼻祖,文学家、哲学家;B邵雍,字尧夫,自号"安乐先生""伊川翁"等,北宋理学家、数学家、诗人;C程颢,号明道,世称"明道先生",北宋理学家、教育家,理学的奠基者;D王守仁,本名王云,字伯安,号阳明,又号"乐山居士",明朝杰出的思想家、文学家、军事家、教育家。故选A。

(三)传统节日

1.春节

春节是中国民间最隆重的传统节日,自汉武帝太初元年始,以夏年(农历)正月初一为"岁首",即"年",年节的日期由此固定下来,延续至今。春节,又叫阴历年,俗称"过年""新年"。春节的习俗有蒸年糕、贴春联、贴年画和拜年等。

2.元宵节

元宵节又称正月半、上元节、灯节、元夕、元夜。元宵节的习俗有赏花灯、闹年鼓、迎厕神、猜灯谜等。宋代开始有吃元宵(汤圆)的习俗。

3.寒食节

寒食节是我国民间传统节日,在冬至后的一百零五天或一百零六天,在清明前一、二日。节日里严禁烟火,只能吃寒食。该节日原为纪念介子推而设。

4.清明节

清明节是我国传统祭祖节日。清明节按农历算在三月上半月,按公历算则在每年四月五日或六日。其习俗有扫墓、踏青、荡秋千、放风筝、插柳戴花等。

5.端午节

端午节,又称端阳节,原是月初午日的仪式,因"五"与"午"同音,农历五月初五遂成端午节。一般认为，该节与纪念屈原有关。屈原忠而被黜，投水自尽，于是人们以吃粽子、赛龙舟等方式来悼念他。端午节的习俗有喝雄黄酒、挂香袋、吃粽子、插花和菖蒲、斗百草、驱"五毒"等。

6. 乞巧节

乞巧节，又称少女节或七夕。每年七月初七晚上，女孩子们趁织女与牛郎团圆之际，摆设香案，穿针引线，向织女乞求织布绣花的技巧。

7. 中元节

七月十五日，俗称七月半，道教称为中元节，佛教称为盂兰节，民间旧称鬼节，在农历七月十五日，部分在七月十四日。中元节习俗主要是上坟扫墓，祭祀祖先。

8. 中秋节

中秋节是我国民间传统节日，又称团圆节。中秋节庆源自古人对月亮的祭祀，是中华民族祭月习俗的遗存和衍生。农历八月在秋季之中，八月十五又在八月之中，故称中秋。中秋节的主要习俗有赏月、祭月、观潮、吃月饼等。

9. 重阳节

重阳节是我国民间传统节日。农历九月初九为"重阳"，有登高望远、赏菊赋诗、喝菊花酒、插茱萸等习俗。现定为老人节。

10. 腊日

腊日是我国民间传统节日，在农历十二月初八。这是古代岁末祭祀祖先、祭拜众神、庆祝丰收的节日。腊日通常在每年的最后一个月（腊月）举行，南北朝时腊日已固定在农历十二月初八。腊日有吃赤豆粥、祭拜祖先等习俗。佛教的腊八粥后也渗入腊日习俗。

11. 除夕

除夕是我国民间传统节日。农历十二月最后一天夜晚，全家团聚吃"年饭"（年夜饭、团圆饭）。此夜大家通宵不眠，谓之"守岁"。零点时在庭前拢火燃烧（古称"庭燎"，取其兴旺之意），并在这"岁之元，月之元，时之元"的"三元"之时抢先放出三个"冲天炮"（燃爆竹），以求首先发达，大吉大利。

（四）古代教育

1. 古代科举制度

1）察举

察举是汉代选拔官吏的一种制度。察举有考查、推举的意思，又称荐举，由侯国、州郡的地方长官在辖区内随时考查、选取人才，推荐给上级或中央，经过试用考核任命官职。这一制度容易出现官吏被世家大族垄断的弊端。

2）征辟

征辟是汉代选拔官吏的一种制度。征，指皇帝征聘社会知名人士到朝廷充任要职。辟，指中央官署的高级官僚或地方政府的官吏任用属吏，再向朝廷推荐。

3）孝廉

孝廉是汉代察举制的科目之一。孝廉是孝顺父母、办事廉正的意思。实际上察举多为世族大家垄断,互相吹捧,弄虚作假。当时有童谣讽刺:"举秀才,不知书;举孝廉,父别居。"

4) 科举

科举是中国历代封建王朝通过考试选拔官吏的一种制度,由于采用分科取士的办法,所以称作科举。从隋代至明清,科举制实行了一千三百多年。

5) 童生试

童生试又称"童试",是明代由提学官主持、清代由各省学政主持的地方科举考试,包括县试、府试和院试三个阶段,院试合格后取得生员(秀才)资格,方能进入府、州、县学学习,所以又称入学考试。其应试者不分年龄大小都称童生。

6) 乡试

乡试是指明清两代每三年在各省省城(包括京城)举行的考试,因在八月举行,故又称秋闱(闱,考场)。主考官由皇帝委派。考后发布正、副榜,正榜所取的称作举人,第一名称作解元。

7) 会试

会试是指明清两代每三年在京城举行的考试,因在春季举行,故又称春闱。考试由礼部主持,皇帝任命正、副总裁,各省的举人及国子监监生皆可应考,录取三百名为贡士,第一名称作会元。

8) 殿试

殿试为科举制最高级别的考试,皇帝在殿廷上对会试录取的贡士亲自策问,以定甲第。录取分为三甲:一甲三名,赐"进士及第"的称号,第一名称状元(鼎元),第二名称榜眼,第三名称探花;二甲若干名,赐"进士出身"的称号;三甲若干名,赐"同进士出身"的称号。

9) 及第

科举考试应试中选的称作及第,应试未中选的称作落第、下第。"登科"是及第的别称,也就是考中进士。

10) 进士

进士是科举考试的最高功名。贡士参加殿试录为三甲都称作进士。据统计,在我国一千三百多年的科举制度史上,考中进士的总数约十万人。

11) 连中三元

科举考试以名列第一者为元,凡在乡、会、殿三试中连续获得第一名,被称为"连中三元"。据史料统计,历史上连中三元的至少有16人。

12) 鼎甲

殿试一甲三名:状元、榜眼、探花,如一鼎之三足,故称鼎甲。状元居鼎甲之首,因而别称鼎元。

13) 八股文

八股文是明清科举考试制度所规定的一种文体,又称时文、制义、制艺、时艺、四书文、八比文。这种文体有一套固定的格式,规定由破题、承题、起讲、入手、起股、中股、后股、束股八个部分组成,每一部分的句数、句型也都有严格的限定。八股文的题目,出自四书五经;八股文的内容,不许超出四书五经范围,要模拟圣贤的口气,传达圣贤的思想,考生不得自由发挥。无论是内容还是形式,八股文起到了束缚思想、摧残人才的消极作用。

14) 金榜

古代科举制度殿试后录取进士，揭晓名次的布告，因用黄纸书写，故称黄甲、金榜，多由皇帝点定，俗称皇榜。考中进士就称金榜题名。

【真题回顾】(2014 年下半年真题)

【单项选择题】我国科举考试中有"连中三元"之说，其中"三元"指的是（　　）。

A. 秀才、举人、进士　　　　B. 状元、榜眼、探花

C. 解元、会元、状元　　　　D. 乡试、会试、殿试

【答案】C

【解析】"三元及第"一词源于中国古代的科举考试，指乡试、会试、殿试皆得第一的考生。连续考中乡试、会试、殿试第一名者称为"连中三元"。乡试第一名称为"解元"，会试第一名称为"会元"，殿试第一名称为"状元"或"殿元"，合称"三元"。故选 C。

15) 同年

科举时代同榜录取的人互称同年。

2. 学校制度

1) 校

校是夏代学校的名称，是举行祭祀礼仪和教习射御、传授书数的场所。

2) 庠

庠是殷商时代学校的名称，《孟子·齐桓晋文之事》："谨庠序之教，申之以孝悌之义。"

3) 序

序是周代学校的名称。《孟子·滕文公》："设为庠序学校以教之。"古人常以庠序称地方学校，或泛指学校或教育事业。

4) 国学

先秦学校分为两大类：国学和乡学。国学为天子或诸侯所设，包括太学和小学两种。太学、小学教学内容都以"六艺"（礼、乐、射、御、书、数）为主，小学尤以书、数为主。

5) 乡学

乡学是与国学相对而言的，泛指地方所设的学校，即平民学校。

6) 太学

太学是中国封建时代的教育行政机构和最高学府。魏晋至明清或设太学，或设国子学（监），或两者同时设立，名称不一，制度也有变化，但都是教授王公贵族子弟的最高学府，就学的生员皆称太学生、国子生。

7) 国子监

汉魏设太学，西晋改称国子学，隋又称国子监，从此国子监与太学互称，二者是最高学府，同时兼有教育行政机构的职能。

8) 书院

书院是唐宋至明清出现的一种独立的教育机构，是私人或官府所设的聚徒讲授、研究学问的场所。宋代著名的四大书院是：江西庐山的白鹿洞书院、湖南善化的岳麓书院、湖

南衡阳的石鼓书院和河南商丘的应天府书院。

9) 学官

学官是古代主管学务的官员和官学教师的统称，如祭酒、博士、助教、提学、学政、教授和教习、教谕等。

10) 祭酒

祭酒是古代主管国子监或太学的教育行政长官。战国时荀子曾三任稷下学宫的祭酒，相当于现在的大学校长。

11) 博士

博士在古代是官名，现为学位名称。博士在秦汉时是掌管书籍文典、通晓史事的官职，后成为学术上专通一经或精通一艺、从事教授生徒的官职。

12) 司业

司业是学官名，为国子监或太学副长官，相当于现在的副校长，协助祭酒主管教务训导之职。

13) 学政

学政是学官名，是"提督学政"的简称，指由朝廷委派到各省主持院试，并督察各地学官的官员。学政一般由翰林院或进士出身的京官担任。

14) 教授

教授原指传授知识、讲课授业，后成为学官名。汉唐以后各级学校均设教授，主管学校课试具体事务。

15) 助教

助教是学官名，是国子监或太学的学官，协助国子祭酒和国子博士教授生徒，又称国子助教。

16) 监生

监生指国子监的学生，或由学政考取，或由地方保送，或由皇帝特许，后来成为虚名，捐钱就能取得监生资格。

17) 诸生

诸生是明清时期经考试录取而进入府、州、县各级学校学习的生员的统称。生员有增生、附生、廪生、例生等。

（五）神话传说

我国古代神话故事和民间传说主要有：盘古开天辟地、女娲补天、嫘祖始蚕、神农尝百草、百鸟朝凤、鲧伯取土、共工怒触不周山、后羿射日、嫦娥奔月、夸父逐日、羲和浴日、大禹治水、精卫填海、七仙女与董永、愚公移山、牛郎织女、吴刚伐桂、黄帝战蚩尤、八仙过海、神笔马良、孟姜女哭长城、梁祝化蝶等。

【真题回顾】（2022年下半年真题）

【单项选择题】中国古代神话中有一个人物，被砍了头仍不甘屈服。他以两乳为目，肚脐当口，依然操着盾，握着斧，这个神话人物是（　　）。

A. 蚩尤　　　　B. 后羿　　　　C. 刑天　　　　D. 共工

【答案】C

【解析】本题考查中国古代神话人物。据《山海经·海外西经》记载，刑天和黄帝（一说天帝）争位，被斩去头颅，失了首级后，以自身双乳作眼、肚脐为嘴的形态存活，双手各持一柄利斧和一面盾牌作战。故选C。

（六）成语典故

1. 成语产生的时期及主人公

1) 战国时期

完璧归赵（蔺相如）、围魏救赵（孙膑）、退避三舍（重耳）、毛遂自荐（毛遂）、负荆请罪（廉颇）、纸上谈兵（赵括）、一鼓作气（曹刿）、千金买骨（郭隗）、讳疾忌医（蔡桓公）、卧薪尝胆（勾践）、杀妻求将（吴起）、惊弓之鸟（更羸）、高山流水（俞伯牙、钟子期）等。

2) 秦朝

一字千金（吕不韦）、指鹿为马（赵高）、焚书坑儒（秦始皇）、图穷匕见（荆轲）、悬梁刺股（孙敬、苏秦）等。

3) 汉朝

一饭千金（韩信）、四面楚歌（项羽）、背水一战（韩信）、破釜沉舟（项羽）、约法三章（刘邦）、孺子可教（张良）、暗度陈仓（韩信）、十面埋伏（项羽）、手不释卷（刘秀）、金屋藏娇（刘彻）、多多益善（韩信）、老当益壮（马援）、投笔从戎（班超）、马革裹尸（马援）、无颜见江东父老（项羽）等。

4) 三国时期

鞠躬尽瘁（诸葛亮）、三顾茅庐（刘备）、煮豆燃萁（曹植）、刮目相看（吕蒙）、初出茅庐（诸葛亮）、乐不思蜀（刘禅）、七步成诗（曹植）、相煎何急（曹丕、曹植）、言过其实（马谡）、七擒七纵（诸葛亮）、宝刀不老（黄忠）、才高八斗（曹植）、一身是胆（赵云）、封金挂印（关羽）、单刀赴会（关羽）、望梅止渴（曹操）等。

5) 魏晋南北朝

入木三分（王羲之）、闻鸡起舞（祖逖）、东山再起（谢安）、洛阳纸贵（左思）、草木皆兵（苻坚）、凿壁偷光（匡衡）、狗尾续貂（司马伦）、画龙点睛（张僧繇）、江郎才尽（江淹）等。

6) 宋朝

黄袍加身（赵匡胤）、精忠报国（岳飞）、东窗事发（秦桧）、胸有成竹（文与可）等。

2. 寓言故事成语

坐井观天、井底之蛙、刻舟求剑、狐假虎威、守株待兔、揠苗助长、叶公好龙、自相矛盾、掩耳盗铃、南辕北辙、画蛇添足、滥竽充数、亡羊补牢、杯弓蛇影、买椟还珠、夜郎自大、黔驴技穷、杞人忧天等。

【真题回顾】(2021年上半年真题)

【单项选择题】下列历史人物中，与成语"相煎何急"直接相关的是（　　）。

A. 班固与班超　　B. 廉颇与蔺相如　　C. 曹丕与曹植　　D. 周瑜与诸葛亮

【答案】C

【解析】南朝宋·刘义庆《世说新语·文学》记载："文帝(曹丕)尝令东阿王(曹植)七步中作诗，不成者行大法。应声便为诗曰：'煮豆持作羹，漉菽以为汁。其在釜下燃，豆在釜中泣。本是同根生，相煎何太急'。"因而得知，与相煎何急有关的是曹丕与曹植。故选C。

【真题回顾】(2019年上半年真题)

【单项选择题】中国象棋蕴含了丰富的历史文化，棋盘中间的间隔处，通常被称为"楚河汉界"。与其中的"楚""汉"相关的历史人物是( )。

A.项羽　刘邦　　B.曹操　袁绍　　　C.苻坚　谢安　　　D.孙膑　庞涓

【答案】A

【解析】秦末农民起义，项羽、刘邦等势力推翻秦朝。项羽和刘邦两大势力为了争夺政权，项羽自封为"西楚霸王"，封刘邦为"汉王"，故称"楚汉相争"。因此，与"楚""汉"相关的历史人物是项羽和刘邦。故选A。

二、中国文学名家名作

(一)上古时期

神话是上古时期的人们对其所接触的自然现象、社会现象所幻想出来的有艺术意味的解释和描述的集体口头创作。

上古神话主要有三方面的内容：一是解释自然现象，如女娲补天、女娲造人、盘古开天辟地；二是反映人类与自然之间的斗争，如大禹治水、后羿射日、精卫填海；三是反映社会战争，如黄帝战蚩尤。

记载上古文化的文学作品主要有《淮南子》《山海经》《庄子》等。

(二)先秦文学

先秦文学的成就主要在于诗歌和散文。

1.诗歌

先秦诗歌名篇及其内容简介如表4-3-3所示。

表4-3-3　先秦诗歌名篇及其内容简介

作品	内容简介
《诗经》	《诗经》是我国第一部诗歌总集，收录了西周初年至春秋中叶大约五百多年的305篇诗歌，《诗经》在先秦时期称为《诗》，或取其整数称《诗三百》，西汉时尊为儒家经典，始称《诗经》，并沿用至今；《诗经》西汉时被奉为儒家经典；《诗经》的表现手法为赋、比、兴；《诗经》在内容上分为《风》《雅》《颂》三个部分
《楚辞》	《楚辞》是中国文学史上第一部浪漫主义诗歌总集，是西汉刘向将屈原、宋玉等人的作品汇编成集，共17篇；屈原是中国历史上一位伟大的爱国诗人，中国浪漫主义文学的奠基人，"楚辞"的创立者和代表作家，开辟了"香草美人"的传统，被誉为"楚辞之祖"；屈原的主要作品有《离骚》《九歌》《九章》《天问》等，《离骚》和《诗经》中的《国风》并称为"风骚"

【单项选择题】下列关于《离骚》的表述，不正确的是（　　）。

A. 战国时诗人屈原的代表作　　　　B. 我国古代最长的爱情诗

C. 运用了"香草美人"的比兴手法　　D. 具有积极的浪漫主义精神

【答案】B

【解析】我国古代最长的爱情诗是《孔雀东南飞》。故选B。

2. 历史散文

先秦文学历史散文名篇及其地位如表4-3-4所示。

表4-3-4　先秦文学历史散文名篇及其地位

作品	内 容 及 地 位
《国语》	《国语》是我国现存最早的一部国别体史书，记录了周朝王室和鲁、齐、晋、郑、楚、吴、越8个国家的史事
《尚书》	《尚书》又称《书》《书经》，是我国第一部上古历史文件和部分追述古代事迹著作的汇编，分为《虞书》《夏书》《商书》《周书》，是儒家五经之一
《春秋》	《春秋》是我国现存的第一部编年体史书，是周朝时期鲁国的国史，现存版本据传是孔子修订而成；《春秋》用于记事的语言极其简练，句子中暗含褒贬之意，被后人称为"春秋笔法""微言大义"
《左传》	《左传》是我国古代第一部叙事完备的编年体史书，相传为左丘明著，是儒家重要经典之一，与《公羊传》《谷梁传》合称"春秋三传"
《战国策》	《战国策》是我国一部国别体史书，主要记载战国时期各国谋臣策士的政策主张和言行策略，展示了战国时代的历史特点和社会风貌，是研究战国历史的重要典籍

3. 诸子散文

先秦文学诸子散文名篇及其主要内容如表4-3-5所示。

表4-3-5　先秦文学诸子散文及其主要内容

作品	内 容 简 介	相关典故、成语、名篇
《论语》	《论语》是一部语录体散文集，主要记载孔子及其弟子言行，较为集中地体现了孔子及儒家学派的政治主张、伦理思想、道德观念及教育原则等；南宋时，朱熹将《论语》与《大学》《孟子》《中庸》合为"四书"	"升堂入室""诲人不倦""有教无类""知之为知之，不知为不知，是知也"
《道德经》	《道德经》又称《道德真经》《老子》等，传说是春秋时期的老子（李耳）所撰写，是道家哲学思想的重要来源，主要论述修身、治国、用兵、养生之道	"祸兮，福之所倚；福兮，祸之所伏"
《庄子》	《庄子》又名《南华经》，道家学派著作，是战国时期庄子及其学生所著；庄子主张"天人合一"和"清静无为"；《庄子》与《老子》《周易》合称"三玄"；《庄子》一书主要反映了庄子的批判哲学、艺术、美学、审美观等	"庖丁解牛""相濡以沫""望洋兴叹""贻笑大方""邯郸学步"

《孟子》	《孟子》由孟子及其弟子共同编撰而成，是战国时期孟子的言论汇编，主要记载孟子与其他各家思想的争辩，对弟子的言传身教，游说诸侯等内容；孟子与孔子并称"孔孟"，孟子提出"民贵君轻"的民本思想	"揠苗助长""五十步笑百步""流连忘返""顾左右而言他"
《荀子》	《荀子》是战国后期儒家学派重要的著作，是战国时期荀子和弟子们整理或记录他人言行的哲学著作；荀子提倡性恶论，强调后天的学习；荀子是第一个使用赋的名称和用问答体写赋的人，同屈原一起被称为"辞赋之祖"	名篇：《劝学》
《韩非子》	《韩非子》是法家经典著作，是战国时期思想家、法家韩非的著作总集，是后人辑集而成的	"千里之堤，毁于蚁穴""自相矛盾""三人成虎"等；名篇：《扁鹊见蔡桓公》《智子疑邻》《五蠹》等

（三）两汉文学

1. 散文

两汉散文代表名家及其作品如表 4-3-6 所示。

2. 诗歌

两汉诗歌的代表主要如下：

1）汉乐府

"乐府"是汉武帝时设立的一个官署，职责是采集民间歌谣或文人的诗来配乐，以备朝廷祭祀或宴会时演奏之用。它搜集整理的诗歌，汉人叫作"歌诗"，魏晋时始称"乐府"或"汉乐府"，后世称为"乐府诗"。其代表篇目有《陌上桑》《长歌行》《孔雀东南飞》等。

表 4-3-6　两汉散文名家及其作品

人物	主要作品	作品概述
贾谊	《新书》	贾谊还著有《吊屈原赋》等赋，开"史论"之先河，其赋上承楚辞下启汉赋，影响很大；《过秦论》《论积贮疏》是他的代表作
司马迁	《史记》	《史记》是我国第一部纪传体通史，被鲁迅誉为"史家之绝唱，无韵之离骚"
班固	《汉书》	《汉书》是我国第一部纪传体断代史，与《史记》《三国志》《后汉书》并称"前四史"
刘安	《淮南子》	《淮南子》由西汉刘安及其门客编辑，最有名的篇章有《共工怒触不周山》《塞翁失马》，"女娲补天""后羿射日""嫦娥奔月"等故事均出于此

《孔雀东南飞》是汉乐府叙事诗发展的高峰，是我国古代最长的叙事诗，与北朝乐府

民歌《木兰辞》合称"乐府双璧"。

2)《古诗十九首》

《古诗十九首》是东汉后期的无名文人创作的一组五言抒情诗，代表着汉代诗歌的最高成就。《古诗十九首》是乐府古诗文人化的显著标志，深刻地再现了文人在汉末社会思想大转变时期，追求的幻灭与沉沦、心灵的觉醒与痛苦。全诗语言朴素自然，描写生动真切，具有浑然天成的艺术风格，被刘勰在《文心雕龙》里称为"五言之冠冕"。

3. 汉赋

汉赋，是在汉朝涌现出的一种有韵的散文，它的特点是散韵结合，专事铺叙。

汉赋分为骚体赋、大赋、小赋。骚体赋的代表作为贾谊的《吊屈原赋》；大赋的代表作为枚乘的《七发》，司马相如的《子虚赋》《上林赋》；小赋的代表作有张衡的《归田赋》《西京赋》《东京赋》。

汉赋四大家：司马相如、扬雄、班固、张衡。

（四）魏晋南北朝文学

1. 诗歌

1) 建安文学

建安文学，是指汉末建安至魏初的文学，因主要创作时间集中在建安年间而得名。

建安文学代表作家是"三曹"(曹操、曹丕、曹植)，"建安七子"(孔融、陈琳、王粲、徐干、阮瑀、应玚、刘桢)和蔡琰等。建安作家通过文字直抒胸襟，抒发渴望建功立业的雄心壮志，掀起了我国诗歌史上文人创作的第一个高潮。

建安文学继续了汉乐府民歌的现实主义传统，普遍采用五言形式，以风骨遒劲而著称，并具有慷慨悲凉的阳刚之气，文学史上称这种风格为"建安风骨"。

"三曹"代表作品如表 4-3-7 所示。

表 4-3-7　"三曹"代表作品

人物	代表作	经典名句 / 地位
曹操	《龟虽寿》《观沧海》《短歌行》	①《龟虽寿》名句："老骥伏枥，志在千里；烈士暮年，壮心不已。" ②《观沧海》名句："日月之行，若出其中，星汉灿烂，若出其里。" ③《短歌行》名句："青青子衿，悠悠我心。但为君故，沉吟至今。呦呦鹿鸣，食野之苹。我有嘉宾，鼓瑟吹笙。"
曹丕	《燕歌行》《典论·论文》《与吴质书》	《燕歌行》，是我国现存最早的一首完整的七言诗
曹植	《洛神赋》《七步诗》《名都篇》《白马篇》	"翩若惊鸿，婉若游龙"

2) 竹林七贤

竹林七贤，是指三国魏正始年间，嵇康、阮籍、山涛、向秀、刘伶、王戎及阮咸七人，因常在当时的山阳县竹林之下，喝酒、纵歌、肆意酣畅，世谓七贤，后与地名竹林合称"竹林七贤"。

竹林七贤的作品基本上继承了建安文学的精神，但由于当时的血腥统治，作家不能直抒胸臆，所以不得不采用比兴、象征、神话等手法，隐晦曲折地表达自己的思想感情。

3) 陶渊明

陶渊明，东晋文学家，名潜，字元亮，号五柳先生，世称靖节先生。陶渊明开创了田园诗派，代表作有《桃花源记》《归去来兮辞》《归园田居》《饮酒》等。

4) 谢灵运

谢灵运，南朝时期杰出诗人、文学家，开创了中国文学史上的山水诗派，代表作有《登池上楼》。

5) 南北朝民歌

南北朝民歌是继汉乐府民歌之后出现的又一批人民口头创作，是中国诗歌史上又一新的发展。

南北朝民歌也呈现出不同的色彩、情调与风格。南朝民歌清丽缠绵，更多地反映了人民真挚纯洁的爱情生活，代表作品是抒情长诗《西洲曲》；北朝民歌粗犷豪放，广泛地反映了北方动乱不安的社会现实和人民的生活风习，其代表作是叙事长诗《木兰诗》，与汉乐府《孔雀东南飞》合称"乐府双璧"。

2. 散文

魏晋南北朝时期的散文名家其作品主要有诸葛亮的《出师表》、范晔的《后汉书》、陈寿的《三国志》、王羲之的《兰亭集序》、郦道元的《水经注》、李密的《陈情表》、吴均的《与朱元思书》。

3. 小说

1) 志怪小说

志怪小说，是指在魏晋南北朝动荡的时代背景下，佛道方术思想盛行，由此形成了以记述有关神仙鬼怪的民间故事和传说为主的文学作品。

志怪小说的代表为干宝的《搜神记》，其中有《东海孝妇》《干将莫邪》《李寄斩蛇》《吴王小女》等传说故事。

2) 志人小说

志人小说，是指魏晋南北朝流行的专记人物言行和记载历史人物的传闻轶事的一种杂录体小说，又称清谈小说、轶事小说。

志人小说的代表为刘义庆的《世说新语》，成语"一往情深""拾人牙慧""难兄难弟""咄咄怪事"等均出自此书。

4. 文学理论

魏晋南北朝时期的文学理论代表及其作品主要有：

(1) 曹丕的《典论·论文》是中国文学批评史上第一部文学专论，标志着中国古代文论开始步入自觉期。

(2) 晋代陆机的《文赋》是一部文艺理论作品。

(3) 南朝刘勰的《文心雕龙》是中国文学理论批评史上第一部有严密体系的文学理论专著。

(4) 钟嵘的《诗品》是我国第一部诗论专著。

【单项选择题】《搜神记》是魏晋南北朝志怪小说中最完整、最有代表性的作品集。它汇集了晋朝前民间传说中的神奇怪异故事，很多故事都具有比较积极的意义，对后世影响深远。下列选项中，不是出自《搜神记》的故事是(　　)。

A.《牛郎织女》　　　B.《李寄斩蛇》　　　C.《干将莫邪》　　　D.《吴王小女》

【答案】A

【解析】《牛郎织女》的神话传说源自《诗经》。故选 A。

（五）唐代文学

1. 诗词散文

唐代著名诗人及其代表作如表 4-3-8 所示。

表 4-3-8　唐代著名诗人及其代表作

诗人	诗人简介	代表作品	经典名句
王勃	字子安，"初唐四杰"（王勃、杨炯、卢照邻、骆宾王）之一	《送杜少府之任蜀州》《滕王阁序》	"海内存知己，天涯若比邻""落霞与孤鹜齐飞，秋水共长天一色"
陈子昂	初唐诗文革新人物之一，反对齐梁文学绮靡文风，提倡"风雅""兴寄""汉魏风骨"	《登幽州台歌》《感遇三十八首》《蓟丘览古赠卢居士藏用七首》	"前不见古人，后不见来者。念天地之悠悠，独怆然而涕下"
李白（诗仙）	字太白，号青莲居士，唐代浪漫主义诗人，与杜甫并称为"李杜"	《静夜思》《渡荆门送别》《望天门山》《梦游天姥吟留别》《行路难》《蜀道难》《将进酒》	"长风破浪会有时，直挂云帆济沧海""天生我材必有用，千金散尽还复来"
杜甫（诗圣）	字子美，号少陵野老，唐代现实主义诗人，其诗被称为"诗史"	"三吏"（《潼关吏》《石壕吏》《新安吏》）"三别"（《无家别》《垂老别》《新婚别》）《春夜喜雨》《春望》《登高》《茅屋为秋风所破歌》	"感时花溅泪，恨别鸟惊心""会当凌绝顶，一览众山小"
王维（诗佛）	字摩诘，唐代山水田园诗人、画家	《鸟鸣涧》《送元二使安西》《使至塞上》《观猎》《山居秋暝》	"大漠孤烟直，长河落日圆""劝君更尽一杯酒，西出阳关无故人"

诗人	诗人简介	代表作品	经典名句
孟浩然	本名浩，字浩然，盛唐时期山水田园诗人	《过故人庄》《春晓》《望洞庭湖赠张丞相》《送王昌龄之岭南》	"绿树村边合，青山郭外斜""气蒸云梦泽，波撼岳阳城"
"边塞四诗人"高适、岑参、王昌龄、王之涣	王昌龄被称为"七绝圣手""诗家天子"	高适代表作《燕歌行》；岑参代表作《白雪歌送武判官归京》；王昌龄代表作《出塞》《芙蓉楼送辛渐》；王之涣代表作《凉州词》《登鹳雀楼》	"秦时明月汉时关，万里长征人未还"（王昌龄）；"洛阳亲友如相问，一片冰心在玉壶"（王昌龄）
白居易（诗魔、诗王）	字乐天，号香山居士，唐代伟大的现实主义诗人，与元稹共同倡导新乐府运动，世称"元白"，与刘禹锡并称"刘白"	《长恨歌》《卖炭翁》《琵琶行》	"回眸一笑百媚生，六宫粉黛无颜色""日出江花红胜火，春来江水绿如蓝""在天愿作比翼鸟，在地愿为连理枝"
李贺（诗鬼）	字长吉，唐朝中期浪漫主义诗人，与李白、李商隐合称为"唐代三李"	《雁门太守行》《李凭箜篌引》《昌谷集》	"黑云压城城欲摧，甲光向日金鳞开""女娲炼石补天处，石破天惊逗秋雨"
李商隐	字义山，号玉溪生，晚唐著名诗人，与杜牧合称"小李杜"	《锦瑟》《夜雨寄北》《无题》	"沧海月明珠有泪，蓝田日暖玉生烟""身无彩凤双飞翼，心有灵犀一点通"
杜牧	字牧之，号樊川，世称"杜樊川"	《清明》《泊秦淮》《阿房宫赋》	"商女不知亡国恨，隔江犹唱后庭花""一骑红尘妃子笑，无人知是荔枝来"
韩愈	字退之，世称"韩昌黎""昌黎先生"，是唐代古文运动的倡导者，被后人尊为"唐宋八大家"之首，与柳宗元并称"韩柳"	《师说》《马说》《原毁》	"业精于勤，荒于嬉""弟子不必不如师，师不必贤于弟子"
柳宗元	字子厚，世称"柳河东""河东先生"，"唐宋八大家"之一，积极倡导古文运动	《江雪》《渔翁》《捕蛇者说》	"孤舟蓑笠翁，独钓寒江雪""春风无限潇湘意，欲采 花不自由"

【真题回顾】(2016 年下半年真题)

【单项选择题】下列关于韩愈、柳宗元的表述，不正确的是（　　）。

A. 韩愈、柳宗元都是唐代文学家　　　　B. 他们倡导了著名的"古文运动"

C. 他们力倡内容充实、形式严整的散文　　D. 他们同是"唐宋八大家"的重要成员

【答案】C

【解析】韩愈、柳宗元都是"唐宋八大家"的成员，是古文运动的倡导者，他们主张废弃华而不实的骈文，主张创作内容充实、形式自由的散文。故选C。

2.唐传奇

唐传奇，是指唐代文人创作的文言短篇小说。其内容除了记述神灵鬼怪外，还大量记载人间的各种世态。其代表作品有李朝威的《柳毅传》、白行简的《李娃传》、蒋防的《霍小玉传》和陈鸿的《长恨歌传》等。

（六）宋代文学

1.诗词

1) 豪放派

宋词豪放派的代表人物是苏轼、辛弃疾。

苏轼，字子瞻，号东坡居士，与其父苏洵、弟苏辙号称"三苏"，著有《苏东坡集》，代表作有《江城子·密州出猎》《念奴娇·赤壁怀古》等。

辛弃疾，字幼安，号稼轩，与苏轼并称"苏辛"，著有《稼轩长短句》，名篇有《摸鱼儿》《永遇乐》《清平乐》等。

2) 婉约派

宋词婉约派的代表人物是柳永、李清照。

柳永，字耆卿，因排行第七，又称柳七，代表作有《雨霖铃》《八声甘州》。柳永大力创作慢词，情景交融，语言通俗，有"凡有井水饮处，皆能歌柳词"之说。

李清照，北宋女词人，号易安居士，婉约派代表，有"千古第一才女"之称。后人辑有《漱玉集》《漱玉词》。她的代表作有《武陵春》《如梦令》等。

3) 爱国诗人

宋代爱国诗人代表有陆游、文天祥。

陆游，南宋爱国诗人，字务观，号放翁，是我国古代诗人当中创作数量最多的一个，存诗9300多首，代表作有《十一月四日风雨大作》《示儿》《关山月》等。

文天祥，南宋政治家、诗人，创作了许多爱国主义的诗文，著有《指南录》，代表作有《正气歌》《过零丁洋》等。

2.散文

欧阳修，字永叔，号醉翁，晚号六一居士，是在宋代文学史上最早开创一代文风的文坛领袖，与韩愈、柳宗元、苏轼、苏洵、苏辙、王安石、曾巩合称"唐宋八大家"，并与韩愈、柳宗元、苏轼被后人合称"千古文章四大家"。他的代表作有《醉翁亭记》《伶官传序》等。

王安石，字介甫，号半山，北宋政治家、文学家，提倡变法，著有《王临川集》等，代表作有《伤仲永》《游褒禅山记》等。

苏洵，字明允，号老泉，著作以史论、政论为主，著有《嘉祐集》《六国论》。

苏轼，字子瞻，号东坡居士，著有《东坡全集》《东坡志林》，代表作有《石钟山记》《教战守策》等。

苏辙，字子由，晚号颍滨遗老，以散文著称，擅长政论和史论，著有《栾城集》等。

曾巩，字子固，世称"南丰先生"，北宋政治家、散文家，代表作有《墨池记》《战国策目录序》等。

范仲淹，字希文，谥号文正公，北宋政治家、文学家，著有《范文正公集》，其中《岳阳楼记》为千古名篇。

司马光，字君实，北宋政治家、史学家；反对王安石变法，主持编写编年体史书《资治通鉴》，代表作有《训俭示康》《赤壁之战》等。

周敦颐，字茂叔，北宋哲学家，代表作《爱莲说》。

（七）元曲

元曲是盛行于元代的一种文艺形式，包括杂剧和散曲，有时专指杂剧。

杂剧是宋代以滑稽搞笑为特点的一种表演形式，元代发展成戏曲形式。

散曲是盛行于元、明、清三代的没有宾白的曲子形式，内容以抒情为主，有小令和套数两种。

1.元曲四大家

"元曲四大家"指的是关汉卿、白朴、马致远、郑光祖。

关汉卿，号已斋叟，我国古代第一位伟大的戏剧家。其主要作品为杂剧《窦娥冤》《救风尘》《望江亭》《单刀会》等。

白朴，字仁甫，代表作主要有杂剧《唐明皇秋夜梧桐雨》(简称《梧桐雨》)、《裴少俊墙头马上》(简称《墙头马上》)、《董秀英花月东墙记》(简称《东墙记》)、散曲《天净沙·秋》等。

马致远，号东篱，主要作品为杂剧《汉宫秋》、散曲《天净沙·秋思》等，结为《东篱乐府》，其为元散曲作者中成就最高者之一。

郑光祖，代表作是杂剧《倩女离魂》

2.元杂剧"四大悲剧"和"四大爱情剧"

元杂剧"四大悲剧"：《窦娥冤》《汉宫秋》《梧桐雨》《赵氏孤儿》。

元杂剧"四大爱情剧"：《西厢记》《拜月亭》《墙头马上》《倩女离魂》。

（八）明清文学

明清时期文学代表人物及作品见表4-3-9。

表4-3-9　明清文学作品代表

朝代	类型	代表人物/作品	人物/作品简介
明代	小说	《三国演义》《水浒传》《西游记》	① 罗贯中的《三国演义》是我国历史演义小说的开山之作，也是我国第一部长篇章回体小说； ② 施耐庵的《水浒传》是中国历史上第一部用白话文写成的章回体小说； ③ 吴承恩的《西游记》是浪漫主义长篇神话小说，塑造出齐天大圣孙悟空的形象
		三言二拍："三言"即冯梦龙编著的《喻世明言》《警世通言》和《醒世恒言》；"二拍"即凌濛初的《初刻拍案惊奇》和《二刻拍案惊奇》	三言二拍，以一回一个世俗小故事成就了中国古典短篇白话小说的巅峰之作

续表

朝代	类型	代表人物 / 作品	人物 / 作品简介
明代	戏剧	"临川四梦"，又称"玉茗堂四梦"（汤显祖）	"临川四梦"包含《牡丹亭》《紫钗记》《邯郸记》《南柯记》
	诗文	《卖柑者言》（刘基）；《徐霞客游记》（徐弘祖）	刘基，字伯温，与宋濂、高启并称"明初诗文三大家"；徐弘祖，字振之，号霞客，《徐霞客游记》开辟了地理学上系统观察自然、描述自然的新方向
清代	小说	《红楼梦》（曹雪芹）	曹雪芹，名沾，字梦阮，号雪芹；《红楼梦》是我国古代章回体长篇小说，是中国古典小说的巅峰之作，20世纪以来，学术界产生了以《红楼梦》为研究对象的专门学问——红学
		《官场现形记》（李宝嘉）、《二十年目睹之怪现状》（吴沃尧）、《老残游记》（刘鹗）、《孽海花》（曾朴）	"清末四大谴责小说"
		《聊斋志异》（蒲松龄）	文言短篇志怪小说集
		《儒林外史》（吴敬梓）	我国第一部优秀长篇讽刺小说
清代	戏剧	"南洪北孔"即洪昇和孔尚任，洪昇代表作《长生殿》，孔尚任代表作《桃花扇》	《长生殿》演绎了唐明皇与杨贵妃之间的生死爱情故事；《桃花扇》讲述了秦淮歌妓李香君与明代才子侯方域之间的爱情故事
	诗文	《日知录》（顾炎武）	提出"天下兴亡，匹夫有责"
		《饮冰室合集》（梁启超）	《少年中国说》《谭嗣同》均出自《饮冰室合集》
		《己亥杂诗》《病梅馆记》（龚自珍）	主张"更法""改图"

【真题回顾】(2019年上半年真题)

【单项选择题】京剧《贵妃醉酒》经京剧大师梅兰芳倾尽毕生心血精雕细琢，是梅派经典代表剧目之一。它源自古代一部戏曲，该戏曲是（　　）。

A.《桃花扇》　　　　　　B.《南柯记》
C.《牡丹亭》　　　　　　D.《长生殿》

【答案】D

【解析】《贵妃醉酒》中的贵妃是指杨贵妃，主要描写杨贵妃与唐玄宗相约赏花饮酒，而唐玄宗未至，杨贵妃醉酒自赏的故事。洪昇的《长生殿》演绎了唐明皇与杨贵妃之间的生死爱情故事。故选D。

【单项选择题】章回体小说是中国古代长篇小说的主要形式，主要特点是分回标目，故事连接，段落整齐。下列选项中，不属于章回体小说的是（　　　）。

　　A.《水浒传》　　　　　　　　B.《儒林外史》

　　C.《红楼梦》　　　　　　　　D.《聊斋志异》

【答案】D

【解析】章回小说代表有：《三国演义》《水浒传》《儒林外史》《红楼梦》等。故 A、B、C 不符合题意。《聊斋志异》是中国清朝小说家蒲松龄创作的文言短篇小说集，故选 D。

（九）中国现当代文学

中国现当代文学作品代表见表 4-3-10。

表 4-3-10　中国现当代文学作品代表

人物	人物简介	作品
鲁迅	原名周树人，字豫才，中国现代文学的开拓者和奠基人	小说集《呐喊》《彷徨》《故事新编》；散文集《朝花夕拾》；散文诗集《野草》；杂文集《热风》《坟》《华盖集》《华盖集续编》《而已集》《三闲集》等；《狂人日记》是鲁迅创作的第一个短篇白话日记体小说，也是中国第一部现代白话文小说
郭沫若	原名郭开贞，号尚武，四川乐山人，我国现代文学家、诗人、历史学家、新诗的奠基者	诗歌代表作为《女神》，戏剧代表作为历史剧《屈原》
茅盾	原名沈德鸿，字雁冰，浙江桐乡人，我国现代文学家	长篇小说《子夜》《腐蚀》和"《蚀》三部曲"（《幻灭》《动摇》《追求》）；短篇小说《林家铺子》及"农村三部曲"（《春蚕》《秋收》《残冬》）；散文《白杨礼赞》《风景谈》等
巴金	原名李尧棠，字芾甘，四川成都人，现代著名作家	激流三部曲《家》《春》《秋》，爱情三部曲《雾》《雨》《电》，抗战三部曲《火》《冯文淑》《田惠世》，日记体小说《第四病室》，短篇小说集《神·鬼·人》，随笔《随想录》
老舍	原名舒庆春，字舍予，现代著名小说家，语言艺术大师，新中国第一位获得"人民艺术家"称号的作家	长篇小说《骆驼祥子》《四世同堂》，中篇小说《月牙儿》《我这一辈子》，剧本《茶馆》《龙须沟》等
曹禺	原名万家宝，现代著名剧作家，被称为"中国的莎士比亚"	代表作为话剧《雷雨》《日出》《北京人》《原野》《王昭君》，四幕话剧《雷雨》的问世，被公认为中国现代话剧真正成熟的标志
钱钟书	现代著名作家、学者	长篇小说《围城》，短篇小说集《人·兽·鬼》，散文集《写在人生边上》

人物	人物简介	作　　品
沈从文	现代作家、历史文物研究家	中篇小说《边城》，短篇小说集《沈从文短篇小说习作选》，散文《湘行散记》，学术著作《中国古代服饰研究》等
叶圣陶	原名叶绍钧，我国现代著名作家、教育家	长篇小说《倪焕之》，童话故事《稻草人》，另有短篇小说《多收了三五斗》《夜》等
闻一多	现代著名诗人、学者	1925 年 3 月在美国留学期间创作《七子之歌》，代表作有新诗集《红烛》《死水》等
冰心	原名谢婉莹，福建福州人，现代女作家，著名的儿童文学家	小说《斯人独憔悴》，散文《小橘灯》《樱花赞》《寄小读者》，诗集《繁星》《春水》等
夏衍	原名沈乃熙，字端先，现代剧作家	《赛金花》《法西斯细菌》《上海屋檐下》等
艾青	原名蒋海澄，浙江金华人，现代著名诗人	《大堰河——我的保姆》《黎明的通知》等
莫言	原名管谟业，山东高密人，当代作家	长篇小说《红高粱》《蛙》《丰乳肥臀》等，2012 年获诺贝尔文学奖
余华	当代作家，先锋派小说代表人物	长篇小说《活着》《许三观卖血记》《兄弟》等

三、外国文学名家名作

（一）外国古代文学

1. 古希腊文学

古希腊文学代表人物及其作品如表 4-3-11 所示。

表 4-3-11　古希腊文学代表人物及其作品

类型	代表人物及作品
《伊索寓言》（伊索）	《伊索寓言》对欧洲的寓言文学影响很大，其中的《农夫和蛇》《狐狸和葡萄》《狼和小羊》《龟兔赛跑》《乌鸦喝水》等已家喻户晓
《荷马史诗》（荷马）	《荷马史诗》是《伊利亚特》和《奥德赛》的统称；《荷马史诗》是欧洲文学史上最早的优秀文学巨著，对后世欧洲文学和世界文学的发展有深远影响
戏剧"三大悲剧家"	古希腊"三大悲剧家"指埃斯库罗斯、索福克勒斯、欧里庇得斯
	埃斯库罗斯，希腊悲剧的创始人，被誉为"悲剧之父"，代表作《被缚的普罗米修斯》《波斯人》

类型	代表人物及作品
戏剧"三大悲剧家"	索福克勒斯，被文学史家誉为"戏剧艺术的荷马"，代表作《俄狄浦斯王》《安提戈涅》
	欧里庇得斯，被称为"舞台上的哲学家""心理戏剧鼻祖""命运悲剧"，代表作《美狄亚》《特洛伊妇女》
希腊神话	希腊神话相关人物： 地母盖亚、众神之主宙斯、冥王哈得斯、太阳神阿波罗、月神阿尔忒弥斯、战神阿瑞斯、爱神阿佛洛狄忒、天后赫拉、智慧女神雅典娜、狮身人面的斯芬克斯以及"人类文明缔造者"的普罗米修斯

2. 古罗马文学

维吉尔，古罗马最伟大的诗人，主要作品有《牧歌》《农事诗》《埃涅阿斯纪》，其中《埃涅阿斯纪》被称作欧洲文学史上的"第一部文人史诗"。

3. 古代东方文学

(1) 埃及古代文学，是世界上最古老的文学之一，宗教诗《亡灵书》最负盛名。

(2) 巴比伦古代文学，史诗《吉尔伽美什》被认为是人类最早编定的史诗。

(3) 印度古代文学，两大史诗《摩诃婆罗多》《罗摩衍那》被认为是世界上最长的史诗。

(4) 希伯来古代文学，《旧约》是其代表。

(5)《天方夜谭》，又称《一千零一夜》，阿拉伯民间故事集，内容丰富，规模宏大，被高尔基誉为世界民间文学史上"最壮丽的一座纪念碑"。

（二）中世纪与文艺复兴时期的欧洲文学

1. 中世纪文学

1) 基督教文学

基督教文学，主要是宣传、阐释基督教教义。

2) 英雄史诗

英雄史诗，是欧洲各民族记述本民族英雄人物神奇事迹的长篇叙事诗。其中，《贝奥武夫》是中世纪英雄叙事诗中保存最完整的一部，《罗马之歌》是法国英雄史诗中成就最高、影响最大的一部作品。

3) 骑士文学

骑士文学主要有骑士抒情诗和骑士叙事诗两种。

4) 市民文学

市民文学是市民阶级的意识形态和日常生活的反映，主要代表作是《列那狐传奇》。

2. 文艺复兴时期文学

文艺复兴时期文学代表人物及作品如表4-3-12所示。

表 4-3-12　文艺复兴时期文学代表人物及作品

国家	代表人物	代表作品	作品地位
意大利	但丁	《神曲》（分为《地狱》《炼狱》《天堂》三篇）	《神曲》对中世纪政治、哲学、科学、神学、诗歌、绘画等进行艺术性的阐述和总结，是一座划时代的里程碑
	彼特拉克	《歌集》	受《歌集》的影响，抒情诗成为一种抒发个人情感体验的重要文学形式，十四行诗也成为诗坛上重要的诗体
	薄伽丘	《十日谈》	《十日谈》是欧洲文学史上第一部现实主义作品
英国	培根	《论说随笔文集》《论古人的智慧》《亨利七世本纪》	培根是第一个提出"知识就是力量"的人，作品《亨利七世本纪》被誉为"近代史学的里程碑"
	莎士比亚	"四大悲剧"（《哈姆雷特》《奥赛罗》《麦克白》《李尔王》）	莎士比亚是欧洲文艺复兴时期英国最重要的作家，被喻为"人类文学奥林匹斯山上的宙斯"；"四大悲剧"代表了莎士比亚戏剧的最高成就
		"四大喜剧"（《威尼斯商人》《第十二夜》《皆大欢喜》《仲夏夜之梦》）	
		历史剧《罗密欧与朱丽叶》《亨利四世》	
法国	拉伯雷	《巨人传》	《巨人传》是欧洲第一部长篇小说
西班牙	塞万提斯	《堂吉诃德》	《堂吉诃德》代表了16世纪西班牙文学的最高成就

（三）17世纪欧洲文学

1. 高乃依

高乃依，法国古典主义悲剧作家，被称为法国古典主义悲剧的奠基人，代表作有《熙德》《贺拉斯》等。

2. 弥尔顿

弥尔顿，英国诗人，是文艺复兴运动和18世纪启蒙思想运动的桥梁，代表作《失乐园》。《失乐园》《荷马史诗》《神曲》被并称为"西方三大诗歌"。

3. 莫里哀

莫里哀，法国古典主义喜剧作家，代表作有《伪君子》《唐璜》《悭吝人》。

《悭吝人》中的主人公阿巴贡，与巴尔扎克《欧也妮·葛朗台》中的葛朗台、果戈里《死魂灵》中的波留希金、莎士比亚《威尼斯商人》中的夏洛克被并称为"欧洲文学四大吝啬鬼形象"。

（四）18 世纪欧洲文学

18 世纪欧洲文学代表人物及作品见表 4-3-13。

表 4-3-13　18 世纪欧洲文学代表人物及作品

国家	代表人物	代 表 作 品
英国	笛福	《鲁滨孙漂流记》
	斯威夫特	《格列佛游记》
	菲尔丁	《汤姆·琼斯》
法国	孟德斯鸠	《论法的精神》《波斯人信札》
	伏尔泰	《欧第伯》《放荡的儿子》《老实人》
	卢梭	《爱弥儿》《忏悔录》
德国	歌德	《少年维特之烦恼》《浮士德》（《浮士德》与《荷马史诗》《神曲》《哈姆雷特》并称为"欧洲文学四大古典名著"）
	席勒	《阴谋与爱情》《强盗》

【真题回顾】(2021 年上半年真题)

【单项选择题】"小人国""大人国"的故事富于想象，出自 18 世纪英国作家斯威夫特的一部小说。这部小说是（　　）。

A.《海的女儿》　　　　　　　　　B.《格列佛游记》

C.《鲁滨孙漂流记》　　　　　　　D.《汤姆·索亚历险记》

【答案】B

【解析】A 项《海的女儿》出自丹麦作家安徒生。B 项《格列佛游记》是英国作家斯威夫特的代表作，讲述了格列佛在小人国、大人国、飞岛国和慧骃国的奇遇。C 项《鲁滨孙漂流记》是英国作家笛福的作品。D 项《汤姆·索亚历险记》，则为美国作家马克·吐温的作品。故选 B。

（五）19 世纪欧美文学

19 世纪欧美文学代表人物及作品见表 4-3-14。

表4-3-14 19世纪欧美文学代表人物及作品

国家	代表人物	代表作品
法国	雨果	剧本《克伦威尔》，小说《巴黎圣母院》《悲惨世界》《海上劳工》《笑面人》《九三年》等
	大仲马	剧本《亨利第三及其宫廷》，小说《三个火枪手》《基督山伯爵》《黑郁金香》
	小仲马	小说《茶花女》
法国	司汤达	小说《红与黑》《帕尔马修道院》
	巴尔扎克	小说集《人间喜剧》，被誉为"资本主义社会的百科全书"，其中包含《高老头》《欧也妮·葛朗台》《贝姨》等
	福楼拜	小说《包法利夫人》
	莫泊桑	莫泊桑，被誉为"短篇小说之王"，与契诃夫和欧·亨利，并称为"世界三大短篇小说巨匠"；代表作有短篇小说《羊脂球》《我的叔叔于勒》《项链》，长篇小说《一生》《俊友》等
	都德	长篇小说《小东西》，短篇小说《最后一课》《柏林之围》
	凡尔纳	小说"凡尔纳三部曲"《海底两万里》《格兰特船长的儿女们》《神秘岛》，凡尔纳被誉为"科幻小说之父"
	法布尔	长篇生物学著作《昆虫记》，被誉为"昆虫的史诗"
英国	简·奥斯汀	小说《傲慢与偏见》《爱玛》
	拜伦	诗歌《东方叙事诗》《唐璜》《恰尔德·哈洛尔德游记》
	雪莱	诗剧《解放了的普罗米修斯》，诗歌《西风颂》《致云雀》
	狄更斯	小说《匹克威克外传》《雾都孤儿》《双城记》《远大前程》
	萨雷克	小说《名利场》
	勃朗特三姐妹（夏洛蒂·勃朗特、艾米莉·勃朗特、安妮·勃朗特）	夏洛蒂·勃朗特《简·爱》，艾米莉·勃朗特《呼啸山庄》，安妮·勃朗特《艾格妮丝·格雷》(均为小说)

续表

国家	代表人物	代表作品
俄国	普希金	小说《驿站长》，开创了俄国文学描写小人物的先河
		诗体小说《叶甫盖尼·奥涅金》
		叙事长诗《青铜骑士》
	果戈理	讽刺喜剧《钦差大臣》； 长篇小说《死魂灵》
	屠格涅夫	长篇小说《罗亭》《父与子》《贵族之家》，散文故事集《猎人笔记》，短篇小说《木木》
	列夫·托尔斯泰	长篇小说《战争与和平》《安娜·卡列尼娜》《复活》；列夫·托尔斯泰被列宁称为"俄国革命的一面镜子"
	契诃夫	短篇小说《小公务员之死》《变色龙》《套中人》，中篇小说《第六病室》，剧本《海鸥》《万尼亚舅舅》《三姊妹》
美国	斯托夫人	长篇小说《汤姆叔叔的小屋》
	惠特曼	诗集《草叶集》，打破传统诗的格律，首创自由体新诗
	马克·吐温	长篇讽刺小说《镀金时代》，儿童文学小说《汤姆索亚历险记》《哈克贝利·费恩历险记》，短篇小说《竞选州长》《百万英镑》
	杰克·伦敦	小说《野性的呼唤》《马丁·伊登》
丹麦	安徒生	《讲给孩子们听的故事》(安徒生的第一个童话集，标志着近代儿童文学的诞生)，代表作有《丑小鸭》《皇帝的新装》《卖火柴的小女孩》《拇指姑娘》《豌豆上的小公主》
挪威	易卜生	戏剧《玩偶之家》《国民公敌》； 易卜生被誉为"现代戏剧之父"和"伟大的问号"

【真题回顾】（2022年下半年真题）

【单项选择题】果戈里是19世纪俄国著名作家，其作品对俄国现实主义文学的发展影响很大。下列不属于果戈里作品的是（　　）。

A.《变色龙》　　　　B.《死魂灵》　　　　C.《外套》　　　　D.《钦差大臣》

【答案】A

【解析】本题考查俄国作家果戈里的作品。果戈里是俄国批判主义作家，善于描绘生活，将现实和幻想结合，其作品幽默讽刺，代表作有《死魂灵》《外套》《钦差大臣》等。B、C、D均为其作品。《变色龙》是俄国短篇小说家契科夫的代表作，故选A。

（六）20世纪文学

20世纪文学代表人物及其作品见表4-3-15。

表 4-3-15　20 世纪文学代表人物及作品

国家	代表人物	代表作品
法国	罗曼·罗兰	小说《约翰·克里斯多夫》
美国	欧·亨利	短篇小说《麦琪的礼物》《警察与赞美诗》《最后一片叶子》
	海明威	小说《老人与海》(诺贝尔文学奖)，《乞力马扎罗的雪》《太阳照常升起》《永别了，武器》
	菲茨杰拉德	小说《了不起的盖茨比》
	玛格丽特·米切尔	小说《飘》
哥伦比亚	马尔克斯	小说《百年孤独》《霍乱时期的爱情》
奥地利	茨威格	小说《一个陌生女人的来信》
	卡夫卡	小说《变形记》《审判》《城堡》
苏联	高尔基	"自传体三部曲"长篇小说《童年》《在人间》《我的大学》；长篇小说《母亲》；散文诗《海燕》
	肖洛霍夫	小说《静静的顿河》(诺贝尔文学奖)，《被开垦的处女地》
	奥斯特洛夫斯基	小说《钢铁是怎样炼成的》
印度	泰戈尔	诗集《飞鸟集》《新月集》(泰戈尔是亚洲第一位获得诺贝尔文学奖的日本作家)
日本	川端康成	小说《伊豆的舞女》《雪国》《千只鹤》(川端康成是日本首位获得诺贝尔文学奖的作家)

四、中外儿童文学名家名作

（一）中国儿童文学名家名作

中国儿童文学名家及作品见表 4-3-16。

表 4-3-16　中国儿童文学名家及作品

作者	代表作	作品简介
叶圣陶	《稻草人》《小小的船》	《稻草人》是我国第一部童话集，是中国现代儿童文学史上的第一块丰碑；《小小的船》是一首优美的儿童诗，通过优美的语言和形象的比喻，描绘出一幅奇妙的夜景图

作者	代表作	作品简介
张天翼	《宝葫芦的秘密》《大林和小林》	《大林和小林》是 20 世纪最优秀的民族童话精品；《宝葫芦的秘密》被列入《教育部基础教育课程教材发展中心 中小学生阅读指导目录 (2020 年版)》
冰心	《寄小读者》	《寄小读者》记述了冰心赴美留学期间海外的风光和奇闻轶事；其作品多围绕"母爱""童心""自然"三大主题，构筑了冰心"爱的哲学"
袁鹰	《丁丁游历北京城》	《丁丁游历北京城》描写了上海少先队员丁丁利用暑假游览北京城，欣赏了许多名胜古迹，见到了许多新人新事的故事，激发了少年儿童的爱国之情
严文井	《南南和胡子伯伯》《丁丁的一次奇怪旅行》	严文井的童话、寓言创作故事生动、构思巧妙，具有很浓的哲理与诗意，被誉为"一种献给儿童的特殊的诗体"
洪汛涛	《神笔马良》	《神笔马良》是享誉世界的经典文学名著，是中国儿童文学的瑰宝
陈伯吹	《学校生活记》《一只想飞的猫》	陈伯吹是中国儿童文学的一代宗师，我国设有"陈伯吹国际儿童文学奖"
金波	《推开窗子看见你》	本书是抒情儿童诗集，通过对大自然中事物的描绘，勾画出一幅幅儿童纯真的世界
沈石溪	《狼王梦》《第七条猎狗》《再被狐狸骗一次》	沈石溪，中国当代著名的动物小说家，被誉为"中国动物小说大王"；其小说塑造了一个个个性鲜明，带有传奇色彩的动物形象
孙幼军	《小布头奇遇记》	它是孙幼军创作的中国第一部长篇低幼童话，曾经影响了几代孩子
郑渊洁	《舒克和贝塔全传》	作品情节悬念迭起，扣人心弦，书中的主角舒克和贝塔伴随几代人的成长，被上海美术电影制片厂拍摄成了动画片
曹文轩	《草房子》	《草房子》出版后曾荣获"冰心儿童文学奖"、中国作协第四届全国优秀儿童文学奖、第四届国家图书奖，并入选"百年百部中国儿童文学经典书系"

[真题回顾](2023 年上半年真题)

【单项选择题】现代作家张天翼在其写作生涯后期，以儿童文学创作为主，著有多部童话作品。下列选项中，不属于其作品的是 (　　)

A.《稻草人》　　　　　　　　B.《金鸭帝国》

C.《大林和小林》　　　　　　　　D.《宝葫芦的秘密》

【答案】A

【解析】本题考查张天翼的代表作。张天翼的代表作有童话《宝葫芦的秘密》《大林和小林》《秃秃大王》《金鸭帝国》，《稻草人》的作者是叶圣陶，故选A。

（二）外国儿童文学名家名作

外国儿童文学名家及作品见表4-3-17。

表4-3-17　外国儿童文学名家及作品

作者	代表作	作品简介
伊索	《伊索寓言》	相传为公元前6世纪古希腊伊索所编，搜集有古希腊民间故事，并加入印度、阿拉伯及基督教故事，经由后人汇集整理而成；代表故事有《农夫和蛇》《狐狸和葡萄》《狼和小羊》《龟兔赛跑》《乌鸦喝水》《牧童和狼》《农夫和他的孩子们》《蚊子和狮子》等
安徒生（丹麦）	《安徒生童话》	包含的经典童话故事有《皇帝的新装》《豌豆公主》《卖火柴的小女孩》《丑小鸭》《红鞋子》《拇指姑娘》等；安徒生被称为"现代童话之父""世界童话大王"
格林兄弟（德国）	《格林童话》	产生于19世纪初，是由德国雅可布·格林和威廉·格林兄弟收集、整理、加工完成的德国民间故事集，是世界童话的经典之作，包含的经典童话故事有《青蛙王子》《灰姑娘》《白雪公主》《小红帽》等
阿拉伯民间故事	《一千零一夜》	又名《天方夜谭》，是阿拉伯民间故事集（《格林童话》《安徒生童话》《一千零一夜》被称为"世界童话三大宝库"）；《一千零一夜》的经典童话故事有《阿里巴巴和四十大盗》《辛巴德航海故事》《渔翁的故事》等
科洛迪（意大利）	《木偶奇遇记》	讲述的是一个名叫匹诺曹的木头男孩的故事
卡罗尔（英国）	《爱丽丝梦游仙境》	英国魔幻文学的代表作，是世界十大著名哲理童话之一，讲述一个名叫爱丽丝的小女孩为了追逐一只怀表掉入兔子洞的一系列奇幻冒险故事
米尔恩（英国）	《小熊维尼历险记》	米尔恩流传最广、最脍炙人口的世界童话名著，讲述了小熊维尼、小猪、兔子彼得、跳跳虎、老驴屹耳、袋鼠妈妈和她的孩子小豆的有趣生活，表现出他们的勇敢机智和团结友爱
詹姆斯·巴里（英国）	《彼得·潘》	幻想童话剧，作品中虚构了一个永远长不大的孩子——彼得·潘，是永恒的童年和永无止境的探险精神的象征

作者	代表作	作品简介
查尔斯·金斯莱（英国）	《水孩子》	讲述一个扫烟囱的孩子汤姆如何变成水孩子，经历各种奇遇，最后长大成人的故事
弗兰克·鲍姆（美国）	《绿野仙踪》	开创了一系列以"奥兹仙境"为背景的童话故事
塞尔玛·拉格洛芙（瑞典）	《骑鹅历险记》	唯一一部荣获诺贝尔文学奖的优秀儿童文学作品
亚米契斯（意大利）	《爱的教育》	是一部富有爱心及教育性的读物，被赞誉为一部人生成长中的"必读书"
圣埃克苏佩里（法国）	《小王子》	以一位飞行员作为故事讲述者，记述了小王子从自己星球出发前往地球的过程中经历的故事

【真题回顾】(2020 年下半年真题)

【单项选择题】童话是儿童文学特有的文学样式，图 4-3-1 是哪一部童话作品？（　　）
A.《拇指姑娘》　　B.《白雪公主》　　C.《睡美人》　　D.《灰姑娘》

图 4-3-1

【答案】B

【解析】《拇指姑娘》讲述了身体没有大拇指的一半长的姑娘的历险故事。《白雪公主》讲述了白雪公主被后母迫害，在森林里遇到七个小矮人的故事。《睡美人》讲述了受到女巫诅咒的公主沉睡一百年后被王子之吻唤醒的故事。《灰姑娘》讲述了灰姑娘受到继母和其女儿虐待，但灰姑娘得到魔法相助，最后遇到王子的故事。故选 B。

【真题回顾】(2018 年上半年真题)

【单项选择题】各国的儿童文学都曾产生过深受儿童和家长欢迎的经典作品。下列作品中，属于法国小说家圣埃克苏佩里创作的是（　　）。
A.《金银岛》　　B.《水孩子》　　C.《小王子》　　D.《彼得·潘》

【答案】C

【解析】《金银岛》是英国作家史蒂文森创作的一部冒险小说。《水孩子》是英国作家查尔斯·金斯莱创作的儿童文学作品。《小王子》是法国作家圣埃克苏佩里创作的小说。《彼得·潘》是英国作家詹姆斯·巴里创作的童话剧。故选C。

第四节　艺术素养

考点分析

艺术素养在历年考题中以单项选择题的形式为主。

艺术素养考查的知识点主要如下表所示。

知识点	常见考点	要求掌握的程度
艺术常识	书法	☆☆☆
	绘画	☆☆☆
	戏曲	☆☆
	音乐	☆☆☆
	雕塑	☆☆

一、中国艺术成就

（一）书法

中国古代书法成就如表 4-4-1 所示。

表 4-4-1　中国古代书法成就

朝代	主要书法成就
商朝	甲骨文，被称为"最早的汉字"，是中国商朝后期王室用于占卜记事而在龟甲或兽骨上刻的文字
西周	金文，是铸刻在青铜器上的文字；西周晚期的毛公鼎，腹内铸有铭文近五百字，是目前已发现的铭文最多的青铜器
秦朝	小篆，秦朝官方通用字体，又叫"秦篆"，字形整齐，转角处较圆润；民间流行更简化的隶书

续表

朝代	主要书法成就
汉朝	隶书，是汉朝的主要字体； 东汉末年书法成为一种艺术，张芝是东汉著名的草书大家，被后人称为"草书之祖"
曹魏	曹魏的钟繇开始把隶书转化为楷书
东晋	"书圣"王羲之，代表作有《兰亭集序》《黄庭经》； 《兰亭集序》被誉为"天下第一行书"
唐朝	初唐书法三大家： 欧阳询、虞世南和褚遂良
	"颜体"颜真卿，代表作有《多宝塔碑》《颜氏家庙碑》《祭侄文稿》； 《祭侄文稿》被誉为"天下第二行书"
	"柳体"柳公权，代表作有《神策军碑》； 柳公权与颜真卿同名，人称"颜柳"
	"颠张狂素"指的是张旭、怀素； "草圣"张旭代表作有《古诗四贴》《草书心经》等； 怀素的代表作《自叙帖》，被称为"中华第一草书"
宋朝	"宋四家"苏轼、黄庭坚、米芾、蔡襄，是宋朝书法的代表人物； 苏轼的《寒食帖》被认为是"天下第三行书"
	"瘦金体"由宋徽宗赵佶创立，代表作有《夏日诗帖》《瘦金书千字文》
元朝	赵孟𫖯，与唐朝的欧阳询、颜真卿、柳公权并称为"楷书四大家"

【真题回顾】(2016年上半年真题)

【单项选择题】杜甫《饮中八仙歌》诗句"脱帽露顶王公前，挥毫落纸如云烟"所描写的书法家是( )。

A.张旭　　　　B.怀素　　　　C.颜真卿　　　　D.柳公权

【答案】A

【解析】"草圣"张旭擅长草书，其醉酒后，豪情奔放，绝妙的草书就会从他笔下流出。他无视权贵的威严，在显赫的王公大臣面前脱下帽子，露出头顶，奋笔疾书，自由挥洒，字迹如云烟般舒卷自如。诗句"脱帽露顶王公前，挥毫落纸如云烟"正是对张旭的生动描写。故选A。

（二）绘画

中国古代绘画成就如表4-4-2所示。

表 4-4-2 中国古代绘画成就

画家	代 表 作
顾恺之	东晋画家，擅画人像、佛像、禽兽、山水等，有"才绝、画绝、痴绝"之称，与陆探微、张僧繇并称"画界三杰"，代表作有《女史箴图》《洛神赋图》《列女仁智图》等
阎立本	唐代画家，代表作有《步辇图》《历代帝王图》
吴道子	唐代著名画家，中国山水画的鼻祖，被尊称为"画圣"，代表作有《送子天王图》《八十七神仙卷》
周昉	唐代画家，代表作有《簪花仕女图》《挥扇仕女图》
王维	唐代诗人、画家，创立了水墨山水画派，代表作有《山阴图》《雪溪图》
张择端	北宋画家，《清明上河图》是其传世名作，收藏在故宫博物院，该画描述的是北宋都城汴梁（今河南开封）清明时节的繁荣景象
黄公望	元代画家，《富春山居图》是其代表作，也是中国十大传世名画之一；该画作曾遭火焚，断为两段，前半卷重新定名为《剩山图》，现藏于浙江省博物馆，后半卷世称《无用师卷》，收藏于台北"故宫博物院"
"明四家"（吴门四家）沈周、文徵明、唐寅、仇英	沈周，明代中期文人画"吴派"的开创者，代表作有《庐山高图》《沧州趣图》等
	文徵明，与沈周共创"吴派"，代表作有《真赏斋图》《绿荫草堂图》等
	唐寅，字伯虎，自称"江南第一风流才子"，代表作有《骑驴思归图》《山路松声图》
	仇英，代表作《汉宫春晓图》是中国十大传世名画之一
郑燮	号板桥，"扬州八怪"（罗聘、李方膺、李鱓、金农、黄慎、郑燮、高翔和汪士慎）之一；郑板桥一生只画兰、竹、石，代表作有《修竹新篁图》《兰竹芳馨图》《甘谷菊泉图》等
齐白石	近现代中国绘画大师，绘画以花鸟、虫鱼、山水、人物见长，代表作有《虾》《蟹》《牡丹》《牵牛花》《蛙声十里出山泉》等
张大千	20世纪中国画坛最为传奇的国画大师，在技法上以泼彩、泼墨相结合的手段，为中国画的用色、用墨开辟了新途径；代表作有《振衣千仞冈》《来人吴中三隐》《石涛山水》等
徐悲鸿	现代画家、美术教育家，被称为"中国现代美术教育的奠基者"，以画马闻名于世，代表作有《八骏图》《愚公移山》等
傅抱石	现代画家，擅长画山水，代表作有《钟馗》《潇潇暮雨》《茅山雄姿》等

拓展阅读

中国十大传世名画

中国十大传世名画包括：《洛神赋图》（东晋顾恺之）、《步辇图》（唐代阎立本）、《唐宫仕女图》（唐代张萱、周昉）、《五牛图》（唐代韩滉）、《韩熙载夜宴图》（五代顾闳中）、《千里江山图》（北宋王希孟）、《清明上河图》（北宋张择端）、《富春山居图》（元代黄公望）、《汉宫春晓图》（明代仇英）、《百骏图》（清代郎世宁）。

（三）音乐

1. 中国民族乐器分类

1）古代乐器分类法——八音

周朝按照乐器制造材料的性质，将其分为"八音"，通常为金、石、丝、竹、匏、土、革、木。这种乐器分类的产生，标志着我国古代器乐艺术的发展已经进入一个成熟的阶段。

2）民族乐器演奏分类法

根据演奏方法的不同，可以将我国民族乐器分为吹奏乐器、拉弦乐器、弹拨乐器、打击乐器。

(1) 吹奏乐器。①典型乐器：笙、芦笙、排笙、葫芦丝、笛、管子、巴乌、埙、唢呐、箫。②代表曲目：笛《五梆子》、管子《小二番》、唢呐《百鸟朝凤》。

(2) 拉弦乐器。①典型乐器：二胡、板胡、革胡、马头琴、京胡、中胡、高胡。②代表曲目：二胡《二泉映月》、京胡《夜深沉》、马头琴《森吉德玛》

(3) 弹拨乐器。①典型乐器：琵琶、筝、扬琴、七弦琴（古琴）、热瓦普、冬不拉、阮、柳琴、三弦、月琴。②代表曲目：古琴曲《高山流水》《广陵散》、琵琶曲《十面埋伏》《霸王卸甲》、古筝曲《寒鸦戏水》。

(4) 打击乐器。①典型乐器：堂鼓（大鼓）、碰铃、缸鼓、定音缸鼓、铜鼓、朝鲜族长鼓、大锣小锣、小鼓、排鼓、大钹。②打击乐器主要是起烘托气氛的作用，达到推动情感发展的效果。

【真题回顾】（2015年下半年真题）

【单项选择题】下列乐器中，不属于中国传统乐器的是（   ）。

A. 横笛
B. 风笛
C. 箫
D. 埙

【答案】B

【解析】风笛属于欧洲乐器。故选B。

2. 中国著名音乐家及其作品

中国著名音乐家及其作品如表4-4-3所示。

表 4-4-3 中国著名音乐家及其作品

音乐家	作品
伯牙	春秋时期楚国人，相传其作品有琴曲《水仙操》《高山流水》，与"高山流水觅知音"的典故有关
师旷	春秋时代晋国音乐家，相传《阳春》《白雪》《玄默》是他的作品
嵇康	三国时期曹魏思想家、音乐家、文学家，以善弹《广陵散》著称
李龟年	唐代宫廷乐师，代表作有《渭州曲》
刘天华	二胡鼻祖，代表作有《光明行》《良宵》《空山鸟语》
华彦钧	现代民间音乐家，人称"瞎子阿炳"，代表作《听松》《二泉映月》《寒春风曲》
聂耳	我国无产阶级革命音乐奠基者，代表作《义勇军进行曲》《开路先锋》《大路歌》《前进歌》《铁蹄下的歌女》
冼星海	现代作曲家、人民音乐家，代表作《黄河大合唱》《生产运动大合唱》，歌曲有《到敌人后方去》《在太行山上》等，交响曲《民族解放》《神圣之战》，交响组曲《满江红》等
张曙	现代作曲家，作品有《保卫国土》《洪波曲》等
麦新	现代作曲家，代表作《大刀进行曲》
贺绿汀	当代著名音乐家，教育家，代表作有《四季歌》《天涯歌女》《游击队之歌》等

拓展阅读

中国古典十大名曲

中国古典十大名曲：《高山流水》《梅花三弄》《春江花月夜》《汉宫秋月》《阳春白雪》《渔樵问答》《胡笳十八拍》《广陵散》《平沙落雁》《十面埋伏》。

（四）戏曲

中国戏曲、希腊悲剧和喜剧、印度梵剧并称为世界三大古老的戏剧文化。

1. 昆曲

昆曲发源于14世纪中国的苏州昆山，被誉为"百戏之祖""百戏之母"，是汉族传统戏曲中最古老的剧种之一，也是中国汉族传统文化艺术，特别是戏曲艺术中的珍品，被称为百花园中的一朵"兰花"。

昆曲在2001年被联合国教科文组织列为"人类口述和非物质遗产代表作"。

2. 五大戏曲剧种

中国五大戏曲剧种是：京剧、黄梅戏、评剧、豫剧、越剧。其代表剧目及艺术家如表4-4-4所示。

表 4-4-4　中国五大戏曲剧种代表剧目及艺术家

剧种	剧种简介	代表剧目	代表艺术家
京剧	有"国剧"之称，京剧行当分为生、旦、净、丑四大类型	《空城计》《贵妃醉酒》《霸王别姬》	京剧"四大名旦"为梅兰芳、程砚秋、尚小云、荀慧生
黄梅戏	又称"黄梅调"或"采茶调"，表演质朴细致、真实活泼	《天仙配》《牛郎织女》《女驸马》	严凤英、马兰
评剧	流传于中国北方的一个戏曲剧种	《刘巧儿》《杨三姐告状》《小女婿》	新凤霞、小白玉霜、魏荣元
豫剧	又称"河南梆子"，唱腔铿锵大气、抑扬有度、吐字清晰	《花木兰》《穆桂英挂帅》《秦香莲》	常香玉
越剧	发源于浙江嵊州，多以"才子佳人"为题材，以唱为主	《梁山伯与祝英台》《西厢记》	袁雪芬、尹桂芬、徐玉兰

【真题回顾】(2015 年下半年真题)

【单项选择题】"梁山伯与祝英台"是我国著名的民间传说，多种地方剧种都表现过相关的题材。何占豪、陈刚的小提琴协奏曲《梁祝》的创作，所依据的地方剧种是(　　)。

A. 粤剧　　　　B. 豫剧　　　　C. 川剧　　　　D. 越剧

【答案】D

【解析】《梁山伯与祝英台》是越剧的代表剧目。故选 D。

（五）雕塑

1. 商周

古蜀国的青铜雕塑，包括太阳神树、青铜大立人像、凸目人面像等，体现了古蜀先民高超的创造力和工艺水平。

2. 秦朝

秦始皇陵兵马俑，是迄今为止出土的世界上最大的艺术宝库，被誉为世界上"第八大奇迹"。

3. 汉

两汉瑰宝：汉阳陵（汉景帝墓）出土上万件举世无双的陶俑，以仕女俑最为著名；甘肃武威出土的东汉铜奔马（又名"马踏飞燕"），是国之重宝。

4. 魏晋南北朝

石窟艺术：山西大同云冈石窟、河南洛阳龙门石窟、甘肃麦积山石窟在这一时期开始开凿。龙门石窟在唐代武则天时期十分兴盛。（四大石窟：敦煌莫高窟、云冈石窟、龙门石窟、麦积山石窟）。

5. 隋唐

甘肃敦煌莫高窟是我国石窟艺术的精华。

6. 北宋

重庆大足石刻在佛教造像中加入大量表现民间生活的内容。

（六）建筑与园林

1. 中国古代建筑

中国古代建筑以木结构建筑为主，在造型上，人字屋顶和飞檐斗拱体现了最典型的东方风格。保留至今的杰出古代建筑典范包括以下几种：

(1) 皇家建筑：故宫、天坛、颐和园、承德避暑山庄、沈阳故宫。

(2) 帝王陵寝：秦始皇陵和兵马俑、乾陵、明清皇陵（清东陵、清西陵、明十三陵、南京明孝陵）。

(3) 宗教建筑：嵩山古建筑群、武当山古建筑群、五台山古建筑群、布达拉宫。

(4) 防御工事：长城、藏羌碉楼。

(5) 最为古老的木建筑：唐朝仅存的木结构建筑——五台山古刹佛光寺和南禅寺；千年木塔——山西应县木塔（辽代）。

(6) 古老的砖石建筑：河北赵州桥、西安大雁塔、大理崇圣寺三塔、开封铁塔。

(7) 民居建筑：水墨徽州皖南民居，如西递、宏村、棠樾、胡氏宗祠；小桥流水江南民居，如周庄、同里、西塘、乌镇、南浔；山陕民居，如陕西党家村、山西王家大院、乔家大院；独特的圆形民居，如福建土楼；乡村中的中西合璧华侨文化代表，如开平碉楼。

2. 中国古典园林

中国古典园林的分类，主要依据占有者身份以及地理位置的不同来分。

1）按占有者身份

按占有者身份，可将中国古典园林分为皇家园林、私家园林和寺观园林。

现存皇家园林有颐和园、承德避暑山庄等。

私家园林有北京的恭王府，苏州的留园、拙政园，上海的豫园，绍兴的沈园等。

寺观园林有西藏罗布林卡、北京白云观、苏州寒山寺、杭州灵隐寺、乐山凌云寺等。

2）按地理位置

按地理位置，可将中国古典园林分为北方园林、江南园林和岭南园林。

北方园林风格粗犷，大多集中在北京、西安、洛阳、开封。

江南园林明媚秀丽、淡雅朴素、曲折幽深，集中在南京、上海、无锡、苏州、杭州、扬州等地。

岭南园林具有热带风光，建筑物高而宽敞，代表园林有广东顺德的清晖园、东莞的可园、番禺的余荫山房等。

（七）电影

(1) 第一部影片：《定军山》，是戏曲纪录片，标志着中国电影的正式诞生。

(2) 第一部有声电影：《歌女红牡丹》，采用的是蜡盘配音的技术。

(3) 第一部有声动画片：《铁扇公主》。

(4) 第一部在国际上获奖的影片：《渔光曲》，在莫斯科国际电影节上获得荣誉奖。

(5) 第一部在国际上获奖的美术片：《神笔》，获得第八届国际儿童影片节儿童娱乐片一等奖。

(6) 第一部彩色故事片：《女篮五号》，谢晋导演的成名之作，荣获第六届世界青年联欢节银质奖章，墨西哥国际电影节银帽奖。

(7) 其他中国优秀动画片：《大闹天宫》《黑猫警长》《葫芦娃》《哪吒闹海》等。

【真题回顾】(2017 年上半年真题)

【单项选择题】世界各国的动画片常常以动物为主角，下列影片中猫的形象，属于中国创作的是( )。

A.《猫和老鼠》　　　　B.《机器猫》　　　　C.《黑猫警长》　　　　D.《加菲猫》

【答案】C

【解析】《黑猫警长》是由上海美术电影制片厂根据同名小说改编而成的动画片。故选 C。

二、外国艺术成就

(一) 绘画

外国绘画艺术主要成就如表 4-4-5 所示。

表 4-4-5　外国绘画艺术主要成就

年代	画家	画家简介	代表作
文艺复兴时期美术三杰	达·芬奇	被称为整个欧洲文艺复兴时期最完美的代表	壁画《最后的晚餐》、祭坛画《岩间圣母》和肖像画《蒙娜丽莎》
	米开朗琪罗	意大利文艺复兴时期的画家、雕塑家、建筑师和诗人	《创世纪》《最后的审判》
	拉斐尔	杰出画家，一生创作了大量的圣母像	《西斯廷圣母》《椅中圣母》《花园中的圣母》《雅典学派》
17～18世纪欧洲美术	鲁本斯	17 世纪佛兰德斯画家，是巴洛克画派早期的代表人物	《强劫留西帕斯的女儿》《阿玛戎之战》《上十字架》《下十字架》
	伦勃朗	欧洲 17 世纪最伟大的画家之一，也是荷兰历史上最伟大的画家，擅长肖像画、风景画、宗教画等	《蒂尔普教授的解剖课》《夜巡》《木匠家庭》《以马忤斯的晚餐》
19世纪新古典主义	大卫	法国著名画家，新古典主义画派的奠基人，画作侧重表现历史英雄人物题材	《马拉之死》《拿破仑加冕》《荷拉斯兄弟之誓》
	安格尔	法国新古典主义画家、美学理论家和教育家	《泉》《大宫女》《土耳其浴室》《瓦平松的浴女》

续表

年代	画家	画家简介	代表作
19世纪现实主义	米勒	法国近代绘画史上最受人民爱戴的画家	《拾穗者》《播种者》《牧羊少女》
	库贝尔	法国画家，19世纪法国现实主义美术代表	《带黑狗的自画像》《奥尔南的葬礼》《画室》
19世纪浪漫主义	热里科	法国浪漫主义画派的先驱	《梅杜萨之筏》《受惊的马》
	德拉克罗瓦	法国著名画家，浪漫主义画派的典型代表	《自由引导人民》《但丁之舟》
19世纪印象派和新印象派	马奈	法国印象派先驱	《草地上的午餐》
	莫奈	19世纪的著名画家，印象主义画派的奠基人	《日出·印象》《鲁昂大教堂》《睡莲》
	修拉	法国画家	《大碗岛星期天的下午》《安涅尔浴场》
	西涅克	法国新印象派点彩派创始人之一	《菲尼翁肖像》《圣特罗佩港的出航》
19世纪后印象派三大巨匠	梵高	荷兰后印象派画家	《星月夜》《向日葵》《麦田里的乌鸦》《鸢尾花》、自画像系列
	塞尚	法国画家，被尊称为"现代艺术之父""造型之父""现代绘画之父"	《圣维克多山》《坐在红扶手椅里的塞尚夫人》《苹果篮》《玩纸牌者》
	高更	法国后印象派画家、雕塑家	《手捧果物的女人》《我们从何处来？我们是谁？我们向何处去？》
现代美术	毕加索	西班牙画家、雕塑家，现代艺术的创始人	《格尔尼卡》《和平鸽》《亚维农的少女》《生命》《梦》

【单项选择题】毕加索是著名艺术家，其著名作品有《格尔尼卡》《和平鸽》等。毕加索的国籍是（　　）。

A.德国　　　　　　　　B.荷兰　　　　　　　　C.葡萄牙　　　　　　　　D.西班牙

【答案】D

【解析】本题考查毕加索的国籍。毕加索是西班牙画家、雕塑家，是现代艺术的创始人，西方现代派绘画的主要代表。代表作品有《格尔尼卡》和《和平鸽》，故选D。

（二）音乐

1.西洋乐器分类

常用的西洋乐器有木管乐器、铜管乐器、弦乐器、键盘乐器、打击乐器等。

1) 木管乐器

木管乐器主要有单簧管、双簧管、英国管、大管、萨克斯、巴松、竖笛、长笛、短笛。

2) 铜管乐器

铜管乐器主要有短号、小号、长号、大号、次中音号、圆号、上低音号、富鲁格号等。

3) 弦乐器

弦乐器主要有小提琴、中提琴、大提琴、低音提琴、古典吉他、电吉他、贝斯、竖琴等。

4) 键盘乐器

键盘乐器主要有钢琴、风琴、古钢琴、管风琴、电子琴、羽管键琴、手风琴等。

5) 打击乐器

打击乐器主要有定音鼓、木琴、钢片琴、马林巴、大鼓、小军鼓、三角铁、钹、架子鼓等。

【真题回顾】(2014年下半年真题)

【单项选择题】下列选项中，不属于西洋乐器的是(　　)。

A.吉他　　　　　　　　B.三弦　　　　　　　　C.提琴　　　　　　　　D.竖琴

【答案】B

【解析】三弦一般指三弦琴，中国传统弹拨乐器。其他选项均属于西洋乐器。故选B。

2.外国著名音乐家及其作品

外国著名音乐家及其作品如表4-4-6所示。

表4-4-6　外国著名音乐家及其作品

年代	人物	誉称	代表作品
巴洛克时期（1600—1750年）	巴赫（德国）	"西方现代音乐之父"	《勃兰登堡协奏曲》《马太受难曲》《b小调弥撒曲》
	亨德尔（英国）	"英国民族音乐家"	清唱剧《弥赛亚》、管弦乐《水上音乐》、歌剧《罗德琳达》

年代	人物	誉称	代表作品
古典主义时期 （1750—1820 年）	海顿（奥地利）	"交响乐之父" "弦乐四重奏之父"	《第 45 号交响曲》《第 88 号交响曲》《创世纪》《四季》
	莫扎特（奥地利）	"音乐神童"	《费加罗的婚礼》《唐璜》《魔笛》《降 E 大调第三十九交响曲》
	贝多芬（德国）	"乐圣"	《英雄交响曲》《命运交响曲》《田园交响曲》《欢乐颂》
浪漫主义时期 （1820—1900 年）	舒伯特（奥地利）	"歌曲之王"	《魔王》《野玫瑰》《冬之旅》《美丽的磨坊女》
	肖邦（波兰）	"钢琴诗人"	《降 E 大调夜曲》《c 小调革命练习曲》《波洛涅兹舞曲：军队》
浪漫主义时期 （1820—1900 年）	李斯特（匈牙利）	"钢琴之王"	《但丁神曲》《浮士德》《匈牙利狂想曲》
	老约翰·施特劳斯（奥地利）	"圆舞曲之父"	《拉德茨基进行曲》
	约翰小·施特劳斯（奥地利）	"圆舞曲之王"	《蓝色多瑙河》《维也纳森林的故事》《皇帝圆舞曲》
	柴可夫斯基（俄罗斯）	"俄国最伟大的作曲家"	舞剧《天鹅湖》《睡美人》《胡桃夹子》，管弦乐《第六交响曲（悲怆）》《1812 序曲》

【真题回顾】(2019 年上半年真题)

【单项选择题】芭蕾舞剧《胡桃夹子》改编自德国作家霍夫曼的童话故事《胡桃夹子与老鼠王》，音乐充满了单纯而神秘的神话色彩。其作曲者是（　　）。

A. 舒曼　　　　B. 贝多芬　　　　C. 勃拉姆斯　　　　D. 柴可夫斯基

【答案】D

【解析】《胡桃夹子》是由列夫·伊凡诺夫编导，柴可夫斯基作曲的俄罗斯古典芭蕾舞剧，根据霍夫曼的《胡桃夹子与老鼠王》的童话故事改编，舞剧的音乐充满了单纯而神秘的神话色彩，具有强烈的儿童音乐特色，被西方称为"圣诞芭蕾"。故选 D。

（三）雕塑

外国雕塑家及其作品如表 4-4-7 所示。

表 4-4-7　外国雕塑家及其作品

年　代	雕塑家	代　表　作
古希腊时期	米隆	《掷铁饼者》
	菲迪亚斯	《命运三女神》
	阿历山德罗斯	《米洛斯的阿芙洛蒂特》(又称《断臂维纳斯》)，被誉为"古代的神品"
	/	《萨莫色雷斯尼姬像》(又称《胜利女神像》)，"卢浮宫三宝"之一
文艺复兴时期	米开朗琪罗	《大卫》《晨》《暮》《昼》《夜》《摩西》《哀悼基督》
19 世纪	克洛德	《马赛曲》
	罗丹	《思想者》《加莱义民》《青铜时代》《手》《雨果》《吻》《巴尔扎克》
西方现代 (19 世纪末 20 世纪初)	马约尔	《地中海》《河流》
	亨利·摩尔	《国王与王后》《斜倚的人形》

（四）建筑

外国经典建筑如表 4-4-8 所示。

表 4-4-8　外国经典建筑

建筑名称	国家	建　筑　概　述
埃及金字塔	埃及	是古埃及法老(即国王)和王后的陵墓；在埃及已发现的金字塔中，最大最有名的是位于开罗西南面的吉萨高地上的胡夫金字塔、哈夫拉金字塔和门卡乌拉金字塔
古罗马竞技场	意大利	原名弗拉维圆形剧场，又译为罗马角斗场、科洛西姆竞技场，是古罗马帝国专供奴隶主、贵族和自由民观看斗兽或奴隶角斗的地方
泰姬陵	印度	是印度知名度最高的古迹之一，世界文化遗产，被评选为"世界新七大奇迹"，是一座用白色大理石建成的巨大陵墓清真寺

建筑名称	国家	建筑概述
雅典卫城	希腊	是希腊最杰出的古建筑群，是综合性的公共建筑，为宗教政治的中心地；卫城中最早的建筑是雅典娜神庙和其他宗教建筑
吴哥窟	柬埔寨	又称吴哥寺，位于柬埔寨，被称作柬埔寨国宝，是世界上最大的庙宇类建筑，同时也是世界上最早的高棉式建筑
比萨斜塔	意大利	是意大利比萨城大教堂的独立式钟楼，位于意大利托斯卡纳省比萨城北面的奇迹广场上
埃菲尔铁塔	法国	矗立在法国巴黎市战神广场上，旁靠塞纳河，为举行1889年世界博览会，用以庆祝法国大革命胜利100周年，法国政府进行建筑招标，最终确立埃菲尔铁塔
凡尔赛宫	法国	是巴黎著名的宫殿之一，也是世界五大宫殿之一（中国故宫、法国凡尔赛宫、英国白金汉宫、美国白宫、俄罗斯克里姆林宫）；1979年被列入《世界文化遗产名录》

【真题回顾】(2019年下半年真题)

【单项选择题】图4-4-1所示是雅典卫城中的帕提农神庙，它是为祀奉雅典城中的守护神而建造的。这位守护神是（　　）。

A. 阿波罗　　　　　B. 波塞冬　　　　　C. 阿瑞斯　　　　　D. 雅典娜

图4-4-1

【答案】D

【解析】帕提农神庙，是供奉雅典娜女神的最大神殿。帕提农原意为贞女，是雅典娜的别名。A项，阿波罗是太阳神。B项，波塞冬是海神。C项，阿瑞斯是战神。故选D。

（五）电影

1. 欧洲三大国际电影节

欧洲三大国际电影节是意大利威尼斯国际电影节、法国戛纳国际电影节、德国柏林国际电影节。

1）威尼斯国际电影节

威尼斯国际电影节，创立于1932年，是世界上历史最悠久的电影节，即世界上第一个国际电影节，被誉为"国际电影节之父"，国际A类电影节之一，最高奖项为"金狮奖"。

威尼斯国际电影节以"电影为严肃的艺术服务"为宗旨，以"提高电影艺术水平"为主要目的，将"艺术性"作为评判标准。威尼斯国际电影节每年8月末至9月初在意大利威尼斯丽都岛举办。

2）戛纳国际电影节

戛纳国际电影节，创立于1946年，是当今世界最具影响力、最顶尖的国际电影节之一，国际A类电影节之一，最高奖项为"金棕榈奖"。戛纳国际电影节在每年5月中旬举办，为期12天左右。

1993年，陈凯歌导演的《霸王别姬》获戛纳国际电影节金棕榈奖，是华语电影第一次也是唯一一次获得金棕榈奖。

3）柏林国际电影节

柏林国际电影节，原名西柏林国际电影节，创立于1951年，是当今世界最具影响力、最顶尖的国际电影节之一，国际A类电影节之一，最高奖项为"金熊奖"。

柏林国际电影节长期以关注政治和社会现实闻名，宗旨在于加强世界各国电影工作者的交流，促进电影艺术水平的提高。

柏林国际电影节原在每年6～7月间举行，从1978年起提前至2月举行，为期2周。

1988年，张艺谋导演的《红高粱》获第38届最佳影片金熊奖，这是首部华语电影"金熊奖"。

2. 美国奥斯卡电影金像奖

美国奥斯卡电影金像奖，创办于1929年，该奖项是美国历史最为悠久、最具权威性和专业性的电影类奖项，也是全世界最具影响力的电影类奖项。

奥斯卡金像奖每年举办一届，一般于每年2～4月在美国洛杉矶好莱坞杜比剧院举行颁奖典礼。主要奖项有最佳影片奖、最佳女演员奖、最佳男演员奖、最佳导演奖等。

【真题回顾】（2023年上半年真题）

【单项选择题】迪士尼是美国动画片艺术先驱，一共获得20多余项奥斯卡金像奖，创造了米老鼠等一系列家喻户晓的动画形象。下列选项中，以米老鼠为主角的动画片是（　　）。

A.《木偶奇遇记》　　　　　　　B.《威利号汽船》

C.《灰姑娘》　　　　　　　　　D.《睡美人》

【答案】 B

【解析】本题考查以米老鼠为主角的动画片。《威利号汽船》改编自当时颇受观众青睐的巴斯特•基顿的影片《航海者》，将米老鼠打造成了一个争风吃醋的水手，在一般名为"威利号"的汽船上为了一位姑娘与船长闹得不可开交。故选B。

强化训练

单项选择题

1. 公元 627 年至 649 年，是唐朝李世民统治的年代。在此期间，君臣励精图治，政治清明，社会安定，开创了唐代繁荣昌盛的局面，因而被誉为（　　）。

A. 文景之治
B. 开元盛世
C. 贞观之治
D. 汉武盛世

2. 18 世纪英国工业革命的标志是（　　）。

A. 电话机的发明和利用
B. 蒸汽机的发明和利用
C. 留声机的发明和利用
D. 计算机的发明和利用

3. 一年四季中的二十四节气按时间先后顺序排列有误的是（　　）。

A. 春分—惊蛰—清明—谷雨
B. 小满—芒种—夏至—小暑
C. 立秋—处暑—白露—秋分
D. 小雪—大雪—冬至—小寒

4. 下列关于中国的航天航空发展说法错误的是（　　）。

A. "中国航天第一港"是酒泉卫星发射中心
B. "神舟七号"载人飞船于 2008 年发射，翟志刚实现了中国历史上的首次太空漫步
C. 我国第一颗人造卫星"东方红一号"于 1968 年遨游太空
D. 航空火箭学家、空气动力学家钱学森被誉为"中国航天之父"和"火箭之王"

5. 实现了几何和代数结合的是（　　）。

A. 笛卡尔创立解析几何学
B. 牛顿建立微积分学
C. 莱布尼茨建立微积分学
D. 哥白尼创立太阳中心学

6. 煤气中毒是下列哪种物质引起的？（　　）

A. 二氧化碳
B. 一氧化碳
C. 一氧化氮
D. 二氧化氮

7. 下列儿童文学作品中不是出自《格林童话》的是（　　）。

A. 《白雪公主》
B. 《青蛙王子》
C. 《灰姑娘》
D. 《木偶奇遇记》

8. 下列不属于中国五大戏曲剧种的是（　　）。

A. 豫剧
B. 黄梅戏
C. 昆曲
D. 越剧

9. 《庄子》是战国时期庄子及其学生所著，该书主要反映了庄子的批判哲学、艺术、美学、审美观等，与《老子》《周易》合称"三玄"。下列选项中，不是出自《庄子》的成语是（　　）。

A. 邯郸学步
B. 相濡以沫
C. 望洋兴叹
D. 筚路蓝缕

10. 《朝花夕拾》《子夜》《激流三部曲》《红高粱》这些作品与其作者对应正确的一项是（　　）。

A.鲁迅、曹禺、茅盾、李健吾   B.鲁迅、茅盾、巴金、莫言

C.郭沫若、曹禺、巴金、李健吾   D.郭沫若、茅盾、巴金、孙犁

扫描二维码，查看习题答案与解析。

答案与解析

第五章 基本能力

考纲内容	1. 阅读理解能力 理解阅读材料中重要概念的含义。 理解阅读材料中重要句子的含义。 具有筛选并整合图画、文字、视频等阅读材料信息，并运用于保教工作的能力。 归纳内容要点，概括中心思想。 分析概括作者在文中的观点、态度。 2. 逻辑思维能力 了解一定的逻辑知识，熟悉分析、综合、概括的一般方法。 掌握比较、演绎、归纳的基本方法，准确判断、分析各种事物之间的关系。 准确而有条理地进行推理、论证。 3. 信息处理能力 具有运用工具书检索信息、资料的能力。 具有运用网络检索、交流信息的能力。 具有对信息进行筛选、分类、存储和应用的能力。 具有根据保教工作的需要，设计、制作课件的能力。 4. 写作能力 掌握文体知识，能根据需要按照选定的文体写作。 能够根据文章中心思想组织、剪裁材料。 具有布局谋篇、有效安排文章结构的能力。 语言表达准确、鲜明、生动，能够运用多种修辞手法增强表达效果
重点难点	本章模块权重大，是决定该科目考试成败的关键。本章重点难点主要有： (1) 了解一定的逻辑知识，熟悉分析、综合、概括的一般方法。 (2) 理解阅读材料中重要概念、句子的含义。 (3) 具有运用工具进行信息检索的能力，具有根据教学需要，设计、制作课件的能力。 (4) 掌握比较、演绎、归纳的基本方法，准确判断、分析各种事物之间的联系。 (5) 掌握文体知识，根据需要按照选定的文体写作
题型与分值	(1) 题型：单项选择题+材料分析题+写作题。 (2) 分值：约占总分的48%，约70分

知识提要

- 阅读理解能力
  - 阅读材料中的重要概念
  - 阅读材料中的重要句子
  - 阅读材料中的主要信息筛选与整合
  - 分析文章结构，把握文章思路
  - 归纳内容要点，概括中心思想
  - 分析概括作者在文中的观点、态度

- 基本能力
  - 逻辑思维能力
    - 概念
    - 判断
    - 推理
    - 逻辑基本规律
    - 数字推理
    - 图形推理
  - 信息处理能力
    - 信息检索的路径
    - 信息的处理与分析
    - 设计、制作课件
  - 写作能力
    - 文体知识
    - 写作过程
    - 材料作文的写作

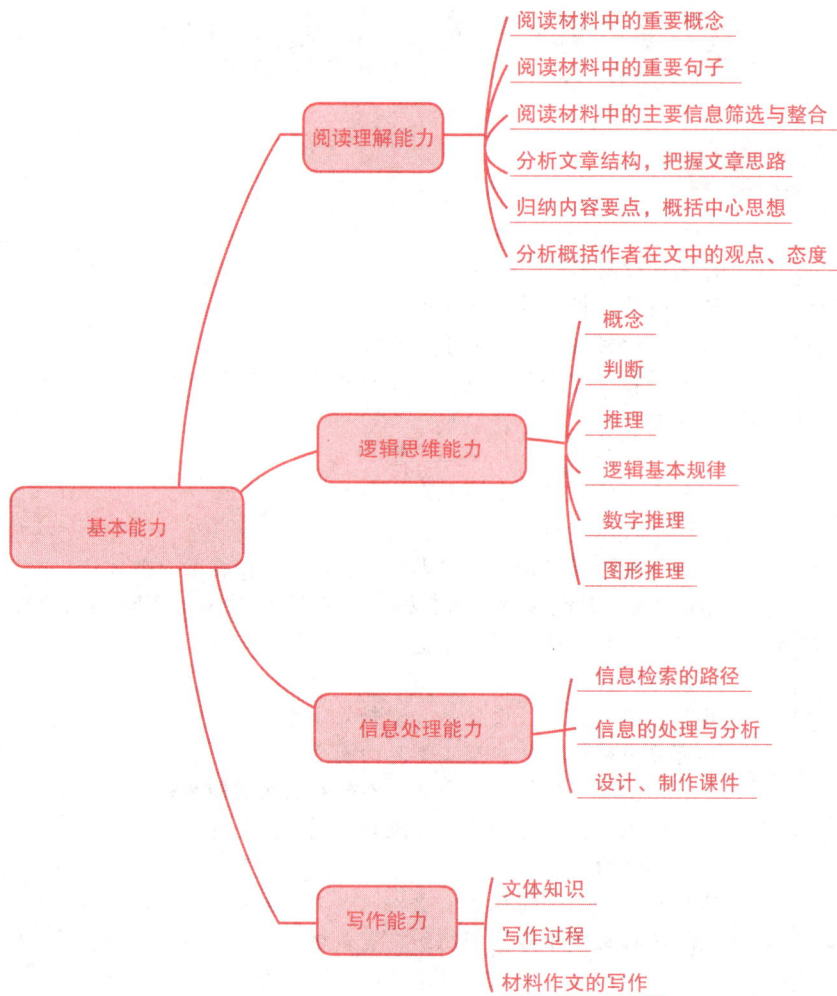

第一节　阅读理解能力

考点分析

　　阅读理解能力在历年考题中主要以材料分析题的形式出现，一般会设置两个小题，阅读材料为一篇小散文或论述文。

阅读理解能力考查的知识点主要如下表所示。

知识点	常见考点	要求掌握的程度
阅读理解能力	理解文中重要概念的含义	☆☆☆☆☆
	理解文中重要句子的含义	☆☆☆
	分析文章结构，把握文章思路	☆☆☆
	归纳内容要点，概括作者在文中的观点、态度	☆☆☆☆
	对阅读材料中的信息进行整合与筛选	☆☆☆☆☆

一、阅读材料中的重要概念

（一）重要概念的含义

所谓重要概念，是指文章中与整体文意密切相关或是文章重点论述的，能反映客观事物的一般的、本质的特征，对人们认识过程中感知的事物的本质加以概括归纳的词语。

【此类试题考查点】

① 理解指代性词语在文中所指的具体内容；② 理解非指代性词语在文中表达的特定意义。

（二）重要概念的类型

阅读材料中的重要概念包括：

(1) 表现文章中心思想的词语；

(2) 反映深层含义的词语；

(3) 体现作者观点、立场的词语；

(4) 对文章结构起连接作用、照应作用的词语；

(5) 概念上容易混淆的词语；

(6) 展现具体语言环境的词语。

（三）理解重要概念的技巧

理解重要概念是理解整个文段内容的基础。如何才能理解阅读材料中的重要概念呢？

1.直接提炼要点

有些题目以解释概念的形式出现，即以诠释的形式出现。在文段中，一般概念的基本含义交代得非常清楚，通过详细阅读材料即可找到答案。因此，需要考生仔细阅读材料，提炼相关要点。

2.联系文段背景

有些词语或概念的含义在文中非常明显，可以在上下文中找到具体的文字表达；而有的词语或概念则相对隐晦，没有具体的文字与之相对应，需要考生自己结合文段背景，调动已有的知识经验进行分析归纳。

3. 结合上下文语境

在词句理解型题目中，考查词语的含义常常是对其本身的含义进行引申，或是临时被赋予更为深刻的含义。这时考生必须将词语放至整个文段中，联系上下文语境，推敲词语的含义或指代内容。

4. 分析指代意图

有些词句理解型题目，以解释代词的内容为形式来进行考查，如解释"这""它"等代词在具体语境中的意义和作用。考生必须通读材料，分析作者意图，理解代词的所指。

【真题回顾】(2020 年下半年真题)

【材料分析题】

教育：改变是唯一不变的事

目前有太多学校的教学重点仍然在灌输信息。这在过去说得通，因为过去信息量本来就不大。

比如，如果你住在 1800 年前墨西哥的某个偏僻小镇，就很难知道知道外面的世界到底是怎样的。毕竟，那个时候既没有收音机、电视机，也没有报纸或公共图书馆。

但是，在 21 世纪，我们被大量的信息淹没。如果你现在住在墨西哥的一个偏僻小镇，有一部智能手机，光是看维基百科、TED 演讲、免费在线课程，就可以花掉大把时间。然而网上众说纷纭，实在难以判断哪些内容可信。正是因为只要点一下就能得到无数其他信息，也就令人难以专注。如果政治或科学看起来太复杂，我们很容易就会想转去看些可爱的猫猫狗狗、名人八卦。

在这样的世界里，老师最不需要教给学生的就是更多的信息。学生手上已经有太多信息，他们需要的是能够理解信息，判断哪些信息重要，哪些不重要，而最重要的是能够结合这点点滴滴的信息，形成一套完整的世界观。

事实上，西方自由主义教育的理想几百年来一直如此，但时至今日，<u>其至许多西方学校也从未实现这个理想</u>。教师只是把资料硬塞给学生，再鼓励学生"自己思考"，就算这一代学生还没办法打造出一个有头有尾、有意义的故事，未来也总有时间让我们好好消化这一切，但我们已经没有时间了。我们在未来这几十年所做的决定，将会影响生命本身的未来，而我们只能依据自己目前的世界做出这些决定。如果我们这一代人无法对宇宙有整体的认识，生命的未来就只能依赖随机的决定。

问题：文章中画线句子中的"这个理想"指的是什么"理想"？结合文本，简要分析。

【答案】"这个理想"指的是西方自由主义教育的理想。具体是指教师不需要给学生太多的信息，学生手上已经有太多信息，他们需要的是能够理解信息，判断哪些信息重要，哪些不重要，而最重要的是能够结合这点点滴滴的信息，形成一套完整的世界观。

【解题技巧】题干要求分析"理想"这个概念的含义，结合上下文语境，这个"理想"与前一句"西方自由主义教育的理想几百年来一直如此"以及上段内容相关。因此，在原文中即可找到相关概念的具体含义。

二、阅读材料中的重要句子

（一）重要句子的含义

所谓重要句子，是指那些对文意表达起重要作用的关键性语句。

（二）重要句子的类型

阅读材料中的重要句子包括：

(1) 能点明主旨或能显示脉络层次的关键性语句；

(2) 在文中起重要作用的中心句、总结句、过渡句或对文脉的推进与转接有关键作用的语句；

(3) 内涵较为丰富而且具有提示性或引导性的语句；

(4) 比较含蓄的、有深层含义的语句。

【理解文中重要句子含意的实质】

① 将使用修辞手法形象化了的语句转化为概括性的直白语言；② 将抽象含蓄的句子转化为具体化的阐释。

（三）理解重要句子的技巧

词句是构成文章的基本单位，正确理解文中词句的含义，尤其是重要词语、句子的含义，是把握文章旨意的前提。

1. 语境分析法

1) 联系上下文

与理解词语一样，理解句子的关键也是联系具体的语境，而非孤立地看某一个句子。在题目中，所考查的句子含义常常是对其本身的含义进行引申，或是临时被赋予更为深刻的含义，这时必须将句子放至整个文段中，联系上下文的内容来进行分析。

2) 联想文段背景

每一个文段都有自己的写作背景，因此在解答阅读理解型题目时，考生可结合相关背景知识来判断句子的含义，也就是所谓的由事及义的联想。"事"是与词句理解相关的种种事实，了解这些事实有助于理解重要词句的"义"。

3) 把握标点提示

在题目中，有些标点本身具有一定的提示作用，能够指引考生在文段中找到句子的准确含义。冒号、破折号在句中一般起注释作用，其后的内容则起到解释说明的作用。因此，若在所考查的词句后面出现了冒号、破折号等标点符号，考生要加以重视。

2. 修辞提示法

在题目中，有些句子会运用修辞手法，这时在理解词句含义时结合修辞手法的特点来分析，对解题助益良多。常用的修辞方法有"喻象反双借与对"，即比喻、象征、反语、双关、借代和对比。

对词语、句子比喻义的理解要从分析喻体与本体的相似性入手，寻找比喻的本体是正确解题的关键。理解词句的象征义，就要寻找词句的象征对象。理解词句的双关义就要注意它是谐音双关还是语意双关。借代的种类有很多，包括以部分代整体、特征代本体、具体代抽象等，其中具体代抽象考查得最多。因此，考生在做词句理解型题目时，对可表示抽象意义的概念，可首先从借代义的角度来考虑。对于运用了对比修辞手法的句子，考生可从两个方面考虑：一是对比结果，看对比双方前后有无发生变化；二是根据一方的特征推断另一方的特征。

3. 层次划分法

层次划分法主要包含两层意思：一是从句子结构入手分析，要抓句子主干，即主谓宾；二是从句子与句子之间的逻辑关系入手分析。句子之间的关系一般为并列关系、承接关系、递进关系、转折关系、因果关系。

三、阅读材料中的主要信息筛选与整合

阅读材料中除了文字信息外，还有图表、视频等形式。考生要具备从图表、视频材料中获取准确、有效信息的能力。

（一）筛选信息及整合信息的含义

1. 筛选信息的含义

所谓筛选信息，就是要从文字、图表、视频等多种阅读材料中找出特定的信息或重要细节。

2. 整合信息的含义

所谓整合信息，是指将文字、图表、视频等阅读材料中的各种信息整合起来，形成整体的认识，作整体的把握。

【此类试题的考查点】

① 能准确概括材料的主要信息；② 能立足整体，正确提炼材料中所有的信息，并能用简洁的语言表述；③ 能根据所给出的材料要求，设计出解决问题的方案；④ 能透过材料的字面意思，准确地表达隐含的言外之意。

（二）阅读材料中信息的主要类型

阅读材料中信息的主要类型有文字、图表、视频等。

1. 文字信息

文字信息，包括基于语文课本的教材分析、背景介绍、相关词解、片段赏析；还包括立足课外的好词好句积累、美文赏析、相关知识链接。

2. 图表信息

图表信息，是指将已知信息用图像或表格形式给出，包括统计图、绘画、统计表等。

3. 视频信息

视频信息，是指相关动画、影像视频素材。

（三）筛选与整合阅读材料信息的技巧

1. 文字信息的筛选与整合

1) 从文章的基本概念中获取信息

社会科学类和自然科学类的文章总是要运用概念的。文中的基本概念的含义就是文章

的重要信息所在。因此，在阅读中要特别重视对文章基本概念的理解。

2) 从重要的句子中获取信息

筛选整合是一个化繁为简的过程。筛选信息时要关注重要句子，尤其要关注文中集中表述作者观点态度、介绍某种情况，或集中反映文章主旨的句子；也包括那些结构复杂、信息量大的句子。文中段首的总起句、段末的总结句和段中的过渡句，这些句子通常都是文章的关键所在。

2. 图表信息的筛选与整合

图表信息的筛选与整合类试题的最大特征是通过横向比较或纵向比较来说明事物的发展变化，揭示事物之间的差距，探讨事物发展变化的原因，寻找解决问题的办法。通常这类试题由材料和设问两部分组成，材料一般由表头语、图表、标注三部分构成，设问一般由 2～3 个问题组成。

在筛选与整合图表信息时可以从下列三个方面着手：

1) 仔细审题，明确要求

审题时，要注意表头标题和表下注释的文字，弄清楚图表说明的对象和比较的角度，还要注意题干中句式表达的要求和字数的限制等。

2) 仔细认读图表，全面准确捕捉信息

(1) 捕捉信息的时候要全面准确，不能遗漏信息。

(2) 要认真观察图表，找出图表中所含的信息。图表中包含的信息有：图表标题、表下注释、说明对象、比较角度及各项目、数据的变化特点等。其中，图表标题和数据的变化是关注的重点。图表标题往往是对整个图表具体内容的概括，划定了材料分析的方向；通过纵向横向比较数据，发现数据间的变化，从而把握事物发展变化的趋势或揭示的问题。

(3) 兼顾表中各个要素。坐标曲线图要抓住曲线变化的规律；柱状饼式图要抓住各要素的比例分配及变化情况；生产流程图要抓住各流程的时空、先后逻辑顺序等。

3) 依据题干要求，规范作答

对观察中获得的信息要进行整合，分析所列内容的相互联系，从中找出规律性的东西，再归纳概括为一个结论。得出的结论要注意定量与定性的统一、现象与本质的统一。

(1) 注意题目中的关键词。有些题干会有一些标志性词语，如"上图显示""用文字表述出来""确切表述图表的内容"等。在表述时要有具体的数据比较、分析，要直接客观地反映图表包含的信息。

有些题目中有特殊限制，如句式的限制、字数的限制等，表达时要符合要求。

(2) 用词准确，表达规范。在表达中不能出现语病，特别是在反映事物变化或规律时，选用词语要准确。如说明增长的可以使用词语"增长了""增长到""增长了……倍""与同期相比，增长……"等；说明下降的可以使用词语"减少了""减少到"等。总之，要根据图表数据变化规律来选用准确的词语表达。

(3) 针对题目要求和图表内容复核答案，看有无遗漏、多余、表述不详等错误。

3. 视频信息的筛选与整合

随着信息时代的发展，视频、音频等多媒体技术因其内容丰富、画面感强、生动有趣且易于接受，它们愈来愈多地被应用到教学活动中。教师应重视视频材料在教学活动中的作用，学会对视频信息进行正确合理的选择、采集、加工以及整理制作，了解其原理，以解决实际问题。

视频材料与统计图表及其他平面静止视觉图像都不同，它是动态的，需要考生在观看或倾听的过程中把握信息。解答视频阅读材料信息题时，首先，要明确题目要求，做到观看、倾听时有目标、有重点；其次，要认真观看、倾听，抓住关键，包括视频材料的主体、具体措施、主要内容、结果等；最后，形成相关信息，并根据试题要求用语言将相关信息表达出来。

四、分析文章结构，把握文章思路

（一）分析文章结构

1. 文章结构的含义

文章结构是就文章的表现形式来说的，是思路的归宿，表现为文章的骨架。

文章结构是指作者对语言材料的组织与安排、布局与谋篇以及文章内部段与段、句与句之间的层次关系。

我们常说的段落、层次、开头、结尾、统领（总领）、收束（总结）、伏笔（铺垫）、过渡、照应（呼应）等，都是文章结构的内容。分析文章结构，能够便于考生透彻理解文章。

2. 文章结构的类型

1）纵向结构

纵向结构是按照时间顺序或事物发展过程（纵向过程）进行文章的结构布局。这种结构主要有：① 以时间为序；② 以作者情感发展脉络为序；③ 以逐渐深入地论证为序。

2）横向结构

横向结构是按照事物的空间关系或事物的不同角度来安排材料，进行文章的结构布局。

3）纵横结合式结构

纵横结合结构是指文章层次以纵向和横向相组合的形式展开。

3. 分析文章结构的技巧

1）看文体特征

不同文体，结构不同，如新闻结构的五要素、记叙文的记叙顺序、说明文的说明顺序、议论文的论证结构、散文的线索、小说以及戏剧的情节结构等，都可以帮助考生从文章的体裁上快速找到分析结构的依据，进而弄清作者的行文思路。

2）看关键句子

(1) 中心句。段落的中心句是该段的总纲，文章的中心句直接就是文章的主旨。如果文章或段落有中心句，首先必须抓住、找准中心句。这样就等于抓住了段落或篇章的"纲"。

(2) 体现文章思路或结构的重要句子。一种句子是总领或总结性的，分别位于段落或篇章的首尾，或领起下文，或收束上文。另一种句子是起承接过渡作用的，或紧承上文，开启下文；或与上下文的某一句或某一段遥相呼应。这种句子对下文来说是伏笔，是铺垫；对上文来说是照应，是呼应。

3）看重点词语

(1) 标志性词语。标志性词语能表明文章中句与句、层与层之间的基本关系，如"于是""从而"表示承接关系，"但是""然而""不过""其实""与此相反"表示转折关系，"首先、其次""一方面……另一方面""同样"表示并列等。

(2) 解说性词语。科技文中，解说新信息、介绍新情况时，往往采用解说、举例的形式，分析层次时就要注意提示解说内容的词语，如"意思是说""比如""例如""即是""也就是说"等。

4) 看构成关系

弄清句与句、段与段、层与层、部分与部分、句与段、段与层、层与部分、点与线、线与面等之间的关系，可以从外部结构标志入手，特别要注意准确划分第一层次，不要搞错"辈分"，将大小层次混淆了。

（二）把握文章思路

1. 文章思路的含义

文章思路是在写作过程中按照一定的条理表达思想的路径和脉络，是作者思维活动的轨迹，通常有一个从发散到集合，从模糊到清晰，从杂乱到有序的过程。思路最后落实到文章里，读者能看到、感受到的，常常体现为线索或写作顺序。

文章的结构和作者的思路关系密切：结构是外显的思路，思路是内化的结构。

2. 文章思路的类型

文章思路的表达主要有三种类型：时间型、空间型、逻辑型。

时间型的思路主要反映时间顺序，如先后、早晚等。空间型的思路主要反映空间顺序，如上下、内外等。逻辑型的思路主要反映逻辑顺序，如正反、主次、类比、归纳、证明、阐述、叙议等。

3. 把握文章思路的技巧

1) 抓标题

标题，或说明写作对象，或揭示了文章线索，或隐含了写作顺序。标题揭示写作对象的，看哪些地方是直接写该对象的，哪些地方是从侧面写的，这样能大致理清思路；标题揭示文章线索和写作顺序的，则直接以此探寻文章的思路。

2) 抓中心句

中心句是表明作者思路与写作目的的关键句，揭示了文章的中心思想，是文章思想感情高度浓缩的结晶，含义丰富深刻。这类句子往往出现在段首、段中或段尾部分，抓住中心句就抓住了段落核心和文章主旨，对理解文章整体思路意义重大。

3) 抓中心话题

如果中心句不明显，则直接去抓中心话题，哪些段落讲述的是同一话题就划分为一个层次，这样也能很快理清思路。有时文章的意思是多层次的，分析完每一个层次之后还要有主次之分，提取主要的省去次要的；如果是递进关系，那就要提取主要强调的意思；如果是并列关系，那就把它们的意思联合起来，进行简要概括。

五、归纳内容要点，概括中心思想

（一）归纳内容要点

1. 归纳内容要点的含义

材料的内容要点，就是指材料的主要内容，或者说是材料内容的精要之处。一般来说，一篇文章的每一个段落都相对集中地表达一个意思，即段落大意，这就是全段的内容要点，多个内容要点的组合就是全文的中心思想。

2. 归纳内容要点的技巧

1) 找出相关的概括性语句

在具体的材料中，概括性的语句与具体的叙述描写是相互依存、相互作用的。因此寻找概括性语句来概括内容要点，是最重要的途径。材料中局部内容要点的归纳，一般也可以运用这一方法。

2) 提取精要，独立归纳

有的文章，虽然有概括性强的语句，但与试题要求归纳的角度并不一致；也有一些文学作品并没有相应的概括性语句。遇到这样的情况，考生应根据要求，认定范围，提取精要，用自己的语言独立总结。

（二）概括中心思想

1. 概括中心思想的含义

"概括中心思想"中的"中心思想"，称为主旨、要旨，是作者通过文章全部内容所表达的基本观点或感情倾向。

2. 概括中心思想的技巧

1) 抓关键

对于一篇文章的中心思想而言，文章的标题、开头、结尾，文中的议论和抒情部分等，都是关键信息。抓住这些关键信息有助于准确地分析文章的中心思想。

2) 巧归纳

从文章中分解出要点，归纳各层意思，进而提炼中心思想，这是最传统的方法，也是最有效的方法。

【真题回顾】(2021年上半年真题)

【材料分析题】众所周知，文化是民族进步之魂，但是对正处于社会大变革的中国来说，文化的进步却是较为缓慢的，所取得的影响远没有经济领域明显，这的确值得我们深思。不容否认，急功近利的心态是导致文化浮躁的重要原因。"快"成了我们社会生活的不变节奏，无形中我们似乎进入一个以"快"来博取"价值"的时代。当改革的现实进程与人们的心理预期形成反差时，焦虑、浮躁的文化心态便随之出现。

文化浮躁的突出表现，就是整个社会都急于求成：普通人期待一夜成名，渴望一夜暴富；地方管理动辄宏观战略，贪大求洋，不再扎实肯干、埋头苦干、任劳任怨；科研人员不肯再刻苦钻研、兢兢业业；企业经营者不再诚实劳动、诚信守诺、合法经营……人们耐不住寂寞，守不住自我，静不下心来，急功近利、心浮气躁，越来越成为人们生活的常态。在这种文化浮躁的氛围中，文化生活似乎越来越与真、善、美渐行渐远。

文化对社会的推动力，通常是在潜移默化中释放出来的，真正的文化应该对社会生活的基本价值和秩序有所坚持，因为文化的人文本性要求人们必须诉诸恒常的价值关切。在一个文化底蕴厚重的社会里，作为世代累积沉淀下来的文化习惯和文化信念，理应渗透于百姓的生活实践中，成为社会发展进步的稳定性要素。文化需要固根扶本，一个健康的社会需要为全体社会成员提供源源不断的、充足的精神资源，以满足全社会的精神慰藉之需求。

抑制文化浮躁，首先需要夯实全民族的信仰根基。信仰既是一个人的精神支柱，也是一个民族凝聚力的根本因素。信仰危机是社会浮躁的根源，而文化浮躁实际上也是文化精神支柱缺失的"躁动而浮"。心中有明确的信仰，我们才会"不畏浮云遮望眼"，在纷繁复杂的现象中守住我们最想要的东西。信仰的弱化与分散，对一个向上的民族来说是十分危险的，它会使人的心灵无所皈依，会弱化民族的奋发自强精神。

抑制文化浮躁，还需要自觉培育民族文化自信心。改革开放以来，西方文化强势影响并改变着中国既有的文化格局，加剧了中国的文化震荡，这种文化落差在催生了国人浮躁心态的同时，也挫伤了我们对民族文化的自信心，甚至出现了文化的价值迷失。今天，随着中国综合国力的大幅度提升，我们有幸迎来了中国文化繁荣发展的契机。我们要涵养我们的文化元气，找到民族文化的"自我"。一个文化创新的时代，一定是一个充满民族文化自信的时代。

抑制文化浮躁，无疑需要全社会的共同努力。通过良好社会氛围的营造，让每个人沉下心来，积极主动地去学习和思考，激发出自己的创造力和想象力，唯有如此，全社会才会面对中国社会发展凝聚共识，更加从容与自信地走向未来。

——（摘编自邹广文《抑制文化浮躁》，有删减）

问题：抑制文化浮躁有何现实意义？请简要分析。

【答案】文化对社会的推动力，通常是在潜移默化中释放出来的，真正的文化应该对社会生活的基本价值和秩序有所坚持，因为文化的人文本性要求人们必须诉诸恒常的价值关切。在一个文化底蕴厚重的社会里，作为世代累积沉淀下来的文化习惯和文化信念，理应渗透于百姓的生活实践中，成为社会发展进步的稳定性要素。

第一，抑制文化浮躁，能够让我们在纷繁复杂的现象中守住我们的信仰，让我们心灵有所归依，强化民族的奋发自强精神。

第二，抑制文化浮躁，可以提升我们民族文化的自信心，让我们涵养文化元气，找到民族文化的自我，打造充满民族文化自信的时代。

第三，抑制文化浮躁，可以营造良好的社会氛围，让我们沉下心，主动学习和思考，激发个人的创造力和想象力，全社会凝聚中国社会发展的共识，更加从容自信地走向未来。

【解题技巧】依据题干，首先可以从归纳内容要点入手，通过对每一段的阅读，找到其集中表达的要点，从而梳理出文章的主要思想。然后根据题干，对照原文，从"抑制文化浮躁"的相关段落中，可以找到具体实施方式及相关意义，从而进一步筛选出最终的答案。

六、分析概括作者在文中的观点、态度

（一）作者的观点、态度的含义

所谓观点，就是作者对事物所持的看法；所谓态度，就是作者在文中所表现的思想倾向和感情倾向，包括肯定与否定、爱与憎、褒与贬，以及某种程度的保留等。

作者的观点、态度，在不同类型的文章中有不同的表现形态。一般说来，论说性的文字是明朗的、直抒的，而文学作品则比较含蓄。论说性的文章中，中心论点、分论点以及特定论述，就是作者在文中的主要观点。叙述性的文学作品，一般以写人、叙事、写景见长，观点态度等不直接说出，但是可以通过分析概括性语句、作者评述、引用材料等捕捉到。

（二）分析概括作者观点、态度的技巧

1. 从概括性强的句子入手

有的文章的观点是直接表述的，抓住了概括性强而又表达某种看法的句子，就抓住了作者的观点、态度。

2. 从文中运用的材料入手

文中运用的材料，不论是事实还是文献资料，总是要表达一定的观点的。因此，从分析材料入手，是分析概括作者观点、态度的重要途径。

3. 从作者的评述入手

有时候，作者把自己的观点、态度隐含在具体的评述之中而不直接说出。这就要求从分析具体的评述入手，提出精要，进行概括。

第二节　逻辑思维能力

考点分析

逻辑思维能力在历年考题中以单项选择题的形式为主。

逻辑思维能力考查的知识点主要如下表所示。

知识点	常见考点	要求掌握的程度
概念和判断	概念间的关系	☆☆☆☆☆
	复言判断的类型	☆☆
	复言判断的对当关系	☆☆
推理	充分条件假言命题的推理	☆☆☆
	必要条件假言命题的推理	☆☆☆
数字推理	和数列	☆☆☆☆☆
	积数列	☆☆☆☆☆
图形推理	图形的叠放	☆☆☆☆☆

一、概念

（一）概念的定义

概念就是反映事物（对象）属性和范围的思维形式，是思维形式最基本的组成单位，也是构成命题、推理的要素。

（二）概念的特征

概念有两个基本的逻辑特征：概念的内涵和概念的外延。

1. 概念的内涵

概念的内涵，是指概念所反映的对象的本质属性。例如，"商品"这个概念的内涵就是"为交换而生产的劳动产品"。内涵是概念的质的方面的规定性，它表明概念所反映的对象是什么。

2. 概念的外延

概念的外延，是指具有概念所反映的本质属性的对象。例如，"商品"这个概念的外延就是指市场上的衣、帽、鞋、车、家电等各种性质、各种用途、在人们之间进行交换的劳动产品。外延是概念的量的方面的规定，它表明概念所反映的对象有哪些。

概念的内涵与外延之间呈反比关系。一个概念的内涵越多，那么这个概念的外延就越小；一个概念的内涵越少，那么这个概念的外延就越大。

（三）概念间的关系

概念间的关系主要指概念外延间的关系，根据概念外延有无重合，可分为相容关系和不相容关系。

1. 相容关系

相容关系是指两个概念的外延至少有一部分是重合的关系。根据外延重合情况又可分为全同关系、真包含（于）关系和交叉关系。

1) 全同关系

如果两个概念的外延完全相同，那么这两个概念之间的关系就是全同关系，也称同一关系或重合关系，如图 5-2-1 所示。

A 与 B 的全同关系可以定义为：所有 A 都是 B，并且所有 B 都是 A。例如，"北京"与"中华人民共和国首都"、"等边三角形"与"等角三角形"、"爱因斯坦"与"相对论的创立者"。

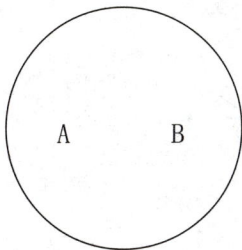

图 5-2-1　全同关系

2) 真包含（于）关系

如果两个概念，其中一个概念的部分外延与另一个概念的全部外延重合，那么这两个概念之间的关系是真包含关系，也称为属种关系，外延大的叫作"属概念"，外延小的叫作"种概念"。例如，"学生"（属概念）与"大学生"（种概念）；反之，"大学生"（种概念）与"学生"（属概念）则为种属关系，也称为真包含（于）关系。

真包含（于）关系如图 5-2-2 所示。

A 与 B 的真包含（于）关系可以定义为：所有 B 都是 A，并且有 A 不是 B。例如，"学生"与"中学生"、"文学作品"与"小说"等。

3) 交叉关系

如果两个概念的外延有并且仅有部分重合，那么这两个概念之间的关系就是交叉关系，如图5-2-3所示。

A与B的交叉关系可以定义为：有的A是B，有的A不是B；并且有的B是A，有的B不是A。例如，"学生"与"团员"、"党员"与"干部"等。

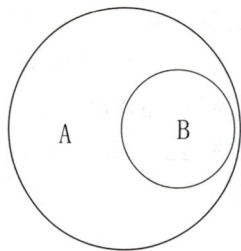

图5-2-2　真包含(于)关系　　　　图5-2-3　交叉关系

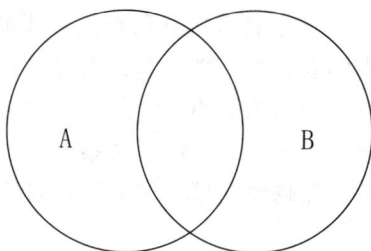

2. 不相容关系

不相容关系，又叫全异关系，概念之间在外延上没有一个重合，如"鹿"与"马"，如图5-2-4所示。

不相容关系可分为矛盾关系和反对关系。

1) 矛盾关系

如果两个概念的外延完全不同，且它们的外延之和等于其属概念的外延，则这两个概念间的关系就是矛盾关系，如图5-2-5所示。

A与B的矛盾关系可以定义为：具有不相容全异关系的两个概念A和B，同时包含于它们的属概念C当中，如果A与B的外延之和等于C的全部外延，那么A与B具有矛盾关系，如"男人"与"女人"。

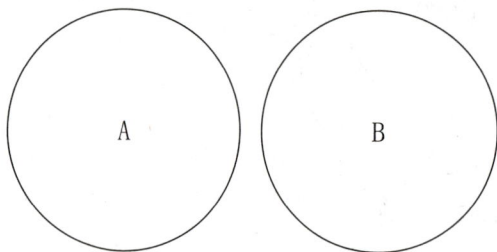

图5-2-4　不相容关系　　　　图5-2-5　矛盾关系

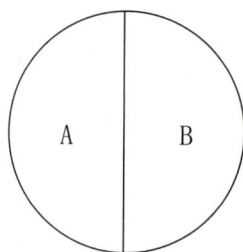

2) 反对关系

如果两个概念的外延完全不同，且它们的外延之和小于其属概念的外延，则这两个概念间的关系就是反对关系，如图5-2-6所示。

A与B的反对关系可以定义为：具有全异的两个概念A和B，同时包含于它们的属概念C当中，如果A与B的外延之和小于C的全部外延，那么A与B具有反对关系，如

"老人"与"小孩"。

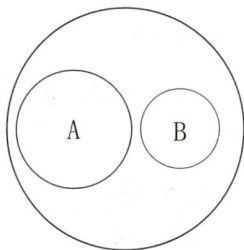

图 5-2-6 反对关系

【真题回顾】(2021 年下半年真题)

【单项选择题】以下选项中，与"医生—护士"的逻辑关系相同的是（   ）。

A."军人"和"军医"　　　　　　B."教授"和"助教"

C."校长"和"教师"　　　　　　D."法警"和"警察"

【答案】B

【解析】题干中"医生"和"护士"属于全异关系。A 项"军人"和"军医"属于包含关系。B 项"教授"和"助教"属于全异关系。C 项"校长"和"教师"属于交叉关系。D 项"法警"和"警察"属于包含于关系。故选 B。

【真题回顾】（2022 年下半年真题）

【单项选择题】下列选项中，与"正方形—四边形"的逻辑关系相同的是（   ）。

A."太湖"和"淡水湖"　　　　　　B."六边形"和"菱形"

C."北京"和"上海"　　　　　　D."春城"和"昆明"

【答案】A

【解析】本题考查概念间的逻辑关系。题干中，"正方形"包含于"四边形"，二者为包含于关系。A 项，"太湖"包含于"淡水湖"，二者为包含于关系，与题干关系一致。B 项，"六边形"和"菱形"是全异关系。C 项，"北京"和"上海"是全异关系。D 项，"春城"和"昆明"是全同关系。故选 A。

二、判断

（一）判断的含义

判断是对思维对象有所断定的思维形式，是通过语句来表达的。表达判断的语句，又称作命题。

（二）判断的特征

(1) 判断有"肯定"与"否定"之分，如"这些汽车是进口的""美国不是社会主义国家"。

(2) 判断有"真"与"虚"之分，如果一个判断符合客观实际，那么这个命题就是真的；如果一个判断不符合客观实际，那么这个命题就是假的。例如，"地球自转一周是一天"

为真，"雪是绿色的"不符合客观实际，为假。

（三）判断的种类

根据判断中是否包含有"必然""可能"等模态词，我们可将判断划分为模态判断和非模态判断，具体分类如图5-2-7所示。

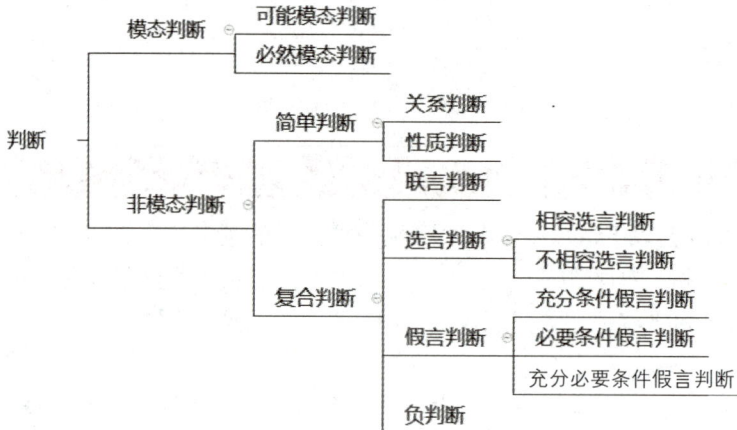

图 5-2-7　判断的分类

1. 模态判断

模态判断是包含有"必然""可能"等模态词的判断。反映事物情况必然性的判断为必然判断，而反映事物情况可能性的判断为可能判断。例如，"今天必然要出太阳"和"宇宙中可能有外星人"都属于模态判断，它们分别是必然模态判断和可能模态判断。

2. 非模态判断

非模态判断是指不含有模态词的判断。我们根据是否包含有其他判断，可将其划分为简单判断和复合判断。

1) 简单判断

简单判断是本身不再包含其他命题的命题，如"小王不懂计算机知识"。简单判断根据结构的不同，可分为关系判断和性质判断。

(1) 关系判断。关系判断是断定思维对象之间具有或不具有某种关系的判断。

关系判断由主项、谓项、量项组成：

主项是表示判断对象的概念。

谓项是表示几个判断对象所具有或不具有的关系的概念。

量项是表示主项数量的概念，如"所有的""某些"。如果关系者项是单独概念，就不适用量项。例如，小王和小邓是同事。

(2) 性质判断。性质判断是断定思维对象具有或者不具有某种性质的简单判断。

性质判断由主项、谓项、量项、联项组成：

主项是表示判断对象的概念，通常用字母 S 表示。

谓项是表示判断对象具有或不具有的性质的概念，用 P 表示。

量项是表示判断对象的数量的概念。

联项是表示判断对象与性质之间联系的概念，如"是""不是"等。

性质判断的结构：所有 (有些、这个)S 是 (不是)P。

性质判断的分类如下：

① 全称肯定判断：所有 S 都是 P，记为 SAP，缩写为 A。

② 全称否定判断：所有 S 都不是 P，记为 SEP，缩写为 E。

③ 特称肯定判断：有些 S 是 P，记为 SIP，缩写为 I。

④ 特称否定判断：有些 S 不是 P，记为 SOP，缩写为 O。

⑤ 单称肯定判断：(这个)S 是为 P。

⑥ 单称否定判断：(这个)S 不是为 P。

(3) 性质判断的对当关系。主项、谓项相同的 A、E、I、O 四种命题之间存在着一定的真假制约关系。在逻辑学上，这种真假制约关系称为对当关系，具体如图 5-2-8 所示。

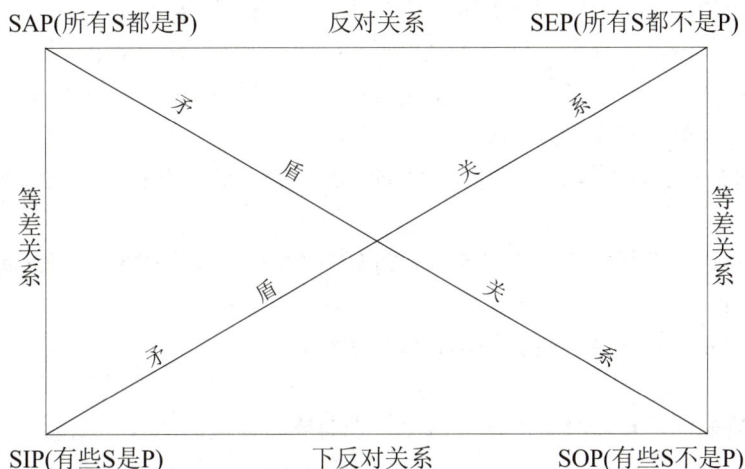

图 5-2-8　性质判断的对当关系

① 矛盾关系。全称肯定判断 (A) 与特称否定判断 (O)，全称否定判断 (E) 与特称肯定判断 (I) 之间存在矛盾关系。

矛盾关系的特征：一个判断为真，另一个判断必假；一个判断为假，另一个判断必真。即二者不能同假，也不能同真。(简单记为：一真另一必假，一假另一必真。)

② 反对关系。全称肯定判断 (A) 与全称否定判断 (E) 之间存在反对关系。

反对关系的特征：一个判断为真，另一个判断必假；一个判断为假，另一个判断不能确定真假。即二者可以同假，但不能同真。(简单记为：一真另一必假，一假另一真假不定。)

③ 下反对关系。特称肯定判断 (I) 与特称否定判断 (O) 之间存在下反对关系。

下反对关系的特征：一个判断为假，另一个判断必真；一个判断为真，另一个判断不能确定真假。即二者可以同真，但不能同假。(简单记为：一假另一必真，一真另一真假不定。)

④ 差等关系。全称肯定判断 (A) 与特称肯定判断 (I)、全称否定判断 (E) 与特称否定判断 (O) 之间存在等差关系。

等差关系的特征：全称判断为真，特称判断必真；特称判断为真，全称判断真假不定；

全称判断为假，特称判断不能确定真假；特称判断为假，全称判断必假。(简单记为：上真下真，上假下假，下假上假；反之则真假不定。)

2) 复合判断

复合判断是由两个或两个以上的简单判断通过一定的逻辑连接词结合而成的判断。

组成复合判断的简单判断叫作支判断。

复合判断根据其逻辑连接词的不同性质可以分为联言判断、选言判断、假言判断和负判断四种。

(1) 联言判断。联言判断是断定若干事物情况同时存在的复合判断，可以表示为"$p \wedge q$"。联言判断的真假，决定于 p、q 的真假：只有 p、q 同为真的时候，$p \wedge q$ 才为真；只要 p、q 中有一个为假，$p \wedge q$ 就是假。

联言判断由联言支和联言连接词构成。

联言支是组成联言判断的简单判断，常用"p、q、r"等表示。

联言连接词是表示各联言支连接关系的词，用"$\wedge$"表示，常用联言连接词有"不但……而且……""既……又……""虽然……但是……""一方面……另一方面……"等。

联言判断的一般形式为"p 且 q"。

(2) 选言判断。选言判断是断定若干事物情况至少有一种存在，也可能同时存在的复合判断。

选言判断由选言支和选言连接词构成，可以表示为"$p \vee q$"。"p、q"表示选言支，"$\vee$"表示选言连接词。

选言判断分为相容选言判断和不相容选言判断。

① 相容选言判断。

相容选言判断的特点：其中一部分或全部选言支可以同时为真。

相容选言判断的 p、q 只要有一个真，$p \vee q$ 就为真，只有 p，q 都为假，$p \vee q$ 才为假。

相容选言命题的一般形式为"p 或 q"。

② 不相容选言判断。

不相容选言判断的特点：两个(或多个)选言支最多一个为真。

不相容选言判断的 p、q 有且只有一个真，$p \vee q$ 才为真，p、q 同真或同假时，$p \vee q$ 都为假。

不相容选言命题的一般形式为"要么 p，要么 q"。

(3) 假言判断。假言判断是断定某一事物情况存在是另一事物情况存在的条件的复合判断，由假言支 (p、q、r) 和假言连接词构成。

假言判断通常表示为：只有 p，才 q；如果 p，那么 q；当且仅当 p 时，q。

假言判断的分类如下：

① 充分条件假言判断。

如果 p 存在，q 就存在，那么 p 是 q 的充分条件。

如果 p、q 都为真，充分条件假言判断为真；如果 p 真 q 假，那么充分条件假言判断为假；如果 p 假，无论 q 真假，在逻辑上认为充分条件假言判断为真。(只有在"前件真且后件假"的情况下该命题为假，其他情况下都为真。)

充分条件假言判断的逻辑连接词有："如果……那么……""只要……就……"等。

充分条件假言命题的一般形式为"如果 p，那么 q"。

② 必要条件假言判断。

如果 p 不存在，q 就不存在，那么 p 是 q 的必要条件，反之 q 是 p 的充分条件。只有在 p 假 q 真时，必要条件假言判断为假，其余情况在逻辑上均为真。(只有在"前件假后件真"的情况下该判断为假，其他情况下都为真。)

必要条件假言判断的逻辑连接词有："只有……才……""不……(就) 不……"等。

必要条件假言命题的一般形式为"只有 p，才 q"。

【真题回顾】(2017 年上半年真题)

【单项选择题】下列选项所表述的内容，包含在"只有理解别人，才会被别人理解"中的是 (　　)。

A. 除非被别人理解，否则没理解别人

B. 只要理解了别人，就能被别人理解

C. 没被别人理解，是因为没理解别人

D. 要想被别人理解，就得去理解别人

【答案】D

【解析】题干中"只有……才……"，是必要条件假言命题，"理解别人"只是"被别人理解"的必要条件之一，但不是充分条件，跟 D 选项意思表达一致。故选 D。

③ 充分必要条件假言判断。

如果 p 既是 q 的充分条件又是 q 的必要条件，那么，p 是 q 的充要条件。p、q 同真或同假时，充分必要条件假言判断才为真，其余情况为假。

充分必要条件假言判断的逻辑连接词有："当且仅当……则……"等。

充分必要条件假言判断的一般形式为"当且仅当 p，则 q"。

(4) 负判断。负判断是由否定一个判断而得到的判断，是最简单的复合判断。

用 p 表示原判断，它的负判断用"￢ p"表示，读作"非 p"。p 是负判断的支判断，"￢"表示否定连词，常用的否定连词有"非""并非""……是假的""并无……之事"等。

负判断与原判断的真假正好相反：原判断真，负判断就假；反之负判断真，原判断就假。

三、推理

(一) 推理的定义

推理是由一个或几个已知判断推出新判断的思维形式。推理的作用在于使主体从已有的知识到新的知识。

(二) 推理的结构

每个推理都包含着两部分的判断：前提和结论。

前提是已知的判断，它是推理的根据。根据前提推导出的判断，是推理的结论。逻辑学主要研究推理过程中前提和结论之间的关系。

（三）推理的分类

根据推理的数量，推理可以分为直接推理和间接推理。

直接推理是由一个前提推出一个结论的推理。

间接推理是由两个或两个以上的前提推出一个结论的推理。

间接推理又根据推理思维进程方向不同，可以分为演绎推理、归纳推理和类比推理三类。

1. 演绎推理

演绎推理是从对象的一般性认识推出个别特殊性认识的推理，即从一般到特殊。例如，所有动物需要食物，所以小猫需要食物。

1）三段论

三段论有两个前提，一个叫作大前提，一个叫作小前提，还有一个结论。

其中 P 是大项，S 是小项，M 是中项。三段论通过中项的媒介作用把大项和小项联系起来从而得出结论，中项的存在是三段论得以进行的必要条件。

例如，

所有鱼都不是胎生的动物（大项 P）；

所有鲸都是胎生的动物（中项 M）；

所以，所有鲸都不是鱼（小项 S）。

这是一个三段论。它的两个前提中都包含有一个共同的词项"胎生的动物"，以此为媒介，推出"所有鲸都不是鱼"的结论。

2）联言推理

（1）联言推理的定义。联言推理是指前提或结论为联言判断，并且根据联言判断联结项的逻辑性质推出结论的演绎推理。

（2）联言推理的类型。联言推理有两种形式，即分解式和合成式联言推理，如表 5-2-1 所示。

表 5-2-1　联言推理的类型

类型	分解式	合成式
含义	根据一个联言命题为真而推出其各联言肢为真	根据一个联言命题的各个联言肢为真而推出联言命题为真
一般形式	p 且 q，所以 p。 p 且 q，所以 q	p，q； 所以 p 且 q
举例	语文和数学都是小学阶段的重要学科，所以语文是小学阶段的重要学科。 或者 语文和数学都是小学阶段的重要学科，所以数学是小学阶段的重要学科	科技工作者要学习现代科学，政治工作者要学习现代科学；所以无论是科技工作者还是政治工作者都要学习现代科学

（3）联言推理的规则。由一个联言推理为真可以推出每一个支命题为真；各个支命题都为真，整个联言判断也就为真。

3) 选言推理

选言推理，前提中至少有一个是选言判断，并且根据选言判断的逻辑性质推出结论的演绎推理。

选言推理分为相容选言推理和不相容选言推理。

(1) 相容选言推理。相容选言推理，是前提中有一个相容选言判断的选言推理。

相容选言推理的正确式如表 5-2-2 所示。

表 5-2-2　相容选言推理的正确式

正确式	表示方式	举　例
否定肯定式	P 或 q，非 p，所以 q。 或者 P 或 q，非 q，所以 p	人们过河或是游泳或是渡船，没有渡船，所以只能游泳。 或者 人们过河或是游泳或是渡船， 不能游泳，所以只能渡船

相容选言推理的规则：对于相容选言命题推理，肯定一部分选言肢，不能否定或肯定其他选言肢；否定一个选言肢以外的其他选言肢，可以肯定未被否定的那个选言肢。

(2) 不相容选言推理。不相容选言推理，是前提中有一个不相容选言判断的选言推理。

不相容选言推理的正确式如表 5-2-3 所示。

表 5-2-3　不相容选言推理的正确式

正确式	表示方式	举　例
否定肯定式	要么 p，要么 q；非 p，所以 q 或者 要么 p，要么 q；非 q，所以 p	这首歌要么是李红唱的，要么是张广唱的； 这首歌不是李红唱的，所以这首歌是张广唱的。 或者 这首歌要么是李红唱的，要么是张广唱的； 这首歌不是李红唱的，所以这首歌是张广唱的
否定肯定式	要么 p，要么 q；p，所以非 q 或者 要么 p，要么 q；q，所以非 p	小王现在要么在公司，要么在家里； 小王现在在公司，所以小王现在不在家里。 或者 小王现在要么在公司，要么在家里； 小王现在在家里，所以小王现在不在公司

不相容选言命题的规则：肯定一个选言肢，就要否定其余的选言肢；否定一个选言肢以外的选言肢，就要肯定未被否定的那个选言肢。

4) 假言推理

假言推理前提中至少有一个为假言判断，并且根据假言判断的逻辑性质推出结论的演绎推理。假言推理可以分为充分条件假言推理、必要条件假言推理、充分必要条件假言推理。

(1) 充分条件假言推理。充分条件假言推理就是根据充分条件假言判断的逻辑性质进行的推理。它有两种正确式，具体见表 5-2-4。

表 5-2-4　充分条件假言推理的正确式

正确式	表示方式	举　例
肯定前件式	如果 p，那么 q； p，所以 q	如果一个数能被 2 除尽，那么这个数是偶数； 14 能被 2 除尽； 所以，14 是偶数
否定后件式	如果 p，那么 q； 非 q，所以非 q	如果春天来了，柳树就会发芽； 柳树还没有发芽； 所以，春天还没来

充分条件假言推理的规则：

肯定前件，就要肯定后件；否定前件，不能否定后件。

否定后件，就要否定前件；肯定后件，不能肯定前件。

(2) 必要条件假言推理。必要条件假言推理就是根据必要条件假言判断的逻辑性质进行的推理。它有两种正确式，具体见表 5-2-5。

表 5-2-5　必要条件假言推理的正确式

正确式	表示方式	举　例
否定前件式	只有 p，才 q； 非 p，所以非 q	只有年满十八岁，才有选举权； 小周不到十八岁， 所以小周没有选举权
肯定后件式	只有 p，才 q； q，所以 p	只有多花时间练习，才能称为技术高手； 他想成为技术高手， 所以他必须多花时间练习

必要条件假言推理的规则：

否定前件，就要否定后件；肯定前件，不能肯定后件；

肯定后件，就要肯定前件；否定后件，不能否定前件。

【真题回顾】(2016 年下半年真题)

【单项选择题】下列选项所表述的内容,包括在"只有想不到,没有做不到"中的是（　　）。

A. 如果没想到，肯定做不到　　　　　B. 只要想得到，就能做得到

C. 既然做到了，便是想到了　　　　　D. 既有想不到，也有做不到

【答案】B

【解析】根据必要条件假言推理的规则，"否定前件，就要否定后件"，因此，"只有想不到，没有做不到"就等同于"只要想得到，就能做得到"。故选 B。

(3) 充分必要条件假言推理。充分必要条件假言推理，就是根据充分必要条件假言判断的逻辑性质进行的推理。它有四种正确式，具体见表 5-2-6。

表 5-2-6　充分必要条件假言推理的正确式

正确式	表示方式	举例
肯定前件式	P 当且仅当 q； P，所以 q	一个数是偶数当且仅当它能被 2 整除； 这个数是偶数， 所以这个数能被 2 整除
肯定后件式	P 当且仅当 q； q，所以 P	一个数是偶数当且仅当它能被 2 整除； 这个数能被 2 整除， 所以这个数是偶数
否定前件式	P 当且仅当 q； 非 P，所以非 q	一个数是偶数当且仅当它能被 2 整除； 这个数不是偶数， 所以这个数不能被 2 整除
否定后件式	P 当且仅当 q； 非 q，所以非 P	一个数是偶数当且仅当它能被 2 整除； 这个数不能被 2 整除， 所以这个数不是偶数

充分必要条件假言推理的规则：

肯定前件，就要肯定后件；肯定后件，就要肯定前件。

否定前件，就要否定后件；否定后件，就要否定前件。

2. 归纳推理

归纳推理是从特殊事实推出一般性结论的推理，即从特殊到一般。

根据归纳过程中的特点，归纳推理可分为：

1) 完全归纳推理

完全归纳推理是根据某类事物中每一个对象都具有某种属性，而推出该类事物都具有某种属性的推理。

完全归纳推理的结构可用公式表示：

S_1 是 (或不是)P。

S_2 是 (或不是)P。

S_3 是 (或不是)P。

S_n 是 (或不是)P。

$S_1 \cdots S_n$ 是 S 类的全部对象。

所以，S 是 (或不是)P。

应用归纳推理必须做到：

(1) 前提中所考查的个别对象之和为某类事物的全部对象；

(2) 前提中对所考查的每个对象的断定都是真的。

具备这两点，由此归纳出的结论就一定是真的。

2) 不完全归纳推理

不完全归纳推理，就是根据某类的部分对象具有 (或不具有) 某种属性，从而推出某类的全部对象具有 (或不具有) 某种属性的归纳推理。

不完全归纳推理按概括的根据不同，可分为简单枚举法和科学归纳法。

(1) 简单枚举法。简单枚举法是以经验认识为基础，根据一类事物中部分对象具有某种属性，且没有遇到相反的情况，而推出这类事物都具有某种属性的归纳推理。

运用简单枚举法必须注意三点：

第一，考查数量要足够多，若太少容易导致错误结论。

第二，对考查对象要足够了解，否则，即使举出了大量的例子，也可能导致错误结论。

第三，简单枚举法得出的结论，如果没有经过严格证明，只能作为猜想。

(2) 科学归纳法。科学归纳法是在被考查对象与某种属性之间因果关系的基础上，得出一般性结论的不完全归纳推理。

科学归纳法的结论虽然比简单枚举法的结论具有更大的可靠性，但仍不能视为科学定理。

3. 类比推理

1) 类比推理的定义

类比推理是根据两个或两类对象在某些属性上相同或相似，从而推出它们在其他属性上也相同或相似的推理。它是一个从一般到一般，或从特殊到特殊的过程。例如，声和光有不少属性相同——直线传播，有反射、折射和干扰等现象，由此推出：既然声有波动性质，光也有波动性质。

2) 类比推理的结论与前提

类比推理的结论不是必然的，如果前提所提供的类比对象的相同（或相似）属性愈多，那么，结论的可靠程度就愈高；如果前提所提供的相同属性与推移属性之间的联系愈密切，那么结论的可靠程度就愈高。

四、逻辑基本规律

（一）同一律

同一律的基本内容是：在同一思维过程中，每一思想都必须与其自身保持同一。即每一概念、命题和其他思维形式都必须保持一贯性和确定性。

同一律的公式是：A 是 A。其中"A"表示任一概念、命题和其他思维形式。

"同一思维过程"是指在同一时间、同一关系下，对同一对象运用词项、命题去进行推理、论证的过程。"每一思想"是指任何一个具体的概念、命题或者其他思维形式。"每一思想都必须与其自身保持同一"是指在同一思维过程中，一个思想反映同一个确定的对象，无论其先后运用多少次，其内容都是确定的。

如果不能保持这种同一性，就犯了混淆概念或偷换概念的逻辑错误。例如，"北大学生学习很多科目，张三是北大学生，所以，张三学习很多科目。"在这个推理中，两个前提中的同一个词项"北大学生"不是同一概念。第一个"北大学生"是集合概念，第二个"北大学生"是非集合概念，故犯了混淆概念的逻辑错误。

（二）矛盾律

矛盾律的基本内容是：在同一思维过程中，两个互相矛盾或互相对立的命题不能同真，必有一假。

矛盾律的公式是：A 不是非 A，或者说，A 不能既是 A 又是非 A。其中"A"表示任一命题，"非 A"表示对"A"的否定。

两个互相矛盾的命题不能同真，也不能同假；两个互相对立的命题不能同真，但可以同假。矛盾律是从否定的角度反映了客观事物的确定性，因为任何事物都具有质的规定性，一个事物是 A，就不能同时又是与 A 互相否定的非 A，这种确定性反映到思维中，便是互相否定的思想不能同时为真。

（三）排中律

排中律的基本内容是：在同一思维过程中，两个互相矛盾的命题不能同假，必有一真。排中律的公式是：A 或者非 A。

排中律的"排中"即要排除介于两个矛盾思想之间的中间状态。排中律所说的"互相矛盾的命题"主要是反映逻辑形式上具有矛盾关系的命题（如"我是老师"与"我不是老师"），它们之间不能同时否定，必须肯定其一。

【真题回顾】(2014 年上半年真题)

【单项选择题】某单位要评选一名优秀员工，群众评议推选出候选人赵、钱、孙、李。

赵说：小李业绩突出，当之无愧。

钱说：我个人意见，老孙是不二人选。

孙说：选小钱或者老赵我都赞成。

李说：各位做得很好，不能选我。

如果赵、钱、孙、李只有一个人的话与结果相符，则优秀员工是（　　　）。

A.赵　　　　　　B.钱　　　　　　C.孙　　　　　　D.李

【答案】D

【解析】从题干中得知"只有一个人的话与结果相符"，也就是说只有一人的话为真，其余三人的话为假。从四个人所说的话中，可以判断赵和李所说的话是互相矛盾的，他们中必定有一人说的为真，另一人说的为假，那其他两人说的就是假话。即钱和孙所说的为假，钱为真，推出老孙不是优秀员工；孙为假，推出钱和赵不是优秀员工。因此，可以推出李为优秀员工。故选 D。

五、数字推理

在幼儿园教师资格考试中，数字推理的难度相对较低，一般涉及的内容主要有以下几项。

（一）等差数列

1.等差数列的定义
等差数列，是指一个数列从第二项起，每一项与前一项的差等于同一个常数。

2.常见题型：数列相邻两项之差为等差数列
例如，1，3，6，10，15，（　　　）。

这个数列的相邻两项之差依次是 2，3，4，5，(6)，是公差为 1 的等差数列，因此括号内应填入 15+6=21。

【真题回顾】（2022 年下半年真题）

【单项选择题】按规律填数字是一个很有规律的活动特别锻炼观察和思考能力，按照 1=3，2=9，3=15，4=（   ），5=27 的规律，以下选项中应填写在（   ）的是（   ）。

A. 17　　　　　　　B. 19　　　　　　　C. 21　　　　　　　D. 23

【答案】C

【解析】本题考查数学推理。等号左边为 1、2、3、4、5，是首项为 1，公差为 1 的等差数列。通过观察等式 1=3，2=9，3=15，4=（   ），5=27，可以发现等式的左边都是依次递增 1，等式的右边都是在前一个等式的基础上加 6 依次递增，即 3+6-9，9+6=15，15+6=21，21+6=27。故选 C。

（二）等比数列

1. 等比数列的定义

等比数列，是指从第二项起，每一项与它前面一项的比等于同一个非零常数。

2. 常见题型：数列相邻两项之差为等比数列

例如：50，90，170，（   ），650。

这个数列中的相邻两项之差依次为 40，80，(160)，320，是公比为 2 的等比数列，因此括号内应填入 170+160=330。

（三）和数列

1. 和数列的定义

如果数列从第三项开始，每一项等于它前面两项之和，则称这个数列为和数列，如 1，2，3，5，8，13。

2. 和数列常见题型（和数列变式）

1)（第一项+第二项）+一个常数=第三项

数列的前两项相加后，再加上一个常数，得到第三项，其余各项也符合此规律。

例如：2，4，9，16，（   ），47，其中的规律为 2+4+3=9，4+9+3=16，9+16+3=28，16+(28)+3=47，因此括号中为 28。

2)（第一项+第二项）−一个常数=第三项

数列的前两项相加后，再减去一个常数，得到第三项，其余各项也符合此规律。

例如：5，7，9，13，（   ），29，其中的规律为 5+7−3=9，7+9−3=13，9+13−3=19，13+19−3=29，因此括号中为 19。

【真题回顾】(2017 年下半年真题)

【单项选择题】找规律填数字是一项很有趣的活动，特别锻炼观察和思考能力。下列选项中，填入数列"7，8，9，11，（   ），19"空缺处的数字是（   ）。

A. 12　　　　　　　B. 14　　　　　　　C. 16　　　　　　　D. 18

【答案】B

【解析】根据题干中的数列，发现其规律为"前两项之和－6＝第三项"，即$(7+8)-6=9$，$(8+9)-6=11$，$(9+11)-6=14$，$(11+14)-6=19$，括号内应填入的数字是14。故选B。

3)（第一项＋第二项）×一个常数＝第三项

数列的前两项相加后，再乘以一个常数，得到第三项，其余各项也符合此规律。

例如：1，3，12，45，（　　），其中的规律为$(1+3)\times3=12$，$(3+12)\times3=45$，$(12+45)\times3=171$，因此括号中为171。

【真题回顾】(2019 年上半年真题)

【单项选择题】找规律填数字是一项很有趣的活动，特别锻炼观察和思考能力。下列选项中，填入数列"1，2，9，33，（　　）"空缺处的数字，正确的是（　　）。

A. 122　　　　　　B. 124　　　　　　C. 126　　　　　　D. 128

【答案】C

【解析】根据题干中的数列，发现其规律为"前两项之和×3＝第三项"，即$(1+2)\times3=9$，$(2+9)\times3=33$，$(9+33)\times3=126$。故选C。

（四）积数列

1. 积数列的定义

如果数列的前两项之积等于第三项，其余各项也都符合这个规律，把这个数列称为积数列，如1，2，4，8，32。

2. 积数列的常见题型

1)（第一项 × 第二项）＋一个常数＝第三项

数列前两项相乘之后，加上一个常数，得到第三项，其余各项也符合此规律。

例如：2，4，9，37，（　　），12 359，各项的规律为$2\times4+1=9$，$4\times9+1=37$，$9\times37+1=(334)$，$37\times(334)+1=12\,359$，因此括号中为334。

【真题回顾】(2021 年上半年真题)

【单项选择题】找规律填数字是一项很有趣的活动，特别锻炼观察和思考能力。下列选项中，填入数列"2，4，12，52，（　　），32 660"空缺处的数字，正确的是（　　）。

A. 624　　　　　　B. 628　　　　　　C. 632　　　　　　D. 636

【答案】B

【解析】该数列的规律是前两项相乘＋4＝后一项，即$2\times4+4=12$，$4\times12+4=52$，$12\times52+4=(628)$，$52\times(628)+4=32\,660$，因此空缺处的数字是628。故选B。

2)（第一项 × 第二项）－一个常数＝第三项

数列前两项相乘之后，减去一个常数，得到第三项，其余各项也符合此规律。

例如：2，5，7，32，（　　），7069，各项的规律为$2\times5-3=7$，$5\times7-3=32$，$7\times32-3=(221)$，$32\times(221)-3=7069$，因此括号中为221。

（五）数字运算

1.数字直接运算

解题技巧：经过数字运算后，直接得到结果。

例如："1＝2""2＝4""3＝12""4＝48"，其中的"＝"可以看成一种运算，运算结果为该数值×上一个运算结果，即4＝2×2，12＝3×4，48＝4×12。

从数学上看，算式等号右边的数值为等号左边数值阶乘的2倍，即2＝2×1！，4＝2×2！，12＝2×3！，48＝2×4！。

2.数字运算后，经过组合得到多位数

解题技巧：总结数字运算规律，再进行组合得到多位数。

例如："3＋4＋5 → 151 227""5＋3＋2 → 101 525""8＋2＋4 → 321 648"，其中的数字规律是前面三个数字经运算后排列变成后面的多位数。以"3＋4＋5 → 151227"为例，可以推出其规律为：3×5＝15，3×4＝12，3×（4＋5）＝27。15，12，27组合在一起，得到151 227。其他两组数据也是按照这个规律运算。

【真题回顾】(2020年下半年真题)

【单项选择题】数字游戏是一种非常有意思的游戏，能锻炼人的观察能力和逻辑思维能力，"2＋3＋4 → 6820""3＋3＋2 → 9612""2＋2＋4 → 4816"。以下选项正确的是（ ）。

A.5＋6＋3 → 153 033   B.5＋6＋3 → 301 545
C.5＋6＋3 → 301 533   D.5＋6＋3 → 153 045

【答案】C

【解析】"2＋3＋4 → 6820"的运算规律为：2×3＝6，2×4＝8，（2＋3）×4＝20。6、8、20组合在一起是6820，题干中其他两项也是同样的规律。因此5＋6＋3，可以推出，5×6＝30，5×3＝15，（5＋6）×3＝33。30，15，33组合在一起为301 533。故选C。

六、图形推理

（一）数量类

1.点

点是指线条相交形成的交点，主要有五种类型：顶点、十字交叉点、T字交叉点、切点、接触点。

这类题型一般涉及两方面：一是考查各类交点总数；二是当图形由内外两个图形组成时，考查接触点的数量。

2.线

这类题型中主要考查图形中的直线数、曲线数以及线条总数。

3.角

直线与直线相交形成角，考试中通常考查直角、锐角、钝角的数量，以及图形中这三种角的数量之和。

例如，从所给四个选项(见图5-2-9)中，选择最合适的一个填入问号处，使之呈现一

定的规律性（　　）。

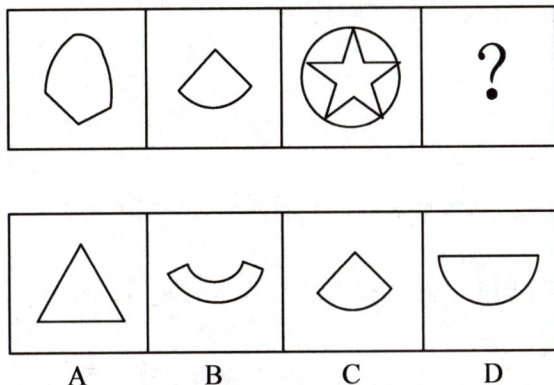

图 5-2-9　图形推理示例

题干图形均包含曲线、直线，排除 A 项。此外，题干图形中均有角，排除 B、D 项。只有 C 项符合。因此，选择 C 项。

4.面

与面相关的考点：封闭区域、面积、立体图形中面的个数。

5.素

素是指图形的构成元素，主要有元素种类数、同种构成元素的个数、图形部分数等考点。

（二）位置类

1.相对位置

考查相对位置时，试题给出的图形一般含有多个构成部分，且构成部分之间具有一定的位置关系。

2.移动、旋转、翻转

考查移动、旋转、翻转时，试题给出图形的显著特点是所有图形的构成元素完全相同，只是所处的位置不同。

例如：从所给的四个选项（见图 5-2-10)中，选择最合适的一个填入问号处，使之呈现一定的规律性（　　）。

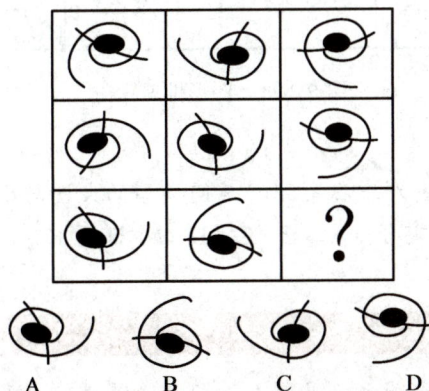

图 5-2-10　图形推理示例

观察题干图形发现：第一行三个图像的旋转方向是："顺、逆、顺"，第二行的旋转方向是："逆、顺、逆"，第三行的旋转方向是："顺、逆、？"。因此，答案选择一个顺时针旋转的图形。故选 A。

（三）结构类

1. 对称性
如果一个图形轴对称或者中心对称，我们就称这个图形对称。

2. 曲直性
曲直性描述的是一个图形的线条构成特点，如直线构成、曲线构成、直曲线混合构成等。

3. 封闭性
直观来说，封闭图形就是边缘由封闭线条围成的图形，否则，就是一个开放图形。

（四）叠加类

叠加类图形的特点是部分结构相同，但不完全相同。重点考查的题型主要有直接叠加、去同存异、去异存同等。

1. 直接叠加
直接叠加指将已知的两个图形叠放在一起组成一个新图形，新图形保留两个图像的所有构成元素。

【真题回顾】(2019 年下半年真题)

【单项选择题】按照给出图形（见图 5-2-11）的逻辑特点，下列选项中，填入空白处最恰当的是（　　）。

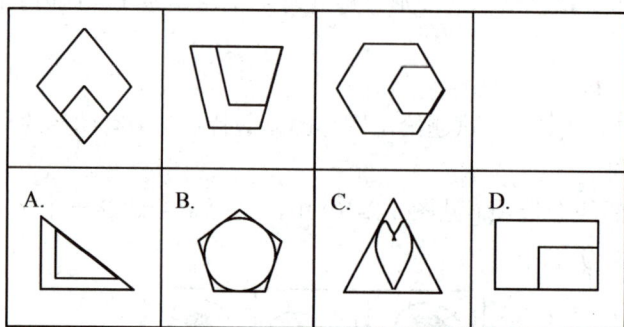

图 5-2-11　图形推理真题

【答案】D

【解析】从题干的三个图形中观察到都是同类型的大图与小图叠加在一起，并且小图有两侧的边与大图的边部分重合。A、B、C、D 四个选项中，只有 D 符合题意。故选 D。

【真题回顾】（2023 年上半年真题）

【单项选择题】按照给出图形（见图 5-2-12）的逻辑特点，下列选项中，填入空格处最恰当的是（　　）。

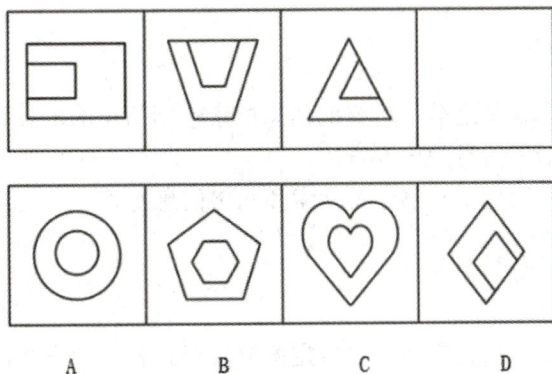

图5-2-12 图形推理真题

【答案】D

【解析】本题考查图形推理。观察题干中图形可以得出规律：每个图形中均由两个类型一样只是大小不同的图形组成，且两个图形有一条边重叠。D项两个四边形类型一致且有一条边重叠。故选D。

2. 去同存异
去同存异指两个已知的图形叠加后，去掉相同的部分，保留不同之处，从而得到新图形。

3. 去异存同
去异存同指两个已知的图形叠加后，去掉不同的部分，保留相同之处，从而得到新图形。

4. 自定义叠加
自定义叠加指图形叠加后，按照一定的规律发生改变。常见的类型为图形叠加后阴影的变化。

第三节 信息处理能力

考点分析

信息处理能力在历年考题中以单项选择题的形式为主。

信息处理能力考查的知识点主要如下表所示。

知识点	常见考点	要求掌握的程度
信息的处理与分析	信息存储	☆☆☆
课件的设计与制作	PowerPoint	☆☆☆☆☆
	Word	☆☆☆☆☆
	Excel	☆☆☆☆

一、信息检索的路径

信息检索有广义和狭义之分，广义的信息检索包括信息的汇集、存储与检索。狭义的信息检索仅指有序化知识信息的检索查找。

信息检索的路径一般为工具书信息检索和网络信息检索。

（一）工具书信息检索

1.工具书的定义

工具书是根据一定的社会需要，以特定的编排形式和检索方法，为人们提供某方面的基本知识或资料线索，专供查阅的特定类型的图书。

2.工具书的特点

(1) 查考性。工具书一般不是供人们从头至尾、逐字逐句阅读的，而是将原本松散的大量的资料进行组合供人们查考。

(2) 资料性。工具书广采博收资料，旁征博引，为人们提供尽可能多的知识资料或文献信息。

(3) 概括性。工具书从大量原材料中提炼加工，信息密集，内容广博而又高度浓缩。

(4) 准确性。工具书一般要求摒弃不成熟的、有争议的、含混不清的概念，收录较为成熟的、可靠的、公认的、权威的观点。

(5) 易检性。工具书采用科学的编排方式和严谨的体系结构，力求容易检查。

3.工具书的分类

根据工具书的基本性质和使用功能，将其分为检索性工具书和参考性工具书。

1) 检索性工具书

检索性工具书，是向读者提供经过加工整理，并按照一定的方式排列的文献资料线索的工具书。此类工具书不会直接向读者提供所需资料，而是提供资料的线索，读者依据这些线索，查找所需的信息。

检索性工具书分为书目、索引和文摘三类。

(1) 书目。书目是图书或报刊目录的简称，常用书目有《四库全书总目》《全国总书目》《全国新书目》等。

(2) 索引。索引是查找图书、期刊或其他文献中的语词、概念、篇目、人物等资料的检索工具，常用索引有《全国报刊索引》。

(3) 文摘。文摘是将文献的内容编成摘要，按一定方法编排的检索、报道性的出版物，一般以期刊或报纸的形式出现。常用的文献有《中国电子科技文摘》《中国科学文摘》等。

2) 参考性工具书

参考性工具书是依据特定的社会需要，广泛汇集一定范围内比较成熟的知识，按一定规则编排组织的工具书。常见的参考性工具书有字典、词典、百科全书、年鉴、手册等。

(1) 字典、词典。字典、词典是汇集各种语言中的字词及短语，分别给予拼写、发音和词义解释等信息，并按字顺组织起来方便读者随时查检特定词语信息的语言工具书。这类工具书有语言词典、传记词典、地名词典及各个学科的知识词典。常用的字典、词典有《新华字典》《汉语大字典》《现代汉语词典》《汉语大词典》《辞海》《同义词反义词对照词典》《汉法词典》以及众多的专科词典。

(2) 百科全书。百科全书是概要记述人类一切知识门类或某一知识门类的知识密集型工具书，它总结和组织了世界上累积的知识，是百科知识的汇总。常用的百科全书有《中国大百科全书》《不列颠百科全书》(中、英文版)、《大美百科全书》(中、英文版)、《科学家传记百科全书》等。

(3) 年鉴。年鉴，又称"微型百科全书"，是逐年出版、提供相应年份内各行现行资料的工具书。它既是各类动态性资料和实事、数据的综合性查考工具，也是编制百科全书类工具书的基本信息源。常用的年鉴有《世界大事年鉴》《中国统计年鉴》《中国人口年鉴》《中国经济年鉴》《中国教育统计年鉴》《中国年鉴》《世界知识年鉴》等。

(4) 手册。手册是以简明、缩写的方式提供专门领域内基本的既定知识和实用资料的工具书。它以叙述、列表或图解方式来表述内容，并针对某一专业学科或部门，收集相关的事实、数据、公式、符号、术语及操作规程等专门化的具体资料，如《小学数学公式手册》《译名手册》等。

(5) 标准。标准是对重复性事务和概念所作的统一规定，它以科学、技术和实践经验综合成果为基础，经有关方面协商一致，由主管机构批准，以特定形式发布，作为共同遵守的准则和依据。

(6) 传记资料类工具书。传记资料类工具书包括传记词典、人名录、传记索引和姓名译名手册。常用的有《简明科学家传记词典》《世界名人录》《英语姓名译名手册》等。

(7) 地理资料类工具书。地理资料类工具书包括地名词典、地名录、地名译名手册、地图及地图集、旅游指南等，如《世界地名词典》《世界地名录》《世界地名译名手册》《世界地图集》《中国公路与旅游地图册》《中国世界自然与文化遗产旅游》《欧洲大陆》等。

(8) 机构名录。机构名录是一种系统收录政府部门、学术团体或学术机构、工厂企业的名称、地址和概况的工具书。

(9) 类书。类书是辑录古书中的史实典故、名物制度、诗赋文章、丽辞骈语、自然知识等，分门别类或按韵编排的、具有汇编性质的资料性工具书。常用的类书有《永乐大典》(我国最大的一部类书)、《太平广记》《古今图书集成》等。

(10) 政书。政书是记载历代典章制度的工具书，主要收集我国历代或某一朝代的政治、经济、军事、文化等制度方面的史料，分门别类，按时代先后次序汇编成书，叙述历代或某一朝代的典章制度的沿革与发展。常见的政书有《通典》《通志》《文献通考》《唐会要》等。

4. 工具书的结构

1) 序、跋

序、跋是说明工具书的编纂宗旨、编纂经过、收录范围、内容特点、使用价值和作者情况的文字，置于书前称"序"，它包括"绪论""前言"等，置于书后称"跋"，包括"后记""补记"等。

2) 凡例

凡例又称"例言""编辑凡例"等，主要介绍其编纂体例、编排方法及细则、特定符号等，为人们提供使用工具书的有关方法。

3) 正文

正文是工具书的核心部分，提供检索的主要内容。

4) 附录

附录一般是与检索和利用本工具书有关的各种辅助材料。例如，各种辅助索引、图表、目录、参考书目等，为读者提供多种使用本工具书的查找途径和相关资料。

5. 工具书检索信息的程序

运用工具书检索信息资料的一般程序主要有：

(1) 根据需要确定检索范围；

(2) 熟悉和利用现有的对口工具书；

(3) 查阅凡例和熟悉编排检索方法，检索出所需资料；

(4) 摘录和复制资料；

(5) 整理资料。

6. 工具书的检索方法

一般将工具书的检索方法归纳为五种主要类型，每一种类型又包括若干不同方法。工具书的检索方法可总结如下：

1) 字顺法

字顺法是按汉字的单字或复词的顺序进行检索的方法。这是工具书最主要的检索方法，一般字典、词典、百科全书等都采用这种方法。由于汉字形体结构复杂，所以字顺法也是多种多样的。其类型主要有：

(1) 形序法。形序法是根据汉字的形体结构进行检索的方法，包括部首法、笔画法和笔形法。

(2) 音序法。音序法是按照字音进行检索的方法，如《新华字典》《现代汉语词典》都能用音序法进行检索。

(3) 号码法。号码法是把汉字的各种笔形变成数字，然后把所取的笔形连接成为一个号码，按号码进行检索的方法。如四角号码法就是把汉字笔形分成十类，用 0 ～ 9 十个数字表示，依次按字的左上、右上、左下、右下四个角取号。每个汉字取四角，把四个角的笔形数字连接起来就成了四角号码。

2) 分类法

分类法是将资料按学科体系或事物性质分门别类加以组织的检索方法。用分类法检索的工具书，除一部分专业辞书外，主要是书目、索引、类书、政书、年鉴、手册等。

3) 主题法

主题法是将资料按照一定的主题进行检索的方法。这种检索方法可以围绕主题汇集材料，取材可涉及不同的学科领域，因此可补分类检索之不足，如《毛泽东著作主题索引》《中文杂志索引》等都采用了这种检索方法。

4) 时序法

时序法是按时间顺序排列文献资料的方法，常用在编制年表、历表、年谱等工具书方面，如《中国历史纪年表》《中西回史日历》等都采用了这种检索方法。

5) 地序法

地序法是按自然或行政的地理位置顺序或地区次序进行检索的方法。按此检索的工具书主要是地图和地方文献，如《中华人民共和国地图集》《中国地方志综录》等都采用了这种检索方法。

（二）网络信息检索

1. 网络信息检索的定义

网络信息检索一般指因特网检索，是指通过网络接口软件，用户可以在任意终端查询各地上网的信息资源。

2. 网络信息检索的类型

1）联机检索

联机检索指用户借助数字通信网络，在本地终端设备上与远在异地的联机检索中心进行直接的人机对话式检索。

2）光盘（局域网）检索

光盘（局域网）检索指用户通过书目数据库、全文数据库、事实数据库查询信息资源。

3）网络检索

网络检索指用户通过搜索引擎和学科导航查询信息资源。

4）"一站式"信息传递服务

"一站式"信息传递服务指用户通过网络对数据库进行检索，获得所需结果后无须脱离网络便可在网上直接获取全文文献的服务方式。"一站式"信息传递服务实现了信息检索和原文获取的一体化。

5）个性化的信息服务

个性化的信息服务指针对不同的用户采用不同的服务策略和方式，提供不同信息内容与形式的服务。

3. 网络信息检索的途径

1）搜索引擎

搜索引擎是一个对互联网信息资源进行搜索整理和分类，并储存在网络数据库中供用户查询的系统。搜索引擎是用于网上信息资源选择的主要工具，包括全文搜索引擎、目录索引类搜索引擎、垂直搜索引擎等。

网上搜索引擎的使用方法是在该网页中按其语法要求输入所想要查找的文本的关键信息，引擎就能根据输入的检索要求输出与之匹配的 Web 地址表。代表性的搜索引擎有"百度""搜狗""谷歌"等。

2）网络百科全书

网络百科全书是指在互联网上人人可编辑的在线百科全书，任何使用互联网的人都可以在遵循一定规范的情况下在网络百科全书中创建和编辑词条，如"百度百科""中文维基百科"等。

网络百科全书中的一个词条往往由多个用户共同编辑、修改而成，因此该词条的综合信息从一定程度上反映的是多个用户对词条的理解。

3）网络数据库

(1) 网络数据库的定义。网络数据库，是以后台数据为基础，加上一定的前台程序，通过浏览器完成数据存储、查询等操作的系统。

(2) 网络数据库的特点。网络数据库具有浏览量大、更新快、品种齐全、内容丰富、检索功能完善等特点。

(3) 教师常用的网络数据库。能提供教育教学研究信息资源的网络数据库有以下几种：

① 中国期刊网。中国期刊网主要收录国内中、英文期刊，涉及理工、农业、医药卫生、经济、政治与法律、文史哲、教育与社科等领域。

② 万方数据资源系统。万方数据资源系统主要以科技信息为主，是集经济、金融、社会、人文信息为一体的网络化信息服务资源系统。

③ 中文社科报刊篇名数据库。中文社科报刊篇名数据库收录的报刊覆盖了全国哲学和社会科学的期刊和报纸。

④ 人大"复印报刊资料"数据库。人大"复印报刊资料"数据库涉及的内容包括马列、社科、哲学、政治、经济、法律、语言、文学、艺术、教育、历史、地理等学科，还有文摘及索引。

⑤ 中国科学引文数据库、中文社会科学引文索引数据库。中国科学引文数据库、中文社会科学引文索引数据库主要收录中国出版的数学、物理、化学、天文学、地学、生物学、农林科学、医药卫生、环境科学和管理科学等领域的中英文期刊，是一个多功能型的综合性文献数据库。

⑥ 超星数字图书馆。超星数字图书馆是文献数量很大的中文在线数字图书馆，提供大量的电子图书阅读资料，其中包括文学、经济、计算机等五十余大类，数十万册电子图书及数百万篇论文。

4. 网络信息检索的方法

1) 搜索引擎的使用方法

(1) 按专题检索信息。大多数搜索引擎在其首页都提供分类范畴表，有的还分好几级类目，这种方式基本上只需要点击鼠标操作，只是在最后一级可能需要输入一个关键词来限定一下检索范围，然后逐级浏览，直到找到与自己的需求有关的信息。

(2) 按关键词检索信息。索引式搜索引擎提供对关键词、主题词或自然语言的查询，检索者只需要输入与查询资料相关的词语，即可链接到自己所需的信息。

(3) 按地区检索信息。按 WWW 服务器的结构和它们位于世界上的物理位置进行按地区的链接和查询，链接的常常是按国家、地区继而按机构排序的超文本。

2) 数据库的检索步骤

(1) 明确搜索的目的和需求；

(2) 选择合适的搜索引擎；

(3) 明确关键词范围；

(4) 构造恰当的检索表达式；

(5) 检索结果的输出。

5. 网络信息交流的能力

1) 网络信息交流的特点

网络信息交流与面对面交流有很大区别，主要有以下特点：

(1) 自由便捷：正式交流和非正式交流的樊篱被打破。

(2) 交互作用强：主动与被动、单向与多向交流的统一。

(3) 超越时空界限：网络交流不存在时空的界限，交流者可以自由选择交流的时间和地点。

2) 网络信息交流的方式

(1) 电子邮件：和传统邮政和电话通信方式一样，但是通过网络传递邮件具有即时性，不需要邮递人员传递，不需要漫长的邮递时间。

(2) BBS：电子公告系统，是一种许多人参与的网络论坛系统，在其中可以进行无时间和空间限制的讨论。

(3) 腾讯QQ：即时通信软件，可以即时发送和接受信息，进行语音视频面对面聊天，打破了人们之间进行即时信息交流的空间限制。

(4) Blog：可以记录下个人的经历、感受、认识等，可以让人们分享相关的信息。

(5) 微博：信息分享、传播和获取的平台，它以简短的文字更新信息，实现信息分享，速度更快、更便捷。

(6) 微信：为智能终端提供即时通信服务的免费应用程序，微信提供公众平台、朋友圈、消息推送等功能，用户可以通过多种方式添加好友和关注公众平台，同时可以将内容分享给好友以及将看到的精彩内容分享到微信朋友圈。

二、信息的处理与分析

（一）信息的处理

信息的处理包括信息的筛选、分类、综合、存储和应用。

1. 信息筛选

1) 鉴别真伪

用户可通过看信息内容与已掌握的可靠数据资料是否有明显冲突，同一条信息内容是否自相矛盾，信息来源、信息传输的方式是否可靠等方式鉴别信息的真伪。

2) 鉴定价值

鉴定价值指确定信息是否有价值并评估价值的大小。用户可通过去掉虚伪信息，保留真实信息，去除价值较小的信息，保留价值较大的信息，从而完成信息筛选过程。

2. 信息分类

信息分类是将具有某种共同特性或特征的信息归并在一起，把不具有共性的信息区分开来的过程。信息分类的主要方法有：

(1) 地区分类法，即根据地区划分信息的方法；

(2) 时间分类法，即根据时间划分信息的方法；

(3) 内容分类法，即根据内容划分信息的方法；

(4) 主题分类法，即根据主题划分信息的方法；

(5) 综合分类法，即以地区、时间、内容、主题为依据划分信息的一种综合方法，它还可以进一步细分为时间地区分类法、内容地区分类法等。

3. 信息综合

1) 信息综合的定义

信息综合是对一定时间内获得的内容相同或相近的信息资料，按照一定的要求进行归纳、整理、加工和提炼，或者从中找出更重要的线索进行追踪，从而形成内容更为全面充实，理由更为充分，价值更高，有系统、有深度的信息资料的过程。

2) 信息综合的方法

信息综合的方法主要分为阶段性综合、专题性综合、地域性综合与追踪性综合。

(1) 阶段性综合：指在一段时间内，对某方面的情况进行综合归纳，进而分析出发展趋势、动态和特点。

(2) 专题性综合：指针对某一重要问题，对于不同来源的同类信息资料进行综合，使分散的、没有直接关联的信息资料有机整合，形成专题信息资料。

(3) 地域性综合：指按地域划分，对所属地区的具体情况进行综合。

(4) 追踪性综合：指以初级信息为线索，组织力量进行追踪调研，然后加工成深层次的信息。

4. 信息存储

1) 信息存储的定义

信息存储是指将经过科学加工处理后的信息资源，按照一定的方法记录在相应的信息载体上，并将这些载体按照一定特征组织起来的一系列工作活动。

2) 信息存储的方式

(1) 从技术上来说，信息存储的方式有：① 纸张存储；② 缩微存储；③ 声像存储；④ 计算机存储；⑤ 光盘存储。

(2) 从手段上来说，信息存储的方式有：① 手工存储；② 计算机存储。

【真题回顾】(2014 年上半年真题)

【单项选择题】不能将书本上的内容采集为数字图像存储到计算机中的设备是(   )。
A. 数码相机　　　　B. 扫描仪　　　　C. 打印机　　　　D. 手机
【答案】C
【解析】打印机是计算机的输出设备而非输入设备，打印机无法将书本上的内容采集为数字图像存储到计算机中。故选 C。

5. 信息应用

信息应用是指有意识地运用获得的信息去解决具体问题的过程，它是信息管理过程中最重要的一个环节，也是信息管理的根本目的。

教师在信息应用时要遵循的原则主要有：

(1) 目的性原则：信息应用要有目的，不随意和盲目。

(2) 准确性原则：信息应用要准确，不使用错误信息和虚假信息。

(3) 时效性原则：信息应用要注意时效，不使用过时信息。

(4) 辅助性原则：信息应用只是教学的辅助和补充，不能代替教学过程。

(二) 信息的分析

教师工作中的信息分析，主要是教育测量所获得的数据分析，需要采用定量分析方法进行分析处理。

1. 数据类型

1) 类别数据

通过称名量表获得的数据，数据只代表"类"，没有大小、多少之别。这种数据不能直接进行数学运算，需要转化为计数数据方能进行统计处理。

2) 顺序数据

通过顺序量表获得的数据，数据有大小、高低之分，可根据程度做一个顺序的排列。这种数据就是有顺序的，但数据间没有相等单位，不能直接进行数学四则运算。

3) 等距数据

通过等距量表获得的数据，数据有等距单位，可以进行加减运算，但没有绝对零点，故不能做比率陈述。

4) 比率数据

通过比率量表获得的数据，数据不仅有等距单位，也有绝对零点，可以进行四则运算。例如，学生的身高、体重。

2. 数据描述

对测量所获得的数据进行客观地整理，使其条理化，能够清晰地反映出观察对象的特征。描述方法有以下几种：

1) 制作统计表

统计表反映观察对象的性质或特征。统计表包含标题、线条、数据等，一般分为单向表和双向表。单向表是指数据所反映的对象以一个维度进行分类。双向表是指按两个维度对数据反映对象进行分类。

2) 制作统计图

统计图以几何图的形式表达统计表中数据的数量关系，优点是更加直观，易于理解。统计图一般有条形图、饼状图、直方图、枝叶图、线形图、象形图等。

3) 计算统计量

统计量就是描述样本特征的数，包括集中量（算术平均值）、差异量（标准差）、相关量（相关系数）等。

3. 数据分析

1) 统计推断

统计推断是根据对样本进行观察得到的数据，进行概括性分析、论证，在一定可靠度上推测相应的全体特征。

2) 统计推断的两个方面

(1) 参数估计：根据样本统计量的值来推断总体相应参数的值。它包括根据样本平均数推断总体平均数，根据样本的方差推断总体的方差，根据样本的相关系数推断总体的相关系数等。

(2) 假设检验：由样本统计量的值与总体参数值的关系，对总体参数做出假设，并进行检验。它包括参数假设检验和非参数假设检验。

3) 数据分析的工具

用户可以通过 Excel 和 SPSS 进行测量数据的分析和处理。

(1) Excel：电子表格处理软件，集处理表格、数据管理和统计图绘制于一体。

(2) SPSS：统计分析软件，基本功能包括数据管理、统计分析、图表分析等。

三、设计、制作课件

（一）设计、制作课件的原则

1. 教学性原则

课件要有利于优化课堂教学结构，提高课堂教学效果。多媒体课件应能对获取知识、发展能力、培养品德起到良好的教育作用。课件中应明确教学目标、突出重点难点等。

2. 启发性原则

在课件的设计中要注意以启发性教学原则为指导，提高课件的应用价值。教师可以通过激发学生的兴趣、运用有效的表达策略如比喻等修辞手法，或是通过提出启发性的问题来帮助学习者自主学习，提高其能力。

3. 科学性原则

课件应正确表达学科的知识内容，不允许任何华而不实、违背科学准则的现象出现。各个知识点之间应建立一定的联系方式，以形成具有学科特色的知识结构体系。

4. 艺术性原则

课件的艺术性表现在以声音和画面以及人机交互地传递信息。实现教学目标时，要求呈现的信息刺激能被学习者乐于接受并被吸引和做出反应，挖掘教学内容内在的亮点，通过美工设计、巧妙地运用动画和字幕将其表现出来。

5. 技术性原则

课件通常要使用大量的图片，图片的大小、格式与分辨率有直接关系。课件技术性原则要求图片清晰、逼真，但是图片文件不能太大。程序的结构要尽可能简洁，控制要可靠，视听要同步，不能影响课件的存储、传输和运行。

（二）设计、制作课件的基本步骤

(1) 根据教学课题和教学目标确定课件设计思路；

(2) 研究教材内容，撰写课件稿本；

(3) 搜集媒体素材，制作合成课件；

(4) 试用课件，修改完善。

（三）设计、制作课件的工具

1. PowerPoint

1）PowerPoint 常用术语

(1) 演示文稿。演示文稿由一张或多张幻灯片组成，一般除了包括幻灯片外，还可以包括讲义、备注、大纲、格式信息。演示文稿的扩展名为".pptx"或".ppt"。

(2) 幻灯片。幻灯片是演示文稿的基本构成单位，每张幻灯片不仅包括文字和图片，还可以有声音、视频、图表和动画效果等。

【真题回顾】(2017 年上半年真题)

【单项选择题】在 PowerPoint 中，演示文稿基本组成单元是 (　　)。

A. 文本　　　　　　B. 图形　　　　　　C. 工作表　　　　　　D. 幻灯片

【答案】D

【解析】幻灯片是演示文稿的基本构成单位。故选 D。

(3) 模板。模板是一种特殊的文件，扩展名为 ".pot"，包含一套预先定义好的颜色和文字特征的信息，可以支持用户快速制作幻灯片。

(4) 幻灯片版式。幻灯片版式是一些对象标识符的集合，在不同的标识符中可以插入不同的内容，比如文字、剪贴画、图表等。

2) PowerPoint 的工作界面

启动 PowerPoint 以后，可以看到程序的主界面。

PowerPoint 程序主界面主要由快速访问工具栏、标题栏、功能区、工作区 (编辑区)、幻灯片 / 大纲窗格、备注窗格和状态栏等几个部分组成。

(1) 快速访问工具栏。快速访问工具栏位于 PowerPoint 程序窗口的左上角，用于显示常用的工具。默认情况下,快速访问工具栏中包含了 "保存""撤销""恢复" 3 个快捷按钮,用户也可以根据需要自定义快速访问工具栏，添加其他常用的操作。

(2) 标题栏。标题栏位于 PowerPoint 工作界面的顶端，主要由标题和窗口控制按钮组成，用于显示当前编辑的演示文稿名称。控制按钮在标题栏最右侧，由 "最小化""最大化 / 还原" 和 "关闭" 按钮组成，用于实现窗口的最小化、最大化、还原及关闭功能。

(3) 功能栏。功能区由多个选项卡组成，每个选项卡中包含了不同的工具按钮。选项卡位于标题栏下方，由 "开始""插入""设计""动画""幻灯片放映""审阅""视图" 等选项卡组成。单击各个选项卡名，即可切换到相应的选项卡。

(4) 工作区 (编辑区)。PowerPoint 窗口中间的白色区域为幻灯片的工作区，又称为编辑区，该部分是演示文稿的核心部分，主要用于显示和编辑当前显示的幻灯片。

(5) 幻灯片 / 大纲窗格。在工作区的左侧，是幻灯片 / 大纲窗格。在 "幻灯片" 窗格中，以缩略图的形式列出演示文稿中的所有幻灯片。在 "大纲" 窗格中，以文字形式列出幻灯片中的标题。通过幻灯片 / 大纲窗格，可以实现幻灯片的选定、复制、移动、隐藏和删除等操作。

(6) 备注窗格。备注窗格位于幻灯片编辑区的下方，通常用于为幻灯片添加注释说明，比如幻灯片的内容摘要等。每张幻灯片都有一个独立的备注窗格。

(7) 状态栏。状态栏位于窗口底端，用于显示当前幻灯片的页面信息。状态栏右端为视图按钮和缩放比例按钮，用鼠标拖动状态栏右端的缩放比例滑块，可以调节幻灯片的显示比例。单击状态栏右侧的按钮，可以使幻灯片显示比例自动适应当前窗口的大小。

3) PowerPoint 的基本操作

(1) 创建演示文稿。当启动 PowerPoint 之后，会自动创建一个名为 "演示文稿 1" 的空白演示文稿，也可通过菜单 "文件→新建" 新建一个演示文稿，其快捷键为 Ctrl+N，第一张默认的是标题幻灯片。

在空白演示文稿中，可以插入幻灯片、图片、文本框、剪贴画、表格、声音和视频等各种对象以及输入文本，从而创建一份图文并茂的演示文稿。

【真题回顾】（2023 年上半年真题）

【单项选择题】 在 PowerPoint 中，不可以在空白幻灯片中直接插入的是（　　）。

A. 剪贴画　　　　　　　　B. 背景样式

C. 艺术字　　　　　　　　D. 屏幕截图

【答案】 B

【解析】 在 PowerPoint 的空白幻灯片中，可以直接插入图片、图表、文本框、页眉和页脚、艺术字、影片、声音等，不可以直接插入背景样式。需要在打开的幻灯片文档中，鼠标右击任意幻灯片页面的空白处，选择"设置背景格式"。故选 B。

(2) 编辑演示文稿。

① 输入文本。

方法一：占位符中输入文本。可直接单击占位符中的示意文字，待示意文字消失，再输入所需文字即可。单击占位符外的区域便退出编辑状态。

方法二：使用文本框输入文本。选择"插入"菜单中的"文本框"命令，根据文本要求，选择"横排文本框"或"竖排文本框"，然后再输入文字。

② 设置文本格式。选定需要设置的文本，单击"格式"工具栏上的相应按钮，或者单击鼠标右键，选择"字体"，进入"字体"对话框，设置字体、字形、字号、效果、颜色等。

③ 设置行距、段前距、段后距。选定需要设置的文本，单击鼠标右键，选择"段落"，进入"段落"对话框，设置行距及段前／后间距等。

④ 插入剪贴画或图片。选择"插入→剪贴画"命令，打开"插入剪贴画"对话框，在所需的"文件类型"下选择需要的剪贴画，单击"插入"按钮即可；或者选择"插入／图片／来自文件"命令，找到图片所在的文件夹，选择需要插入的图片，单击"插入"按钮。

⑤ 插入艺术字。选择"插入→艺术字"命令，打开对话框后选择一种艺术字样式，并进行相应的字体格式设置。

⑥ 插入图表。选择"插入→图表"命令，将插入一个图表，并打开一个数据表。在数据表中直接修改图表横轴或纵轴的坐标文字以及相应的数据内容，图表会随之发生变化；还可以从文本文件中导入数据，或插入 Microsoft Excel 工作表或图。

⑦ 插入媒体文件。

插入视频：选择"插入→视频"命令，点击"视频"，选择视频来源"文件中的视频／来自网站的视频／剪贴画视频"，即可插入相关视频资源。

插入声音：选择"插入→音频"命令，点击"音频"，选择音频来源"文件中的音频／剪贴画音频／录制音频"，即可插入声音资源。

(3) 浏览演示文稿。PowerPoint 中提供了多种视图，可以对幻灯片进行不同的处理。幻灯片的视图方式如表 5-3-1 所示。

表 5-3-1 幻灯片的视图方式

视图方式	显示效果	主要用途
普通视图	将屏幕分为幻灯片／大纲窗格、幻灯片窗口、备注窗口三个窗口	用于输入、编辑和排版演示文稿
幻灯片浏览视图	所有幻灯片被缩小	方便对幻灯片进行移动、复制、删除等操作
备注页视图	备注页视图不在幻灯片上显示	用于演示者为幻灯片添加备注，为演示者提供提示
阅读视图	幻灯片依照全屏模式显示	方便放映查看演示文稿

(4) 编辑幻灯片。编辑幻灯片包括选定、插入、复制、移动和删除等操作。

① 选定幻灯片。

选定单张幻灯片：在普通视图大纲模式下，单击"幻灯片／大纲"窗格中的幻灯片图标；在普通视图幻灯片模式下，单击"幻灯片／大纲"窗格中的幻灯片缩略图；在幻灯片浏览视图下，单击幻灯片的缩略图。

选定多张连续的幻灯片：可先选定第一张幻灯片，然后按住 Shift 键，再单击最后一张幻灯片，则两张幻灯片之间的所有幻灯片将被选中。

选定多张不连续的幻灯片：可按住 Ctrl 键，依次单击所要选择的幻灯片。

② 插入新幻灯片。选定要插入新幻灯片位置之前的幻灯片。单击"插入→新幻灯片"命令；或单击格式工具栏中的新幻灯片按钮；或在普通视图的幻灯片模式下，直接按 Enter 键。在出现的幻灯片版式任务窗格中，选择一种需要的版式，即可向新插入的幻灯片中输入内容。

③ 复制幻灯片。用鼠标选中需要复制的幻灯片，单击鼠标右键，点击复制，然后页面切换到目标文件中。

④ 移动幻灯片。移动幻灯片最简单的方法是先选定欲移动的幻灯片，然后将其拖动到所需位置即可。在拖动过程中，指针会随着鼠标的移动而移动，用以提示移动的位置。

⑤ 删除或隐藏幻灯片。用鼠标选中要删除的幻灯片再按 Delete 键，或单击快捷菜单中的删除幻灯片命令等。

(5) 幻灯片的动画与切换。

① 添加动画效果。当需要控制某一个幻灯片元素的动画效果时，例如随意组合视觉效果、设置动画的声音和定时功能、调整设置对象的动画顺序等，就需要添加动画效果。

添加动画效果的具体步骤：首先，打开想要添加动画的幻灯片；其次，选择"动画"，然后点击"添加动画"，设置"动画样式""效果"选项等。

【真题回顾】(2018 年上半年真题)

【单项选择题】赵老师希望按照特定顺序呈现演示文稿当前幻灯片的标题、图片、文字等，下列选项中能实现这一操作的是(   )。

A. 自定义放映　　B. 幻灯片设计　　C. 幻灯片切换　　D. 自定义动画

【答案】D

【解析】为幻灯片设置动画效果，可以为幻灯片中的元素(文字、图片等)设置播放的先后顺序等。故选D。

② 幻灯片的切换。设置幻灯片切换效果，就是设置在幻灯片的放映过程中前后两张幻灯片之间换片的效果，即当前页以何种方式消失，下一页以何种方式出现。

设置幻灯片的切换效果的具体步骤：首先，选择要设置切换效果的连续或不连续的多张幻灯片(1张幻灯片也行)；其次，单击"切换"选项卡，选择需要的切换效果(覆盖、擦除、分割等)，还可以设置"声音""持续时间"；接着，设置换片方式；最后，还可以点击"全部应用"将切换效果应用于选中的幻灯片。设置完毕以后，单击"预览"，即可看到自己设置好的切换效果。

(6) 幻灯片的放映。创建好演示文稿后，如果想要查看播放效果，可以选择"幻灯片放映"选项卡，选择播放模式，如从头开始、从当前幻灯片开始等。快捷方式为：点击PowerPoint窗口右下角的"幻灯片放映"按钮。

① 从头开始放映。从头开始放映，用户可以选择"幻灯片放映"选项卡中的"从头开始"命令，也可以使用快捷键F5。

② 从当前页开始放映。从当前页开始放映，用户可以选择"幻灯片放映"选项卡中的"从当前幻灯片开始"命令，也可以使用PowerPoint状态栏中的"幻灯片放映"按钮，或者使用快捷键Shift+F5。

③ 自定义放映。自定义放映，用户可以根据需要将演示文稿中的部分幻灯片展示出来，对于不同的对象，可以根据需要自主定义放映的部分。点击"幻灯片放映"选项卡中的"自定义幻灯片放映"，然后点击"自定义放映"按钮，用户就可以选择需要的幻灯片，在设置自定义放映时还可以调整原有幻灯片的逻辑顺序。

④ 排练计时。幻灯片的排练计时功能，可以用来记录每页幻灯片的使用时间和演示文稿的总时间。点击"幻灯片放映"选项卡中的"排练计时"按钮后，幻灯片按浏览方式开始播放，在屏幕的左上角出现一个时间控制窗口，按照秒记录时间。完成后选择保留新的幻灯片排练时间，之后放映该幻灯片时可以按照记录的时间自动播放幻灯片。

【真题回顾】(2019年下半年真题)

【单项选择题】李老师想用5分钟为学生讲解某个演示文稿的10页幻灯片。下列选项中，可以帮助李老师制作课件时准确把握讲解时间的是(   )。

A. 排练计时   B. 自动放映   C. 批注功能   D. 使用母版

【答案】A

【解析】幻灯片的排练计时功能，可以帮助用户按照记录的时间自动播放幻灯片。故选A。

2. Word

1) Word 的工作界面

Word 的工作界面由快速访问工具栏、标题栏、功能区、文档编辑区和状态栏构成。

(1) 快速访问工具栏。快速访问工具栏位于 Word 工作界面的左上角，默认有"保存""撤销""恢复"三个常用操作。用户可以通过自定义快速访问工具栏添加其他常用操作。

(2) 标题栏。标题栏位于 Word 工作界面的顶端，用于显示当前文档的名称和应用程序的名称。标题栏最右侧的三个按钮可以实现窗口的最小化、最大化或还原、关闭功能。

(3) 功能区。功能区由多个选项卡组成，每个选项卡中包含多组相关命令，大部分编辑工作都能通过功能区实现。功能区默认的有"开始""插入""页面布局""引用""邮件""审阅""视图"等选项卡。

① "开始"选项卡。"开始"选项卡包含"剪贴板""字体""段落""样式""编辑"等组，可以实现对文档内容的剪贴、复制、移动、查找、替换，对字体格式、段落格式、样式进行设置等操作。

"开始"选项卡的界面如图 5-3-1 所示。

图 5-3-1　"开始"选项卡

② "插入"选项卡。"插入"选项卡包含"页""表格""插图""链接""页眉和页脚""文本""符号"等组，可以实现向文档中插入封面、表格、图片、剪贴画、形状、SmartArt 图形、图表、页眉、页脚、页码、文本、艺术字、公式、符号、编号等对象，还可以设置超链接、书签等功能。"插入"选项卡的界面如图 5-3-2 所示。

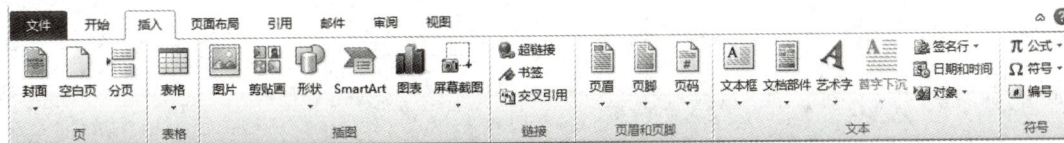

图 5-3-2　"插入"选项卡

【真题回顾】（2022 年下半年真题）

【单项选择题】图文混排是 Word 的特色功能之一。关于图文混排，下列表述错误的是（　　）。

A. 可以在文档中插入图形

B. 可以在文档 中插入剪贴画

C. 可以在文档中插入文本框

D. 可以在文档中使用配色方案

【答案】D

【解析】本题考查 Word 中的插入选项。"插入"选项下可以插入页、表格、插图、页眉、页脚、文本、符号、链接等。配色方案需在"Word 选项"中设置，但配色方案不能通过"插入"中实现。故选 D。

③ "页面布局"选项卡。"页面布局"选项卡包含"主题""页面设置""稿纸""页面

背景""段落""排列"等组，可以为文档设置主题、页边距、纸张方向、纸张大小、分栏、水印、页面颜色、背景图案等操作，还可以插入分页符、分栏符等。"页面布局"选项卡的界面如图 5-3-3 所示。

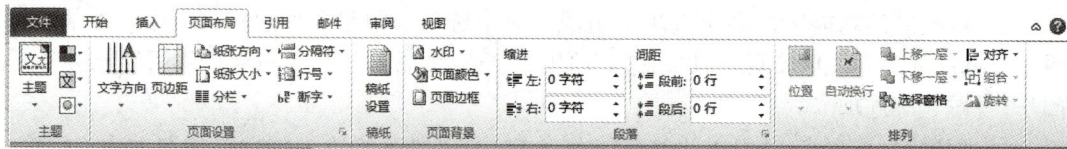

图 5-3-3　"页面布局"选项卡

④"引用"选项卡。"引用"选项卡包含"目录""脚注""引文与书目""题注""索引""引文目录"等组，可以为文中插入目录、脚注、尾注、题注等。"引用"选项卡的界面如图 5-3-4 所示。

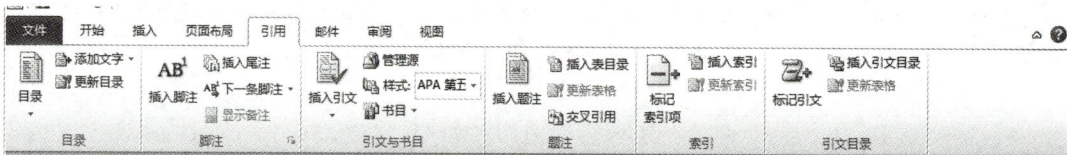

图 5-3-4　"引用"选项卡

⑤"邮件"选项卡。"邮件"选项卡包含"创建""开始邮件合并""编写和插入域""预览结果"和"完成"等组，实现创建邮件、合并邮件等操作。"邮件"选项卡的界面如图 5-3-5 所示。

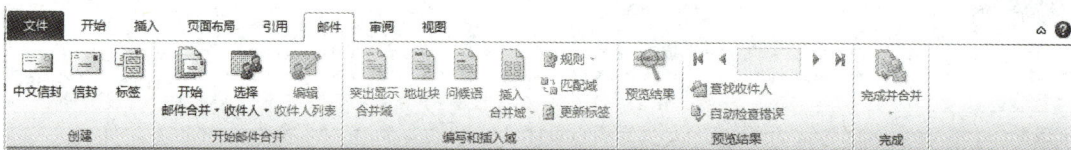

图 5-3-5　"邮件"选项卡

⑥"审阅"选项卡。"审阅"选项卡包含"校对""语言""中文简繁转换""批注""修订""更改""比较""保护"等组，实现对文档进行拼写和语法检查、字数统计、简繁体转换，以及对文档添加批注，修订文档、比较文档和保护文档的功能。"审阅"选项卡如图 5-3-6 所示。

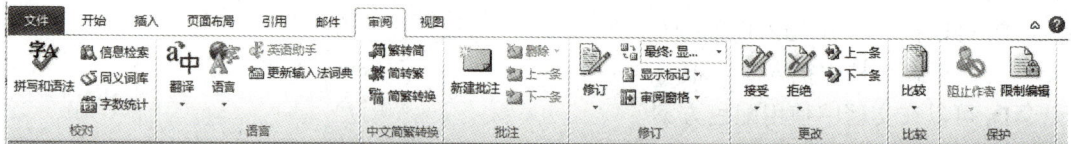

图 5-3-6　"审阅"选项卡

⑦"视图"选项卡。"视图"选项卡包含"文档视图""显示""显示比例""窗口"和"宏"等组，可以实现查看文档的不同视图，在文档中显示或隐藏标尺、网络线、文档结构图等对象，调整文档的显示比例，拆分窗口以及录制宏等。"视图"选项卡的界面如图 5-3-7 所示。

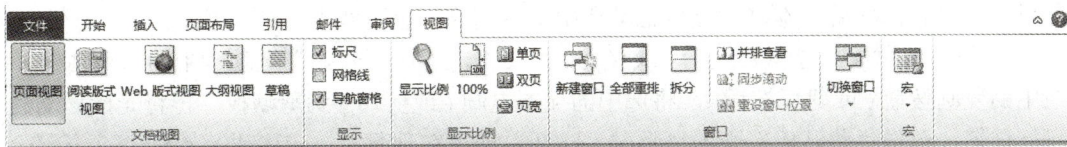

图 5-3-7 "视图"选项卡

(4) 文档编辑区。Word 工作界面的中间是输入文本、对文档内容进行编辑的区域。文档编辑区光标闪烁的位置为插入点，表示当前的输入位置。要改变输入位置，可以单击已编辑的区域或双击未编辑的区域，重新定位插入点。

(5) 状态栏。状态栏位于 Word 工作界面的底部，用于显示当前文档的相关信息，如文档页数、当前页码、字数统计等，还可以切换"插入""改写"两种输入方式，以及切换文档视图，调整显示比例等。

2) Word 的基本操作

(1) 新建、打开和保存文档。

新建 Word 文档：启动 Word 之后，自动建立一个新文档；也可以使用"文件→新建"，或使用快捷键 Ctrl+N 新建文档。

打开 Word 文档：直接双击某个 Word 文档；也可以使用"文件→打开"；或在 Word 文件上右击，在弹出的快捷菜单中选择"打开"；在 Word 中使用快捷键 Ctrl+O 打开。

保存 Word 文档：单击快速访问工具栏下的"保存"按钮；还可以选择菜单栏"文件→保存"选项，或使用快捷键 Ctrl+S 保存。

(2) 文本输入。文字处理是 Word 的主要功能。新建或打开一个 Word 文档后，在文档开头会看到"｜"的闪烁光标，是文档的默认输入点，选择合适的输入法在输入点之后输入文字即可。

(3) 文本的选中。在对文字进行修改之前，首先要选中文本。常用的选中文本的方法如下：

拖动选中：从某点开始，拖动鼠标到另一点，即可选中这两点之间的文字。

键盘选中：将光标定位到起始位置，然后按住 Shift 键并按方向键，可以向相应的方向选中文本。

双击选中：在某点双击，即可选中该点的词。英文就是一个单词，中文是一个字或一个词。

句选中：按住 Ctrl 键并单击，可以选中单击位置的句子。英文以两个句点之间为一个句子，中文以两个句号之间为一个句子。

行选中：将鼠标指针移动到段左边的页边距空白处，单击，即可选中该行。

段选中：将鼠标指针移动到段左边的页边距空白处，双击，即可选中该段；或在该段中的任意位置三击 (连续击三次)，也可以选中该段。

全选中：选择"编辑→全选"命令，或使用快捷键 Ctrl+A。

矩形区域选中：按住 Alt 键并拖动鼠标。

(4) 文本的移动和复制。文本的移动和复制的常用方法有以下三种：

① 使用鼠标。用鼠标选中要复制的文本，按住 Ctrl 键，同时拖动选中文本到目标位置，

即可完成复制；移动文本时，直接拖动选中文本到目标位置即可。

②使用剪贴板。选中要复制(或移动)的文本，单击"开始"选项卡中的"剪贴板"组中的复制按钮(或剪切按钮)，将选中的文本复制(或剪切)到剪贴板，再将光标移动到目标位置，单击"剪贴板"中的"粘贴"按钮，即可实现复制(或移动)文本。

③使用快捷方式。选中文本，按住 Ctrl+C(或 Ctrl+X)将文本复制(或剪切)到剪贴板，再在目标位置按 Ctrl+V，即可实现复制(或移动)文本；也可使用右键快捷菜单复制(或移动)选中的文本。

(5)文本的删除、撤销与恢复。

删除一两个字符：直接使用 Delete 键或 BackSpace 键。

删除较多文字：先选定要删除的文本，然后再按 Delete 键进行删除。

删除光标左边的一个单词：按 Ctrl+BackSpace。

删除光标右边的一个单词：按 Ctrl+Delete。

恢复刚被删除的文字：用鼠标单击快速访问工具栏中的"撤销"按钮，或者使用快捷键 Ctrl+Z。

恢复被撤销的操作：可单击快速访问工具栏中的"恢复"按钮，或使用快捷键 Ctrl+Y。

(6)字体设置。Word 文档中的字体、字形、颜色、字号、字符间距、动态效果等属性都属于字体格式的范畴，可以通过"开始"选项卡中的"字体"组中进行设置，也可以选中该文字，在右键快捷菜单中选择"字体"，在弹出的"字体"对话框中设置。

(7)段落格式。段落格式是文档段落的属性，包括对齐方式、缩进方式、段间距与行间距等。

对齐方式包括左对齐、居中对齐、右对齐、两端对齐和分散对齐。

缩进方式有左缩进、右缩进、首行缩进和悬挂缩进。左缩进是对段落的左侧缩进一定的距离。右缩进是对段落的右侧缩进一定的距离。首行缩进是将段落的第一行从左向右缩进一定的距离，首行外的各行都保持不变。悬挂缩进是段落的首行文本保持不变，其他行的文本缩进一定的距离。

设置段落格式，可以通过"开始"选项卡中的"段落"组进行设置；也可以选中要设置的文字，在右键快捷菜单中选择"段落"，然后在弹出的"段落"对话框中设置。

【真题回顾】(2019 年下半年真题)

【单项选择题】在 Word 文档中，不缩进段落的第一行而缩进其余行，可实现效果的操作是(　　)。

A.首行缩进　　　　B.悬挂缩进　　　　C.左缩进　　　　D.右缩进

【答案】B

【解析】段落缩进方式有左缩进、右缩进、首行缩进和悬挂缩进。左缩进是对段落的左侧缩进一定的距离。右缩进是对段落的右侧缩进一定的距离。首行缩进是将段落的第一行从左向右缩进一定的距离，首行外的各行都保持不变。悬挂缩进是段落的首行文本保持不变，其他行的文本缩进一定的距离。故选 B。

【单项选择题】在 Word 编辑状态，选择了文档全文，要在段落对话框中设置行距为 20 磅的格式，下列选项中应选择的是（　　）。

A. 单倍行距　　　　　　B. 1.5 倍行距　　　　　　C. 2 倍行距　　　　　　D. 固定值

【答案】D

【解析】本题考查 word 的行间距。在"段落"对话框中设置行距时，用户可以选择的选项有单倍行距、1.5 倍行距、2 倍行距、最小值、固定值和多倍行距。要设置为行距 20 磅的格式，应选择"固定值"，将其设置为 20 磅。故选 D。

(8) 查找和替换。查找文本：选择"开始"选项卡下的"编辑"组，点击"查找"按钮，在"查找内容"框中输入要查找的文本；也可以使用快捷键 Ctrl+F。

替换文本：选择"开始"选项卡下的"编辑"组，点击"替换"按钮，在"查找内容"框中输入要被替换的目标文本，在"替换为"框中输入用来替换的新文本；也可以使用快捷键 Ctrl+H。

(9) 格式刷。"格式刷"按钮可以将现有段落或文字的格式复制到别的字符或段落处。

使用格式刷时，先选定要复制的格式刷所在的段落或文字，然后用鼠标左键点击"开始"选项卡下"剪贴板"组中的"格式刷"按钮，再用鼠标左键选定要修改的段落或文字，格式就被复制到选定的段落或文字上。

选定文字后，用鼠标左键双击"格式刷"按钮，可以实现多次格式刷的复制。

【单项选择题】"Word"中，双击"格式刷"，可将格式从一个区域一次复制到的区域数目是(　　)。

A. 1 个　　　　　　B. 2 个　　　　　　C. 3 个　　　　　　D. 多个

【答案】D

【解析】选定文字后，用鼠标左键双击"格式刷"按钮，可以实现多次格式刷的复制。故选 D。

(10) 打印文档。Word 文档进行编辑的过程中或者编辑完成之后，在打印机设置正确的状态下，可以打印相关文档。

具体操作方法：选择"文件→打印"命令，或者通过快捷键"Ctrl+P"打开"打印"对话框，设置好相关内容，点击"打印"即可。

打印设置：在进行打印设置时，可以设置打印的份数，连接的打印机及打印机属性，打印范围(打印当前页、打印所有页、打印指定页)，打印的单双面，打印横向、纵向效果，以及进行页面设置等。

【单项选择题】关于 Word 文档打印，下列选项中，说法正确的是(　　)。

A. 不可打印文档的指定页内容　　　　　　B. 打印操作的最小单位是页

C. 文档的属性信息不可打印　　　　　　D. 文档处于编辑状态不可打印

【答案】B

【解析】A 项错误，打印机可以设置打印范围，打印指定页内容。B 项正确，打印操作的最小单位是页。C 项错误，文档的属性信息可以打印。D 项错误，处于编辑状态的文档可以打印。故选 B。

3. Excel

1) Excel 的常用术语

(1) 工作簿。工作簿是指用来保存表格数据的 Excel 文件，Excel 工作簿文件的扩展名为 ".xlsx" 或 "xls"。

(2) 工作表。工作表是一个由行和列构成的二维表格，是工作簿中一个相对独立的数据编辑区域。每个工作簿可以包含若干个工作表。默认情况下，一个新建的工作簿包含三个工作表，名称分别是 Sheet1、Sheet2 和 Sheet3。

(3) 单元格。行和列的交点是一个单元格，可以输入文本、数值、公式等内容。Excel 的各种数据都是输入到某个单元格中，每个单元格都有一个唯一的名称，由所在列的列号和所在行的行号组成，列号用字母表示，行号用数字表示，如 A1，表示 A 列 1 行。

【真题回顾】(2021 年上半年真题)

【单项选择题】Excel 中的名称框显示 D5，则当前单元格所在的位置是 (　　)。

A. 第 4 列第 5 行　　B. 第 1 列第 5 行　　C. 第 4 列第 1 行　　D. 第 1 列第 1 行

【答案】A

【解析】在 Excel 中，单元格的名称由所在列的列号和所在行的行号组成，用字母表示列，用数字表示行。题干中 "D5" 表示第 4 列第 5 行。故选 A。

(4) 单元格区域。区域是指连续的单元格，一般用 "左上角单元格名：右下角单元格名" 标记，如 A2:D6，包含从 A2 至 D6 区域的 5 行、4 列，共 20 个单元格。

2) Excel 的工作界面

Excel 的工作界面由快速访问工具栏、标题栏、功能区、编辑栏、工作表区、状态栏等几个部分组成。

(1) 快速访问工具栏。快速访问工具栏位于 Excel 工作界面的左上角，默认有 "保存" "撤销" "恢复" 三个常用操作。用户也可以通过自定义快速访问工具栏将其他常用操作添加其中。

(2) 标题栏。标题栏位于 Excel 工作界面的顶端，用于显示当前文档的名称和应用程序名称。标题栏最右侧的三个按钮可以实现窗口的最小化、最大化或还原、关闭功能。

(3) 功能区。功能区包括 "开始" "插入" "页面布局" "公式" "数据" "审阅" "视图" 等选项卡。

① "开始" 选项卡。"开始" 选项卡包括 "剪贴板" "字体" "对齐方式" "数字" "样式" "单元格" 和 "编辑" 等组，用户可以实现对单元格内容的字体格式和数字格式的设置，单元格的编辑和格式设置，以及剪切、复制、粘贴、查找和替换等操作。

② "插入" 选项卡。"插入" 选项卡包含 "表格" "插图" "图表" "迷你图" "筛

选器""链接""文本"和"符号"等组，用户可以实现在工作表中插入表格、图片、图形、图表、超链接、文本框、页眉和页脚、特殊符号等对象的操作。

③"页面布局"选项卡。"页面布局"选项卡中包含"主题""页面设置""调整为合适大小""工作表选项"和"排列"等组，用户可以实现为工作表设置主题，调整页边距、纸张方向、纸张大小、打印区域等操作。

④"公式"选项卡。"公式"选项卡包含"函数库""定义的名称""公式审核"和"计算"等组，用户可以实现插入各种类型的函数、对公式进行管理等操作。

⑤"数据"选项卡。"数据"选项卡包含"获取外部数据""连接""排序和筛选""数据工具"和"分级显示"等组，用户可以实现向 Excel 表格中导入外部数据，设置单元格中数据的有效连接，对工作表中的数据进行排序、筛选和分类汇总等操作。

⑥"审阅"选项卡。"审阅"选项卡包含"校对""中文繁简转换""批注""更改"等组，用户可以实现对工作表中的内容进行拼写检查、为单元格创建批注、对工作表和工作簿设置保护等操作。

⑦"视图"选项卡。"视图"选项卡包含"工作簿视图""显示""显示比例""窗口"和"宏"等组，用户可以实现对视图的切换，网格线、编辑栏、标题等的显示或隐藏，显示比例的调整，窗格的冻结，窗口的重排、拆分、隐藏等操作。

(4) 编辑栏。编辑栏位于功能区的下方，用户可以在其中输入、查看和编辑单元格中的数据，其构成包括名称框、插入函数按钮、公式栏和展开 / 折叠按钮等。

名称框：显示当前正在编辑的单元格名称，用户也可以在其中输入单元格名称来选定单元格或单元格区域。

插入函数按钮：单击"插入函数"按钮，弹出"插入函数"对话框，用于向单元格中输入函数，可以实现特定的数据处理。

公式栏：公式栏显示当前单元格的内容，用户也可以在其中输入内容或编辑当前单元格的内容。若在当前单元格中使用了公式，则在公式栏中显示公式，而在单元格中显示公式的值。

展开 / 折叠按钮：单击按钮可以将公式栏展开，显示全部内容。

(5) 工作表区。工作表区是对 Excel 电子表格进行编辑的主要区域，每一个工作表都有一个独立的工作区，并且有一个唯一的名称，即工作表标签。

(6) 状态栏。状态栏位于 Excel 工作界面的底部，用于显示当前工作簿的相关信息，如单元格的"输入"或"就绪"状态。

3) Excel 的基本操作

(1) 单元格的操作。

① 单元格的选择。

选定整个表格：单击行和列交汇点左上角的空格。

选定行、列：通过单击行号或列号选定单行或单列。按住鼠标左键在行号或列号上拖动，选中连续的多行或多列。

改变行列的大小：当光标在各行或各列的分界线上变成双向箭头时，按住鼠标左键拖动可改变大小。如果要设置固定的行高或列宽，点击"格式"，选择"行或列"，再点击"行高或列宽"，然后点击输入数值。如果要统一改变多行或多列的大小，可选中这些行或列，改变其中一行或列的大小，那么其他行或列也会变成一样。

选定不连续的区域：按住 Ctrl 键选定不连续的区域。

选定连续的区域：按住 Shift 键可选定连续的区域。

合并单元格：首先选定要合并的多个单元格，然后单击"对齐方式"中的"合并单元格"按钮。如果合并错了再点击"取消单元格合并"。

② 单元格的插入与删除。

插入单元格：右击要插入单元格的位置，选择插入，"活动单元格右移"将选定的区域向右移动，"活动单元格下移"将选定的区域向下移动，"整行"将选定区域所在的行全部向下移动，"整列"将选定区域所在的列全部向右移动。

插入行或列：右键单击要插入行或列的行号或列号，选择插入→行或列。

删除单元格中的内容：选定一个和多个单元格，按 Delete 键，只清除单元格内的数据。

③ 输入数据。

文本：在 Excel 单元格中输入中文、英文、符号等数据时，将以文本格式保存在文件中，输入的数据自动左对齐。

数值：在 Excel 单元格中输入数字内容时，将以数值格式保存在文件中，输入的数值自动右对齐。如果在输入数字前输入一个英文状态下的单引号"'"，则输入的内容转化为文本数据。如果需要输入分数，则需要在输入数据前先输入 0 和一个空格。

日期：在 Excel 单元格中，输入时间的时候要注意年、月、日之间应用"-"或"/"隔开，如输入"2019-10-18"或"2019/10/18"。如果需要输入当前日期，可以使用快捷键"Ctrl+；"。如果需要输入当前时间，可以使用快捷键"Ctrl+Shift+；"。

④ 复制、移动和填充数据。

复制或移动数据：一种是用剪贴板复制或移动数据，另一种是通过鼠标来实现。选定要被复制的单元格区域，再将鼠标指针移动到该区域的边框线上，此时，鼠标形状变成箭头状，按 Ctrl 键将鼠标指针移动到目标区域，实现复制。不按 Ctrl 键，直接用鼠标拖动，实现移动。

数据填充：用户在创建工作表的过程中，对有一定规律的数据序列或有固定顺序的名称，如"第一、第二、第三……"或者"1、3、5、7……"可以利用序列填充功能减少重复输入。

(2) 公式。公式是通过运算符将运算单位连接在一起的式子。利用公式是为了得到运算结果，输入公式时可以在单元格或者编辑栏中直接输入，但必须以"="开始。

公式的运算符：算术运算符、比较运算符、文本运算符和引用运算符。

公式的填充：在利用工作表处理数据时，常遇到在同一行或同一列使用相同计算公式的情况。此时，利用公式填充功能可以简化输入过程。用鼠标拖动单元格填充柄到需要填充的单元格区域，公式即被填充到所选区域。

(3) 函数。函数是 Excel 进行数据计算的重要功能。

插入函数时，可以在编辑框中输入"="后，在左边下选框中选择函数，或者点击编辑框上的"插入函数"，在对话框中选择所需函数。Excel 常用函数如表 5-3-2 所示。

表 5-3-2　Excel 常用函数及其示例、说明

函数名称	示例	函数说明
SUM	=SUM(A1:A4)	计算单元格区域中所有数值的和
AVERAGE	= AVERAGE (A1:A4)	计算参数的平均值
COUNT	= COUNT (A1:A4)	计算参数区域中数字项的个数
MAX	= MAX (A1:A4)	计算参数区域内的最大值
MIN	= MIN (A1:A4)	计算参数区域内的最小值
ABS	= ABS (B5)	计算相应数值的绝对值
IF	= IF (D1>60，"及格"，"不及格")	根据逻辑判断的真假返回不同的结果
RANK	= RANK (A2，A1:A8，0)	计算数据在区域内的排位，0 表示降序，1 表示升序

(4) 数据处理。

① 数据排序。排序，是按一定规则对表格进行升序或降序的整理和排列，为数据的进一步处理做好准备。数据排序包括简单排序和复杂排序。

简单排序，指对单一字段按升序或降序排列，可点击"数据"选项卡中的"升序排序"或"降序排序"按钮进行排序。

复杂排序，是指当排序的字段 (主要关键字) 有多个相同的值时，可根据另外一个字段 (次要关键字) 的内容再排序。其中，主要关键字不能为空。

② 数据筛选。数据筛选，是指对工作表中的数据根据某些条件进行选择性地显示。经过筛选之后，会显示数据清单中满足条件的数据，暂时隐藏不满足条件的数据。当筛选条件被删除时，隐藏的数据便恢复显示。

数据筛选分为自动筛选和高级筛选。自动筛选一般用于简单的条件筛选，通过单击"数据"选项卡中的"排序和筛选"组中的"筛选"按钮实现。高级筛选一般用于复杂的条件筛选，可以通过单击"数据"选项卡中的"排序和筛选"中的"高级"按钮来设置。

③ 分类汇总。分类汇总，是指对数据清单按某字段进行分类，将字段值相同的连续记录作为一类，进行求和、平均、计数等汇总运算。针对同一个分类字段，可进行多种汇总。使用分类汇总之前，要对数据进行分类汇总的列进行排序，并且要保证数据格式是清单格式，数据清单中不能有空列或者空行。

④ 图表的建立。图表可以用来表现数据间的某种相对关系，在常规状态下我们一般运用柱形图比较数据间的多少关系，用折线图反映数据间的趋势关系，用饼图表现数据间的比例分配关系。运用 Excel 的图表制作可以生成多种类型的图表。

第四节 写作能力

考点分析

写作能力在历年考题中主要以材料作文的形式出现。

写作能力考查的知识点主要如下表所示。

知识点	常见考点	要求掌握的程度
文体知识	文体的分类、常用的写作文体	☆☆☆
写作过程	审题立意、选材组材、谋篇布局、遣词造句	☆☆☆☆
材料作文写作	材料作文的写作要领	☆☆☆☆☆

一、文体知识

(一)文体的概念

文体,是指独立成篇的文本体裁(或样式、体制),是文本构成的规格和模式。

(二)文体的分类

文体一般分为文章体裁和文学体裁。文章体裁包括记叙文、说明文、议论文、应用文。文学体裁包括小说、散文、诗歌、戏剧。

(三)常用的写作文体

1. 记叙文

记叙文是一种以叙述和描写为主要表达方式,以写人、记事、状物、绘景为主要内容的文章载体。

1) 记叙文的分类

记叙文根据内容,分为以下几种:

(1) 写人类记叙文:侧重描述人的外貌、行动、语言、心理,通过特定的环境描写刻画人物性格,塑造人物形象,反映生活,表现文章的主题。

(2) 叙事类记叙文:侧重记事,通过写出事情的起因、经过和结果来表现主题。

(3) 状物类记叙文:侧重描写物体,借象征抒情怀。

(4) 写景类记叙文:侧重描绘景色,以此来寄托情怀。

2) 记叙文的六要素

记叙文的六要素包括时间、地点、人物、事件的起因、经过和结果。

时间,是指事情发生在什么时候。时间有现在、过去和将来的区别,叙述时要交代清楚。

地点包括事件发生的环境、状况等。人物指事件涉及哪些人物。人物要写得有血有肉，个性突出。事件的起因、经过和结果，是记叙文的三个重要环节，起因是指怎么发生的，经过是指发生的过程如何，结果是指事情发展的后续影响及最终状态。

3) 记叙文的记叙顺序

记叙文的记叙顺序一般分为顺叙、倒叙、插叙、补叙、分叙五种。

(1) 顺叙：是指按照事件发展的时间先后次序来叙述。

(2) 倒叙，是根据表达的需要，把事件的结局或某个最突出的片段提在前边叙述，然后再从事件的开头按原来的发展顺序进行叙述。

(3) 插叙，是在叙述中心事件的过程中，为了帮助展开情节或刻画人物，暂时中断叙述的线索，插入一段与主要情节相关的内容，然后再接着叙述原来的内容。

(4) 补叙，也叫作追叙，是行文中用两三句话或一小段话对前边说的人或事作一些简单的补充交代。

(5) 分叙，按照材料不同而分门别类叙述内容，其作用是把头绪纷繁、错综复杂的事情，写得有条不紊。

其中，顺叙、倒叙、插叙在记叙文中最为常见。

4) 记叙文的线索

记叙文的线索是指自始至终贯穿全文的一条主线。由于题材的多样性和作者思路上的差异，致使文章线索呈现出多种形式：有的以时空转移为线索；有的以人物活动、时间、事情的发展、景物变化为线索；有的以一人、一事、一物的线索把全篇各部分内容紧紧连接起来。有的记叙文存在着两条或两条以上的线索。

5) 记叙文的人称

在记叙文中，常用的是第一人称和第三人称，第二人称较少使用。

(1) 第一人称：以"我""我们"的角度叙述，以当事人的口吻和身份叙述，写起来亲切自然。其中，文章中的"我"是否作者，要看实际情况和文体性质，不能一概而论。

(2) 第二人称：以"你""你们"叙述，形成面对面的交流，增加文章的抒情感和亲切感。颂扬、缅怀、悼念性的记叙文，常常会出现第二人称代词。

(3) 第三人称：以"他""他们"为人称代词，用旁观者的身份叙述"他怎样，怎样"，把人物和故事传达给读者。

6) 记叙文的表达方式

记叙文的表达方式共有五种，即记叙、描写、抒情、议论、说明。

(1) 记叙。记叙是作者对人物的经历和事件的发展变化过程以及场景、空间的转换的述说和交代。这是记叙文中最基本、最常见的一种表达方式。

(2) 描写。描写是把描写对象的状貌、情态描绘出来。通过逼真传神、生动形象的语言描写可以使读者感受到强烈的艺术氛围。

(3) 抒情。抒情是抒发和表现作者的感情，具体是指以形式化的话语组织，象征性地表现个人内心情感的一类文学活动。

(4) 议论。议论是作者对某个议论对象发表见解，以表明自己的观点和态度。议论可以使文章鲜明、深刻，具有较强的哲理性和理论深度。

(5) 说明。说明是用简明扼要的文字，把事物的性状、性质、特征、成因、关系、功能等解说清楚的表达方式。

2. 说明文

说明文是以说明为主要表达方式来解说事物、阐明事理从而给人知识、信息的文章体裁。它通过解释概念来说明事物特征、本质及其规律性。说明文一般介绍事物的形状、构造、类别、关系、功能，解释事物的原理、含义、特点、演变等。

1) 说明文的分类

说明文依据分类标准的不同，划分为不同的类型。

(1) 根据说明对象与说明目的的不同。根据说明对象与说明目的的不同，可以将说明文分为事物说明文和事理说明文两类。

事物说明文的说明对象一般为具体事物，目的在于给人以知识。事理说明文的说明对象一般为抽象事物，说明事物的本质、事物内部或事物之间内在联系等一类问题。

(2) 根据说明语言的特色及表达方式分类。根据说明语言的特色及表达方式的使用情况，可以将说明文分为平实的说明文和生动的说明文两种。

平实的说明文，是通过平实的语言直截了当地说明对象，不描写，不夸张，没有弦外之音，用于说明科学性及条理性较强的说明文，更多的是给读者以理性认识。

生动的说明文，又称文艺性说明文，是通过文艺的形式介绍科学知识的说明文。这类文章在给人知识的同时，又强调文章的生动性，适用于文艺小品和科普读物。

2) 说明文常用的说明方法

说明文常用的说明方法主要有举例子、列数据、打比方、下定义、列图表、作比较等。

(1) 举例子。举例子可使文章更加具体，更具有说服力，还可以使比较抽象、复杂的事物或事情变得通俗易懂，让人信服。

(2) 列数据。列数据使要说明的事物准确化，以便读者理解。

(3) 打比方。打比方是利用两种不同事物之间的相似之处作比较，以突出事物的性状特点，增强说明的形象性和生动性。

(4) 下定义。下定义是用简明的语言对某一概念特征作规定性的说明，以此来揭示事物的特征或事理。

(5) 列图表。列图表是为了把复杂的事物说清楚，采用图表法，弥补单用文字表达的欠缺，使读者直观、一目了然地了解事物的特征。

(6) 作比较。作比较一是通过具体的或已经熟悉的事物和它比较，说明某些抽象或比较陌生的事物，二是利用两种不同事物之间的相似处作比较，以突出事物的特点。

3) 说明文常用的顺序

说明文常用的顺序有时间顺序、空间顺序、逻辑顺序。

(1) 时间顺序。时间顺序是以事物发生、发展的时间先后来安排顺序。时间顺序一般都有标志性的语言。一般说明生产技术、产品制作、工作方法、历史发展、文字演变、人物成长、动植物生长等都以时间为序。

(2) 空间顺序。空间顺序是按照事物的空间存在形式来安排顺序。空间顺序一般都有表示方位的词语。通常或从外到内，或从上到下，或从整体到局部对事物加以介绍，这种说明顺序有利于全面说明事物各方面的特征。一般在说明某一静态实体，特别是建筑物体时会使用空间顺序。

(3) 逻辑顺序。逻辑顺序是按照事物、事理的内在逻辑关系来确定说明内容的。常用的逻辑顺序有：从个别到一般，从具体到抽象，从主要到次要，从整体到部分，从现象到本质等。不管是实体的事物，如山川、江河、花草等，还是抽象的事理，如思想、观念、原理、概念，都适用于逻辑顺序来说明。

3. 议论文

议论文是运用逻辑、推理和证明，阐述作者的立场和观点。

1) 议论文的分类

议论文分为立论文和驳论文。

(1) 立论文。立论文的特点是：针对一定的事件或问题，正面阐述自己的见解和主张，同时用充足的有说服力的论据来证明所提出的论点。

立论文要求对论述的问题有正确的看法，要用充足有说服力的论据，要言之有理、合乎逻辑。

(2) 驳论文。驳论文的特点是：针对对方的观点加以批驳，在批驳的同时阐述自己的观点。驳论文中的"驳"包括：驳论点、驳论据、驳论证。

2) 议论文的三要素

议论文的三要素包括论点、论据、论证。

(1) 论点。论点是作者对所讨论的问题所持的见解和主张。论点是整个论证过程的中心，担负着回答"论证什么"的任务，明确地表示着作者赞成什么，反对什么。

在较长的文章中，论点会分为中心论点和分论点。中心论点是作者对所论述的问题的基本看法，也是全部分论点的高度概括和集中；分论点是从属于中心论点并为阐述中心论点服务的若干思想观点。

(2) 论据。论据是证明论点的材料、依据。根据其本身的性质和特征，论据可分为事实性论据和理论性论据。

事实性论据包括有代表性、确凿的事例、史实和统计数据等。理论性论据包括科学原理、名言警句、民间谚语和公认事理等。论据必须真实且充分。

观点统率材料，材料为观点服务。论点与论据的关系是被证明与证明的关系。

(3) 论证。论证是运用论据证明论点的过程与方法。论证的方法主要有以下几种：

举例论证：列举确凿、充分、有代表性的事例证明论点。运用这种论证方法可以有力地论证观点，增强文章的说服力。

引用论证：用经典著作精辟见解、古今中外名言警句以及人们公认的定理、公式来证明论点。运用这种方法可以增强文章的权威性。

对比论证：拿正反两方面的论点或论据作对比，在对比中证明论点。运用这种论证方法可以突出论证观点，使人印象深刻。

比喻论证：用人们熟知的事物进行比喻来证明论点。运用这种论证方法可以使文章浅显易懂，易于理解和接受。

3) 议论文的基本结构

议论文一般由提出问题（引论）、分析问题（本论）、解决问题（结论）三部分组成。

议论文的结构又可以分为两大类：一类是"横式"结构，分为"总论—分论—总论""总论—分论""分论—总论"三种；一类是"纵式"结构，即层层深入式结构。

二、写作过程

（一）审题立意

审题立意即审清题目、准确立意的过程，也是主题的提炼过程。审题立意的优劣，往往是决定文章成败的关键，这就需要在解读命题或材料的基础上，反复思考，认真分析，抓住事物的本质。

1. 审题

审题是写作的第一步，也是决定文章成败的关键性一步。审题的具体任务，就是通过对作文题目的思考和分析，了解命题者的意图，弄清写作对象、范围和重点，明确立意，并确定文章的体裁。

1) 命题作文的审题

命题作文是指根据所出示题目进行写作的一种作文题型。从结构上来说，命题作文有三种类型：词语式命题、短语式命题和句子式命题。

对命题作文题目中的每一个字、每一个词的含义及其相互之间的关系都要认真地推敲、揣摩、辨析，然后综合起来，从总体上把握文章的题目。对于题意的理解不能仅限于表层含义，还应认真体会其深层含义，懂得比喻义、引申义或语境义。

2) 话题作文的审题

话题作文是指用一段导引材料启发思考，激发想象，用话题限定写作范围的一种作文题型。它不限问题或尽量减少问题限制，给考生更多的选择自由。

话题作文由材料、提示语、话题、要求四部分构成。材料主要起引子的作用，用来引出话题；提示语是对材料的简短的解释说明；话题是由材料引出的，是在材料基础上提炼出来的作文的中心议题，直接划定了作文内容的范围；要求一般是强调作文内容必须在话题范围内并对作文提出一些具体的诸如文体、篇幅等方面的要求。

话题作文审题时要做到：

(1) 审材料，启发考生如何使审题完全符合题意，如何更好地立意、选材和选取表现主题的角度等。

(2) 审话题，界定话题的范围和写作的自由程度。

(3) 审提示，把握命题意图的作文内容。

(4) 推敲要求，进一步明确作文写作的自由程度和条件限制。

3) 材料作文的审题

材料作文是指根据所给材料（文字或图画）和要求来写文章的一种作文题型。材料作文通过材料寄托和蕴涵写作的话题，同时明确指出"文意自定，文体自选，题目自拟"，打破了审题的唯一性、立意的限制性和表达的单一性，考生可以通过对材料的理解和解读，选择适合自己的文体进行写作，有利于发挥考生的写作水平。

材料作文审题时要遵循以下几个原则：

(1) **整体性原则**。审题时要有全局意识，从材料的整体着眼，切实弄清楚材料的中心和实质，不要以局部代替整体。

(2) **多向性原则**。通常来说，材料所蕴含的观点并不是唯一的，可以从不同的角度得到不同的结论，因此要学会运用发散性思维，多角度审视材料，并列出由材料中引出来的多个观点。

(3) **筛选性原则**。从材料中总结的观点具有多样性，因此在进入写作时需要对所列出的观点进行适当的筛选。

(4) **倾向性原则**。有些材料中明显流露出命题人的情感倾向，这样我们就可以从材料的情感倾向入手来审题立意。

2. 立意

立意是一篇作品所确立的大意。立意包括全文的思想内容、作者的构思设想和写作意图及动机等。立意产生在写作之前。

一般来说，写人的文章，要着力分析人物思想，找出支配人物一切言行举止的思想本质；写事的文章，要在事件所显示的多方面意义中找出能够代表事件中最主要的、最动人的那一点，或者最有现实意义的一点；议论类文章，要着力剖析事物的矛盾，把握其中处于支配地位的矛盾的主要方面，从而进行立论与反驳。

立意的思路：① 细读，整体感知、画出关键词句；② 压缩，提炼内容，概括材料大意；③ 联想，提炼中心论点；④ 选择，确定立意角度。

选择立意的时候，可以从以下几个角度来选择：① 新颖的，有别于平常，能够吸引读者；② 正确的，符合客观事物的本质和规律；③ 可写的，能够从道理上阐述的；④ 熟悉的，平时有积累、手头有材料的；⑤ 喜欢的，有写作灵感和创作欲望的。

(二) 选材组材

写好文章的重要前提之一是剪裁加工材料。材料好比是文章的血肉，可以使文章更加丰富，更好地体现文章的思想感情。选材的目的是表达中心思想。文章的中心思想确定后，就要根据表达中心思想的需要来选择材料和组织材料。

1. 选材

选材，即选取适应的素材。在材料的选取上要讲究详略，分清主次，选取那些最能表达中心思想的材料作为重点来写。有的材料适合正面使用，有的材料适合侧面使用，凡是与中心思想无关的材料，概不使用。只有这样，才能把文章的中心思想表达得鲜明、突出，人们读后才会留下深刻的印象。

选材的基本要求：切题、典型、新颖。选择材料要注意和观点相结合，要选择真实而具体的材料，只有真实的人、物、事、景、理才会让读者觉得真切并受到影响。要选择典型的材料，也就是最能揭示事物本质的具有代表性的和强大说服力的材料。

2. 组材

组材，即组织和安排材料。

组材的基本要求：组材要正确反映客观事物的内在联系和客观规律；组材要根据表达主题的需要进行；组材要适应文体的特点；组材要富于变化。

组材要避免的问题：材料不能反映要议论或说明的情况；材料中没有明确的中心思想；材料和观点有冲突。

考生也可以通过搜集一些关于教育话题的写作材料，如教育学、心理学、教育心理学等课程的理论知识以及教育名家名言、教育一线的典型事例、教育热点问题等，积累写作素材。

（三）谋篇布局

谋篇布局，就是将各自游离、互不联系的内容统一起来，组成一篇和谐完整的文章。谋篇布局主要解决的是文章思路和结构问题。

思路是在写作过程中，作者思维活动的轨迹，一般体现为一种线索和写作顺序。思路是否具有条理性，是作者对客观事物的认识和理解的反映。

结构是客观事物的内在联系及其发展顺序，通过构思在文章中得到的反映，是思路的归宿，表现为文章的骨架。人们常说的段落、层次、开头、结尾、总领、总结、伏笔、过渡、照应等，就是文章结构的内容。

1. 理清思路，合理布局

1）叙事类文章的线索

叙事类文章要安排好线索。线索贯穿在整篇文章中，是情节发展和思想感情发展的路线。有了线索，材料才能安排得体，贯穿有序。一般来说，线索有单线和复线之分。

线索的安排方式有多种，常见的有下述几种：① 以主题为线索；② 以人物为线索；③ 以物体为线索；④ 以中心事件为线索；⑤ 以情感为线索。

2）议论类文章的脉络

议论类文章要厘清其脉络需要做到：

(1) 条理性，思想脉络要有层次、有顺序。

(2) 贯通性，思想脉络的表达，不仅要有顺序，而且各个次序的内容之间要有严密的关系，如衔接关系、并列关系、总分关系、转折关系、因果关系等，不论哪种关系，要合乎逻辑。

(3) 严谨性，思想脉络清晰，没有漏洞。对于提出的论点，加以严密论证，论证过程要严谨，分析问题要合乎辩证法，防止片面性。这样，文章的内容在逻辑上才能周严缜密，无懈可击。

2. 围绕主题，精心谋篇

文章结构就是文章内容的组织和排列形式，是作者根据主题的需要将材料按轻重主次排列而成的逻辑顺序。它能使文章条理清楚，层次分明，前后一贯，构成和谐的整体。

1）结构层次

(1) 记叙文安排层次的方式：一是纵式结构，一般是以时间的推移为顺序安排层次；二是横式结构，以空间的变换为顺序安排层次，先看到的先写，后看到的后写；三是以作者的主观感受、认识发展、情感变化为契机安排层次；四是心理结构，是以意识流动为顺序安排层次，通常用内心独白、自由联想、象征暗示等手法来显示意识流动。

(2) 议论文的结构：议论文通常由"三部分四（或五）段落五层次"构成。"三部分"是指说理的三个阶段：提出问题、分析问题、解决问题。"四（或五）段落"即整篇论述分为四（或五）个自然段。"五层次"是指针对一个分论点展开的阐述过程的五个环节，即提出分论点、阐释分论点、列举事例、分析事例、进行小结。

2）开头和结尾

开头和结尾在文章中有着举足轻重的作用。

首先，要写好开头，入题要快，要展示自己的风采，给阅卷老师先入为主的好印象。

其次，主题段落要有层次，如议论文段落安排的层次一般有总分式、并列式、递进式、对比式。

再次，要写好每一段的首句，既统领整段内容，又吸引读者注意。

最后，结尾要干脆有力。

3) 过渡和照应

过渡和照应是使文章前后连贯的一种重要结构手段。

过渡的安排有两种方式：一是内容转换或事件转换、时间转换的交接转折处要安排过渡，如写议论文论述问题转换时，要安排过渡；二是表达方式和表现手法变动时，要安排过渡。

（四）遣词造句

写作时必须用到语言，在运用语言时要做到准确、鲜明、生动。

1. 准确

所谓准确，是指遣词造句要能恰当地表达事物的特征和作者的思想感情。要注意辨析同义词，明白词语的内涵和外延，准确把握词语的分寸，做到用词妥帖，轻重合宜。

词语表达准确要做到：① 符合特定的情境；② 符合事理及对象，即符合特定的身份地位，正确地运用谦尊称呼；③ 正确使用口语、书面语（书面语庄重典雅，口语则通俗易懂，它们并无优劣之分，只是使用的场合不同而已。对于口语、书面语的转换，复述或转述重点的转换，还要注意转述时间、地点、对象等具体情况）；④ 准确表达范围、程度及心理。此外，还要注意用词的规范、语序的顺畅、句子的完整等语法规范。

2. 鲜明

所谓鲜明，是指情感鲜明、观点鲜明，能够把事物的性质、状态及事物之间的复杂关系清晰地告诉读者。

语言表达鲜明要做到：① 精确选用词语，尤其要注意对动词、形容词、副词的选用，不要用不确定的词来表明态度与观点，如"可能""大概""也许"等，多使用"坚决反对""完全错误""决不能这样"等词语来表明自己所持的鲜明态度；② 可以通过选择词义的褒贬来实现感情色彩的表现（感情色彩鲜明的词可以增强语言表达的效果）；③ 恰当选用句式，句式变化时句意也会相应地产生新的变化，如肯定句式、反问句式、双重否定句式，都有强烈而鲜明的特色；④ 句子简洁明快，不随便使用结构复杂、晦涩难懂的长句。

3. 生动

所谓生动，是指描写事物，状形则形象毕现，绘色则色彩鲜明，摹声则声声真切，抒情则慷慨激昂、深沉柔婉，说理则举例引用，比喻则形象生动。总之，生动的语言应该达到如见其人、如闻其声、如历其境、如感其情的生动活泼的效果。

语言表达生动要做到：① 利用修辞增加语言的生动性；② 使用幽默风趣的语言，增加文章的生动性；③ 选用形象、新颖的语言。

三、材料作文的写作

（一）材料作文的特点

材料作文是国家教师资格证考试的基本题型。材料作文是指只给出一些文字或图画材料，要求考生根据所给文字或图画的内容自己命题（有时也会规定题目）进行写作。

材料作文的特点是要求考生依据材料来立意、构思，材料所反映的中心就是文章中心的来源，不能脱离材料所揭示的中心来写作，故材料作文又叫作"命意作文"，即出题者已经把作文的"基本中心（意）"提供给考生了。

一般而言，材料作文由材料和要求两部分组成。材料按形式分，有记叙性材料（故事、寓言等）、引语式材料和图画式材料。如在2020年下半年真题中的写作材料如下：

黑人司机载了一对白人母子去往目的地。白人的孩子问他的妈妈："妈妈，为什么司机伯伯的皮肤跟我们的不一样？"母亲说："孩子呀，上帝为了让世界色彩缤纷创造了不同颜色的人呐！"到达目的地之后，司机坚持不收钱。白人妈妈说："为什么你不收钱？"这个黑人流着眼泪说："小时候我也问过我的母亲同样的问题，母亲告诉我说我们是黑人呐，我们这辈子注定要低人一等。如果我母亲能像你这样回答我，今天我一定有不同的成就啊！"

这个材料，就是记叙性材料。

要求：用规范的现代汉语写作。角度自选，立意自定，标题自拟。不少于800字。

在要求中明确阐述了写作的基本要求，如写作的语言、角度、立意、标题、字数。

（二）材料作文的写作要领

1.读懂材料

材料作文的第一步是读懂材料，具体地说要进行两个"读"：读题目、读材料。

1）读题目

首先，要读题目，理清题目的具体要求，特别是对文体和字数的要求。

其次，要注意是否自拟题目，如题目已做了规定，那么必须根据规定的题目写作。

2）读材料

读懂材料是材料作文写作的重要前提，没有读懂材料必然会模糊作文，以致出现偏题或者离题的现象。要读懂材料必须全面把握材料内容，切不可断章取义，执其一端，而是要抓住重点，明白内容，理清关系，理解中心，为立意奠定一个较好的审题基础。全面把握材料和理解材料，不可从某一局部入手，只抓住只言片语不放，否则容易跑题。抓住材料中的关键词语或语句，深刻理解其本质意义，这对于把握材料的中心很有帮助。

2.分析材料

读懂材料后，必须对材料进行分析，这个过程需要认真地咀嚼、品味、联想、提炼。分析材料具体可以运用下列方法：

(1) 发现法。发现法主要用于意义显豁、中心明确的材料。发现的目标，一是材料的中心句，二是文题中关于中心的提示，三是材料中关于中心的提示。发现了这些内容，就找到了据以立意的突破口。

(2) 归纳法。归纳法主要用于意义明晰，但既无中心句，也无提示句的一则或多则材料。

归纳出其中心意思，立意便有了立足之处。

(3) 提炼法。提炼法主要用于含义对立的对照型材料。从正反对比中、矛盾对立中、正误相对中提炼出材料所要表达出的意图，立意便有了依据。

(4) 撷取法。撷取法主要用于多段型的材料。从一系列彼此并存的材料中撷取文题所需要的部分内容，并据此理清写作的线索。

(5) 揣摩法。揣摩法主要用于喻意型、寓意型、象征型的材料。在反复体味、比较之中品评出材料的寓意、哲理、观点等，然后据此形成自己的观点。

通过上述种种方法明确材料的中心思想，为下一步的立意奠定基础。

例如：通过下面这则案例，分析材料的含义。

一位雕塑家完成了一座非常美丽的雕像。有人问他："你是怎样雕出这座完美的雕像的？"雕塑家回答："这座雕像原来就在那里，我只是将它多余的边边角角去掉而已。"其实，在人生中，你就是那座雕像，只要去掉外面的边边角角，就能获得完美的自我！而那位出色的雕塑家，就是你自己。

这份材料通过"雕像"与"个人成长"之间的类比，说明个人成长的道理。其核心是如何使自己成长。这里的关键词是"边边角角"，核心理念是要注意联想到自己成长过程当中多余的可以去除的一些东西，如不良的行为、习惯、语言、穿着等。但如果把重点放在如何"获得完美的自我"则没有抓住材料的中心，就有可能跑题。

3. 立意拟题

根据阅读分析，心中产生一个主题，并明确中心思想，然后形成一个具体的题目。

例如：请阅读下面的文字，确定你的立意或观点。

有一座直冲云霄的擎天峰。众多猴子受到了登山勇士的鼓舞，每年都要举行一次攀登擎天峰的体育竞赛，却从来没有任何一只猴子登上顶峰。猴群中一位极有威望的长者说："人，是宇宙之精华，是万物之主宰。尽管人有时比我们猴子爬得还低，但我们猴子永远爬不到人那样高。"众多猴子越来越相信，任何猴子都不可能登上擎天峰："登上擎天峰肯定不行！""我们不能再做力所不能及的蠢事了！"在这种舆论氛围的压力下，除了一只猴子还在坚持之外，其他的猴子开始泄气了，承认了自己的失败。最后，正是那只屡败屡战的猴子创造了奇迹，登上了擎天峰！其他猴子都很想知道它究竟是怎么成功的，结果它们意外地发现：这只猴子原来是个聋子！

这则材料中的故事以一件事和三个对象来展开，一件事是指攀登擎天峰，三个对象是指猴群中的长者、其他猴子和聋猴。其他猴子没有登上擎天峰，而耳聋的猴子登上了，这是为什么呢？初看会认为是信心、毅力和恒心的问题，因为材料中提到其他猴子泄气了，承认了自己的失败，而耳聋的猴子则屡败屡战。但是往深层去想，其他猴子为什么会泄气？耳聋的猴子为什么能做到屡败屡战？细读材料，不难发现，关键在于长者的话，其他猴子听到并相信了这些丧气话，而聋猴没有听到。因此，审题时要抓住这一关键，才最切合题意。

根据以上分析，可确定如下立意：① 不可轻信权威或长者；② 不可妄自菲薄；③ 消极舆论的消极影响；④ 气可鼓而不可泄；⑤ 永不言弃；等等。

4. 谋篇布局

立意与题目确定后就可以开始写了，下面是写作的基本策略。

(1) 引：恰当地引用材料，既要在开头引述材料，还要在论证时回应材料，对材料进行分析后，或摘要或概述，三言两语即可。

(2) 议：对材料中提供的信息进行分析议论，如对人物关系的分析，对结果的预测，对原因的追问等，目的是给下文提出观点做铺垫。这部分不能太长，百字左右即可。

(3) 提：提出论点(或观点)，文字简练，一两句话就可以，观点明确。

(4) 联：这是文章的关键，可由材料推开去，可联系历史人物、历史故事，可联系现实生活、今人今事；可以正面举例，也可以反面证明；可以摆事实，也可以讲道理。最少要举两个例子，一古一今或一正一反，多角度、多侧面把中心论点阐述得深刻有力，三四百字即可。

(5) 深：深入分析原因，说明好处(或危害)，找出症结。

(6) 结：收敛全篇，总结全文，宜对论述的问题有所深化，不要故作惊人之语，强调精炼有力，不要画蛇添足。

5. 注意事项

写材料作文时要注意以下几点：

(1) 选择某一角度，从材料中概括出写作的论题或论点。

(2) 作文中最好出现材料中的内容。

(3) 提供的材料可以作为写作中的论据。

(4) 对材料要进行概述，不能照抄材料。

强化训练

一、单项选择题

1. 在 PowerPoint 的幻灯片中浏览视图时，用户不能进行的操作是(   )。

A. 插入幻灯片　　　　　　　　　　B. 删除幻灯片

C. 设置幻灯片中图片的动画效果　　D. 修改幻灯片的内容

2. 以下与"如果天气晴朗，我们就去公园"判断不同的是(   )。

A. 如果小朋友不听话，老师就会很生气

B. 只要认真听讲，就没有做不出的难题

C. 若三角形三边相等，则三角形三角相等

D. 只有深入生活，才能写出好作品

3. 在 Word 文档中，想要选定文档中的一个矩形区域，应在拖动鼠标前按下下列哪个键不放？(   )

A.Ctrl　　　　　　B.Alt　　　　　　C.Shift　　　　　　D. 空格

4. 公司组织的运动会有员工没有参加，小张、小李、小王、小孙中有一人没有参加，其他三人都参加了。领导在询问时，他们做了如下的回答：

小张："小李没来。"

小李："我不但参加了，而且还表演了节目。"

小王："我晚来了一会儿，但一直到晚会结束才走。"

小孙："如果小王来了，那就是我没来。"

如果他们中只有一个人说了谎，则以下哪项成立？(   )

A. 小孙没参加　　　　B. 小李没参加　　　　C. 小王没参加　　　　D. 小张没参加

5. 在某一工作表中的 E7 单元格中计算总成绩 (E3 至 E6 单元格) 的平均分，应在 E7 单元格中输入如下计算公式 (　　　)。

A. =SUM(E3:E6)　　　　　　　　　B. =AVERAGE(E3:E6)

C. =COUNT(E3:E6)　　　　　　　　D. =SUM(E3，E6)

6. 按照如下所给图形的逻辑特点，下列选项中，填入空白处最恰当的是 (　　　)。

7. 找规律填数字是一项很有趣的活动，特别锻炼观察和思考能力。下列选项中，填入数列"2，4，10，42，(　　　)，17 726"空缺处的数字，正确的是 (　　　)。

A.420　　　　　　　　B.422　　　　　　　　C.326　　　　　　　　D.355

8. 下列选项中，与"明星——中国人"的逻辑关系相同的是 (　　　)。

A. 学者——军人　　　　　　　　　B. 蔬菜——植物

C. 吉他手——乐队　　　　　　　　D. 老人——小孩

9. 在 Word 中，鼠标指针在某段文字中，此时快速单击三次鼠标，将选中 (　　　)。

A. 一段文字　　　　B. 一句文字　　　　C. 一行文字　　　　　D. 整篇文档

10. 在 PowerPoint 中，"设计"选项卡下的 (　　　) 命令可以用来改变某一幻灯片的背景。

A. 自定义——设计背景格式　　　　B. 主题

C. 变体　　　　　　　　　　　　　D. 自定义——幻灯片大小

二、材料分析题

材料：

喜剧为各国人民所重视和喜爱，不仅因为其有着与悲剧一样的"净化"功能，而且其"笑"的力量也常常被赋予"为灵魂自由而战"的内涵。中国喜剧的传统源远流长并独具特色，如元杂剧、明清杂剧和传奇中的很多优秀喜剧作品。它们往往寓庄于谐，于嬉笑怒骂中或是展现世俗风情，或是表达对现实社会的讽刺、愤怒和反抗。元杂剧《救风尘》《西厢记》，明代的《狮吼记》《僧尼共犯》《齐东绝倒》等喜剧名作，由徐渭创作的《四声猿》甚至有明代《离骚》之誉。

到了清代，很多喜剧剧作结构精巧、情节曲折，语言俚俗本色，富有喜剧性的传奇作品不断涌现。至民国时期，喜剧创作的内容和手法则更为丰富，或歌颂，或讽刺，或温情，或描绘风俗，喜剧的整体创作水准也很高。许多创作者以喜剧的情境设计和表现方式来展现人物身处新旧交替时代中思想和观念的碰撞，不仅能让观众报以会心的微笑，还彰显出创作者颇具个性色彩的喜剧探索；而如《抓壮丁》《升官图》等剧，则接续起了中国自古以来的讽谏传统，并颇得果戈理讽刺喜剧的真味。可以说，20世纪以来，以丁西林、陈白尘等人为代表的喜剧创作令中国喜剧具有了较高的起点。然而，在当下表面繁荣的中国喜剧舞台上，对作品内涵及戏剧精神的追求却日益被各种花样翻新的搞笑手段、炒作营销乃至炫目的技术所取代，暴露出当代喜剧创作中的一些浮躁心态。

显然，仅凭自身的小聪明、小才华、小手段去紧跟潮流或是开展各种自以为是的创新，都无法成就喜剧创作的光明大道。而反观前人，在初涉创作之时就能舍弃过火的夸张，专注于选取朴素的日常和微妙的关系，于清淡之中展现深静的哲思，乃至其剧作中所充盈着的文化品质及体贴、仁恕的东方传统观念和作品表述上的从容及隽永的余味，都可谓是中国当下喜剧创作中最为稀缺的特质。因而，当浮华和喧嚣散尽，如何突破瓶颈，重拾喜剧的尊严，杜绝粗制滥造，进而打造出中国当代喜剧经典以流传后世，早已是中国原创喜剧所面临的迫切问题。

不可否认，当下的喜剧创作中确实存在着诸多问题，但最为关键的，显然还在于创作者自身创作能力和艺术修养的桎梏，以及一些创作者对喜剧认识的单一与窄化。如果失去喜剧创作中极为重要的批评和讽刺的精神，失去对思想和内容的切合与深入的探索而一味追求娱乐与搞笑，那么，中国喜剧的创作必然难以逃脱浅俗的宿命。

当然，有很多创作者一直都在孜孜不倦地探索着自己的喜剧创作方向，中国喜剧创作的传承与创新也一直在延续。越来越多的创作者纷纷以喜剧的表现方式力图展现人物身处大时代洪流中的生活与选择，彰显着各自的喜剧探索。在一些演出中，除了一些固有的喜剧元素，更多的元素也开始加入进来，喜剧的创作从立意到表达也更具当代生活气息。可见，中国喜剧正逐渐以一种现代剧作的视角、悲喜交融的结构方式，重新在舞台上为世人展示"笑"的强大力量。而在不断地成长和打磨中继承戏剧前辈们的传统，在贯穿动作中实现戏剧性，不断找到最为适宜喜剧创作的剧场策略和舞台手段，找到最适宜展现人物智慧的外现方式，进而打造出属于新时代的高品质喜剧，也将成为当下中国的喜剧创作中所需着力探索的一个重要方向。

喜剧常能给人带来反思，而喜剧的创意与最终的演出效果要靠创作团队整体创作能力的支撑方能得以实现。因此，以戏剧意象转化创作内涵的能量，成功唤出作品的灵魂，需要痛下苦功，不能仅靠一些外在表象的嬉笑和逗乐手段来解决。面对当下不容乐观的喜剧创作现状和传播形势，要创作出兼具情趣、智慧和情怀的新时代的喜剧经典，显然还任重道远。

——（摘编自胡薇《当喜剧缺失从容与余味》，有删改）

问题：

(1) 中国传统喜剧有哪些独特之处？请结合文本，简要概括。

(2) 当下喜剧创作的关键问题是什么？新时代如何创作"从容"有"余味"的喜剧经典？请结合文本，简要分析。

三、写作题

阅读下面的材料，按要求作文。

一位著名演员在一次表演课上，对即将成为职业演员的学员们说："上山的人永远不要瞧不起下山的人，因为他们曾经风光过；山上的人不要瞧不起山下的人，因为他们不定什么时候就能爬上来。"

综合上述材料所引发的思考和感悟，写一篇论说文。

要求：用规范的现代汉语写作；角度自选，立意自定，标题自拟；不少于 800 字。

扫描二维码，查看习题答案与解析。

答案与解析

附　录

附录1　考试大纲-101"综合素质（幼儿园）"

一、考试目标

主要考查申请教师资格人员的下列知识、能力和素养：

(1) 先进的教育理念。

(2) 良好的法律意识和职业道德。

(3) 一定的文化素养。

(4) 阅读理解、语言表达、逻辑推理、信息处理等基本能力。

二、考试内容模块与要求

(一) 职业理念

1. 教育观

(1) 理解国家实施素质教育的基本要求。

(2) 掌握在幼儿教育中实施素质教育的途径和方法。

(3) 理解幼儿教育作为人生发展的奠基教育的重要性及其特点，能够以正确的教育价值观分析和评判教育现象。

2. 儿童观

(1) 理解"人的全面发展"的思想。

(2) 理解"育人为本"的含义，爱幼儿，尊重幼儿，相信每一个幼儿都具有发展潜力，维护每一个幼儿的人格与权利。

(3) 运用"育人为本"的幼儿观，在保教实践中公正地对待每一个幼儿，不因性别、民族、地域、经济状况、家庭背景和身心缺陷等歧视幼儿。

(4) 设计或选择丰富多样、适当的保教活动方式，因材施教，以促进幼儿的个性发展。

3. 教师观

(1) 了解教师专业发展的要求。

(2) 具备终身学习的意识。

(3) 理解教师职业的责任与价值，具有从事幼儿教育工作的热情与决心。

(二) 教育法律法规

1. 有关教育的法律法规

(1) 了解国家主要的教育法律法规，如《中华人民共和国教育法》《中华人民共和国义务教育法》《中华人民共和国教师法》《中华人民共和国未成年人保护法》《幼儿园工作规程》等。

(2) 了解《国家中长期教育改革和发展规划纲要 (2010—2020 年)》的相关内容。

(3) 了解联合国《儿童权利公约》的相关内容。

2. 教师的权利和义务

(1) 熟悉教师的权利和义务,熟悉国家有关教育法律法规所规范的教师教育行为,依法从教。

(2) 依据国家教育法律法规,分析评价幼儿教学实践中的实际问题。

3. 幼儿保护

(1) 熟悉幼儿权利保护的相关教育法规,保护幼儿的合法权利。

(2) 依据国家教育法律法规,分析评价幼儿教育工作中幼儿权利保护等实际问题。

(三) 教师职业道德规范

1. 教师职业道德

(1) 了解《中小学教师职业道德规范》(2008 年修订),掌握教师职业道德规范的主要内容。

(2) 理解《中小学班主任工作条例》的精神。

(3) 分析评价保教实践中教师的道德规范问题。

2. 教师职业行为

(1) 熟悉教师职业行为规范的要求,熟悉幼儿园教师的职业特点。

(2) 理解教师职业行为规范的主要内容,在教育活动中运用行为规范恰当地处理与幼儿、幼儿家长、同事以及教育管理者的关系。

(3) 在保教活动中,依据教师职业行为规范,爱国守法、爱岗敬业、关爱学生、教书育人、为人师表。

(四) 文化素养

(1) 具有一定的文化常识。

(2) 了解中外科技发展史上的代表人物及其主要成就,熟悉常见的幼儿科普读物。

(3) 了解中外文学史上重要的作家作品,尤其是常见的儿童文学作品。

(五) 基本能力

1. 阅读理解能力

(1) 理解阅读材料中重要概念的含义。

(2) 理解阅读材料中重要句子的含义。

(3) 具有筛选并整合图画、文字、视频等阅读材料信息,并运用于保教工作的能力。

(4) 归纳内容要点,概括中心思想。

(5) 分析概括作者在文中的观点、态度。

2. 逻辑思维能力

(1) 了解一定的逻辑知识,熟悉分析、综合、概括的一般方法。

(2) 掌握比较、演绎、归纳的基本方法,准确判断、分析各种事物之间的关系。

(3) 准确而有条理地进行推理、论证。

3. 信息处理能力

(1) 具有运用工具书检索信息、资料的能力。

(2) 具有运用网络检索、交流信息的能力。

(3) 具有对信息进行筛选、分类、存储和应用的能力。

(4) 具有根据保教工作的需要，设计、制作课件的能力。

4. 写作能力

(1) 掌握文体知识，能根据需要按照选定的文体写作。

(2) 能够根据文章中心思想组织、剪裁材料。

(3) 具有布局谋篇、有效安排文章结构的能力。

(4) 语言表达准确、鲜明、生动，能够运用多种修辞手法增强表达效果。

三、试卷结构

模 块	比 例	题 型
职业理念	15%	单项选择题 材料分析题
教育法律法规	10%	
教师职业道德规范	15%	
文化素养	12%	
基本能力	48%	单项选择题 材料分析题 写作题
合 计	100%	单项选择题：约39% 非选择题：约61%

四、题型示例

1. 单项选择题

(1) 小明在课堂上突然大叫，有的同学也跟着起哄。下列处理方式，最恰当的一项是 (   )。

A．马上制止，让小明站到讲台边   B．不予理睬，继续课堂教学

C．稍作停顿，批评训斥学生   D．幽默化解，缓和课堂气氛

(2) "五岳"是我国的五大名山，下列不属于"五岳"的一项是 (   )。

A．泰山   B．华山   C．黄山   D．衡山

阅读下面文段，回答问题。

子曰："学而不思则罔①，思而不学则殆②。"(《论语·为政》)

【注释】①罔：迷惑、糊涂；②殆：疑惑、危险。

(3) 下列对孔子这段话的理解，不正确的一项是 (   )。

A．在孔子看来，学和思二者不能偏废，主张学与思相结合。

B．孔子指出了学而不思的局限，也道出了思而不学的弊端。

C．光学习不思考会越学越危险，光思考不学习会越来越糊涂。

D. 孔子学与思相结合的思想，在今天仍有其值得肯定的价值。

2. 材料分析题

阅读下面的材料，回答问题。

学生王林在学校因同学给他起外号，将同学的鼻子打出了血。班主任徐老师给王林的爸爸打电话，让他下午到学校来。放学时，王林的爸爸刚来到校门口，等在那里的徐老师当着众人的面，第一句话就是："这么点儿大的孩子都管不好，还用我教你吗？"

问题：

请从教师职业道德规范的角度，对徐老师的做法进行评价。

3. 写作题

请以"我为什么要当教师"为题，写一篇论述文。要求观点明确，论述具体，条理清楚，语言流畅，不少于 800 字。

附录 2 幼儿园综合素质考试真题

2023 年上半年中小学教师资格考试

综合素质试题（幼儿园）

一、单项选择题（本大题共 29 题，每小题 2 分，共 58 分）

1. 在组织幼儿认识形状时，李老师说："请小朋友找找教室里有圆形和正方形的物品。"李老师的做法体现了幼儿教育特点是（　　）。

A. 基础性　　　　B. 整体性　　　　C. 浅显性　　　　D. 生活性

2. 磨课时，方老师语重心长地对姜老师说："现阶段你要开始琢磨如何将自己所拥有的教学经验提升，形成自己的教学表现方式。"这表明姜老师目前所处的专注阶段是（　　）。

A. 自我更新关注阶段　　　　　　　B. 关注生存阶段
C. 关注教学情境阶段　　　　　　　D. 关注学生阶段

3. 语言活动时，侯老师摇着铃鼓提醒幼儿安静，可仍然有部分幼儿吵吵闹闹的。这时侯老师手握空心拳，做出望远的动作，说："老师用望远镜望一望，看看哪个小朋友坐得最神气！"孩子们立刻停止了吵闹。下列对侯老师的行为表述不正确的是（　　）。

A. 注重教学示范　　　　　　　　　B. 注重幼儿情绪调控
C. 注重班级管理　　　　　　　　　D. 注重直观形象引导

4. 在建构区，中班幼儿东东一直搭不好拱形桥，不停地把积木拉倒重来。对此，李老师恰当的说法是（　　）。

A."宝贝，我来帮助你！"　　　　　B."试试不同的积木，你一定行！"
C."注意拱形桥的对称与平衡！"　　D."不搭拱形桥了，搭其他的吧！"

5. 明明的父母怠于履行监护职责，使明明长期处于无人照顾的状态。依据《中华人民共和国未成年人保护法》，当地民政部门应采取的措施是（　　）。

A. 对明明进行临时监护　　　　　　B. 对明明进行长期监护
C. 撤销明明父母的监护资格　　　　D. 追究明明父母的刑事责任

6. 依据《中华人民共和国教育法》，幼儿园的管理人员实行（　　）。

A. 专业技术制度　　　　　　　　　B. 管理职员制度
C. 教师资格制度　　　　　　　　　D. 教育职员制度

7. 某地政府为提升教育质量，促进教学高质量发展，拟定将一所公立初中改为与企业合建，该做法（　　）。

A. 错误。政府不得以任何名义改变或者变相改变公办学校的性质
B. 错误。政府不能通过与企业合作的方式提升学校教育教学质量
C. 正确。政府可以结合实际采取多种形式提升学校教育教学质量

D. 正确。政府应因地制宜地为义务教育阶段学校的发展提供帮助

8. 幼儿教师崔某认为所在幼儿园侵犯了自己参加进修培训的权力而提出申诉，应依法受理其申诉的是（　　　）。

A. 当地人民政府　　　　　　　　　B. 教育行政部门

C. 上级人民政府　　　　　　　　　D. 当地纪检部门

9. 幼儿玲玲在放学前偷偷溜出幼儿园玩耍，不小心摔伤。对于玲玲所受伤害，应承担赔偿责任的是（　　　）。

A. 玲玲的老师　　　　　　　　　　B. 玲玲的监护人

C. 幼儿园　　　　　　　　　　　　D. 幼儿园和玲玲的监护人

10. 依据《中华人民共和国宪法》，中央和地方划分国家机构职权的原则（　　　）。

A. 中央统一领导，充分发挥地方的主动性和积极性

B. 中央统一领导，充分发挥地方的自主性和积极性

C. 中央统一领导，充分发挥地方的主体性和主动性

D. 中央统一领导，充分发挥地方的主体性和自主性

11. 下列选项不属于联合国《儿童权利公约》中确认和保护的儿童权力的是（　　　）。

A. 信仰自由权　　　　　　　　　　B. 结社自由权

C. 言论自由权　　　　　　　　　　D. 契约自由权

12. 某幼儿园为给幼儿今后的学习发展打下坚实的基础，在大班教授小学语文和数学的内容。该幼儿园的做法（　　　）。

A. 符合幼儿关键期的教育要求　　　B. 彰显了关爱幼儿的教育理念

C. 不符合全面发展的教育理念　　　D. 违背了幼儿的身心发展规律

13. 李老师一直要求班上的小朋友不要手拉手上下楼梯，可是，小丽和小熙经常手拉着手一起走，在上下楼梯时也不松手。对此，李老师恰当的做法是（　　　）。

A. 尽量不让她俩一起上下楼梯，消除安全隐患

B. 要求她俩松手后再上下楼梯，避免发生意外

C. 允许她俩拉着手上下楼梯，提醒注意安全

D. 减少她俩当天的户外活动，强化教育效果

14. 李老师暑假参加同学聚会时，发现一些同学收入高于她，很沮丧，一度想跳槽。可一开学，当活泼可爱的小朋友围着她分享暑假趣闻时，她顿时心情舒畅，跳槽念头全无。这表明了教师职业幸福具有（　　　）。

A. 自在性　　　　B. 主观性　　　　C. 精神性　　　　D. 无限性

15. 在一次续编故事活动中，小朋友们积极举手发言，一向胆小的圆圆也举起了小手，戴老师有意请圆圆回答，可圆圆的声音非常小，小朋友们嚷嚷："他的声音太小了，我们什么也听不见！""老师让我替他说吧！"对此，戴老师恰当的回应是（　　　）。

A."欣欣，你来替圆圆讲！圆圆请先坐下休息一会儿！"

B."圆圆真勇敢，请你大声地再讲一遍，好吗？"

C."你们管好自己的小嘴吧，我们要尊重圆圆。"

D."圆圆，你应该大声讲故事。"

16. 幼儿自行收拾餐具时，赵老师发现晓晓把饭粒掉在桌上，便让晓晓把饭粒捡回餐

碗里。回家后，晓晓告诉爸爸，赵老师要她把掉在桌上的饭粒吃掉，晓晓爸爸当即打电话询问此事，赵老师详细说明了情况。对此，下列选项正确是（   ）。

  A.赵老师没有把握教育对象的针对性 B.赵老师没有把握教育内容的适宜性

  C.赵老师没有做好教育要求的明确性 D.赵老师没有把握教育主题的协同性

  17.人们常常常遵循科学原理进行发明创造。热气球作为人类发明的最早载人升空的航空空器主要容器（如下图）。它应用的主要科学原理是（   ）。

  A.重力的原理   B.浮力的原理   C.弹力的原理   D.磁力的原理

  18.青蛙是脊索动物门两栖纲的动物，成体青蛙已有肺，但在冬眠时，其呼吸主要依靠的是（   ）。

  A.舌头   B.眼睛   C.皮肤   D.心脏

  19.科学家发现可以通过观察实验得到，也可以根据理论推算实现。1846年，法国天文学家勒威耶和英国天文学家亚当斯根据天体力学理论，几乎同时计算出一颗新行星的位置，这颗行星是（   ）。

  A.火星   B.木星   C.海王星   D.天王星

  20.1934年10月，中央红军和中共中央机关实施战略性转移，开始长征，历经艰难险阻和红二方面军、红四方面军在甘肃会宁胜利会师。这次会师的时间是（   ）。

  A.1935年8月 B.1935年10月 C.1936年8月   D.1936年10月

  21.杂交是不同属种或品种的动物或植物交配或结合，可分为天然杂交和人工杂交。中国人在两千年前就注意到了杂交优势，此后不断利用杂交进行育种。明代有典籍记录了运用人工杂交育种培育优良蚕种，该典籍是（   ）。

  A.《齐民要术》 B.《农桑辑要》 C.《天工开物》   D.《授时通考》

  22.我国的农谚说："到了惊蛰节，耕地不能歇。"假如孩子据此作画，需提示该画背景所对应的季节是（   ）。

  A.春季   B.夏季   C.秋季   D.冬季

  23.现代作家张天翼在其写作生涯后期，以儿童文学创作为主，著有多部童话作品。下列选项中，不属于其作品的是（   ）。

  A.《稻草人》   B.《金鸭帝国》

  C.《大林和小林》   D.《宝葫芦的秘密》

  24.陀思妥耶夫斯基是19世纪俄罗斯的伟大作家，被视为比肩列夫·托尔斯泰的俄国文学的代表人物和"人类灵魂的伟大审问者"。下列选项中，不属于其作品的是（   ）。

A.《白痴》　　　　　　　　　　B.《死魂灵》
C.《罪与罚》　　　　　　　　　D.《卡拉马佐夫兄弟》

25. 迪士尼是美国动画片艺术先驱，一共获得20多余项奥斯卡金像奖，创造了米老鼠等一系列家喻户晓的动画形象。下列选项中，以米老鼠为主角的动画片是（　　　）。

A.《木偶奇遇记》　　　　　　　B.《威利号汽船》
C.《灰姑娘》　　　　　　　　　D.《睡美人》

26. 在 Word 编辑状态，选择了文档全文，要在段落对话框中设置行距为 20 磅的格式，下列选项中应选择的是（　　　）。

A. 单倍行距　　　　　　　　　B. 1.5 倍行距
C. 2 倍行距　　　　　　　　　D. 固定值

27. 在 PowerPoint 中，不可以在空白幻灯片中直接插入的是（　　　）。

A. 剪贴画　　　　　　　　　　B. 背景样式
C. 艺术字　　　　　　　　　　D. 屏幕截图

28. 下列选项中，与"正方形—四边形"的逻辑关系相同的是（　　　）。

A."太湖"和"淡水湖"　　　　　B."六边形"和"菱形"
C."北京"和"上海"　　　　　　D."春城"和"昆明"

29. 按照给出图形的逻辑特点，下列选项中，填入空格处最恰当的是（　　　）。

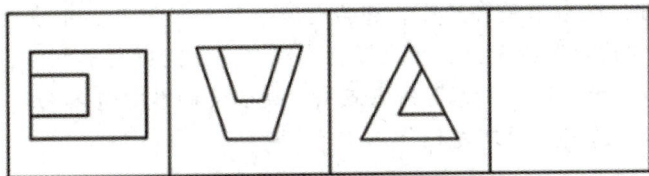

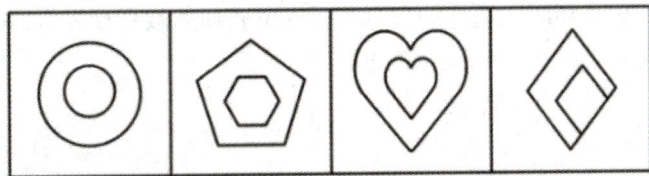

二、材料分析题（本大题共 3 小题，每小题 14 分，共 42 分）

阅读材料，并回答问题。

30. 材料：

周老师组织"太阳当空照"的游戏活动时，阳阳举起手，大声地问："老师，哪里有太阳？根本看不见啊！"周老师说："看不见太阳？那太阳到哪里去了呢？"阳阳眨着眼睛，想了一会儿说："我妈妈说了，太阳让云彩遮住了，如果把云彩拨走，太阳就出来了。"周老师故意问道："怎么拨啊？云彩那么高，够不着。"小涵认真地说："老师，登上梯子呀。有高高的梯子，再拿一根长长的竹竿，一使劲儿就把云彩拨拉走了。"周老师趁机问："为什么我们看不见太阳呢？""是呀，最近几天总是灰蒙蒙的。"……孩子们七嘴八舌地讨论起来。原来，这几天的雾让小朋友们很纳闷。周老师说："感兴趣的宝贝可以查查资料寻找答案。"为了解决孩子们的疑惑，第二天，周老师运用图片和视频，介绍了有关雾的知识。小朋友们听得特别认真，有的还说："回家要告诉爸爸妈妈，雾天开车一定要注意安全。"

问题：

请结合材料，从教育观的角度，评析周老师的教育行为。（14分）

31.材料：

晨间活动时，琳琳跑到我面前，把一本绘本递给我，难过地说："黄老师，你看，谁把我这本书的的封面撕掉了！"我接过绘本，对着平时比较淘气的涛涛说："这肯定是你撕掉的！"涛涛抬起头看着我，摇了摇头，于是我生气地说："你们把东西放下，都不要玩了，坐好！"孩子们都坐到了自己的小椅子上。接着，我又说："到底是谁把书皮弄坏了，承认了，老师原谅你；如果不承认，被老师发现了，就惨了！"教室里顿时鸦雀无声，没有人敢承认。看到孩子们露出了紧张不安的神情，我意识到自己的言行有些不妥。这时，我突然想到了"悄悄话"的办法。我问孩子们："大家想不想把自己想说的悄悄话告诉老师啊？"孩子们都点点头，然后就一个接一个凑到我耳边说。小军凑到我耳边小声道："书皮是我弄坏的，刚才我看到这本书丢在地上，想捡起来，可一使劲儿，书皮就掉下来了。"我也悄悄地对他说："谢谢你告诉老师，你主动把书捡起来，老师要表扬你，但把书皮弄坏了，一会儿你能向琳琳道歉吗？"小军笑着点点头，便过去向琳琳道歉。我对全班幼儿说："刚才老师错怪了涛涛。涛涛，对不起！"

问题：

请结合材料，从教师职业道德的角度，评价黄老师的教育行为。（14分）

32.材料：

网络流行语是伴随着热点事件的发生，或新事物、新现象的产生，在网络上流行一时的"时髦"用语，它往往随着热点的降温，新事物、新现象的更替而逐渐走向衰亡。比如"蓝瘦香菇""友谊的小船说翻就翻""皮皮虾，我们走""尬聊""戏精"等，这些曾经耳熟能详

的流行语可谓"红"极一时，然而其生命力却极为有限，终究无法摆脱消亡的命运。但是，也有一些网络流行语的"命运"与之截然相反，它们不但没有消亡，反而保持了较旺盛的生命力。究竟是什么原因促使这些流行语存留下来并不断繁衍的呢？

从语言学的角度看，首先，这部分流行语的结构内部具有可扩展的空间，可以在其基本结构的基础上不断扩充出新的用例。以"X门"为例，最早的用例是"水门"，专指在尼克松执政时期，由监听事件而引发的政治丑闻。后来，陆续有大量的名词或名词性短语

进入到空槽（slot）"X"的位置上，产生大量的"X门"，诸如"伊朗门""情报门""婚礼门""虎照门""棱镜门""通俄门""毛巾门"，等等，这些"X门"的语义大致可以归纳为"关于……的丑闻／与……相关的丑闻"。我们观察到，随着社会的迅速发展，"X门"在语法上也正在发生着一些微妙的变化，比如进入到X位置上的成分不再仅仅局限于名词性成分，一些动词性成分也可以进入到X的位置，如"虐囚门""资助门""失控门""停牌门"等，这些变化反映出"X门"这一框式结构的容纳性在逐渐增强。

相反，那些已经消亡的流行语本身并不具备扩展的基础，也就是说，在流行语自身结构的框架内，组成"成员"明确而具体，无法提炼出可扩展的基本结构。例如"蓝瘦香菇"是"难受想哭"的谐音形式，它由"蓝瘦""香菇"两部分构成，二者组合在一起形成一个相对固定的并列结构短语，很难在该结构基础上进一步抽象出一种可扩展的基本结构，自然更无法进一步产生新的用例。同样，"友谊的小船说翻就翻""戏精""尬聊"等亦是如此。基于语言经济原则考虑，人们在进行交际的时候通常遵循"省力"的原则，总是试图以尽可能少的语汇来表达尽量多的内容，类似"X门"词语群的出现无疑迎合了这一社交的基本准则。在语义上，这类词语具有较强的概括性；就语法而言，它们又具有较强的容纳性，相对于"尬聊""戏精"等零散的、无法扩展的"词典"般的列举式表达，显然更为经济、便捷。

其次，结构本身已具备存继的"基因"。"微X""X门""X哥（姐）"等网络流行语没有走向消亡，还在于它们在不同程度上都具有强大的"基因"。一方面，这类流行语在一定程度上契合了社会发展的主流。21世纪是网络的时代，网络技术的出现和发展同时衍生出大量与之密切相关的新事物。在此背景下诞生的"微X"词语群与网络关系密切。根据相关统计，"微X"类格式词发端于2007年的"微博""微媒体"。后来随着微博、微信等网络交际媒介的流行，"微商""微店""微付""微粉""微视""微整容""微阅读""微研讨""微研究""微媒体""微表情""微电影"等一系列与网络密切相关的"微X"类词语，如雨后春笋般迅速扩展传播。这些新产生的"微X"类流行语基于网络，"微X"与网络之间的天然联系，注定了这类流行语形成的词语群的发展必然具备较强的可持续性。到目前为止，"微X"类流行语仍然在持续而稳定地扩展着。我们有理由相信，未来这类流行语将会伴随着互联网技术的升级换代而继续得以扩充。

另一方面，从社会学角度来看，这类网络流行语亦符合人类社会发展的常规。"丑闻"是人类社会中较常见的负面事件，它伴随着人类社会发展的全过程。"X门"的出现与传播恰恰在某种程度上印证了丑闻是人类社会的惯常现象。同时，"X门"的传播也从一个侧面反映出人们在交往中遵循的礼貌交际原则。试想，假如直接表达"X门"承载的语义，也许会使交际的一方在心理上产生一定的不适感，而"X门"则以一种经济简洁而不乏活泼幽默的表达方式，从形式上对丑闻承载的负面语义进行了"漂白"，它充分地关照到交际人的内心可能产生的感受，使其在知晓"丑闻"之后，可以在最大程度上降低对交际一方的心理影响。

尽管网络流行语的出现、传播、扩散乃至消亡的过程比较短暂，它们大多经不起时间的考验，但对于它们的走向也不可一概而论。事实表明，一部分网络流行语不但没有走向衰亡，反而在不断地持续发展中，有的甚至在一定程度上已经进入了正规话语系统。因此，对于网络流行语的发展走向要做具体分析，不仅要研究它们所表达的语义，还要探究这部分"存活"下来的网络流行语所具有的特点，更要深入挖掘其得以存续的重要动因。

（摘选自陈光、陈海艳《简析网络流行语的生命力》）

问题：

（1）网络流行语的产生与什么有关？请简单概括。（4分）

（2）为什么一些网络流行语能保持生命力？请结合文章，简要分析（10分）

三、写作题（本大题 1 小题，50 分）

33.阅读下面的材料，按要求作文。

材料：

很多人都听过一句话：活到老，学到老。

有人问一位老人："您总是在学习，通过学习，最终得到了什么？"

老人答："什么都没有得到。"

再问："那您还学习做什么呢？"

老人笑答："我想告诉你的是，学习让我失去了东西：我失去了愤怒、纠结、狭隘、挑剔和指责、悲观和沮丧；失去了肤浅、短视和计较，失去了一切无知、干扰和障碍。"

原来，学习的真谛不是加法，而是减法。

综合上述材料所引发的思考和感悟，写一篇论说文。

要求：

用国家通用语言文字写作。角度自选，立意自定，标题自拟。不少于800字。

扫描二维码，查看真题答案与解析。

答案与解析

2022 年下半年中小学教师资格考试

综合素质试题（幼儿园）

一、单项选择题（本大题共 29 小题，每小题 2 分，共 58 分）

1. 因为小三轮车数量有限，中班幼儿常为"谁骑车"而争论不休。一天小雯跑到李老师面前说："小莉不让我骑三轮车。"对此，李老师恰当的说法是（　　　）。

A."小雯，我们玩别的玩具吧。"

B."小莉，让小雯骑，等会儿我让你发点心。"

C."小雯，可以怎样对小莉表达你的想法？"

D."小莉，我知道你是懂得谦让的好孩子。"

2. 刘老师根据《小蚂蚁搬豆》的故事把小蚂蚁画下来，一个挨着一个地贴在有厕所的墙面上，幼儿看到排着队的小蚂蚁就会按顺序等待如厕。刘老师的做法体现的教师角色是（　　　）。

A. 支持者　　　　　B. 合作者　　　　　C. 示范者　　　　　D. 引导者

3. 班级里有的幼儿活泼，有的幼儿内向；有的幼儿喜欢画画，有的幼儿喜欢唱歌；有的幼儿家来自农村，有的幼儿来自城市。这给刘老师的工作带来较大的挑战。这表明刘老师的劳动具有（　　　）。

A. 多样性　　　　　B. 示范性　　　　　C. 个体性　　　　　D. 复杂性

4. 幼儿园陈老师经常在心里琢磨："小朋友们喜欢我吗？""同事们如何看我？""园长是否觉得我干得还不错？"陈老师所处的教师发展阶段是（　　　）。

A. 关注生存阶段　　B. 关注情境阶段　　　C. 关注学生阶段　　　D. 关注自我阶段

5. 联合国《儿童权利公约》要求各缔约国采取有效措施保障儿童享有受教育的权利。关于这些措施，下列措施正确的是（　　　）。

A. 实施全面免费的九年义务教育

B. 鼓励发展不同形式的课外教育

C. 根据成绩使所有人享有平等的接受高等教育的机会

D. 使所有儿童均能得到教育和职业方面的资料和指导

6. 根据《中华人民共和国宪法》，下列不属于全国人民代表大会常务委员会职权的是（　　　）。

A. 解释法律　　　　　　　　　　　B. 监督宪法的实施

C. 决定人民法院诉讼处理　　　　　D. 决定驻外全权代表的任免

7. 在幼儿园事故处理中，受伤害的幼儿监护人无理取闹，扰乱教育教学秩序。幼儿园应当（　　　）。

A. 报告公安机关依法处理　　　　　B. 报告质检部门依法处理

C. 报告人民法院依法处理　　　　　D. 报告人民检察院依法处理

8. 高先生把自己收藏的书画捐给某幼儿园。周园长在整理书画时，发现其中一幅山水画意境很美，便装裱拿回家挂在书房里。关于周园长的做法，下列说法正确的是（　　）。

A. 周园长有权处理教育捐赠　　　　B. 周园长不得挪用教育捐赠

C. 周园长侵犯了高先生的财产权　　D. 园长拿回家前应征得高先生的同意

9. 三岁的明明因不听话被母亲置于闹市不管，被好心人发现后报告当地公安机关。公安机关应对明明的母亲（　　）。

A. 予以行政处罚　　　　　　　　　B. 予以行为处分

C. 予以刑事处罚　　　　　　　　　D. 予以民事处罚

10. 某报社为抢独家新闻，报道了一名未成年犯罪嫌疑人的姓名、住址和犯罪过程，并且配发了照片。该报社的做法（　　）。

A. 合法，有利于实施法治教育　　　B. 合法，体现了新闻报道自由

C. 不合法，侵犯了未成年人的隐私权　D. 不合法，侵犯了未成年人的荣誉权

11. 区角活动时，军军故意损坏玩具，黄老师批评他，他还做鬼脸，并顶撞黄老师，黄老师怎么做也无济于事，只好把他带出教室，交给园长处理。黄老师的做法（　　）。

A. 不正确，推卸了教师的责任　　　B. 正确，教师有公平评价幼儿的义务

C. 不正确，侵犯了幼儿的受教育权　D. 正确，教师有批评教育幼儿的权利

12. 某家幼儿园组织幼儿在一家公司的庆典上进行商业表演（　　）。

A. 正确，有助于扩大幼儿园的社会影响

B. 正确，有助于改善幼儿园办学条件

C. 不正确，幼儿园不得以幼儿表演为手段牟利

D. 不正确，幼儿园进行商业表演须征求家长同意

13. 李老师打扫完班级卫生后，顺便坐在教室的玩具柜上。这时他看到小杰也从椅子上爬到柜子上坐着，便说："小杰不能坐到柜子上，这样太危险，老师说过很多次了，你忘了吗？"旁边的程程马上说："老师，你也坐在上面呢。"此时李老师恰当的回应是（　　）。

A. "老师和柜子说过了，它同意哦！"

B. "谢谢你，以后我们都不要坐了！"

C. "老师打扫卫生太累了，只坐一会儿。"

D. "谢谢你，老师不会摔，小朋友会危险的。"

14. 小班的保育员徐老师正在照顾两个不肯吃饭的孩子。这时京京端着空碗还想再吃一点饭。徐老师转头对正在使用电脑的陈老师说："陈老师，帮京京舀一点饭。"陈老师回复："这是你保育员的工作，我有我的事情要做！"陈老师的做法违背的教师职业道德要求是（　　）。

A. 关系性　　　B. 长期性　　　C. 协作性　　　D. 制度性

15. 小玉的奶奶去幼儿园给小玉送被子，走到寝室时，老师刚好带孩子们去做操了。奶奶发现小玉的床在一个角落里，便将小玉的床位换到了寝室中间。老师回来后，下面正确的做法是（　　）。

A. 认同奶奶调整床位的行为　　　　B. 让小玉告诉奶奶不能调

C. 立即把小玉的床位调回床位　　　D. 打电话与奶奶沟通说不应该这样做

16. 徐老师正在分组活动中指导幼儿，一起身，衣服上的胸针钩住了晶晶的头发，晶

晶害怕得哭了。徐老师小心地把晶晶的头发与胸针分开。接下来徐老师应该（　　）。

A. 加倍小心，尽量避免胸针伤到幼儿

B. 加强防范，不佩戴胸针以免伤害到幼儿

C. 安抚幼儿，处理好后调整胸针佩戴的位置

D. 注意安全，只佩戴不会伤到幼儿的胸针

17. 星星眨巴眼睛，让人产生无限联想。繁星闪烁这一现象出现的原因（　　）。

A. 星星距离遥远　　　　　　　　　B. 人看星星时不停眨眼

C. 星星不断运动　　　　　　　　　D. 大气的密度不断变化

18. 安全标志是表达特定安全信息的标志，由图形符号、安全色以及形状或文字构成，用于公共场所、工业企业、建筑工地和其他有必要提醒人们注意安全的场所，指导人们采取合理行为。下列安全标志中，表示"当心夹手"的是（　　）。

A. 　　B. 　　C. 　　D.

19. 国歌是代表国家的歌曲，以鼓舞爱国主义精神行为主题，往往能反映一个国家的历史。下列历史事件中，与法国国歌《马赛曲》诞生相关的是（　　）。

A. 普法战争　　　　　　　　　　　B. 法国大革命

C. 英法百年战争　　　　　　　　　D. 拿破仑远征俄国

20. 教育儿童从小热爱英雄，崇拜英雄，学习英雄，如果给孩子们讲述民族英雄抗击倭寇的故事，下列人物中，其事迹可作为学习典范的是（　　）。

A. 霍去病　　　　B. 文天祥　　　　C. 戚继光　　　　D. 林则徐

21. 果戈里是 19 世纪俄国著名作家，其作品对俄国现实主义文学的发展影响很大。下列不属于果戈里作品的是（　　）。

A.《变色龙》　　B.《死魂灵》　　C.《外套》　　　　D.《钦差大臣》

22. "小刺猬，去理发。嚓嚓嚓，嚓嚓嚓。理完头发瞧瞧他，不是小刺猬，是个小娃娃。"这首儿歌的作者是（　　）。

A. 鲁兵　　　　　B. 乔羽　　　　　C. 柯岩　　　　　D. 任溶溶

23. 中国古代神话中有一个人物，被砍了头仍不甘屈服。他以两乳为目，肚脐当口，依然操着盾，握着斧，这个神话人物是（　　）。

A. 蚩尤　　　　　B. 后羿　　　　　C. 刑天　　　　　D. 共工

24. 万里长城是由关隘、城台、烽火台和城墙组成的中国古代军事防御工程。长城的修筑历时十余个朝代，持续两千余年，是人类历史上修筑时间最久的建筑工程，是世界建筑史上的奇迹。下列朝代中，修筑长城规模最大，历时最久的是（　　）。

A. 秦朝　　　　　B. 西汉　　　　　C. 北宋　　　　　D. 明朝

25. 毕加索是著名艺术家，其著名作品有《格尔尼卡》《和平鸽》等。毕加索的国籍是（　　）。

A. 德国　　　　　B. 荷兰　　　　　C. 葡萄牙　　　　D. 西班牙

26. 图文混排是 Word 的特色功能之一。关于图文混排，下列表述错误的是（　　）。

A. 可以在文档中插入图形　　　　　　B. 可以在文档中插入剪贴画

C. 可以在文档中插入文本框　　　　　D. 可以在文档中使用配色方案

27. 在 PowerPoint 编辑某张幻灯片时，不能实现的插入操作是（　　　）。

A."插入"→"图片"按钮　　　　　　B."插入"→"版式"按钮

C."插入"→"表格"按钮　　　　　　D."插入"→"图表"按钮

28. 下列选项中，与"水杯—瓷器"的逻辑关系相同的是（　　　）。

A."木制品"和"家具"　　　　　　　B."鲸鱼"和"海鱼"

C."豆制品"和"大豆"　　　　　　　D."大大"和"河蟹"

29. 按规律填数字是一个很有规律的活动特别锻炼观察和思考能力，按照 1=3，2=9，3=15，4=（　　　），5=27 的规律，以下选项中应填写在（　　　）的是（　　　）。

A. 17　　　　　　B. 19　　　　　　C. 21　　　　　　D. 23

二、材料分析题（本大题共 3 小题，每小题 14 分，共 42 分）

30. 材料：

在区域活动中，帆帆和瑶瑶选择了美工区"剪贴项链"的游戏，金老师为他们拿来剪刀、胶棒、五彩纸条等材料和制作步骤图。帆帆按制作步骤剪下了一根根长条，将这些长条粘成一条项链。瑶瑶一直没有动手，好像在思索，不一会儿，她开始动工了，先拿剪刀按实线剪下长条，将纸条依次连接成很长的直线。帆帆看见了大声说："金老师，瑶瑶瞎做，你看她做的和我的不一样。"瑶瑶看了他一眼说："你不知道，我做的也是项链。"听瑶瑶这么说，金老师也好奇地凑过来看，对她说："哦，是吗？那等会儿看看你做的究竟是什么样的项链。"瑶瑶很自信地说："你们等着瞧吧。"她将长条围起来粘成一个圆圈，用两个小长条做成了一个心形粘在圆圈的一端，一条项链完成了。瑶瑶高兴地举起来说："这就是我做的桃心项链，我妈妈就有一条这样的项链。"

在区域活动的讲评环节，金老师举起帆帆做的项链说："帆帆学会了自己看图做项链，观察非常仔细，真棒！"接着金老师展示了瑶瑶的桃心项链，问道："大家看看这个桃心项链漂亮吗？"孩子们争先恐后地说："真漂亮，这是谁做的？怎么做出来的啊？"这时，金老师把瑶瑶请上场讲解自己的作品。接着，金老师对其他幼儿的作品也一一做了点评。

离园后，金老师及时把这次区域活动记录下来，总结了成功之处，也反思了不足之处，并写下了改进思路，为以后撰写教研论文和开展课题研究积累素材。

问题：

请结合材料，从教师观的角度，评析金老师的教育行为。（14 分）

31. 材料：

大（2）班的故事活动中，周老师让幼儿根据"大灰狼和某动物"续编一个小故事。强强想象力特别丰富，故事编得很有趣，孩子们听得津津有味，可是故事的结局却把大家吓了一跳。强强说小动物们把大灰狼打败了，还把它的头砍下来。孩子们很害怕，琪琪一下子哭了起来。周老师立刻把她抱在怀里："琪琪不怕，老师在这儿。"然后，周老师带着孩子们玩了一个令人愉快的小游戏，转移孩子们的注意力。自由活动时，周老师在图书角拿起绘本《你看起来很好吃》，带领大家一起阅读，读完后问："孩子们，你们最喜欢故事中的谁呀？"有的孩子说"霸王龙"，有的孩子说"小甲龙"。周老师又问："为什么呢？能告诉我你的理由吗？"琴琴说："霸王龙很有爱心，他没有把小甲龙吃掉，还照顾他！"小刚说："小甲龙很可爱，他很爱霸王龙！"小玉说："霸王龙很善良，把小甲龙送到爸爸妈妈身边。"周老师说："小朋友们说得都非常在理！无论是大的动物还是小的动物，自然界的一切，我们都要爱护、保护它们，做一个有爱心、善良的孩子，好吗？"

问题：

请结合材料，从教师职业道德的角度，评析周老师的教育行为。（14分）

32. 材料：

冠礼，是冠礼和笄礼的合称，是我国古代的成年礼，标志着男女由少年迈入成年。因而冠礼在古代社会家礼文化和人生成长诸阶段中占有极为重要的地位。

根据礼书记载，先秦冠礼在宗庙进行，主持者一般为受冠者的父亲，即孟子说的："丈夫之冠也，父命之。"（《孟子·滕文公下》）如果父亲已经去世，则由兄长主持。加冠前，主人要通过占卜的方式确定冠日，随后邀请参加冠礼的宾客，尤其是为子弟加冠的正宾。加冠当日，主人要准备好冠礼所用的冠服器物等。加冠前，受冠者由赞冠者为其梳头、挽髻、加笄，再把头发系好，以便加冠。冠礼的主体仪式为"三加"，即由正宾依次给受冠者加缁布冠、皮弁、爵弁，每次加冠都要配以相应的服饰。加冠时，主宾要向受冠者宣读祝辞，内容是勉励其树立高尚的道德品质和远大的人生志向。加冠后，正宾为冠者取字。同时，子弟加冠后要拜见母亲和尊长，并接受他们的教诲。

传统冠礼饱含着深刻的伦理意蕴、道德追求与责任担当。

首先，借助冠服使受冠者明确自身的权利和责任。"三加"仪式无疑是整个冠礼程序的中心环节。初加缁布冠，该冠为太古之制，蕴含尊古尚朴之意。再加皮弁，皮弁为臣子上朝时所戴之冠，意味着受冠者可以参与政治事务。三加爵弁，爵弁为先秦宗庙祭祀时所戴之冠，象征着加冠者开始拥有祭祀权。加冠过程中，受冠者通过穿戴具有不同意义和功能的冠服，明确其作为成人开始享有治人、参政、祭祀等权利和义务，使其对自身社会角色获得更为明晰的认知。

其次，借助冠辞教导受冠者不断砥砺自己。例如，初加时祝辞有"弃尔幼志，顺尔成德"的内容，就是要求受冠者放弃幼年孩子气的行为，以成年人的道德准则夹砥砺自己的德行。再加的祝辞说："敬尔威仪，淑慎尔德。"告诫其成年人的气质是端庄威仪，内在于善良温和，凡事以礼行之，希望受冠者能始终以此为准绳来要求自己。三加的祝辞说："以成厥德。"嘱告受冠者已经成人，要以成人的礼仪标准来约束自己。

再次，古人对冠礼的重视不仅仅在于冠服本身，更在于他们希望借助冠服仪式，构建一种儒学倡导的理想社会秩序和生活方式。宋代以来世风浇薄，民间胡服盛行，车服多僭越而禁之不绝，道学家们对此无不感到痛心疾首。譬如，司马光认为不行冠礼，则不如"为人子、为人弟、为人臣、为人少"四者之行，不知"成人之道"（《书议》）。朱熹则批评"今衣服无章，上下混淆"（《家礼》），以致华夷不辨，尤需加以整顿。

冠礼是中华优秀传统家礼文化的重要内容，是中华家文化与礼文化融合的结晶。中共中央、国务院印发的《新时代公民道德建设实施纲要》，强调"充分发挥礼仪礼节的教化作用。礼仪礼节是道德素养的体现，也是道德实践的载体"。虽然时代发生了变迁，但无论是冠礼的礼义内容还是其礼仪教化方式，都有诸多值得我们深入挖掘、吸纳借鉴的地方。

一方面，借鉴传统冠礼仪式和教化方式，为广大青少年提供角色认知，培育礼仪文明素养。《礼记·冠义》云："凡人之所以为人者，礼义也。礼义之始，在于正容体、齐颜色、顺辞令。容体正，颜色齐，辞令顺，而后礼义备。"在儒家看来，人之所以为人，在于人有礼义。虽然传统家礼存在一定的历史局限性，但这种借助极富象征意义与教育性质的礼仪形式，为个体提供社会角色认知，并在潜移默化中涵养文明素质的教化方式，在今天看来仍具有非常积极的意义。建议有关部门在吸纳传统冠礼仪节的基础上，设计一套简明易行的成人礼加以实验推广，助推亿万青少年通过仪式更好理解和践行"成人之责"。

另一方面，承故拓新，充分挖掘传统冠礼文化中的积极内容，使之成为涵养青少年道德人格的丰厚滋养。在漫长历史长河中，冠礼礼义中浸润和倡导的修身之德、成人之责、立世之道和感恩之心，仍然是新时代青少年成人成才所需要的必备素质，对于促进家德家风建设乃至整个社会的精神文明建设，仍然大有裨益。

（摘编自陈延斌、王伟《传统冠礼及其时代价值》，有删改）

问题：

（1）什么是冠礼？请结合文章，简要概括。（4分）

（2）冠礼在我国传统文化中为什么占据极为重要的地位？对今天有何借鉴意义？请结合文章，简要分析。（10分）

三、写作题（本大题共 1 小题，50 分）

33.阅读下面的材料，按要求写作文。

世界著名的博物馆里，小学生和中学生集体席地而坐，听取详细而系统的讲解。幼儿园的孩子们也前来参观。讲解员是一位经验丰富的老奶奶，她并没有向孩子们讲解博物知识，而是在展出的美术作品前问：孩子们，这上面有几个人呀？这件衣服是什么颜色呀？这都有几棵树呀？孩子们看得很认真，回答得也很认真。

结合上述材料所引发的思考和感悟，写一篇论说文。

要求：

用国家通用语言文字写作。角度自选，立意自定，标题自拟。不少于 800 字。

扫描二维码，查看真题答案与解析

答案与解析

2022 年上半年中小学教师资格考试

综合素质试题（幼儿园）

一、单项选择题（本大题共 29 小题，每小题 2 分，共 58 分）

下列每小题的四个选项中，只有一项是最符合题意的正确答案，多选、错选或不选均不得分。

1. 马老师在活动反思中写道："使用档案袋对幼儿的表现进行评价，经常需要花费些额外的时间，与其在这些花样上花时间，不如把精力多用在孩子身上。"这说明马老师（   ）。

A. 缺少幼儿学情分析意识　　　　　　B. 缺少经验提炼的能力
C. 缺少幼儿发展评价能力　　　　　　D. 缺少教学决策的意识

2. 米切尔·兰德曼说："人较动物而言，在本质上是非决定的。此即人的生命并没有遵循事先决定的路线，事实上自然只是使人走完一半，另外的一半尚待人自身去完成。"对此正确的理解是（   ）。

A. 人的发展是定向的　　　　　　　　B. 人的发展是多向的
C. 人的发展是全面的　　　　　　　　D. 人的发展是平衡的

3. 一所幼儿园基于"数字化育人"办学理念，建立起"过程性数据"与"关键事件"相结合的幼儿发展评价信息系统，用以跟踪幼儿个体的成长过程，该做法体现的幼儿发展特点是（   ）。

A. 顺序性　　　　B. 独特性　　　　C. 自主性　　　　D. 创造性

4. "拼图"游戏时，王老师见东东反复地拿起这块放下那块，不知该拿出哪块，急得满脸通红、满头大汗。对此，王老师恰当的说法是（   ）。

A. "不要着急，我们再试试吧。"　　　B. "你看看，晓红是怎么拼的。"
C. "试试红色正方形的拼板吧。"　　　D. "仔细看一下颜色和形状。"

5. 依据《中华人民共和国宪法》，下列表述不正确的是（   ）。

A. 县级以上的地方各级人民政府设立审计机关
B. 地方各级人民政府是地方各级国家权力机关
C. 地方各级人民政府对本级人民代表大会负责并报告工作
D. 地方各级人民政府都是国务院统一领导下的国家行政机关

6. 依据联合国《儿童权利公约》，对儿童的养育和发展负有首要责任的是（   ）。

A. 学校和教师　　　　　　　　　　　B. 父母或其他监护人
C. 社会或企业　　　　　　　　　　　D. 国家和当地人民政府

7. 小孙是个流浪儿童，相关部门一直没有找到小孙的父母或其他监护人。对于小孙的监护问题，下列说法正确的是（   ）。

A. 应当由民政部门对小孙进行长期监护　B. 应当由教育部门对小孙进行长期监护

C. 应当由福利机构对小孙进行长期监护　　D. 应当由公安机关对小孙进行长期监护

8. 教师张某在某民办幼儿园上班，因工作严重失误，被幼儿园解聘。张某不服，她可以采取的救济途径是（　　）。

A. 提出申诉和依法诉讼　　　　　　　　　B. 劳动仲裁和行政复议

C. 依法检举和行政复议　　　　　　　　　D. 诉讼赔偿和行政管制

9. 依据《中华人民共和国教育法》，相关社会公共文化体育设施等场所应当对教师、学生实行优待。下列场所不属于按规定优待开放的是（　　）。

A. 图书馆　　　　　B. 博物馆　　　　　C. 电影院　　　　　　D. 文化馆

10. 幼儿园放学了，小米的父母没有时间去接她，就让读小学六年级的哥哥放学后去接她。小米父母的做法（　　）。

A. 正确。哥哥可代替父母接送小米　　　　B. 正确。幼儿可以由直系亲属接送

C. 不正确。父母应该亲自接送小米　　　　D. 不正确。幼儿应该由成年人接送

11. 良好的社会环境有利于促进未成年人的健康成长。下列选项属于社会保护的是（　　）。

A. 学生王某在学校突发疾病，学校及时通知家长并积极救护王某

B. 解除羁押、服刑期满的未成年人的复学、升学、就业不受歧视

C. 父母或者其他监护人不得使接受义务教育的未成年人辍学

D. 任何组织或者个人不得披露未成年人的个人隐私

12. 某学校年终对全体教师进行考核。根据《中华人民共和国教师法》的规定，下列说法正确的是（　　）。

A. 考核包括教师的师德师风、业务水平、育人业绩和管理水平

B. 考核结果是教师受聘任教、晋升工资、实施奖惩的唯一依据

C. 考核应当充分听取教师本人、其他教师以及学生家长的意见

D. 上级教育行政部门可以对该校教师考核工作进行指导与监督

13. 在一次教学活动中，黄老师问小朋友："图上的月亮是什么样的呀？"大多数幼儿回答："是圆的。"只有昊昊说："月亮是弯弯的。"黄老师对昊昊说："对，图上的月亮明明就是圆的，这哪里是弯的？"这表明黄老师（　　）。

A. 缺乏批评教育的艺术　　　　　　　　　B. 没有活用素材的能力

C. 没有关爱幼儿的情感　　　　　　　　　D. 缺乏纪律管理的方法

14. 第二天一早李老师就要交职称材料了，她发现还缺少 2 份听课材料。但是她已经没有时间听课了。李老师正确的做法是（　　）。

A. 请同事帮忙提供听课材料　　　　　　　B. 参考同事教案改写听课材料

C. 根据自己的教案编写听课材料　　　　　D. 直接放弃本次职称评定机会

15. 午睡起床时，小班的李老师发现小朋友常将两只鞋子穿反，就编了首儿歌："一双小鞋子，套上小脚丫。背对背，脸背脸，就像刚刚吵过架。咦——怎么了？"小朋友听完儿歌纷纷检查了自己的鞋子，"哦，小鞋子穿反了！"下列选项与该案例所体现的教师职业道德要求相符的是（　　）。

A. "不闻不若闻之，闻之不若见之。"

B. "耳濡目染，不能以习。"

C. "不愤不启，不悱不发。"

D. "动人以言者，其感不深；动人以行者，其应必速。"

16. 月月说话时有口吃现象，如"老……师好，我爷……爷送我来的。"老师不仅鼓励月月，还加强家园配合。该老师的做法体现的教师职业道德的特征是（   ）。

A. 多样性   B. 双向性   C. 专业性   D. 复杂性

17. 安全标志是表达特定信息的标志，由图形符号、安全色、几何图形或文字构成，用于公共场所、工业企业、建筑工地和其他有必要提醒人们注意安全的场所，指导人们采取合理行为。下列安全标志中，表示"禁止攀登"的是（   ）。

A.    B.    C.    D.

18. 罕见病是一类患病率极低的疾病，但由于种类很多，而且我国人口基数庞大，因此罕见病患者并不罕见。下列选项中，俗称为"月亮孩子"的罕见病是（   ）。

A. 白化病   B. 戈谢病   C. 血友病   D. 脆骨病

19. 阿尔卑斯山脉是欧洲最高大的山脉，其主干向东延伸为喀尔巴阡山脉，向东南延伸为迪纳拉山脉，向南延伸为亚平宁山脉，向西南延伸为比利牛斯山脉，下列选项中，境内没有阿尔卑斯山脉及其支脉的国家是（   ）。

A. 法国   B. 意大利   C. 瑞士   D. 挪威

20. 风俗是历代相沿积久而成的风尚、习俗，历代统治者都把"厚风俗"作为治国安民的大事。下列选项中，不属于民国初期采取的移风易俗措施的是（   ）。

A. 剪辫易服   B. 禁用棺木   C. 劝禁缠足   D. 废除跪拜

21. "小满"是二十四节气之一，这时，江南大麦进入黄熟期，油菜籽成熟，蚕开始结茧。古时有"小满动三车"的习俗，下列选项中，不属于"三车"的是（   ）。

A. 纺车   B. 滑车   C. 油车   D. 水车

22. 理学，也叫道学，是宋明儒家哲学思想，影响深远。很多思想家为理学的形成和发展作出了重要贡献。下列理学家中，人称"濂溪先生"的是（   ）。

A. 周敦颐   B. 邵雍   C. 程颢   D. 王守仁

23. 章回体小说是中国古代长篇小说的主要形式，主要特点是分回标目，故事连接，段落整齐。下列选项中，不属于章回体小说的是（   ）。

A.《水浒传》   B.《儒林外史》   C.《红楼梦》   D.《聊斋志异》

24.《小布头奇遇记》描写布娃娃"小布头"偶然从城里来到乡下，经历了种种奇遇，开阔了眼界，懂得了许多道理。这部童话作者是（   ）。

A. 严文井   B. 张天翼   C. 孙幼军   D. 曹文轩

25. 水稻原产于中国，种植历史悠久。除可作主粮外，还可酿酒、制糖。下列选项中，为水稻图片的是（   ）。

A.    B.    C.    D.

26.Word 文档中，要将一张图片作为一段文字的背景，应该将图片版式设置为（　　）。

A. 四周型环绕　　　　　　　　B. 紧密型环绕

C. 浮于文字上方　　　　　　　D. 浮于文字下方

27. 在用 Excel 制作表格时，可实现输入数字字符串 0210409 的是（　　）。

A.[0210409]　　　　　　　　　B."0210409"

C.0210409　　　　　　　　　　D.'0210409

28. 下列选项中，与"首饰——镯子"的逻辑关系相同的是（　　）。

A."汽车"和"轮胎"　　　　　　B."石窟"和"石雕"

C."玉石"和"翡翠"　　　　　　D."摆件"和"胸针"

29. 按照给出图形的逻辑特点，下列选项中，填入空格处最恰当的是（　　）。

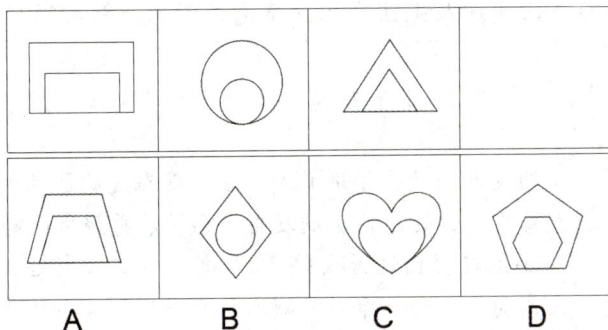

二、材料分析题，根据所给材料回答问题。

30. 材料：

杨老师带班后不久就遇到一件麻烦的事。午餐时，小强被小斌打了。杨老师立刻打电话通知双方家长。没想到家长来后都认为自己的孩子没有错，吵得不可开交，最后竟然动起手来……幼儿冲突的问题并没有解决，类似这样的事情杨老师又遇到了过几次，很是头疼。

为有效处理幼儿冲突问题，杨老师主动向有经验的老师请教，还查阅了许多幼儿心理发展方面的书籍，咨询幼儿教育专家，了解幼儿心理发展知识，探寻幼儿冲突行为的诱因，寻求破解良策。经过长期理论和实践的积淀，杨老师逐渐成为处理幼儿冲突方面的专家，并出版了《杨老师教你应对幼儿冲突50招》。

为妥善处理孩子之间的冲突，杨老师定期在幼儿园为家长做专题讲座，还经常与家长沟通幼儿的情况，其所在幼儿园孩子之间的冲突逐渐减少，家长之间因孩子冲突而产生矛盾也渐渐消失了。

问题：

请结合材料，从教师观的角度，评析杨老师的教育行为。（14分）

31. 材料：

一天，刘老师组织区域活动时，小朋友们发现建构区新添了不少积木，十多个小朋友都涌进了建构区，兴高采烈地搭起了积木。

"喂，你踩到我的积木了。"超超说。"干吗呀？你别挤我。"静静说。

这时，有的孩子开始争抢自己喜欢的积木，甚至扭打在一起。见此情景，刘老师立刻予以制止。

刘老师问："你们觉得这么多人挤在一起，好玩吗？"

孩子们七嘴八舌地说："不好玩！""太挤了，都撞疼我了。"……

刘老师接着说："那我们得想个办法呀！"

超超说："得互相谦让，就让我先玩会儿吧。""我也要先玩。"静静着急地说。

刘老师说："互相谦让是别人先让自己，还是自己先让别人呀？"孩子们互相看看不吱声。

静静说："好吧，我先去美工区，下午再来玩。"刘老师马上说："看，静静先让别人玩了，下午我们让静静先玩。"

这时，超超和几个小朋友也陆续去了别的游戏区。现在建构区还剩下9个小朋友，刘老师感觉还是多了，但没再吱声，她想让小朋友自己感受后再解决问题。

果然，没玩多久就有小朋友提出还是太挤了。"那么多少人一起玩合适呢？"刘老师继续引导孩子们，于是大家商定一个一个往外减人，直到感到合适为止。最后，大家一致认为五六个小朋友玩比较合适。

下班以后，别的老师都回家了，刘老师还在办公室回看在建构区拍摄的活动视频，分析幼儿在活动中的游戏行为与表现，并形成了观察报告。

问题：

请结合材料，从教师职业道德的角度，评析刘老师的教育行为。(14分)

32. 材料：

无论中外，也无论古今，大家都要求"老实话"，可见"老实话"是不容易听到见到的。大家在知识上要求真实，他们要知道事实，寻求真理。但是抽象的真理，打破砂锅问到底，有的说可知，有的说不可知，至今纷无定论，具体的事实却似乎或多或少总是可知的。况且照常识上看来，总是先有事后才有理，而在日常生活里所要应付的也都是些事，理就包含在其中，在应付事的时候，理往往是不自觉的。因此强调就落到了事实上。常听人说"我们要明白事实的真相",既说"事实",又说"真相",叠床架屋,正是强调的表现。说出事实的真相,就是"实话"。买东西叫卖的人说"实价",问口供叫犯人"从实招来",都是要求"实话"。

人们为什么不能、不肯说实话呢?归根结底,关键是在利害的冲突上。自己说出实话,让别人知道自己的虚实,容易制自己。就是不然,让别人知道底细,也容易比自己抢先一着。在这个分配不公平的世界上,生活好像战争,往往是有你无我;因此各人都得藏着点儿自己,让人莫名其妙。于是乎勾心斗角,捉迷藏,大家在不安中猜疑着。向来有句老话,"知人知面不知心",还有"逢人只说三分话,未可全抛一片心",这种处世的格言正是教人别说实话,少说实话,也正是暗示那利害的冲突。我有人无,我多人少,我弱人强,说实话也恐怕人来占我的便宜,强的要越强,多的要越多,有的要越有。我无人有,我少人多,我弱人强,说实话也恐怕人欺我不中用;弱的想变强,少的想变多,无的想变有。人与人如此,国与国又何尝不如此!

人们在情感上要求真诚,要求真心真意,要求开诚相见或诚恳的态度。他们要听"真话","真心话",心坎儿上的,不是嘴边儿上的话,这也可以说是"老实话"。但是"心口如一"向来是难得的,"口是心非"恐怕大家有时都不免,读了奥尼尔的《奇异的插曲》就可恍然。

"口蜜腹剑"却真成了小人。真话不一定关于事实,主要的是态度。可是,如前面引过的,"知人知面不知心",不看什么人就掏出自己的心肝来,人家也许还嫌血腥气呢!所以交浅不能言深,大家一见面儿只谈天气,就是这个道理。所谓"推心置腹",所谓"肺腑之谈",总得是二三知己才成;若是泛泛之交,只能敷敷衍衍,客客气气,说一些不相干的门面话。这可也未必就是假的,虚伪的。他至少眼中有你。有些人一见面冷冰冰的,拉长了面孔,爱理人不理人的,可以算是"真"透了顶,可是那份儿过了火的"真",有几个人受得住!本来彼此既不相知,或不深知,相干的话也无从说起,说了反容易出岔儿,乐得远远儿的,淡淡儿的,慢慢儿的,不过就是彼此深知,像夫妇之间,也未必处处可以说真话。"人心不同,各如其面",一个人总有些不愿意教别人知道的秘密,若是不顾忌着些个,怎样亲爱的也会碰钉子的。真话之难,就在这里。

(1) 文章画线句说"无论中外,也无论古今,大家都要求'老实话'"的理由是什么?请简要概括。(4分)

(2) 在"说老实话"这一问题上,文章有哪些看法?请简要分析。(10分)

三、写作题，根据材料写作。

33. 阅读下面的材料，按要求作文。

"你们在干嘛？"

"船要沉了，我们在拼命往外舀水啊！"

"喂，我周围怎么都没进水？别那么爱表现，行吗？"

综合上述材料所引发的思考和感悟，写一篇论说文。

要求：

用规范的现代汉语写作。角度自选，立意自定，标题自拟。不少于 800 字。

扫描二维码，查看真题答案与解析。

答案与解析

参考文献

[1]　教师资格考试统编教材题库编委会. 综合素质(幼儿园)[M]. 2版. 北京：高等教育出版社，2020.

[2]　周丽娜. 综合素质(幼儿园)[M]. 武汉：华中师范大学出版社，2019.

[3]　中公教育教师资格考试研究院. 综合素质·幼儿园[M]. 北京：世界图书出版公司，2020.

[4]　陈启新，马月成，陈丽丽. 幼儿园综合素质[M]. 长沙：湖南师范大学出版社，2019.

[5]　虞伟庚，郑先如. 综合素质(幼儿园)[M]. 北京：北京大学出版社，2014.

[6]　魏勇刚. 幼儿园教师资格考试：综合素质 [M]. 微课版. 北京：人民邮电出版社，2017.

[7]　卫霞，白宝平. 综合素质知识点精讲梳理(幼儿园) [M]. 北京：人民邮电出版社，2017.